洋学史研究序説

——洋学と封建権力——

佐藤昌介著

岩波書店

勝田守一先生へ
多年にわたる学恩に謝して

まえがき

本書は、洋学の成立および発達の過程を、封建権力との関係を通じて、考察したものである。周知の通り、洋学の歴史的意義について、封建制ないしそのイデオロギーに対する補強者としての側面を重視する見解と、これとは反対に、批判者・克服者たる点に積極的な意義を認めようとする見解とがある。本書において、私が意図したのは、これらの諸見解を歴史的具体的に検証することを通じて、洋学のもつ近代的側面と歴史的制約面とを統一的に把握し、洋学の史的性格についての理解を深めようとすることであった。

いうまでもなく洋学は、儒学や国学のように、一定の世界観に裏づけられた思想の体系ではない。それは西欧諸科学および諸技術を主とし、その他西洋事情の研究等をも含む、さまざまな知識の集積にすぎない。しかも、これらの知識の移植研究の過程を通じて、新思想の形成がみられはしても、それはあくまで萌芽以上のものではなかった。したがって、これを純然たる思想史の対象にかぎるならば、いたずらに洋学の限界を指摘するだけでおわるであろう。かかるものとしての洋学を正当に評価するためには、その限界とともに、旧思想・旧学問に対する相対的独自性に注目し、さらにこれに対する権力側の対応についても考慮しなければならない。いいかえれば、思想史的観点と同時に政治史的観点からの分析をも必要としよう。本書において私がことさら封建権力との関係に考察の視角をむけ、とくに蛮社の獄をはじめとする一連の洋学ないし思想弾圧事件をとりあげたのは、右のような方法論上の反省に基づくものである。

洋学史の研究がいまなお「洋学論」の段階に低迷しているとは、間々聞かれる批評であるが、たしかに過去における諸研究はおおむね仮説の設定にとどまり、実証的な研究について欠けるところがあったことはいなめない。私は、右の批判に応えるため、つとめて広く関係史料の調査・蒐集にあたり、また他方、旧説に対して忌憚ない批判を行ない、洋学史を「洋学論」的段階から本格的な軌道にのせようと試みた。しかしながら、歴史研究の本質上、研究の過程において、あらたな仮説の設定を余儀なくされたところがすくなくない。読者諸賢の忌憚ない御批判と御叱正を請うものである。

洋学は上記のような諸知識の集積であるにしろ、その根幹をなすのは、いうまでもなく諸科学および諸技術である。したがって、洋学の歴史的研究にあたり、科学史的研究の成果に期待するところがすくなくない。それにもかかわらず、科学史の研究者と歴史家との間に研究の交流や協力の体制が欠けているため、問題関心のずれが甚しく、科学史的研究の成果を効果的に利用することが困難な現状にある。それは本書の研究において私が最も痛感したところであった。今後の洋学史研究の発展のために、科学史家と歴史家との間に共同研究の体制がすみやかに実現することを切望するのは、おそらく私のみではなかろう。

本書の成るにあたって、私は勝田守一先生の学恩をあらためて想い起さずにはおられない。戦時中、学生生活をおくった私にとって、先生こそ唯一の良心の支えであった。私が大学在学中古代史を専攻しながら、卒業と同時に洋学史の研究にたずさわるようになったのも、ひとえに先生の啓発によるものである。あれから二十年にして、当時先生の御指導の下にはじめた研究をともかくもまとめて、御報告できることは、私の最も喜びとするところである。

最後にこの研究について日頃御指導とお励ましを賜わった諸先輩、同学の諸氏ならびに、関係史料の閲覧について便宜をおはかり下さった江川英文先生はじめ多くの方々、さらに官公私立図書館および研究機関の各位に対し甚大な謝意を表する。とくに江川先生からは渡辺崋山の自筆稿本『外国事情書』の全文を掲載することについてお許しを戴いた。また本書の出版については沼田次郎氏・高橋磌一氏および松島栄一氏の御配慮によるところがすくなくない。記してお礼申上げる。

一九六四年二月

仙台にて　著者しるす

目　次

序説　洋学の概念および研究の視角

洋学史をもって、わが封建社会における西洋学術の移植ないし研究の歴史と解するならば、それは日欧交渉の開始期をその始源とし、幕末までの時期がこれに含まれる。さらに移植された西洋学術の系統から、その時期を区分するならば、ポルトガル・スペイン系(南蛮系)学術を主とする蛮学時代、オランダ系学術を中心とする蘭学時代、および幕末開港後にいたり、イギリス系、フランス系等の諸学術が、オランダ系のそれに伍して行われた、狭義の洋学時代の、三期に分けられよう。ただし、右は洋学史を広義に解した場合であって、一般には、その範囲を鎖国以後に限っているが、本書もまた、これにしたがい、とくに蘭学時代の洋学をもって、主な考察の対象とする。

もっとも、洋学史の範囲を右のように限定することについては、それが蛮学系学術の意義を過小に評価し、これと蘭学系学術との間に断層を認めるものである、との批判がある。[1] しかし、それは誤解であって、いわゆる蘭学の成立をもって、洋学が学問的に確立された、という認識から、時期を一応そのように区分したにすぎず、これをもって、蘭学の成立において果した、蛮学系学術の役割や、あるいはまた広義の蘭学が蛮学系学術をも含んでいる、という事実まで否定しようとするものではない。

ここで、本書において用いる蘭学および洋学の概念を明確にしておきたい。大槻玄沢は『蘭学階梯』の例言において、

　蘭学トハ即チ和蘭ノ学問ト云フコトニテ、阿蘭陀ノ学問ヲスルコトナリ。

と、蘭学を定義づけている。(2)この定義にしたがえば、蘭学とは、オランダ系西洋学術の学習ないし研究を意味し、その起源は、日蘭交渉開始期に求められることになる。しかし、歴史的にみれば、「蘭学」という名称は、特殊な事情と内容を伴って、おこったものであった。すなわち、周知のごとく、前野良沢・杉田玄白らがオランダ解剖書『ターヘル・アナトミア』の翻訳(『解体新書』)に成功した結果、ここに直接蘭書を媒介とする西洋学術の研究・移植の道が開かれたが、杉田玄白の『蘭学事始』によれば、玄白らはこれをもって、新学問の「創業」とみなし、かれらの社中が「蘭学」という新名をもって呼ぶようになった、と伝えている。(3)本書においては、『蘭学事始』の記述にしたがって、『ターヘル・アナトミア』の訳業を契機として成立した新学問を、とくに「蘭学」、または「洋学」とよぶことにする。

つぎにいま一つ、「蘭学」を右のように解した場合、当時の用法にしたがえば、これには、なお二つの意味が含まれていたことを、ここで指摘しておきたい。その一つは狭義の蘭学で、これをもって、直接蘭書の原典に基づく西洋学術の研究と解するものである。したがって、この解釈によれば、蘭学者の資格ないし基本的条件として、蘭語の解読力が挙げられる。これに対して、いま一つは、蘭学系知識のほか、中国から伝来した宣教師の編著ないし、漢訳書等による蛮学系の知識をも合せて、これを西洋学術の総称と解する、広義の蘭学である。なおこの場合は、かならずしも蘭語の解読力が、蘭学者としての基本的条件とはされない。つぎにこのことを一、二の事例によって、示してみよう。

司馬江漢といえば、一般に、蘭学勃興期を代表する蘭学者の一人、とみなされている。しかし、かれは蘭書を解読するだけの語学の素養を欠いていた。そのため、大槻玄沢らの蘭学者に蘭書の解読を請うて、西洋学術を学んだのであり、たとえば、かれが腐蝕法による銅版画を創製したのは、玄沢が訳したボイス(Buys)の工芸百科辞典の知識に拠るものであった。(4)またかれが『和蘭天説』、『刻白爾天文図解』等において、地動説を紹介しているが、それは本木良永の『天地二球用法』のごとき蘭書の訳書のほか、『暦象考成後篇』等の漢籍による蛮学系の知識に基づくものであった。(5) しかも、かれが当時、蘭学者として遇せられていたことは、岡村千曳氏の紹介された寛政八年の「蘭学者芝居見立番附」や、同十年の「相撲見立番附」にかれの名がみえていることからわかる。とくに後者にあっては、西方前頭六枚目という位置を与えられているのである。(6) しかるに、他方、かれは、蘭学社中の一人によって、「汝は学者にあらず。真の蘭学者のいふことを片端きれぎれのことを索めて買ひ出し、何事も其奥に至るに及ばず、上わすべりの事をのみこみ顔、知つた自慢にかたことをとなへ売りあるき、蘭学者と自らゆるすと云ふものなり。さてさて不届千万なり」(盲蛇)と非難されている。なおこの『盲蛇』には、蘭学者を規定して、「真の学士は、彼の邦語数言を暗記し、文章の語路を解了し、其書を読んで訳文をなすにあらねば、其名称へがたし」としている。(7) これによれば、江漢は広義の蘭学者であったが、狭義の蘭学者としては、認められていなかったことが知られよう。

つぎに挙げられるのは、渡辺崋山の例である。崋山もまた、江漢と同様、蘭語の素養をもたず、高野長英・小関三英らの蘭学者を招じて、蘭書を解読させ、世界地理学その他の知識を学んだほか、漢籍を通じて蛮学系の地理書にも親しんだ。(8) しかも、その結果、かれは「蘭学にて大施主なり」(9) と評判されるほど、西洋事情に通ずるにいたっている。それにもかかわらず、蛮社の獄の直前、崋山およびその同志の身辺を探索した隠密吏の探索書によれば、崋山について、「常々書画を翫ひ、学術にも達し候へ共、蘭学は不得手之由」と記し、蘭学をつぎのように定義づけている。

蘭学と申候は総名之儀ニ而、測量医術又は細工物等、都て阿蘭陀文字解候者共を蘭学者と唱候事之由。

これによって、崋山もまた狭義における蘭学者とは、認められていなかったことがわかる。(10)

これに対して、「洋学」という名称は、当時「蘭学」ほど一般化していなかったようであるが、これもまた蘭学と同様、広狭両義に用いられていたことは、たとえば、『西洋学家訳述目録』(11)(嘉永五年 一八五二年)の例言に、儒家画家にして西洋学を兼るものあり、専門に非ざれども洋学に通じて訳書の著述間之あるあり、故に今其書名を載、看者あやしむこと勿れ。

として、同書に司馬江漢の天文地理書や、近藤正斎の『辺要分界図考』等の書名を載せていることから知られる。本書においては、これらの用例にしたがって、蘭学および洋学を広狭両義に用いる。

さて、本書の意図するところは、洋学(蘭学)の学術史、ないし科学史的研究にあるのではない。周知の通り、洋学の歴史的意義について、こんにち、二つの評価が行なわれている。その一つは、洋学の封建制ないしそのイデオロギーに対する、補強者としての側面に意義を認めるものであり、他の一つは、これとは反対に、批判者・克服者としての側面を重視する考え方である。前者を代表するのは、伊東多三郎氏および沼田次郎氏の見解であり[12]、後者の立場をとるのは、高橋磌一氏・藤原治氏および遠山茂樹氏らである[13]。もともと洋学は、近代社会の所産である西洋学術の移植・研究にほかならぬ、という意味で、反封建ないし封建批判的性格を、可能性として内包していた反面、それが旧学問的素養を媒介として移植された西洋学術である、という点から、現実にあっては前近代的性格の色濃いものであったこともまた、否定できないところである。上記の両論は、要するに、洋学のもつ、かかる進歩の側面と歴史的制約とのいずれかに、より積極的な意義を認めようとするものにほかならない。

ところで、問題はつぎの点にある。すなわち、最初の問題提起者である伊東多三郎氏は、洋学をもって、無限定のまま、西洋学術ないし近代学問と同一視してきた『文明東漸史』以来の旧説を、実証史学の立場から批判して、洋学が西洋学術の移植である以上、基本的には、反封建的な性格をもつことは認められねばならないが、しかし、歴史的にみるならば、このことはただちに、それが具体的、実践的に封建的イデオロギーの批判者・克服者として一貫していたことにならぬとして、洋学のもつ封建社会の補強者・自己批判者としての立場のあることを指摘、強調した[14]。この伊東氏の見解をさらに徹底させたのは、沼田次郎氏である。すなわち、沼田氏は、洋学がすでに勃興当初から、封建的為政者の保護育成の下に、封建制補強者としての針路と方向を決定づけられていたとし、かかる見地から、西洋学術をキリスト教から切り離して、その受容の道を開いたとされる新井白石の西洋学術認識と、これにつづく八代将軍吉宗の洋学育成の事実をことさら重視し、とくに後者について、「このように蘭学が自然発生的に発芽し生長したというよりも、むしろ封建的為政者によって移植された事実こそ、その性格を終に規定したものであることは注意せねばならぬ」と、評価を下している。(15) のみならず、沼田氏は、洋学の学問的性格についても、「儒教的な自然科学観の上に接木された西欧自然科学の知識の体系」と規定し、それが終始この域にとどまり、また越えようともしなかった、と結論づけている。(16)

しかしながら、この結論は、果してわれわれを首肯させるに足るものであろうか。もともと沼田氏の所論は、上述の両論を実証的見地から、批判的に検討を試みたものだけに、傾聴すべき点がすくなくないのであるが、それにもかかわらず、洋学のもつ両側面がかならずしも統一的有機的に把握されておらず、一側面の強調に終始している、という印象をぬぐいさることができない。その理由は、氏がことさら重視する封建的為政者側の保護育成そのものが、必然的に「規制」の反面を伴うはずであるにもかかわらず、この点にあえて考慮を払おうとしていない、というところに、求められるように思う。したがって、そこでは、洋学の近代化の可能性や、あるいはまた封建制ないし封建的イデオロギーとの対抗面が、さして問題にされず、たとい問題にされても、史料の表面に現われたかぎりの封建的制約の側面が指摘されているにすぎない。(17) それは、言葉をかえれば、氏の所論の拠って立つ実証史学の限界を示すものである、ともいえよう。

この点からすれば、洋学の封建的制約を認めながら、同時にその近代的側面を重視し、これに含まれた進歩の可能性を問おうとする高橋碩一・遠山茂樹氏らの見解は、その結論はともかくとして、それが洋学の両側面を、その展開過程を通じて、有機的統一的にとらえることを可能にするという意味で、すくなくとも方法論上、高く評価されるべきものと思う。しかしながら、その反面、氏らの場合は、下部構造の理解に基づく理論的要請が、実証的な理解をはばみ、その結果、伊東・沼田両氏の批判に堪えない観念論におわってしまっている。たとえば、遠山氏は、洋学が独自の体系をもつにいたらず、封建的性格を色濃く残したことを、市民社会の未成熟に照応するものとして是認しながら、他方、沼田氏が消極的にしか評価しなかった洋学の封建批判的思想をもって、それがいかに断片的、かつひ弱なものであったにしろ、権力の抑圧に抗して生みだされたものである以上、そこに旧思想を変革せしめる可能性が認められるべきであるとして、氏の立場を明らかにしたのち、さらにすすんで、洋学が、かかる意味で、近代的転化の可能性に最も近づきつつあった時期として、シーボルト事件(文政十一年一八二八年)および蛮社の獄(天保十年一八三九年)の時期を挙げ、しかも、蛮社の獄の弾圧を契機として、「そのような萌芽が完全につまみとられ、かつ政治危機が尊王攘夷に集中されるにつれて、権力と拮抗する実践から全く切り離されて、専ら富国強兵策の技術として権力に奉仕することによってのみ存在が許された[18]」と述べている。しかしながら、右は、シーボルト事件ないし蛮社の獄の実証的な分析に基づく結論なのではなく、このころをもって、封建的諸矛盾が危機にまで成熟した時期とみなしながら、幕藩権力側のこれへの対応としての、上からの改革が、下からの革命を挫折させた、とする氏のいわゆる挫折史観を洋学史に投影させたものにすぎないことは、のちに論証するごとくである(第二篇、参照)。

そこでわれわれは、以上のような、両論に対する批判から出発して、さらに洋学の歴史的理解を深めようとするならば、さしあたり高橋・遠山氏らと同様の問題意識の下に、洋学と封建権力ないしそのイデオロギーとの対抗関係に視角をむけつつ、さらに伊東・沼田両氏のごとく、実証的見地に立って、洋学の展開過程をたどることにおいて、それが可能となるであろう。本書は、このような観点にたって、洋学の性格と針路について、考察を試みたものである。すなわち、第一篇、第一章および第二章は、洋学勃興の思想的前提として、洋学が、封建的イデオロギーたる儒学からいかなる思想を継受し、あるいは克服することにおいて成立したかを検討したもので、それは沼田氏の洋学の性格規定に対する批判の意味を含んでいる。第三章は、将軍吉宗の洋学育成の本質と意義について再検討を加えるとともに、勃興期洋学の特質を考察したものであり、第四章は、寛政改革を契機として、洋学が権力に隷属して行く過程について、考察を試みたものである。これに対して、第二篇では、洋学史上、最大の弾圧事件といわれる蛮社の獄をとり上げたが、これが本書の大部分を占めているのは、これに関する研究が、いまなおほとんど皆無に等しい現状にあるため、根本史料の調査・蒐集と、これに基づく基礎的研究を必要としたこと、さらにまたこの事件が、ひとり洋学史上の問題にとどまらず、幕政史、また国際関係史とも深いつながりを有するため、その方面の研究をも必要としたこと、それらの理由による。さらにいえば、筆者の洋学史研究が、蛮社の獄の研究から出発したため、その真相と意義の究明にことさら重点をおいたのであって、これに対して、第一篇は、そのための前提条件として、当然解明を要する諸問題をとり上げたものである、ともいえる。その意味からすれば、第一篇は、第二篇の序説的部分をなす、とみることもできよう。

　これまで洋学史研究は、語学や諸科学に関する基礎知識を必要とし、あるいはまた他の分野に比して、史料上の制約が甚しいため、とかく歴史家に敬遠され勝ちであった。しかしながら、わが国における近代国家の成立ないし、近代思想・学問の始源について、理解を深めようとするかぎり、この分野の研究を等閑に付すことは許されないのではないか。本書は、もとより未熟な試論にすぎないが、これが刺激となって、若い研究者によるこの分野の開拓がなされることになれば、それは筆者にとって望外の喜びである。

(1) 海老沢有道『南蛮学統の研究』、はしがき、一頁。
(2) 大槻玄沢、磐水存響、乾、所収、三頁。
(3) 緒方富雄校註『蘭学事始』(岩波文庫)、三五頁。
(4) 本書、第一篇、第三章、第三節、九二頁。
(5) 岡村千曳『紅毛文化史話』、一八九―九〇頁。海老沢、前掲書、二四二―七頁。黒田源次「司馬江漢の自然科学的業績について」、美術史、六。
(6) 岡村、前掲書、五二―三頁。
(7) 岡村千曳「大槻玄沢畹港漫録」(二)、早稲田大学図書館月報、一九。
(8) 岩崎克己「崋山の洋学」、書物展望、十二ノ一―六。
(9) 赤井東海『奪紅秘事』、崋山掃苔録、所収、二九〇頁。
(10) 第二篇、付章、二、参照。
(11) 文明源流叢書、第三、所収。
(12) 伊東多三郎「洋学の一考察」、社会経済史学、七ノ三。同、「国学と洋学」、歴史学研究七ノ三。沼田次郎『幕末洋学史』。同『洋学伝来の歴史』等参照。
(13) 高橋磌一『洋学論』。藤原治「新しき精神」、古典研究、四ノ九。同「伊東『国学と洋学』に対する論評」、歴史学研究七ノ四。遠山茂樹「尊王攘夷思想とナショナリズム」(『尊攘思想と絶対主義』、所収)。なお洋学に関する研究史については、沼田次郎「洋学」(明治維新史研究講座、第二巻、所収)を参照されたい。
(14) 伊東、前掲「洋学の一考察」。
(15) 沼田次郎『幕末洋学史』、一二頁。
(16) 同、二七頁。なお同書、第二章、とくに四八頁以下を参照されたい。
(17) たとえば、同、三一―六頁、参照。
(18) 遠山茂樹『明治維新』(岩波全書)、三一三頁。

第一篇　勃興期洋学をめぐる諸問題

第一章　朱子学と西洋学術

——新井白石の西洋学術観をめぐって——

第一節　問題の所在

いうまでもなく洋学は、旧学問、なかんずく儒学的素養の基礎の上に、移植された西洋学術であって、西洋学術そのものではない。しかしながら、このことは、かならずしも洋学が「儒教的観念の上に接合された西欧科学知識の体系[1]」にすぎない、ということを意味するものではない。それは、洋学が正統的封建教学たる朱子学をはじめ、陽明学、あるいは仁斎学、徂徠学等の、様々な思想体系を含む儒学の中の、いかなる思想を継受し、あるいは克服することにおいて成立したかの究明を通じて帰結されるべき、洋学史の究極課題に属する問題である。本章では、右の課題にこたえるため、まず通説において洋学勃興の思想的前提をつくったと評価されている、新井白石の西洋学術観をとりあげ、その検討を通じて、儒学思想の中でも、とくに朱子学が蘭学の成立にあたって、果した役割を吟味したいと思う。

周知の通り、新井白石は、宝永六年(一七〇九年)、官命を奉じて潜入の宣教師シドッチ(Giovanni Battista Sidotti)の尋問にあたった際、かれの博識に驚嘆して、「凡そ其人博聞強記にして、彼方多学の人と聞えて、天文地理の事に至ては、企及ぶべしとも覚えず」と、卒直に敬意を表するとともに、キリスト教に関しては、「其教法を説くに至ては、一言の道にちかき所もあらず、智愚たちまちに地を易へて、二人の言を聞くに似たり」と評し、結論として、こゝに知りぬ、彼方の学のごときは、たゞ其形と器とに精しき事を、所謂形而下なるものゝみを知りて、形而上なるものは、いまだあづかり聞かず。（西洋紀聞）

と断定を下した。(2) ところで、永田広志氏がかつて右の白石の西洋学術観をもって、白石が西洋学術を「形而下」の学と規定し、その優秀性を認めることによって、これをキリスト教と結びつけて排撃する、という偏見を打破したものと解し、その意味において、かれが洋学勃興の思想的前提を準備したとの評価を与えて以来、(3) これが通説化して、こんにちにいたっている。(4)

しかしながら、上述の白石の西洋学術観に対して、右のように評価することが、果して当を得たものであろうか。わたくしは、これに対してつぎのような疑問を覚えざるをえない。

まず右の評価は、白石の時代において、西洋学術ないし文化を、邪教の名の下にキリスト教と結びつけるという偏見が存在し、それが西洋学術研究の障害をなしていた、ということを前提としている。しかるに、この点に関しては、これまで何らの実証を経ていないのである。したがって、白石の西洋学術観を上記のように評価するためには、この点を実証的見地から究明する必要がある。そこで本章では、禁書制度を手掛りとしながら、まずこの問題を吟味してみようと思う。

つぎに、いま一つ挙げられるのは、朱子学の思想構造から帰結される疑問である。白石は江戸時代の儒者の中でも、最も開明的な思想の持主であると評価されているが、それにもかかわらず、かれの開明性が、朱子学思想の限界を越えるものでなかったことは、こんにち学界において、ほぼ定説化している。(5) わたくしが、白石の西洋学術観に対していだく疑問は、まさに白石が越えることのできなかった、朱子学思想のつぎのごとき限界性に基づいている。すなわち、その一つは、朱子学が経典の解釈を通じて思想を展開するという、秦漢以来の経学の伝統を継ぐものであり、それゆえ、そこでは一切の真理が、究極において経典に根源をもつものとされた、という点である[6]。つぎにいま一つ挙げられるのは、朱子学が理気陰陽五行説をもって、自然と人間とを貫通する理法としている点である。すなわち、かかる天人一理思想のゆえに、そこでは、自然研究が独自の領域を設定しえず、自然法則がそのまま道徳的規範としての自然法をも意味したばかりでなく、儒学の本性上、前者が後者に従属することを不可避としたのである[7]。

朱子学思想が右のような制約性を有し、しかも、白石がこれを越えることができなかったとすれば、前記の白石の西洋学術観をもって、通説のごとく理解することが、果して許されるであろうか。なぜならば、西洋学術をキリスト教から切り離して、これを「形而下」の学と規定し、その優秀性を是認する、ということ自体、右に指摘したごとき思惟の限界を克服することにおいて、はじめて可能となるであろう。のみならず、かりに白石が西洋学術に対して、かかる評価をなしえたとすれば、西洋学術そのものが、朱子学と異質の自然観に基礎をおく以上、それは当然朱子学的自然観を、したがってまた、同一の原理の下にこれを包摂するところの、封建的イデオロギーとしての全体系を崩壊せしめることを結果するであろう。これは、あきらかに朱子学者としての白石の自己撞着を意味する。

白石よりのち、『解体新書』の訳業を通じて「蘭学」を確立した前野良沢・杉田玄白らの場合、かれらは「医は人を医するの業なれは、先身体具稟の内外諸物の形質を精究するを第一とすへき事なり」との見地から、同書を訳述して、ついに「真の医理は遠西阿蘭にあること」(形影夜話)の認識に達したのであった[8]。このことは、かれらにとって西洋学術が、事実認識の基礎の上に構成された理論体系にほかならぬ、ということを意味するものであった。しかも、かかる認識は、一切の真理を経典に求めるところの尚古主義的思考態度とともに、朱子学における「天人一理」思想の否定を前提として、はじめて可能であった、といいうるであろう。もしそうならば、白石によって洋学勃興の思想的前提が準備されたとする通説は、当然再検討を必要としよう。

もちろん、洋学は、当時の自然研究の盛行の中で、その基礎がはぐくまれたものであり、しかも、自然研究そのものが、朱子学の「格物窮理」思想と無縁なものでなかったことは、周知の通りである。しかしながら、このことは、洋学が「格物窮理」思想を直接無媒介に継承したことをかならずしも意味するものではない。「格物窮理」思想が、前記のような制約をもつ朱子学のそれである以上、この点の究明こそ、洋学の性格規定のために、不可欠の条件でなければならぬ。これが本章で検討しようとする第二の課題である。

(1) 沼田次郎『洋学伝来の歴史』、一一三頁。
(2) 村岡典嗣校訂『西洋紀聞』(岩波文庫)、二二一―四頁。
(3) 永田広志『日本哲学思想史』、一二五―六頁。
(4) 高橋磌一『洋学論』、七〇頁。沼田次郎『洋学伝来の歴史』、二八頁等、参照。
(5) 永田、前掲書、一二一頁。宮崎道生『新井白石の研究』、第四編、第三章、および第四章、参照。
(6) 重沢俊郎『原始儒学思想と経学』、第二部、経学の本質、一九五頁以下。重沢氏は文献学的研究に基づき、経典をば「小は個人の修養処世の要諦から大は国政の燮理自然現象の統御に至るまで、所謂修身斉家治国平天下といふ人間の社会に関係する総ての根本的準則は勿論、自然哲学や一部の形而上学に至るまで、悉く論述せらるべき」性質のものであると解し、しかも、諸経の著作者は、「孔子及び之に亜ぐ聖賢と為されてゐるから、其の内容に対して自由な批判的立場を取るが如きは原則上許さるべくもない(中略)。この点より考へて経学は其の根本に於て大きく一つの拘束を受けてゐる。経に存せざる原理は其の何たるを問はず、容認すべからざるものであり、若しかゝるものを原理として妥当せしめんとすれば、其の書を経に列するか、或ひは他の経に既存する原理より演繹導出しなければならない」(二〇五頁)と、その限界を指摘している。
(7) 丸山真男『日本政治思想史研究』、二一頁以下、参照。なお本篇における儒学の理解は、主として重沢氏および丸山氏のそれに拠っている。
(8) 日本文庫、第三篇、一五頁、一七頁。

第二節　禁書制度と西洋学術

徳川幕府の鎖国政策は、キリスト教に随伴した西洋学術の発展を阻止し、これを衰絶させたばかりでなく、日本人の海外渡航禁止ならびに外国船の入港制限等の措置により、民衆を海外知識から遮断した。しかしながら、右の政策はかならずしも非宗教的な西洋学術の一切を排撃しようとする意図をもつものではなかった。このことを明白に示しているのは、鎖国の一環として設けられた禁書制度である。

幕府は鎖国に先立つ寛永七年（一六三〇年）に、キリスト教思想の流入を防圧するため、唐船のもたらす漢籍に対して禁書を指定した。これについては、近藤正斎の『好書故事』に引用された「長崎書物改ノ旧記」に、つぎの通り記載されている。

寛永七午年より欧羅巴人利瑪竇等が作三拾弐種之書幷邪宗門教化之書は御禁書に被仰付候、尤其外の書中に邪宗門之噂国俗風儀等之儀書入候分は其儘にて商売被仰付候（下略）[1]。

ここにいう「欧羅巴人利瑪竇等が作三拾弐種之書」とは、『天学初函』一部とほか十一種を指し、そのうち、後者はすべていわゆる勧法書である。『天学初函』は、明の李之藻・徐光啓らが宣教師の著書・訳書等を編纂したもので、これは理編（九種）と器編（十種）に分けられるが、そのうち、前者は『職方外紀』および『交友論』を除けば、ほとんどが勧法書であり、後者は自然科学書および数学書からなる。ちなみに、器編に収録された書名を挙げると、左の通りである。

熊三抜著　泰西水法、六巻（水利書）。

李之藻著　渾蓋通憲図説、二巻(天体測量術書)。
徐光啓編述　測量法義、一巻。同異同、一巻(測量術書)。
同　勾股義、一巻(測量術書)。
熊三抜著　簡平儀説、一巻(天体地球測量術書)。
利瑪竇・徐光啓共訳　幾何原本、六巻(幾何学書)。
熊三抜著　表度説、一巻(天文暦法書)。
陽瑪諾著　天問略、一巻(天文書)。
利瑪竇・李之藻共著　同文算指　前編二巻 通編八巻(数学書)。
同　圜容較義、一巻(幾何学書)(2)。

これらの科学書がことさら禁書に指定されたのは、いずれも布教の手段として編述されたもので、序文には往々にして教義に関する記事が見えているので、このことが理由の一つと考えられる(3)。しかしながら、それにもまして、これらが勧法書を多数含む『天学初函』に収められていたため、一括して禁書に指定されるにいたったものと見るべきであろう。たとえば、これらのうち、『天問略』は、寛永十六年にそれが単独で輸入された際、売買が許可されている(4)。なおまた将軍吉宗による享保の新令(緩和令)において、『天学初函』中、器編九種(『表度説』を除く)および理編の『職方外紀』、『交友論』等が禁書を解除されたが、その後明和八年(一七七一年)にいたり、『天学初函』が輸入された際、その中に勧法書が含まれているという理由で、すでに解除された科学書をも含め、これが差戻しの処分を受けている(5)。これらによれば、『天学初函』が禁書に指定されたことは、それが自然科学書の排斥を何ら意味するものではなかったことが知られよう。

つぎにオランダ船の舶載する蘭書については、もちろんキリスト教関係書の輸入には禁止措置がとられた。しかし、科学書の舶載は、これを認めているのであって、一六四一年(寛永十八年)十月三十一日の蘭館日記によれば、商館長は「印刷した書籍は、医薬、外科、航海に関するものの外は日本に持つて来てはならぬ、この事はバタビアに着いて必ず総督に報告すべきである」と申し渡されている。(6) なお右の日記によれば、オランダの科学書が献上物として利用され、あるいは封建諸侯の注文によって輸入された例も少なくない。(7) 要するに、鎖国当時にあっては、幕府がことさら西洋学術を嫌忌し、あるいは排斥したという事実がほとんど見あたらないのである。

このような幕府権力側の態度に呼応するかのように、この時期には、西洋学術をキリスト教と結びつけて排斥するという思想も、管見の及ぶかぎりでは、ほとんど認められない。たとえば、当時の代表的な排耶書である、ころびきりしたん不干ハビアンの『破提宇子』(8)や同じく沢野忠庵の『顕偽録』(9)を検討して見ても、それらは『吉利支丹物語』(10)等のごとき俗書とちがって、一応教理に対する批判が含まれているが、しかし、西洋学術に関する批判や記載がまったく認められないのである。

もっとも、西洋学術排斥の思想が当時存在しなかった、というのではない。有名な林羅山の『排耶蘇』(慶長十年一六〇五年)にみえる西洋学術批判のごときが、その一例として挙げられよう。(11) しかしながら、同書によって知られるかぎりでは、羅山は、耶蘇会士不干ハビアンの説く地球球形説を朱子のいわゆる天円地方説によって批判しているにすぎず、そこには西洋学術をキリスト教と結びつけて、これを排斥するという思想がなんら認められない。しかも、上記のごとく、羅山的な西洋学術排斥思想すらも、禁書政策に反映することなく、幕府は西洋学術書の輸入を、原則として認めているのである。というのも、儒学が封建社会の観念的支柱としての地位を獲得するのは、幕藩体制が確立した慶安・寛文以降であって、この当時、儒者はいわゆる記誦文筆の徒として遇せられていたにすぎない。(12) それにまた、当時の幕府にとって、禁教政策は純然たるイデオロギーの問題であるよりも、むしろ封建的統一の障害をおそれての措置であった[13]。したがって、直接キリスト教と無関係の西洋学術や文化に対し、あえて禁止の措置をとる必要を認めなかった。そのため、禁書令において勧法書のみを禁書に指定し、「其外の書中に邪宗門の噂国俗風儀等之儀書入候分は其儘にて商売被仰付候」というほどの寛大な態度をとりえたものと考えられる。

　幕府が西洋学術そのものをかならずしも嫌忌しなかったのは、鎖国当時ばかりではなかった。つぎにこのことを貞享の厳令を中心に考察してみよう。

　貞享二年（一六八五年）、たまたま唐船のもたらした勧法書『寰有詮』が検閲にあたった長崎の儒者向井元成の発見するところとなり、これ以後禁書政策が極度に強化されるにいたった。『御制禁御免書籍訳書』には、その内容をつぎのように伝えている。

　貞享二丑年、右三拾二種（寛永七年の禁書）之外、寰有詮と申天主教勧法之書、唐船持渡之内より向井元成改出し言上仕候処、焼捨被仰付候、以来者邪宗門之事相記候書者、一句半言ニ而も可申上旨被仰渡候ニ付、其後者耶蘇之儀者勿論、其徒利瑪竇等之噂、人物風俗聊ニ而も書載有之分者、申上候時々焼捨、或者墨消ニ相成、御禁書被仰付候（下略）[14]。

　このようにして「欧羅巴人利瑪竇等が作三拾弐種之書并邪宗門教化之書」に限って禁書とし、「其外の書中に邪宗門之噂国俗風儀等之儀書入候分」については、これを許可した先の指令に代って、「耶蘇之儀者勿論、其徒利瑪竇等之噂人物風俗聊ニ而も書載有之分」まで、禁書に指定された結果、当然ながら科学書の輸入も極めて困難となった。すなわち、『御制禁御免書籍訳書』の前掲引用文につづいて、貞享二年より正徳二年（一六八五年―一七一二年）にいたる間に、検閲に触れた書目が十六種掲載されているが、そのうちには、『地緯』、『天経或問後集』、『三才発秘』、『方程論』等の科学書が少なからず含まれている。なお享保の新令ののち、はじめて輸入された西洋科学書、『暦算全書』に建部賢弘が序文を記して、「臣謂《ク》西土暦《ノ》比《スレハ》㆓之《ヲ》中夏《ニ》㆒、其浅深猶㆔皮相《ノ》之与《ト》㆓骨髄㆒、而国家故事厳禁㆓耶蘇㆒、凡有㆓天主耶蘇号及李瑪竇等之姓名㆒者《ハ》不㆑問㆓書《ノ》好否㆒、一切《ニ》焚㆓諸《ヲ》崎陽之地㆒、西暦之不《ル》㆑講《セ》以《ス》㆑此」(15)と述べているのは、貞享の厳令がいかに科学研究の障害になったかをよく示している。それならばこの時期において、ことさら輸入書籍の取締りを厳にしたのは、いかなる理由に基づくのであろうか。

貞享二年といえば、文治政治の最盛期をもたらした、五代将軍綱吉の初世にあたる。周知の通り、幕藩体制の物質的基礎たる本百姓が全国的に成立固定化をとげ、また他方では、その上に立つ支配機構が制度的に完成をみるのは、慶安・寛文のころである。これに伴って、幕府は従来の武断的諸政策を緩和するとともに、幕初当時、記誦文筆のゆえに採用した儒学をもって、いまや統治の指針としつつ、体制の維持存続を図るにいたった。いわゆる文治政治への転換がこれである。当時の儒学界はすでに藤原惺窩や林羅山らの啓蒙的段階から脱皮して、ようやく本格的な研究が開始されつつあった。しかるに、幕府はことさら林家の家学、朱子学を庇護し、これを官学たらしめて教化の具とするとともに、思想の統制と画一化を図った。その結果、熊沢蕃山、山鹿素行のごとき反朱子学系の儒者が弾圧されたのみでなく、(16)これとともに、宗教統制も強化され、寛文五年(一六六五年)には、諸宗寺院法度および諸社禰宜神主法度の統一的宗教統制法が制定された。(17)のみならず、寛文三年に武家諸法度が改正されるや、とくにこれにキリシタン禁制の箇条を加え、(18)(補註)これとともにキリシタンに対する弾圧も一層熾烈となった。しかもその結果、寛文八年(一六六八年)の大検挙を境に、教徒がほとんど根絶されるにいたっている。いま一例として、豊後の場合を挙げると、万治三年(一六六〇年)から天和二年(一六八二年)までの検挙者の総数は、五百十七人で、内訳はおよそ左の通りである。

万治三年	三七	寛文十年	六
寛文元年	二四	同十一年	九
同　二年	二四	同十二年	三
同　三年	四三	延宝元年	三一
同　四年	二三	同　二年	一
同　五年	二九	同　三年	一
同　六年	七	同　七年	一
同　七年	一六	天和元年	四
同　八年	二三〇	同　二年	一
同　九年	二七	総計	五一七(19)

こうして貞享初年のころには、すでに度重なる探索にもかかわらず、一人の教徒も発見されないまでになった。しかるに、幕府は貞享三年(一六八六年)にいたり、諸大名に令して、

切支丹宗門改之儀累年御制禁今以其通りに御法度に被仰出候、然る所以前九州筋より年々切支丹等出し候へ共、近年は一人も出不申候、自然は御法度忽がせにも可罷成哉と被思召候間、領内弥以無油断穿鑿相改候様に在所へ可申遣候事。(20)

と、キリシタン検挙を励行させているのである。

さて、貞享の厳令の政治的思想的背景がかかるものであったとすれば、それが文治政治の展開に伴うキリシタン禁圧強化の一環として、発せられたことは、容易に理解されるであろう。しかも、それが西洋学術書の輸入を困難なら

しめ、その研究をほとんど不可能にしたといっても、それはあくまでキリスト教思想防圧の結果にすぎない。いいかえれば、この時点にあっても、幕府は西洋学術そのものに対して無関心であった。のみならず、西洋学術をキリスト教と結びつけて、これを排斥する偏見が、たとい一部知識人の間に存在したにしても、それは例外というべきであって、かかる偏見が、現実において、西洋学術の輸入の障害となったことを示す証拠がほとんど見あたらない。また前掲の貞享の厳令にもなんら反映していないのである。

なるほど、幕府のキリシタン迫害強化の政策に対応して、このころ儒者の間に排耶論が活発となるのも事実である。すなわち、熊沢蕃山の『集義和書』、『集義外書』、『大学或問』、『三輪物語』等に、これが散見するのをはじめ、林羅山の『草賊前記』や『示石川丈山書』、長崎の儒者向井元升の『知耻篇』等にも、それが見えている。しかしながら、それらはキリスト教そのものを排撃するというよりも、むしろこれを含めて反儒学、反朱子学思想の排撃に重点が置かれているのであって[21]、そこでは、西洋学術そのものがほとんど問題とされていない。なおまた、これとは別に、鈴木正三の『破吉利支丹』(寛文二年一六六二年)、釈恵中の『海上物語』(寛文六年一六六六年)、浅井了意の『鬼利至端破却論伝』(寛文年間)、著者不明『吉利支丹退治物語』(寛文五年一六六五年)等の通俗排耶書が、寛文期に多数刊行されている。しかしながら、これらにあっても西洋学術そのものについては、何ら言及するところがないのである。というのも、当時西洋学術は長崎出島のオランダ人を介し、あるいは漢訳書を通じて研究される機会があったにしても、その影響力はきわめて乏しく、したがって、旧学問、旧思想の側を刺激することがほとんどなかったからであろう。事実、西洋学術排斥思想が活発に展開されるのは、それが旧学問に対抗し、その思想を動揺せしめるまでに成長した蘭学勃興以後なのであって、このことが右の傍証となり得るであろう[22]。

しかしながら、より基本的な理由として、つぎの事実が挙げられねばならない。すなわち、封建制度の物質的基礎である農村における自給的生産が維持され、それなりに社会が安定していたかぎり、科学技術の改良はことさら社会的関心とはなり得なかった。幕府がキリシタン禁圧のために、西洋学術研究を不可能ならしめるがごとき厳令をあえて施行したのは、かかる社会経済的諸条件の下においてであった。しかも、科学技術に対する社会的無関心は、西洋学術そのものに対する無関心ともなり、その結果、儒者の間においてさえ、西洋学術批判が生れなかったものと考えられる。

それはともかく、白石以前において、キリスト教と西洋学術とを邪教の名の下に結びつけて、これを排斥するという偏見がかならずしも一般的には存在しなかったことは、以上によって明らかにされたと思う。

(1) 近藤正斎全集、第三巻、『好事故事』、二一五頁。
(2) 同、二一五―六頁。伊東多三郎「禁書の研究」、歴史地理、六十八ノ四・五。なお禁書指定書が三十二種となっているが、事実は『天学初函』十九種、ほか十一種で、計三十種である。これは、『天学初函』器編中、『測量法義』と『同異同』を、二種にみなしたほか、理編所収の『西学凡』の附録『景教流行中国碑頌并序』を一種として、独立させたためである(伊東、前掲論文)。
(3) 中村喜代三「徳川幕府の禁書政策」(上)、史林、十一ノ二。
(4) 前掲、『好書故事』、二一八頁。
(5) 同、二一七―八頁。なお解禁書目については、中村前掲論文中(史林十一ノ三)所引の『御制禁御免書籍訳書』に拠る。
(6) 村上直次郎訳『長崎オランダ商館の日記』、第一輯、一二一頁。
(7) 沼田次郎『洋学伝来の歴史』、一一頁。
(8) 続々群書類従、第十二、所収。
(9) 正宗敦夫編、日本古典全集、所収。
(10) 続々群書類従、第十二、所収。
(11) 林羅山文集、六七二―三頁。

(12)　平重道「寛文六年山鹿素行配流事件の思想史的意義」、文化、二十ノ五。甲元武士「近世前期における異学の禁圧について」、歴史評論、二十九。
(13)　伊東多三郎「近世初期に於ける思想の形態と耶蘇邪教観の形成」(一)、歴史学研究、三ノ五。
(14)　伊東多三郎「禁書の研究」上、歴史地理、六十八ノ四。
(15)　宮内庁図書寮本、(平山諦氏の示教に拠る)。
(16)　甲元・平、前掲論文。
(17)　御触書寛保集成、寺社之部、六〇八—九頁。
(18)　御触書寛保集成、武家諸法度之部、六—八頁。寛文度の武家諸法度は、寛永度のそれに多少の修正追加を加えたものであるが、あらたに追加されたのは、左の二ヵ条である。
〔第十九条〕耶蘇宗門之儀於国々所々弥堅可禁止之事。

〔第二十条〕不孝之輩於有之者可処罪科事。

このうち、後者は、いうまでもなく、文治主義思想に則った教諭法であるが、これとならんで、耶蘇宗門禁止が基本法に明記されているのは、文治政治のもつ思想抑圧的側面を表わすものとして、注意すべきであると思われる。
(19)　姉崎正治『切支丹宗門の迫害と潜伏』、二六九—七〇頁。
(20)　『長崎略史』、下、一九頁。
(21)　伊東多三郎「近世初期に於ける思想の形態と耶蘇邪教観の形成」、歴史学研究、三ノ五・六、参照。
(22)　高橋磌一『洋学論』、一六二頁以下。なお本書、第一篇、第四章、および第二篇、参照。
〔補註〕　徳川禁令考所収の寛永十二年改正の武家諸法度には、第十九条に耶蘇宗門禁止の条項が見えている。そして、これが一般に引用されているようである。しかるに、これには、禁令考の編者が「天和ノ諸法度此条ナシ、宝永諸法度ニハ第十七条中ニ此旨ヲ含蓄ス、享保以後ノ諸法度並ニ此条ナシ、然レトモ耶蘇厳禁ハ当時ノ士民並ニ恪守スル所ナリ、則嘉永六年ノ達書ニ其旨アリ後ニ収載ス」と註記している。これによれば、寛永度の法度には、この条項が欠けていたと考えてよいのではないか。事実、寛保御触書集成所収の寛永度の武家諸法度には、この条項が欠けているのである。

第三節　『乾坤弁説』に見える西洋学術観

以上において、われわれは西洋学術排斥思想が、鎖国当時はもとより、その後においてもかならずしも一般的には存在せず、またそれが西洋学術の研究をはばんだという事実がないことを知った。しかし、もちろんそれは、かかる思想が皆無であったことを意味するものではない。本節では、その一例として向井元升の『乾坤弁説』をとりあげ、西洋学術排斥思想の論理を明らかにするとともに、朱子学思想を媒介とした西洋学術研究の限界を検討したいと思う。

『乾坤弁説』は、ころびきりしたん沢野忠庵(Christovão Ferreira)が西洋学術書を翻訳したものを本説とし、これに長崎の儒者向井元升が官命により批判を加えた弁説からなる。本説は天動地球説を中心に、中世的な科学知識を集大成したもので、四巻からなり、そのうち、はじめの二巻は「天地之事」と題され、宇宙の生成および構造を説いたものである。あとの二巻は実証的な天文暦学に関する記述で、「天部」という題名をもつ。なお本説が成ったのは慶安三年(一六五〇年)で、元升の弁説は、おそくも万治二年(一六五九年)までに完成していたもの、と推定されている。(1)

さて、元升は同書のはじめに「四国学例」なる一項を設け、ここで日本、震旦(中国)、天竺および南蛮(西洋)の四カ国の学問の特色を論じている。すなわち、かれによれば、理気陰陽五行説をもって「論学窮理」の方法とするのは、日本と震旦である。これに対して、南蛮および天竺は土(地)水風火の四元素説に拠っている。つぎに右の両説を震旦および南蛮によって代表させると、まずかれは震旦についていう。

震旦は聖人の教儒者の学也、其天地万物を論ずるは、理気陰陽五行の説に詳にして、学を論じ、理を窮るゆへに、理気陰陽五行の外に、天地日月もなく、人倫万物もなく、理気陰陽五行を修する外に道義もなく、理気陰陽五行の大和保合の外に性徳もなく、理気陰陽五行の外に、過去もなく未来もなき事を、知覚悟了する物也、是故に天地万物、鬼神幽明、生死魂魄、千変万化、其理窮り尽して、うたがひ無もの也。(2)

右から明らかなように、かれが理気陰陽五行説の特質と認めるのは、それが自然と人倫とを貫通する理論であるという点である。しかるに、南蛮の四元素説はそうではない。

南蛮学の説には、万物の本元は土水風火之四大也、此四大和合して万物生成する物也、故に万物の体に、骨肉は土の類也、血水は水の類也、温煖なるは火の類也、気息運動は風の類也、此外には万物の体に具はる物なし、其性徳は寒熱湿燥之四ッ也、此外に性徳なし。(中略)偖四大の在処は、土は最下にあり、水は其上にあり、風は水の上にあり、火は又風の上にあり、火大の上は天也、天は各別の体にて、四大の類に非ず、故に寒熱湿燥の四気の性徳もなし、万物の本元となることなしといへり、是によつて五行の説を疑ひ、理気陰陽を不レ知、只形器の上の工夫而已也、是を以て形已上の義に於ては、暗にして明ならず、疑へども恐れて不レ弁して、其論学只形の上の説に詳也。(3)

このように元升は四元素説が物質構成の理論にすぎない点を指摘し、南蛮学(西洋学術)をもって「只形器の上の工夫而已」と評している。これによれば、あえて白石の認識をまつまでもなく、西洋学術を知るものにとって、それが「形器の学」にすぎないことは常識であったことがわかる。

ところで、元升によれば、南蛮学はまさにこの点において、邪教たるキリスト教と結びつく必然性をもつ。なぜならば、それは形而上学と非連続的な、単なる形器の学にすぎないがゆえに、これを信ずるものは、「是を以て三世の理にくらく、天堂地獄之説に迷ふ」ことを不可避とするからである。しかも、それは理気陰陽の義に拠らざるがゆえに、形器の説そのものも「凡鄙俗義」であって、俗耳に入りやすい。そこで宣教師は、これをもって布教の手段とするのである。それゆえ、「蛮学は邪見偏僻にして、過去未来の説を勧る時は、幻化の説多し、実に異端妖説也」と、元升は結論づけている。(4)

以上が元升におけるキリスト教と西洋学術との連続観の論理である。われわれはこれによって、両者の連続が実はまったく外面的なものにすぎないということを知り得る。しかも、右の連続観が、自然と人間とを貫通する理気陰陽五行説そのものの是認に必然したところの観念である以上、西洋学術が真にキリスト教から切り離されるためには、理気陰陽五行説の分解が前提条件とならねばならぬということが、これから当然帰結されよう。

つぎにそれならば、かかる元升的な立場に立つ限り、南蛮学を移植する可能性がまったく鎖されていたか、どうかについて考えてみよう。そこで、本説における元升の西洋学術批判を検討してみると、元升は「天地之事」二巻に含まれた蛮説二十四項目のうち、十四項目を邪説として斥け、「天部」では二十九項目のうち、六項目に論難を加え、他については、おおむねこれを是認ないし黙認している。

もともと元升は、キリシタン時代以来の南蛮学の伝統をとどめた、長崎に住み、ことに南蛮流天文学者林吉左衛門に師事した、と伝えられることからして、(5)西洋学術にある程度の理解を有していたことが想像されるのであって、これが観念的には西洋学術を排斥しながら、他方では、蛮説の多くを是認するにいたらしめた理由であろう。とくにかれが「天部」の大部分を是認しているのは、宇宙の生成や構造を説く「天地之事」と異なり、そこでは、天文現象が比較的ではあるが、実証的に説明されているので、元升としても否定する余地がなかったからだ、と思われる。しかしながら、元升はこれらを単に実証性のゆえに是認しているのではない。たとえば、「天地之事」の第八「世界円相成事」に見える、地球球形説をかれは是認しているが、それは朱子の天円地方説に固執して、これを排斥した林羅山に較べれば、たしかにすすんだ認識である。しかしながら、かれがこれを是認するにあたって、「儒家の説に、天地の形体は鶏卵の如し、天の地の外を包むことは、卵殻の清外を包むが如し、地の天中にあることは、黄清の清中に有が如し」と、古説に見えることを以て、その根拠としているのである。[6] またかれは、これと天円地方説との矛盾についても、「儒書に、天は円にして地は方也と云説あり、是は地の形体の四角成と云義には非ず、地には東西南北の四方を分て、春夏秋冬の義を述ぶ、是によつて方也と云也、東西南北の四方の意也」と強弁し、かくて「南蛮学家の説誤りなし」と、これを是認しているのである。[7] しかも、蛮説の実証的な方法に対して、

然るにたとへを引、証拠を引て明白也と雖ども、たゞ形体の上の議論にて（中略）、天地陰陽の理に能通したる人は、蛮説の証拠を聞ずと雖ども、能其理に明にして、天地日月の形体を知覚するものなり、蛮学士は本より理気陰陽を知ざる故に、理を以て人に示す事あたわず、唯偏に形の上の工夫論弁耳也。[8]

と、むしろこれを否定するごとき口吻を漏らしている。

なおこれと同様の例は、外にも少なからず見られる。たとえば、第十一「地大は天の正中成事」には、

地は天の正中に有事其論儒医の説と同じ、但し其論弁証拠煩鋪、重複して理趣決し難し。[9]

とあり、第十三「地体動揺なき事」には、

地体は動揺せざるの弁論よし、詳也、但陰陽性情の至理を以て述ず、只形の上に付て論ずる故に、たとへを引証拠を取こと多し。（中略）其説儒医の両家に詳也。[10]

とある。さらに「天部」の第二「天の形之事」には、

天形至円の説誤りなし、然れども蛮学の術は、器形に就て論弁工夫する故に、例を引き証拠をとり、彼れと是れとを較べ、彼方此方と比ぶるに非れば、工夫を付て理を論じ、人に示すことあたはざるもの也。[11]

とあり、その他、第四、第八等にも、同様な例が見られる。とくに第八「天図之事」において、元升は、天文学はも

と堯舜の道が四方に転伝したもので、南蛮人はそのうちの形の上の学のみを学んだにすぎないとし、それゆえ「天度運行、日月星辰の行度、能く聖人の法と叶へり、然ども理気の説を知らず、故に道徳暗く、理に迷ふ」(12)と、評している。

以上の例から知られるように、たとい蛮説が是認されたにしても、それは儒説に一致し、理気陰陽五行説と妥協が可能な限りであって、しかも、実証性を重んずる蛮説は、そのゆえをもって煩瑣と評され、あるいは理気説を知らざるがゆえに、道徳に通ぜず、と非難されているのである。

しかしながら、他方では、とくに「天部」に関しては、ほぼ無条件に是認されている項目がないわけではない。のみならず、その中には、儒説にまさると評せられているものもある。たとえば、第十八「日夜長短の事」には、

日夜長短あること、国により南北のかわり有こと、論弁最詳也、儒家、暦家説、布（ママ）を如レ是つくすべからず。(13)

とあり、また第二十二「日月大小之事」には、儒説を引用してこれを肯定したのち、「然れども其詳明成こと、蛮説の能く尽したるに如ず」といい、また「蛮学の工夫此上なき物也」として、これを賞讃している。(14) ただし、それらについても「蛮学は只能物を以て比す、例を考へ証を引て其説詳也、故に其理有に似たり」と、その実証性をたたえるごとくでありながら、「但是形器の上に付て方比して人に示す、凡俗安心眼可レ慎」という、限定をつけることを忘れてはいないのである。(15)

そこで、われわれは以上における元升の蛮説批判から、つぎのような結論を引きだすことができるであろう。すなわち、朱子学系の儒者であった向井元升にとって、当然ながら人倫と自然とを貫通する理気陰陽五行説こそ、絶対的なものとされた。しかも、それが究極において経典を根拠としている以上、西洋学術がいかに実証的であっても、これが是認されるためには、古文献による裏付けを欠くことができない。かれが蛮説を是認するにあたって、ことさら

古説を引用したのは、そのような意味においてであった。したがって、朱子学思想を媒介にして、西洋学術の移植がなされるとすれば、それが理気陰陽五行説と抵触せず、あるいはこれと妥協しうる限りのことであり、しかも、かかる制約の下において移植された西洋学術とは、断片的な知識にほかならないということになる。元升の弁説は、かかる朱子学思想の限界を明示するものとして、きわめて興味深いと思われる。

（１）杉本勲「命理の天学について」、日大文学部研究年報、昭和二十八年度、第二分冊。なお本節および次節は杉本氏の上掲論文から示唆を受けたところがすくなくない。
（２）文明源流叢書、第二、七頁。
（３）同、六頁。
（４）同、六―七頁。
（５）古賀十二郎『西洋医術伝来史』、七四頁。
（６）(７)（８）前掲、文明源流叢書、第二、二九頁。
（９）同、三五頁。
(10)同、三八頁。
(11)同、五八頁。
(12)同、六七頁。
(13)同、八一頁。
(14)(15)同、八五頁。

第四節　西洋学術観の更新

前節で述べた向井元升の西洋学術観は、かならずしも当時の通念とされたものではない。それにもかかわらず、これが官学として思想界を支配していた、朱子学思想から帰結されたものである以上、その克服が貞享厳令の緩和とならんで、来るべき蘭学成立の前提条件をなすものであったことは明らかであろう。ところで、かかる条件をもたらしたものは、封建社会の安定にともなう経済的進展であり、またこれにつれて生じた自然科学勃興の気運であった。まずこれを農業技術と関連する農学の分野について見ると、農村に商品経済が浸透するにつれて、生産者側に技術改良の要求が生じ、また他方では、財政支出の増加に苦しむ領主側でも、同様の必要にせまられたこと、これらが起因となって、農業技術や知識の集成、整理が試みられ、『百姓伝記』、『会津農書』、『才蔵記』等を経て、これらの知識を集大成した宮崎安貞の『農業全書』が出版されたのは、元禄十年(一六九七年)のことである。(1) また本草学(博物学)では、はじめ儒者の手により「窮理」の方便として、中国の本草書の翻訳・紹介が行われていたにすぎなかったのが、やがて経済的進展にともない、向井元升の『庖厨備用倭名本草』、野必大の『本朝食鑑』、貝原益軒の『大和本草』等に見られるごとき、国内有用植物の調査、蒐集となり、さらに享保のころには、阿部将翁、田村藍水らにより物産学というべき部門が、新たに開拓されるにいたった。(2) さらに医学では、「親試実験」を主張する古医方が、名古屋玄医によって提唱されたのは、元禄のころであり、その後、後藤艮山、香川修徳、山脇東洋を経て、吉益東洞によって大成された。しかも、その間、かれらの「親試実験」の主張は、病症に応じた薬方を探究するという、本来の意味から転じて、動物・人体の解剖にまで進み、宝暦四年(一七五四年)に、死刑囚の解剖を親しく調査した山脇東洋により、『蔵志』の著述を見るまでにいたっている。(3)

このような気運にともなわれて、元升に見られたごとき西洋学術観も、また更新されるにいたった。通説では、西洋学術の優秀性を認識した功績をもっぱら新井白石に帰しているが、これは事実に反する。すでに白石より以前に、九州の儒者貝原益軒が、楢林鎮山の医書『紅毛外科宗伝』(宝永三年 一七〇六年)に序文を寄せて、

和蘭国、又名紅夷、其国僻遠在二極西一、然近古以来、彼土之商舶、毎歳来二湊于長崎港一、寄客絡繹而不レ絶、其国俗窮理、往々善二外治一、治二療病一有二神効一、其術可レ為二師法一、我邦人学レ之者不尠矣、其法比二並中夏一、為二端的捷径要約一而多レ効[4](下略)。

と、ヨーロッパ人の特色を「窮理」に見出し、オランダ医学を賞讃している。またおなじころ、長崎の天文学者西川如見も自著、『天文義論』(正徳二年一七一二年)の中で、天文学を「命理ノ天学」と「形気ノ天学」とに分類して、後者に進歩の事実を認めることによって、西洋学術の優秀性を是認しているのである(後述)。したがって、白石の認識は、かかる西洋学術認識の気運を反映した事例の一つとみなすべきであって、かれにおいてはじめて、西洋学術が再認識されたとする通説は、誤りといわねばならぬ。

しかしながら、問題はこれにとどまらない。向井元升が西洋学術を「凡鄙俗義」と評したのは、それが理気陰陽五行説を窮理の方法とする朱子学と異なり、物質構成の理論にすぎない四元素説に拠っているからであった。しかも、かれによれば、まさにこのゆえにそれがキリスト教と結びつく、とされたのである。しかるに、白石にしろ、益軒、如見にしろ、かれらが、元升とは反対に、西洋学術の優秀性を認識したといっても、いずれも朱子学系の学者であった。そこで、かれらがその認識を徹底させるとすれば、それは当然、元升のいわゆる理気陰陽五行説の否定にまでいたらなければならぬ。さらにキリスト教と西洋学術とを切り離すことについても、そのためには、理気陰陽五行説が否定され、儒学が人倫の学として純化されることが前提となる。もしそうでなければ、元升的な連続観を根本的に抹殺することは不可能であろうし、またそうすることによってはじめて、人倫の学としての儒学と、形而下の学たる西洋学術との共存が、理論的に可能となるはずだからである。このように見るならば、貝原益軒が、その晩年、『大疑録』を著わして、朱子学に疑問を投じたことは、とくに注目にたるものと思われる[5]。しかるに、これに対して、朱子学本来の思想をあくまで固持しようとすれば、すでにわれわれが元升について指摘したごとく、経典の権威を介して、西洋学術の断片的な移植を図るほかないであろう。ここでは、とくに西川如見の『天文義論』に拠って、右の点を検討してみようと思う。

西川如見(慶安元年—享保九年 一六四八年—一七二四年)は、『華夷通商考』の著者として知られているが、しかし、かれの経歴について、詳しいことはわかっていない。かれは長崎の地役人の出身で、京都の儒者南部草寿について朱子学をおさめ、また天文学を南蛮流の天文家小林謙貞に学んだ、といわれる。天文学関係の著書としては、『天文義論』のほかに、『教童暦談』(貞享二年 一六八五年)、『右旋弁論』(元禄十二年 一六九九年)、『両儀集説』(正徳四年 一七一四年)、『天文精要』(同年)等がある。(6)

さて、如見が天文学を「命理ノ天学」と「形気ノ天学」とに分類したことは、さきに述べた。「命理ノ天学」とは、道徳性命の学であり、「形気ノ天学」は、実測的な天文学を意味する。すなわち、かれが『天文義論』のはじめに、天の概念には二義あることを指摘し、一つを「命理ノ天」、他を「形気ノ天」とし、前者について、「命理ノ天ハ声色ニ非ズ、近ク人身ニ在リト云トモ、是ヲ窮メ知ルコト難シトス、僅モ差フ時ハ邪路ニ入去ル」とし、また後者について、「形気ノ天ハ蒼々トシテ人ノ頭上ニアリ、仰デ七曜衆星ノ易ル易ル運行スルヲ観ル、是ヲ測リ是ヲ験ムル時ハ、遠シト云トモ近ク識リ安キ事アリ」と述べていることから明かであろう。(7) ところで朱子学系の学者であるかれにとって、両者は、実は不可分の関係におかれていた。

夫レ此ノ両天ノ位ヲ論スル時ハ、命理ハ上ニシテ形気ハ下トス、然レトモ元相離ル、事ナク、先後高下無シ、須臾モ其形気ヲ離ル、トキハ、其命理モ亦掛塔スル所無シ、命理常住ナルカ故ニ形気モ又常住也、此二ツノ天ヲ学フハ同ク是ヲ天学ト可レ言、人ハ天ノ霊也、其道ハ天ノ道也、其学天学ト不レ云事ヲ得ンヤ、七曜衆星高下左右進退乾々トシテ止ム事ナキハ、是天ノ至道ナラン。(8)

ただし、「命理ノ天学」は形に依らざるがゆえに、「其是非微ニシテ見得ガタ」い。しかるに「天文ノ学ハ専ラ形ニ依テ天象ヲ証トスルガ故ニ、質測ノ法ヲ以テ是ヲ窮メ正ストキハ、其是非紛ル、処ナシ(9)」と、このようにかれは、いわば方法論上から、両者を区別する。のみならず、

蓋シ性命道徳ノ学は理ニシテ上古明カニ末代衰フ、天地測量ノ術ハ事《ワザ》ニシテ、上古ハ粗ニ末代精シ、此故ニ天文ハ事ニシテ、末代漸ク精密ニ至レル者也。

として、実測技術に依存する「形気ノ天学」に、進歩の事実を認めている(10)。

かれはかかる見地に立って、西洋天文学の優秀性を指摘した。その理由として、かれが挙げているのは、地測をもって天文の験証とするという、航海天文学によって到達された、合理的な方法である。

唐土ノ天学ハ天測ヲ先トシテ地測ヲ後ニス、外国ノ天学ハ地測ヲ先トシテ天測ヲ後ニス、其至レルニ及テハ共ニ一渾天ノ測也、但シ天ハ限界ノ無レ可レ観、地ノ限界ノ可レ識アリ、是ヲ以テ先ツ地理ヲ窮メテ天文ノ験証トス、此故ニ当今ノ天学渾地ノ測法ヲ詳ニシ用テ天測ノ助益トス、暦学星学ノ徒ト云トモ地理ヲ不知者ハ不レ可レ得レ全《キコトヲ》(11)。

もちろん、これは「形気ノ天学」に関してであるが、しかも、そのゆえに「嗟惜哉、紅毛ハ形気ノ天学ニ達シテ、何ソ天理ノ天学ヲ知ラザルカ」と、かれは概嘆しているのである。この点では、西洋学術が形器の学なるゆえをもって「凡鄙俗義」とし、あるいは、キリスト教と結びつくとした元升の認識をかれが更新したといえそうに見える。しかしながら、「形気ノ天学」と「命理ノ天学」が、本来不可分の関係におかれたかぎり、かれの認識は、元升のそれと、本質的に異なるものではありえなかった。たとえば、かれは地球球形説を論じて、

此大地円体ニシテ、天ノ中央ニ在テ上下無キ事ハ中華ノ聖賢已ニ論シ置玉ヘリ、戎蛮始テ伝ヘタルニハ非ス、戎

蛮紅毛ノ徒ハ漸ク近世ニ至テ行舶漂流シ、大海ヲ窮メテ始テ大地ノ円体ヲ識リ得タリ、中華ノ聖人ハ海舶ヲ発スルコトヲ不レ用、四千年前既ニ居ナカラ是ヲ知玉ヒタルカ。[12]

として、これを『内経素問』その他の古文献に付会して、論証している。この点では、元升とまったく異なるところがない。しかも、如見は、さきに「形気ノ天学」に進歩の事実を認めた、かれの認識を否定するかのように、「唐土上古ノ天文如斯ニ明察也、豈戎蛮ノ説ニ習ハンヤ」と、上古においてこれもまた明らかであった、と主張しているのである。[13]このような矛盾と混乱こそ、かれの認識の限界を物語っている。

ところで、如見は、かかる矛盾をつぎのような論理をもって、解消しようとする。すなわち、かれが「明察」と評した上古の天文学は、中古以来その命脈が失われた。そして、その後宋儒によって、それが復活され、元明の間に整備されたものの、完全なものではない。そのため、今日の天文学しか知らないものは、たまたま戎蛮の説を聞いてこれを賞讃するが、それは誤りである。たとえば、明の万暦のころ、伝えられた戎蛮の天文説や測量器械は、すでに中国の上古に存在したものであり、「近世戎蛮ヨリ渡レル類ヲ見テ大ニ珍シトシ、唐土未タ不レ知レ之ト思ヘルハ、博ク唐土ノ書籍ヲ不レ見ル人ナレバ也」。そしてまた「戎蛮ノ天学豈璣衡渾天ノ説ニ異ル事有ランヤ」[14]と、かれは西洋天文学そのものが、上古の天文学と一致する、と主張するのである。したがって、かれによれば、天文学を志すものは、「璿衡渾儀ヲ経典トシ、古聖ノ語ヲ註解トシ、先哲ノ説ヲ撰ンデ可レ学レ之」とされた。[15]またかれが天文学の入門書として挙げたのは『尚書』、『内経素問』、史記の『天官書』、両漢書、晋書の『天文五行志』、『律暦志』等の古文献であった。[16]さらにまた「璿璣渾天ノ説ヲ悟明シ、暦元ヲ窮メタル人」が、かれにとって天文学者の名にふさわしい、とされたのである。[17]

以上によってわれわれは、かれの場合も元升と同様、古説との付会を通じて、西洋天文学が是認されている、という事実を知った。これこそ朱子学系の天文学者としての、かれの限界を示すものにほかならない。なるほど、かれが天文学を「命理ノ天学」と「形気ノ天学」とに分類して、後者に進歩の事実を認めることによって、これを西洋学術是認の根拠とした点では、元升の学術観を一応越えたものとみなすことができる。それにもかかわらず、両者が本来不可分の関係におかれていた以上、西洋天文学をそのまま是認することは許されない。すなわち、それが古説を媒介することにおいてはじめて、「命理ノ天学」と矛盾することなく、その体系の中に位置づけられることになる。たとえば、かれは太陽の大きさに関する儒説と洋説とを比較して、「是等ノ類ハ唐土聖人ノ所説無之故ニ、末代諸家ノ説異議有テ何レヲ正実トセン事ヲ不知」として、そのゆえをもって、

天学ニ志アラン人ハ唐土戎蛮ノ説ニモ従ハズ、唯自親推測シテ之ヲ用フ可シ、却テ正実ニ近カランカ。(18)

と述べているが、これから知られるように、かれにとって、「聖人ノ所説」が判断の規準をなすのであり、しかも、聖人の説のない限りにおいてのみ、「自親推測」することが認められるとするのである。またかれが洋暦と漢暦とを比較して、太陰暦による後者が、算法が複雑で誤差が生じやすく、しばしば改暦を必要とするのに対し、太陽暦による前者が、簡易で民用に足る、という事実を一応是認しながらも、陰陽説をもって、煩雑な太陰暦を擁護して、

暦ハ国家ノ重事ナリ、何ソ煩労ナルヲ厭ヒテ、粗略ノ法ヲ以テ善トセン哉。(19)

と断じているが、ここに科学に対するイデオロギーの優位が、歴然と示されている。それは、「形気ノ天学」＝宇宙論が「命理ノ天学」＝人性論に従属するところの、朱子学思想に必然する帰結にほかならない。

要するに、如見が、朱子学の立場を乗り越えて、「命理ノ天」＝道徳と「形気ノ天」＝自然とを、明確に分離し得なかった限り、西洋学術は、かれにおいても元升と同様、旧学問の中に包摂されるべき、断片的知識にほかならなかった、といえよう。

(1) 古島敏雄『日本農学史』、第一巻、四〇四頁以下。
(2) 尾藤正英「江戸時代中期における本草学」、東大教養学部人文学科紀要、第十一集。
(3) 有坂隆道「親試実験主義の展開」、ヒストリア、八。
(4) 古賀十二郎『西洋医術伝来史』、一三七頁、所収。
(5) 丸山真男『日本政治思想史研究』、六三―四頁。
(6) 前掲、杉本勲「命理の天学について」。
(7)(8) 『天文義論』、西川如見遺書、第二編、巻上、一丁。
(9) 同、五丁。
(10)(11) 同、七丁。
(12) 同、八丁。
(13) 同、八―九丁。
(14) 同、六丁。
(15) 同四―五丁。
(16) 同、巻下、二三丁。
(17) 同、巻上、六丁。
(18) 同、巻下、一一丁。
(19) 同、巻上、一三丁。

第五節　新井白石の西洋学術観批判

さて、以上の諸節において考察したところに基づき、最後に新井白石の西洋学術観を検討してみよう。すでにわれわれは、白石以前において、西洋学術をキリスト教と結びつけて、これを排斥するという思想が、たとい存在しても、それが事実上西洋学術の研究をはばむほど、有力なものではなかったことを明らかにした。したがって、白石の西洋学術観をもって、キリスト教から西洋学術をきりはなしたという意味で、洋学勃興の糸口を開いたと評価することは、もはや無意味であるといわねばならぬ。そこで残された問題は、かれがたとい西洋学術の優秀性を認識したとしても、それが来るべき蘭学勃興の思想的前提をつくったと評価されるほど、徹底したものであったかどうかを検討することである。

白石の思想が朱子学をその根幹としていたことは、まぎれもない事実である。(1)もっとも、かれがかならずしも熱烈な朱子学の徒ではなく、ことに形而上学については、さしたる興味をもたなかったことは、同時代の朱子学者室鳩巣によって指摘されている。

新井氏も経学第一被仕とは見へ不申候得ども、兎角経学無之ては何事も無益事とは常々被申候、其身は豪邁に候故、経書の大義は明に候得共、精密なる事はいかゞ可有之候哉、先日も近思録殊勝の書に候、今以折々取出し見候て致自省申候、同じくは道体の篇など不入物に候、克己為学のあたり親切成物の由被申候、道体の篇など不入物と被申候にて相知れ申候。(2)

しかしながら、このことは、もちろんかれが朱子学に対して、批判的であったということを意味するものではない。おもうに、かれの学問が、将軍の政治顧問として政治に直結していた関係から、実学が重視された結果、経学について、「精密なる事はいかゞ可有之候哉」との批判を受けるにいたったものであろう。しかしながら、これとは別に、かれが、経学がすでに完成の域に達したと解したことが、これにあえて専心しなかった理由の一つと考えられる。そして、おなじ理由から、かれは自国のおくれた歴史研究に志すにいたったのである。すなわち、かれは佐久間洞巌に宛

てた書簡の中で、

異朝の事聖学の事などは、異朝の書にあり余る事にて候。本朝にはむかしの実事をも考校し、今日政事の用の心得にもなり候やうのものとては、一部もなく候。口惜しき本朝の学文と存候よりこゝろざしも候(3)(下略)。

漢事のものはいかほども〳〵世に文賢のある事にて、其書もすくなからず候か、少しく書をも渉猟し候甲斐には、なにとぞ本朝の事古今の人々手をも下されず候事どもをとりあつめ置候はゝ、本朝に生れ候恩を報じ候ためと存じ候て、なにかど撰述候(4)。

と述べている。だから、かれが経学を第一とせず、老後を自国の歴史研究に捧げたといっても、それは、経学そのものに不信の念を有していたことを、何ら意味するものではない。この点、経典に対する既成の解釈に反対して、直接経典に即して、聖人の真意を明らかにしようとした、伊藤仁斎や荻生徂徠とは、全く立場を異にするといわねばならない。

さらにかれの思想が、朱子学内のものであったことを示す具体例として、かれのキリスト教批判をとりあげてみよう。白石のキリスト教批判は、従来の邪教観を修正した点で、かれの開明的精神を示すものとして、高く評価されている。キリスト教邪教観とは、要するに、キリスト教の反習俗性や既成道徳に反する点をとりあげて、これをもって、国土侵略的な性格をもつ宗教とみなす思想であり、それは近世封建国家統一の過程において、形成された観念である。しかも、かかる観念は、キリスト教禁圧の過程の中で、『破提宇子』、『顕偽録』をはじめとする排耶書にうけつがれ、これらを介して、民衆の間に定着するにいたったのである(5)。

しかるに、白石は、潜入宣教師シドッチの尋問を介し、あるいはキリシタン関係の著書の研究によって、キリスト教の教理に通ずるにおよんで、かかる邪教観を修正するにいたっている。すなわち、かれは宣教師が諸国にその宗教

を布教する理由について、

彼法の師、諸国に渡り候而其法をひろめ候事、これ耶蘇の教と相聞え候、其故は、天主は天地万物の父母にて、一世界の人、皆これ兄弟にて候。父母の子を見候事は、男女少長をゑらばず、皆々同じ心にて、父母の心を以て其子の心とする時は、兄弟の間は相したしみ、相愛すべき事に而候。又子をやしなひ、子ををしゆるは父母の心にて候。其父母の心を、其子の心とする時は、兄弟の間は相やしなひ、相をしゆべき事、すなはち天主の心、天主の法にて候との義と相聞え候。(6)

と、その教理に必然すると述べ、それゆえ「彼国の人、其法を諸国にひろめ候事、国をうばひ候謀略にては無之」(7)として、キリスト教をもって侵略的宗教とみなす従来の俗見を否定したのである。

しかしながら、もちろん、かれは、キリスト教そのものを是認したのではない。かれがその教理の中で、とくに認めることができなかったのは、デウスをもって世界の創造者とみなす点であった。かれはいう。

今西人の説をきくに、番語デウスといふは、此に能造之主といふがごとく、ただ其天地を剏造《ハジメツク》れるものをさしいふ也。天地万物自ら成る事なし。必ずこれを造れるものありといふ説のごとき、もし其説のごとくならむには、デウス、また何ものゝ造るによりて、天地いまだあらざる時には生れぬらむ。デウス、もしよく自ら生れたらむには、などか天地もまた自ら成らざらむ。(8)

この批判が、「理」をもって宇宙万物の究極的な根拠とし、「未だ天地あらざるの先、畢竟また只是れ理、此理あれば便ち此天地あり、若し此理なければ便ち亦天地なし」(朱子語類、巻一)とする、朱子の思想に拠ったものであることは、疑う余地がない。なお、ちなみに、林羅山の『排耶蘇』に見える、天主造物説の批判をあげてみよう。これには、羅山と不干ハビアンとの問答が、つぎのように記されている。

春(羅山)曰く、天主天地万物を造ると云々、天主を造る者の誰ぞや。干(ハビアン)曰く、天主は始め無く終り無しと。天主造作と曰ひ、天主無始無終と曰ふ、此の如きの遁辞弁ぜずして明らかにすべきなり。春曰く、理と天主と前後有るかと。干曰く、天主は体なり、理は用なり、体は前、理は後なりと。春面前の器を指して曰く、器は体なり、器を作る所以は理なり、然らば則ち理は前にして天主は後なりと。干解せず(下略)。(9)

これと白石の前言とを比較するならば、両者の思想的同一性は明らかであろう。

ところで、白石にとって、天主造物説は、単なる観念上の問題にとどまらなかった。なぜならば、それは現実における道徳の問題と結びついていたからである。すなわち、かれによれば、キリスト教は「天主を以て、天を生じ、地を生じ、万物を生ずる所の大君大父なり」とする。そして、「我に父ありて愛せず。我に君ありて敬せず。猶これを不孝不忠とす。いわんや、その大君大父につかふる事、其愛敬を尽さずといふ事なかるべし」という論法で、天主への絶対忠順を説く。しかしながら、右に従えば、「家におゐての二尊、国におゐての二君ありといふのみにはあらず、君をなみし、父をなみす」ということになる。また「たとひ其教とする所、父をなみし、君をなみするの事に至らずとも、其流弊の甚しき、必らず其君を弑し、其父を弑するに至るとも、相かへり見る所あるべからず」と、このように天主造物説に拠るキリスト教が、封建道徳と相反することを、かれは指摘している。(10) それゆえにまた、キリスト教の侵略性を否定したかれも、キリスト教の布教の結果として、「其法盛になり候へば、おのづから其国に反逆の臣子出来候事は、また必然之理勢」と、断ぜざるを得なかった。(11) すなわち、かれは、明が滅亡した理由の一つとして、キリスト教の流弊をあげ、

ちかくは、大明三百余年の天下ほろび候事の端は、三ヶ条有之候。うち其一条は、此法行れ候故の由、たしかに其時の書に相見え候。大明のほろび候事は、大猷院様御他界の比の事に候。大明に而は此事の覚悟無之候と相見

え候処に、我が国にてはさきだち候て、彼法をきびしく御制禁被遊、於今此害一かた断絶仕候事、御名誉の御事と、乍恐奉存候事。

として、鎖国を謳歌しているのである。(12)

以上によって、白石の思想の根底をなすものが、朱子学にほかならぬことを明らかにした。そうだとすれば、かれが西洋学術の優秀性を認識したといっても、やはり、基本的には、西川如見に見られたごとき、限界があったとすべきではなかろうか。なるほど、かれの場合、如見のごとく、西洋学術と旧学問との妥協を図ったという形跡は、認められない。というのも、白石が実際上研究の対象としたのは、人文地理学であり、それは、天文学、物理学のごとき法則科学とは異なって、理気陰陽五行の諸範疇からなる、朱子学的宇宙論と抵触することが最も少ない、記述科学に属していた。そのため、かれが、これとかれ自身の宇宙観との矛盾を意識することなく、したがって、両者の妥協を図ることを必要としなかったもの、と考えられる。すなわち、この分野に関しては、如見にあっても「蛮夷ノ唐土ニ勝レル処ノ者ハ地理、行船術並ニ地図測度ノ器、唐土ニ入テ甚ダ談天家ノ助益タル事多シ」と、卒直にその優秀性を認めているのである。(13)したがって、かれの場合、如見のごとく、認識の限界を露呈することがなかったからといって、かかる限界から解放されていたとはいうことができない。すなわち、蘭学成立の思想的条件が準備されるとすれば、それは、朱子学における自然と人間との連続性が断たれ、儒学が、「修身斉家」ないし「治国平天下」の学として純化されるとともに、他方では、その結果として、自然研究が、イデオロギーの支配から解放されることでなければならぬ。しかも、かくてはじめて、「真の医理は遠西阿蘭にある」との杉田玄白らの認識と、同等の認識に達し得るはずである。しかるに、これは朱子学系儒者たる白石に、期待され得るはずのものではなかった。とすれば、白石の西洋学術認識をもって、蘭学成立の思想的準備を果したとする通説は、多分に疑う余地があるとしなければならぬであるう。

（1）たとえば、宮崎道生氏はつぎのように評している。「白石の学問は哲学宗教の方面が比較的手薄であつたことが推測されるので、その志向が『天下有用の学』であつたことと併せ考へる時、哲学的思弁は余り好みもしなければ得意でもなく、せいぐ\程朱の理気説に甘んじてゐたのではないかと考へられるのである」（『新井白石の研究』、六九一頁）。

（2）日本経済叢書、巻二、二七〇頁。

（3）新井白石全集、第五巻、五一九頁。

（4）同、五一七頁。

（5）伊東多三郎「近世初期に於ける思想の形態と耶蘇邪教観の形成」、歴史学研究、三ノ五・六。

（6）「天主教大意」、村岡典嗣校訂『西洋紀聞』（岩波文庫）、一三九頁。

（7）同、一四〇頁。

（8）村岡、前掲書、八五頁。

（9）羅山文集、六七三頁、（原漢文）。

（10）村岡、前掲書、七三頁。

（11）（12）「天主教大意」、一四〇頁。

（13）『天文義論』、巻上、七丁。

第二章　徂徠学と洋学

第一節　考察の視角

前章においてわれわれは、洋学勃興の思想的前提を準備した、といわれる新井白石の西洋学術観について検討を加え、かれの思想が朱子学の限界を越えるものでなかったかぎり、かかる評価を下しえないゆえんを明らかにした。そこで本章では、荻生徂徠の兵書『鈐録外書』に啓発されて、オランダ医学をこころざすにいたったという、杉田玄白の告白を手掛りとしつつ、(1)朱子学のアンチ・テーゼとしておこった古学の中でも、とくに徂徠学と洋学との関係について、考察を加えることにしたい。

さて、徂徠学が洋学勃興の思想的前提をつくりえたとすれば、さしあたって指摘されるのは、つぎの諸点であろう。すなわち、その一つは、徂徠学を含めて古学が、朱子学における「天人一理」思想を分解にみちびき、結果として、自然研究をイデオロギーの支配から解放したという点であり、つぎにいま一つは、とくに徂徠学において、近代的な技術思想に対比される、思想の萠芽がみられることである。そのうち、前者については、すでに丸山真男氏のすぐれた論考があるので、(2)ここでは、後者を主として、論を進めていきたいと思う。

周知の通り、古学は、朱子学が経典に対してもっぱら思弁的解釈を試みたのに対し、それは経典の客観的批判的研究を通じて、聖人の真意を明らかにしようとするものであり、とくに徂徠の場合、方法論として古文辞学を提唱し、かつまた最古の経典たる六経をもって、経典の基本とみなした。かくしてかれの到達した結論は、経典における「道」とは、「先王の道」にほかならぬ、ということであった。先王の道とは、要するに、六経に叙述された制度文物を意味する。それは、古代先王が治国平天下のために制作したものであるがゆえに、「先王の道」とよばれる。

先王の道は、先王の造る所なり。天地自然の道にあらざるなり。蓋し先王は聡明叡知の徳を以て、天命を受け、天下に王たり、その心一に天下を安んずるを以て務めとなす。是を以てその心力を尽し、その知巧を極め、是の道を作為し、天下後世の人をして是に由りて之を行はしむ。豈に天地自然に之あらんや。(3)(弁道)

ところで、朱子学にあっては、「道」は自然法的社会秩序を意味するとともに、自然法則そのものをも意味した。いいかえれば、自然法は自然法則と未分化のまま、いわば連続的に把握されていた。そして、このことが、自然研究の自由を制約し、西洋学術の体系的移植を、事実上、不可能ならしめたことは、われわれがさきにみたごとくである。しかるに、徂徠が経典における道を「先王の道」と解し、これを安民のための先王の作為に帰して、「天地自然の道」=自然法(則)から切り離したことは、朱子学における天人一理思想を否定し、儒学をもって安民のための政治学に限定したことを意味した。しかも、その結果として、政治的領域に属さぬ自然研究の自由がイデオロギー的に保障されることになり、したがってまた、西洋学術の体系的移植の道もここにはじめて開かれるにいたったことは、当然考えられるところである。

ところで、「先王の道」は、それが先王の作為によるものであり、そのかぎりにおいて「天地自然の道」とは異なるにしろ、後者とまったく無縁な存在なのではない。徂徠は、中庸の「性に率ふ、之を道と謂ふ」を解して、「先王人性に率ひて、是の道を作為す、と謂ふなり」としたのち、「天地自然に是の道ありと謂ふにあらざるなり。亦人性の自然に率ひ、作為を仮らずと謂ふにあらざるなり」と、子思のいう「道」とは、天地自然の道にあらざることを強調するとともに、さらに建造物とその素材たる樹木との関係を例に挙げて、「木性に率ひて、以て之を造るのみ。然りと雖も、宮室豈に木の自然ならんや(4)」と説明している(弁道)。これによれば、徂徠のいう「作為」とは、人間的、ないし物質的自然の法則(人性、木性)を無視して行われる恣意的な行為を意味するものではなく、それはあくまで、後者に即し、これを利用しつつ営まれる「技術」的行為にほかならぬ、と解せられる。

ここで技術に関する三枝博音氏の説明をきこう。氏によれば、技術は判断力＝あてはめる能力の領域に属するという。

当てはめるとは適用することである。適用することとは、すでに所有している知識を個々の実際の場合において当てはめることでなくてはならぬ。カントは医者や裁判官や行政家の例をあげて説明している。医者は医学が供給する法則的な知識をもっている。しかし、医学の知識を所有しているだけでは医者ではない。医者は患者のなかに病的な現象をみとめ、診断し治癒させる仕方を案出せねばならない。このとき彼の前にあるものは、病気という事実と医学の法則的な知識との二つだけである。知識の方は純粋で厳密であるが、事実の方は混沌としていて複雑である。医者はこの二つの間にあって、当てはめ(Anwendung)の創造的能力を発揮せねばならない。だからこの世界は真か非真かの領域ではない。治る方が好い、治らぬ方が好くないことが、支配している世界である(5)。

この規定にしたがって、上記の徂徠の言を解するならば、先王の道は、古代先王が所有する人性に関する知識を、安民のために適用して、創造したところの、かれの「あてはめる能力」の所産にほかならない。したがって、先王の道の本質は、まさに統治技術たる点にある、といえよう。しかも、徂徠によれば、「大氐自然にして然るは、天地の道なり。営為運用する所あるは、人の性なり(6)」(同上)として、かかる技術的行為が人間の属性をなす、とみているのである。このようにかれの作為の思想の中には、近代的技術思想の萌芽というべきものが含まれていた。しかも、のちに明らかにするように、杉田玄白が徂徠の兵書『鈐録外書』を通じて学んだのは、かかる思想であり、これこそ、蘭学成立の思想的前提をなすものにほかならなかった。

しかしながら、問題はつぎのところにある。すなわち、徂徠にとって、「道」が先王の道(治術)と解せられたかぎり、「作為」の能力は、人間一般に固有なものではありえなかった。かれは六経の一つである楽記の「作者はこれ聖と謂ふ」の言によって、聖人とは、道を作為せるものの称であるとした[7](弁名)。だから、道を作為した先王は、聖人にほかならない。しかも、かれによれば、「聖人聡明睿知の徳、これを天に受く、豈に学んで至るべけんや[8]」(同上)と、聖人は人倫を超越した存在とされているのである。したがって、かかる存在のみが「作為」の能力をもつことになる。のみならず、作為のための前提条件となる「窮理」もまた、「究理は聖人の事、而して凡人の能はざる所なり[9]」(同上)とされ、さらに、人間的理性にとって、「理は定準なきものなり[10]」(同上)と、それは限界づけられるにいたった。

おもうに、徂徠が人間的理性をかく限界づけたのは、かれの経典研究(儒学)それ自身に内在する、論理的必然であった。もともと古学は、徂徠学を含めて、経典の客観的批判的研究による、その再評価をめざすものであった、といっても、それは、経典をもって真理の源泉とみなす、という「経学」の伝統を越えたものではなかった。すなわち、かかる伝統にしたがいつつ、経典における聖人の真意を明らかにするため、前記の方法をもってしたにすぎない。したがって、徂徠の場合、かれは古文辞学といわれる客観的な経典研究によって、経典における「道」が「先王の道」にほかならぬことを明らかにしたものの、これをもって、単なる歴史的事実とみなしたのではなかった。それは、かれにとって、時空を超越した普遍的な真理を意味した[11]。したがって、これを作為し、あるいはそのための前提として、窮理することは、聖人たる先王においてのみ可能とされ、これに対して、聖人ならぬ人間一般の理性は、上記のごとく限界づけられるにいたったのである。

もっとも徂徠が、「理は定準なきもの」として、「窮理」を否定した真意の一つに、朱子学的思弁に基づく空理を排除しようとした意図のあったことは、疑う余地がない。のみならず、かれが経典研究以外の場において、かならずしも実証的な理論構成の可能性を否定しようとしていないことは、後節において明らかにするごとくである。それにもかかわらず、かれの思想的影響が科学界におよんだかぎり、当時の科学研究が経験的知識の集積の段階にあったことに照応して、これが一般には、理論的探究の放棄を意味するもの、と理解されたのである。したがってそこでは、徂徠学に含まれた、近代的な技術思想に通ずる「作為」の思想は、ほとんど顧みられることがなかった。

いまその好適例としてあげられるのは、古医方の場合であろう。「親試実験」を信条とした古医方は、徂徠学の影響の下で、これを大成した吉益東洞(元禄十五年—安永二年 一七〇二年—一七七三年)になると、「医は唯病を治す、病を治せずんば、なんぞ医者たらん、故に治術を獲るを以て務となす」(古書医言、原漢文)として、その領域を純然たる治療の技術に限定することによって、これまでおちいり勝ちであった、医学の道学化に止めを刺すとともに、他方では、「夫れ理は定準なく疾は定証あり、豈に定準なきの理を以て、定証あるの疾に臨むべけんや」(医断、原漢文)という立場から、旧医説を否定したばかりでなく、理論的探究そのものをも放棄するにいたっている。したがって、かれにあっては、病因の認識は「人力の及ふ所にあらす」とされ、「因なしと云はゝ無理なり、唯空論理窟にて道に害あるゆへ、吾党にはいはさるなり」(医事或問)と、それは語るべからざるものとされた。なるほどかれは、旧医説に代るべきものとして、「万病一毒説」という仮説を説いているが、それは病理学的因果関係を、素朴な経験知をたよりにして、病症と薬効との対応関係におきかえたものにすぎない。そのかぎりでは、病症に対応する薬方の探究を意味する、本来の「親試実験」主義の立場を一歩も踏み越えたものではなかった。のみならず、東洞は薬方の探究にあたっても、「方に古今なし、唯験効あるを用るなり」(同上)と、古医書の権威を否定しながらも、他方では、かれ独自の治療法として、劇薬の投与を説いたさい、それが経験の集積を通じて会得したところのものであるにもかかわらず、尚書説命にみえる「若し薬瞑眩せざれば、その疾瘳えざらん」の語句を恣意的に解釈して、かかる経典の権威の下で、これを主張しているのである。(12)

なおまた同様なことは、東洞と同じく徂徠学を信奉した古(医)方家の一人、山脇東洋(宝永二年一七〇五年―宝暦十二年一七六二年)についてもいえる。かれは、杉田玄白・前野良沢らにさきんじて、人体解剖を観察した点で、杉田らの先駆とみなされている。しかしながら、果してそれは、杉田らと同一の観点からなされたものであろうか。東洋は、東洞と異なり、人体の内部構造に深い関心を寄せ、人体解剖を見分する機会を得たのち、『蔵志』一篇を著わし、もっぱら実証的見地から、古来の臓腑説の虚妄なるゆえんを明らかにした。そして「理或ひは顚倒すべし、物なんぞ誣ふべけんや、理を先にして物を後にすれば、則ち上智も失ふ無きあたはず、物を試みて言をその上に載すれば、則ち庸人も立つ所あり」として、事実が理論に先行すべきことを主張した。しかしながら、このことは、かれの親試実験主義が近代科学の方法に近づきつつあったことを、なんら意味するものではなかった。すなわち、かれにあっては、近代科学における実証と演繹との弁証法的統一にかわるに、実証と稽古とが統一的に把握されていた。このことは、『蔵志』の本文が、「実を試みる者は鄙瑣となす、古を稽ふるものは時を知らずとす、その惑ひは一に此に至る。亦哀しからずや。尚徳(東洋)幸ひにして文明の運に遭遇し、稽ふるに復古の学をもつてし、徴するに経験の実を以てす。是れ何ぞ幸ひなるや」(原漢文)という語で終っていることから、容易に察せられよう。したがってまた、かれがかかる尚古主義的見地を越えることができなかったかぎり、かれによる解剖の実見は、単に古来の医説の虚妄を実証するにとどまり、新医説を生みだす契機となりうるものではなかったのである。(13)

以上において、われわれは、吉益東洞にしろ、あるいは山脇東洋にしろ、いずれも徂徠学の影響を受けながらも、徂徠の経典研究の限界を示す、「窮理」の否定、ないし尚古主義の、悪しき反面を受け継ぐにとどまって、これに含まれた「作為」の思想の近代的な側面をなんら継承することなく、終っている事実を指摘した。ところで、われわれが指摘した徂徠学の限界が、「経学」の伝統を継ぐところの、かれの経典研究に必然するものであるとすれば、他の領域におけるかれの研究は、かかる制約から解放されていることが、当然予測されるであろう。本章にあっては、かかる見地から、杉田玄白が啓発された、とみずから告白する徂徠の兵書『鈐録外書』をまずとり上げ、その内容を検討するとともに、ここに示された徂徠の兵学思想が、杉田玄白の医学思想といかなる内的関連をもつかについて、玄白の『形影夜話』を中心に考察を加え、徂徠学と「蘭学」との関係を明らかにしたいと思う。

（1）『形影夜話』、日本文庫、第三篇、一七頁。
（2）丸山真男『日本政治思想史研究』、第一章、第三節、および第二章、第二節、第三節、参照。
（3）日本倫理彙編、第六、一三頁、（原漢文）。
（4）同、一四頁。
（5）三枝博音『技術の哲学』、二一二頁。
（6）日本倫理彙編、第六、一四頁。
（7）同、四三頁、（原漢文）。
（8）同、四六頁。
（9）（10）同、九七頁。
（11）和辻哲郎『日本倫理思想史』、下巻、五四〇頁、参照。
（12）（13）拙稿「勃興期における洋学の特質と封建批判論の展開」、二、古医方の限界、参照（伊東多三郎編『国民生活史の研究』三、所収）。

第二節　『鈐録外書』における徂徠の兵学思想

一　『鈐録外書』の構成

徂徠の兵書の中で、主著というべきものに、『鈐録』二十巻（享保十二年 一七二七年 自序）がある。これに対して、『鈐録外書』は、守山藩老岡田宜汎に書簡をもって軍学を説いたもので、六巻からなる。すなわち、第一巻（軍法不審条々）において、かれは当代の軍学に対し、十カ条からなる疑問を挙げ、第二巻および第三巻（軍法不審条々書添）において、この疑問を敷衍しつつ、当代軍学を徹底的に批判している。第四巻・第五巻（不審の条々答書、附再返答張紙）は、右の批判に対する岡田宜汎の質問と、これに対する徂徠の答書からなり、第六巻（再返答張紙添状）は、徂徠が軍学に関して総括的な見解を述べたものである。(1)

二　軍法と軍略

徂徠が当代の政治を評して、「今ノ代ニハ何事モ制度ナク、上下トモニ心儘ノ世界ト成タル也」（政談）といい、統治制度の確立を説いたことは、周知の事実に属するが、かれの兵学研究も、政治学（経典研究）の場合と同様、用兵上の制度の確立をめざすものであった。そのためにまずかれは、兵学から主観的要素を排除せんとして、これを軍略と軍法との二つに分けた。そのうち、軍法とは、客観的な用兵上の制度を内容とし、これに対して、軍略とは、「此敵ヲ如何様ニアヒシラヒ、如何様ニシテ挫グベキト云フ了簡クメン」（鈐録、巻十二）を意味する。ところで、両者は、「軍略拙ければたとひ軍法調たりとも、必勝事を得かたけれとも、軍法調されは、人数手にいらずしまりなくして、敗軍にいたりやすし」(鈐録、序)といわれるごとく、ともに必勝のために不可欠の要件をなす。しかし、両者の本質は全く異なるものである。すなわち、かりにこれを剣術にたとえるならば、軍略は「討難き敵を或は縄を張り阱を掘り、或は酒をのませたましして討候事」にあたり、これは「謀略と申ものにて剣術にては無御座候」(外書、巻四)。これに対して軍法は「恰剣術ノ表ノコト」きものである(鈐録、巻八、陣法上)。なるほど、謀略にほかならない軍略は、もっぱら「其将の器量による」もので、実戦において「上もなき物」である。しかし「至極の謀略といふ事の、限りてある事に非す、是によりて習伝授も及ばさる事なり」(鈐録、序)。したがって、かかる個人的才覚に属し、しかも「習伝授」の不可能な軍略は、本来軍学の対象となり得るものではない。

これに対して、軍学の対象とされるのは、「修練にて如何様にも成」ることが可能な軍法に限られる。それはもとより、客観的な用兵制度を内容とするが、しかし、軍法の「法」の字になずんで、これを作法格式のごとく固定したものとみなすのは、誤りである(外書、巻二)。徂徠によれば、軍法の本質は「節制」たるところにある。それならば「節制」とは何を意味するか。それは、

卒伍の組様より兵器を組合せ、人数の手配、備を立て、合戦の仕様、備の飾、号令の作法、行軍、営陣より兵粮の手遣、武器の仕形に至まで、習伝授有て、畢竟の処、士卒をよく修練させて、如何程の大勢にても手もつれなく、自由に取てまはし、乱れさる様にする仕形なり。(鈐録、序)

すなわち、これによれば、節制とは、用兵技術にほかならぬ、と解せられよう。

ところで、徂徠によれば、本来の軍法は、「大将の方寸を以て三軍を進退し、士卒の智勇をかり不申」るものであり、古来の太公望・孫呉・諸葛孔明らの兵法にしろ、あるいは唐代の李靖や明代の戚南塘(戚継光)のそれにしろ、いずれもこれをもって極意としている(外書、巻三)。しかるに、日本の名将はこれとちがって、「軍略の妙術斗にて、軍法行

届不申、兵の智勇を借りて勝利を得候仕形」である。だから、異国ではわが陣立をもって、「軍に法なく、人々自戦をなす」(鈴録、序)と評している。しかも、かかる欠陥を暴露したのは、太閤秀吉の朝鮮出兵であった。これについて徂徠は、加藤清正に仕えた物師(後述)の伝えに拠って、つぎのごとく記している。

清正家の物師ともの語り伝を聞くに、大明の備立は大軍を自由に取廻す事、恰神変のことし、日本にて終に見さる事なりといへり。されとも、大明は万暦年中にて治平の只中なり。朝鮮へ来たる大将も左迄の者にもあらす、日本の兵は将も士卒も乱世始て静まりたる砌なる故、百戦の内よりすりみかゝれたる者ともなり。されとも、大明の勢に逢ひて敗北に及へるは、是軍法なきと、軍法あるとの差別なり。(鈴録、序)

しかるに、こんにちの軍学者はいずれも、軍略と軍法との相違を知らず、謀略にほかならない軍略のみを重視して、用兵上の制度を顧みようとしない。ところで、「至極の謀略といふ事の、限りてある事に非す」とされる軍略の方を「おもに申候へは、畳の上にてかたれぬ敵は無之」、軍学は、結局、空理に帰してしまうほかない(外書、巻四)。徂徠が軍学をもっぱら軍法に限定し、用兵上の制度の確立を説いたのは、かかる見地によるものであった。それならば、いかにしてかかる制度の確立が可能となるであろうか。

三　軍法と軍理

徂徠によれば、軍学=軍法は時代とともに変遷する。これをもたらす主要な契機の一つは、兵器の発達である。「時代の替りにて、むかし無之軍器出来仕候得は、業は是に随て替り候ゆへ、軍の振模様替り行事に候」(外書、巻二)。すなわち、太公望・孫呉の兵法は、車戦時代のものであり、また源義経・楠正成は天下の名将であるが、しかし、武田信玄や上杉謙信と軍法を異にするのは、後者にあっては、前者の時代になかった鉄砲が使用されているからである。

(同上)

それならば当代の軍学はどうか。当代においては、小幡流・北条流・山鹿流等の諸流派が行われているが、しかし、詮じつめれば、謙信・信玄の二流に帰せられる。その理由は、大内流・足利流・赤松流等の古い流派は、いずれも鉄砲伝来以前のものであり、鉄砲を採用したのは、謙信・信玄の二流をもってはじめとする。しかるに、今日の諸流がいずれも鉄砲を採用している以上、「近来之軍法者共、信玄流謙信流ニ少々致加減取立申候ニ紛無之候、然者信玄流謙信流之外は無之」ということになるからである(外書、巻一)。

もともと戦国のころには、体系的な軍学というべきものがなかった。というのも、当時は勇将猛士が多く輩出したので、あえて軍学を学ぼうとしなかったからである。たとえば、家康の時代に、軍学者として知られたものに岡田半助がいた。かれは兵書『訓閲集』六十巻を著わしているが、その内容にいたっては、「皆雲気・軍配・日取・鞭・笄・沓・旗・幕・母衣の仕立様、梵字陀羅尼九字、護身法、まじないにて堅めたる物にて、合戦の事は僅に四五巻ならではなし。それも殊の外に半々なることにて、当時より見れは、何の用にも立ぬ者なり」。それにもかかわらず、これが兵書として通用したのは、戦国の世の常として、「軍の仕様は朝夕の家常茶飯にて、習ふに及はぬこと」であった上、「只戦国の時は生死のちまたに出る事なれは、仏神を信すること、名将勇士とてもさる事なる故、右のことくなる事を軍法と思ひたるは、時代につれて其筈の事なり」(鈐録、序)。のみならず謙信・信玄の軍法にしても、それは元来「二公の自筆自作にて無之候、其下の物師共の見及候儀を心覚に書付置候迄の儀にて、本は殊の外に半々成」るものにすぎなかった、と徂徠はいう(外書、巻二)。

なお右にみえる「物師」とは、佐藤堅司氏の考証によれば、実戦を記録し、あるいは物語ることを職掌としたものである、という。(2) しかも、徂徠によれば、「物師の物語と申ものは、元来世上の人に夢々聞する事にて曾て無之候、若き者の志有て問尋候には、庭訓にて申たるにて、しらぬ事はしらぬと申事故、皆真実なる事に候」(外書、巻六)として、その物語が忠実に実戦の記録を伝えたもの、とされていることに、とくに注意しておきたい。

さて、軍学がおこるのは、天草の乱後、平和が到来したのちのことである。すなわち、松平伊豆守が小幡某を師として学んでより、武田流の軍学がおこり、これ以来、軍学者が多く世にあらわれ、諸流が相競う有様となった(鈴録、序)。ところで、これらの軍学者の説は、信玄・謙信時代の実戦の経験を伝えた物師の物語に拠ったものであるが、しかし、

既に軍者《(マヽ)》を立て、弟子を取、人々の問にも答候事に成候故、勢につれて、自然と偽有之事に候。其上に又面々に流を立候処より、信玄流は信玄をひいきし、謙信流は謙信を贔屓致候処より、自然と何事をもよく被致度成候所、人情と申、事の勢と申、是又必至之事に候。其上に他流の是非を争候所より、又事をまげ候所出来候はゝ、其上に又事を揃て申所より、一事の上の趣、意味は消行申事に御座候。(外書、巻六)

このようにそれらは、いずれにしろ私智をもって物師の物語を解し、あるいは故意に事実を歪曲して、軍学としての体系をつくったものにすぎない。そのため、これには物師の物語に含まれた二公の軍法の本旨が失われてしまっている。

さらに当代軍学者の、いま一つの誤りは、兵器の進歩に伴って、軍法もまた変らねばならぬ、という原則を知らぬところにある。かかる無知を遺憾なく示しているのは、かれらが信玄・謙信二公の軍法を増補して、これに大筒を加えた点である。もともと大筒は、信玄・謙信時代にはなく、家康のころ、芝辻理右衛門という細工人に命じて、造らせたのがはじめで、これ以来、世上にひろく行われるようになった。しかし、当時の大筒は技術が未熟なため、行動半径がきわめて限られ、せいぜい城攻め、籠城に利用される程度で、急場に役立つ業ではなかった。ところが、後世

の軍学者は、大筒がかかるものだと心得て、これを軍法にとり入れている(外書、巻二)。しかるに、異国には仏狼機という大筒があり、「城攻・籠城のみに不限、水陸の合戦に用、取廻し駈引自由に候事、小筒にさのみ替り無之候」(同上)。それなのに、軍学者は、「いつれも畳の上の附添を是と被致、面々に手前の流儀を募り、他流をさみし、唯己か渡世のため、身上の売口にいたし候を、大将衆も真実の心懸無之故、左様之邪説に惑され、軍法は是迄之事と被存候」(同上)。そのため、いまだに大筒の至極の法が知られていない、という現状にある。

ところで、右のような進歩した大筒が現存する以上、これにしたがって、軍法もまた、謙信・信玄二公のそれとは、当然異なったものにならねばならない。なぜならば、

時代の替りにて、むかし無之軍器出来仕候得者、業は是に随て替り候ゆへ、軍の振模様替り行事に候。依之、義経正成は比類なき名将に候へとも、其時代の合戦の様子と信玄謙信二公の時代の合戦と、全体の取捌違行申候。其ことく、二公は小筒斗の時代にて候故、此以後大筒の至極顕れ候世にいたり候はゝ、二公の軍法は昔物語に可罷成候。(外書、巻二)

徂徠は、かかる見地から、大筒を採用したといわれる明の兪大猷・戚南塘の軍法を学ぶべきことを勧め、またみずからもこれを研究して、『鈐録』の付録に『戚南塘水軍法』を載せ、あるいは、明の何仲升が撰する『西洋火攻神器説』の国字解一巻を著わしている。なお岩橋遵成氏が、内閣文庫所蔵の名家叢書中にみえる『荻生考』によって、かれが撰述した兵書類をあげているが、その中には、『明朝水兵編伍水操』、『明朝馬兵車兵歩兵練陣』等があり、これらによっても、かれが明の軍法に示した、熱意の程がうかがわれよう。(3)

ところで、徂徠によれば、謙信・信玄流からの脱却を主張することは、かならずしも二公の軍法を軽んずることではない。なぜならば、太公望・孫呉の軍法は車戦時代の所産であるが、しかし、かれらの残した七書は、今日におい

てもすたれることがない。それは、かれらの兵書に軍理が含まれているからである。これと同様に、「信玄謙信二公の流儀も其ごとく、軍理は至極にて可有之候得共、業は時代に随て替り可有之候。なま中に二公の軍法に後より未熟の大筒を加へ置、夫を二公の本法と人々に思わせ候事、大筒の至極あらはれ候世に至候ては、二公の軍法に疵付可申候」(外書、巻二)。つまり、徂徠によれば、軍法は業の進歩に応じて変るべきであるが、しかし、軍理は不変であるというのである。

それならば、徂徠のいう「軍理」とは、何を意味するか。かれはこれにつづいて、つぎのように述べている。

歎する所は、二公の軍法をは其時代の覚書迄にいたし置、後来畳の上の付添を除き、其軍理を失はさる様にして、是を亀鑑にいたし、業に至候ては、時代を考へ軍のふり模様の替候所を工夫致し、世上の意外に出る働有之度事存候。(同上)

これによれば、軍理は「其時代の覚書」、すなわち、実戦の模様を正確に伝えた物師の物語に含まれている、客観的な戦争の理法というべきものであろう。しかも、これを「亀鑑」としつつ、その時代に応じて、軍法を立てるべし、とかれは主張するのである。してみれば、かれのいう軍理とは、前掲の三枝博音氏の文章に見える、医術の基礎とされた法則的知識に比定されよう。すなわち、用兵上の制度を内容とする軍法は、かかる軍理を基礎としつつ、兵器とこれに伴う業の進歩に応じて、作為されるものでなければならぬ。したがってまた、かかる軍法の本質をなす「節制」とは、まさに近代的な意味での技術にほかならぬ、ということが、これから当然帰結されよう。

それならば、いかにして軍理の理解に達することができるであろうか。それは、実戦の客観的研究を通じてのみ可能である。しかるに、当代の軍学者は、客観的事実を伝えた物師の物語に対し、「畳の上の料簡」を加えて、これを解するために、軍理を知ることができない。

惣て畳の上の料簡と申事、御覧候衆中合点参ましく候。是は世移り、事の様子次第に替り行候ニ付、昔の事は皆説方なく成行候。其説方なく成行時代に生れて、むかしの覚書の片端斗を見候故、合点参かね申候。其時昔の事実へ立帰り見候へは、見へ申事に候へとも、其昔の事実と申ものは、其時代の平生の事に候故、書付も記録も無之候。世も風かわり行候に随て、説方なく成行申候。今の代の事実は今の代の平生に候。平生の上の替り御座候をは心付不申、只むかしの秘伝口決(ママ)斗を習伝候故、いつれも〳〵今の代の料簡にて昔の事を考候故、聞へにくき事多候を、時代の穿鑿無之、事足り不申様存候て、外の違たる事を取添申候。是を今時の軍者衆の畳の上の料簡と申事に候。(外書、巻三)

これから明らかなように、徂徠のいう、「畳の上の料簡」とは、事物の歴史性を無視して、現在をもって過去を解釈せんとすることにほかならない。それは、かれが宋儒を評して、「今文を以て古文を視、今言を以て古言を視る。故に其心を用ふること勤むと雖も、卒に未だ古の道を得ざる」[4](弁名)としたのと、同一の思想を示している。したがって、真の軍理を把握するためには、経典研究における古文辞学と同様の、客観的・合理的方法をもって、物師の物語、ないし七書をはじめとする兵書を理解しなければならぬ。すなわち、「異国吾朝の軍理を事実にかけ、業にかけ、実理の僉議を得と被致候ハヽ、此致方も今の世相応に可罷成事に御座候」(外書、巻三)という言は、このことを示すものである。

四　結　語

以上においてわれわれは、徂徠の兵学思想を検討し、それが方法論においても、また用兵上の制度の確立をめざすという点においても、かれの経典研究(政治学)の場合と、異なるところがない、という事実を知った。しかも、後者にあっては、「究理は聖人の事、豈に之を学者に望む可けんや」[5](弁名)とされ、あるいは、「夫れ道は、先王の立つる所」[6]

（弁名）として、制度文物の制作をもっぱら聖人たる先王に帰したのに対し、前者にあっては、かかる制約が完全にと り除かれている。もちろん、徂徠が先王の道を絶対化したといっても、その直接の復活による制度の立て直しを意図したのではない。「聖人の礼を制するは人情に基く。故に今礼を行ひて人情に合するを求むるは、（道に）悖らずと謂ふべき」[7]（徂徠集）という言こそ、かれの真意を示している。それゆえ、現実の政治改革を論じた『政談』において、かれはまず封建社会の行き詰りの、よって来る原因を探究し、その認識を基礎にして、制度の立て直しを図っているのである。それにもかかわらず、他方では、「世界の惣体を士農工商の四民に立候事も、古者聖人御立候事にて、天地自然に四民有レ之候にては無御座候」[8]（答問書、上）と、封建的身分制度が先王の作為によるとするがごとき、尚古思想が間々見られるのであって、ここに経典研究の帰結たる、かれの政治思想の限界が見出される。そしてまた、すでに指摘したごとく、かかる限界をその儘受け継いだのが、「古医方」の中でも、とくに吉益東洞のそれであったのである。

しかるに、かれの軍学研究は、かかる制約から解放されていた。たとえば、古来兵家によって、もっとも尊崇された七書に対しても、これをかならずしも絶対視せず、

学文何程能御座候ても、物師の物語を不承候人は、曾て済不申事に候。兪大猷・戚継光が軍法は、皆々わさの上の事にて、七書なとの様なる軍理はかりを説候様なる事にては無御座候。兪戚か軍法を御存無之候ては、七書も得とは済不申候。（外書、巻六）

とさえ述べている。

そこで次節において、かかる徂徠の兵学思想から、杉田玄白がいかなる啓発を受けて、西洋医学に志すにいたったか、またそれが、玄白の医学思想といかなるかかわりをもつか、について検討を加えることにしたい。

（1） 本節で引用した『鈴録』および『鈴録外書』（写）は、狩野文庫本による。

（2）佐藤堅司『日本武学史』、物師考、七〇二頁。
（3）岩橋遵成『徂徠研究』、二一一頁。
（4）日本倫理彙編、第六、一一〇頁。
（5）同、一一六頁。
（6）同、一〇九頁。
（7）丸山真男『日本政治思想史研究』、一〇〇頁。
（8）日本倫理彙編、第六、一五一頁。

第三節　杉田玄白の医学観
——『形影夜話』を中心にして——

杉田玄白（享保十八年―文化十四年 一七三三年―一八一七年）は、若狭小浜藩主酒井侯の医官である。『形影夜話』は、享和二年（一八〇二年）十一月、玄白が殿中の宿直のつれづれに、自己の分身である影法師との問答の形式をかりて、かれの医学観を述べたもので、上下二巻からなる。(1)

さて、玄白の西洋医学研究が、オランダの解剖書『ターヘル・アナトミア』の入手と、これにつづく、千住骨ヶ原の刑場における刑死体の観臓を直接の動機としていたことは、周知の通りである。しかしながら、これにはなお、徂徠学の影響が加わっていたことをも無視することができない。すなわち、玄白は、『形影夜話』の中で、つぎのように述べている。杉田家は代々若狭侯の医官として、外科をもって仕えていた。そのため、かれも若年のころから和漢の医書に親しんだものの、内容が難解なため、容易にこれを理解することができなかった。しかるに、二十二歳のころ、

同僚の小杉玄適から、山脇東洋の観臓や吉益東洞らの古医方の主張を耳にし、

疾医家(内科医―筆者註)にては已に豪傑興りて旌旗を関西に建たり、我其尾に附んは口惜しく、幸に瘍医(外科医)の家に生れし身なれは、是業を以て一家を起すへし。

と、ここに勃然と志を立てるにいたった。(2) とはいえ、当時は「何を目当、何を力に事を謀るへき事を弁へす、徒に思慮を労する」ばかりであった。しかるに、たまたま徂徠の『鈐録外書』を読む機会を得、これに啓発されて、しかるのち真の医理が、オランダにあることを知り得た、という。つぎに玄白が、徂徠のいかなる思想に啓発されたかを示すために、この部分を左に掲げる。

(前略)斯くて日月を過すうち、不図徂徠先生の鈐録外書といふものを見たり。其中に真の戦といふものは、今の軍学者流の人に教る所の如くにはあらす、地に嶮易あり、兵に強弱あり、何れの時、何れの所にても同し様に備を立、予め勝敗を定めて論するものにてはなし。総て蘆原・萱原にては弓の用はなさす、雨降には鉄炮は用立す、殊に太平の世の如く、何時にても硫黄・焔硝・鉛の類、市町に買得らるゝものにはあらす、諸国乱るゝ時に当りては、鉛は出て焔硝は出ぬ国もあり、焔硝・硫黄は出ても、鉛の出さぬ国もあるものなり。其時は鉄炮ありても打事ならす、常に軍理を学ひ得て、大将の量に従ひ、勝敗は時に臨て定るもの也、と記し置給ひたり。是を読て初て発明する事あり。是実に然るへき事なるへし、我医も旧染を洗ひ面目を改めされは、大業は立可らすと悟れり。かくありて後、初て真の医理は遠西阿蘭にあることを知りたり。夫医術の本源は人身平素の形体、内外の機会《ようす》の精細に知り究るを以て、此道の大要となすとかの国に立れはなり。(3)

ここに記された『鈐録外書』に関する文章の大部分は、同書、巻二に見えるところを要約したもので、(4) 徂徠が軍法の「法」の字になずんで、これをあたかも格式作法のごとく考える当代軍学を批判した箇所にあたる。ただし、最後

に「常に軍理を学び得て、大将の量に従ひ、勝敗は時に臨て定るもの也」とあるのは、「異国吾朝の軍理を事実にかけ、業にかけ、実理の僉議を得と被致候ハヽ、此致方も今の世相応に可罷成事に御座候」（外書、巻三）、「合戦の勝負は人々の器量、又は時の運にも寄事に候」（同、巻六）等に見える徂徠の見解を適宜に総括したものであろう。

それはさておき、われわれはこれを通じて、つぎの事実を知り得る。すなわち、玄白の理解に従えば、徂徠の解する戦争の実態は、病気と同様、混沌として複雑な事象である。これに対して、徂徠は「常に軍理を学ひ得て、大将の量に従ひ、勝敗は時に臨て定るもの也」と説いている。ところで、徂徠のいう軍理とは、実戦の客観的研究から帰納された戦争の理法を意味していた。玄白が徂徠の兵学思想から啓発されたのは、医術もまた、軍学と同様、客観的な基礎に立たねばならぬ、ということであった。それは、技術に対する基礎科学の関係の認識に、かれが到達した、ということを意味する。すなわち、「夫医術の本源は人身平素の形体、内外の機会《ようす》の精細に知り究るを以て、此道の大要となす」というのが、オランダ医学の特質であるがゆえに、「真の医理は遠西阿蘭にあること」を悟ったというのは、この事実を示すものにほかならない。

かかる玄白の思想をさらに明白ならしめるために、かれの言を引用しつつ、いま暫く説明を加えてみよう。

玄白は旧来の漢医について、つぎのような批判を下している。すなわち、かれによれば、漢医は孫呉を知らぬ軍師のごときものである。なるほどかれら軍師は、合戦の場数を多く踏んでいるので、その経験によって能く戦うが、しかし、「軍理に疎きかゆゑ、勝軍ありても、毎に危き勝軍といふへき」[5]。漢医の場合も同様で、

医も漢医等数人を療し、自然と覚し療治の機会を書著せし書共を読み、医理に従ひ撰ひ用ひは、今治療の際に必功を期すへき事なりけれとも、元来軍理に疎き大将は必勝の理を他人に説事はならさるへし。殊に軍にも平場の戦に得手なれは、嶮阻の戦には拙く、嶮阻の戦には得手なれとも、平場には不得手あるか如く、漢医にも温補に

偏なるあり、攻劇に偏なるあり、両なから兼たる人は少し。是本と医理に疎きか故なるへし。(6)

ところでそれならば、かれが真の医理と評価するオランダのそれと、旧医説の医理とは、どのように異なるか。旧医説にあっては、人体を小宇宙とみなし、たとえば、肉眼について、天に日月があるごとく、人に両眼がある、と説くのみで、その理はいかに高遠にきこえようとも、「物を見る理」を窮めたものではない。しかるに、オランダ医学の場合、肉眼構造の解剖学的認識に基づき、

眼といふもの初め水あり、其次に玉あり、又次に鶏卵の白味の様成る水あり、其水に万物の影うつる。初めの水より三段にうつり候事、千里鏡《とうめかね》と同じ理。

と説くのであって、その理は人体機構における客観的な法則性を意味している。(7) さらにまた、かかる認識の基礎となる人体の内部構造についても、旧医説にあっては、「肉の上から尋模して了簡にて定め」たものにすぎない。(8) しかるに、オランダ医学の場合は、「凡そ医を業とするもの、先つ始に形体内景の平素を精窮することを第一にとる」(9)がゆえに、それはすべて実測によっている。そしてまた、オランダ医学は、このように経験的であるから、それは語学に習熟さえすれば、理解がきわめて容易である。しかるに、旧医説にあっては、世に数千巻の著書がありながら、いずれも難解なのは、「実は自ら理会したる事を説き著せるには非す、是はかくあるへき歟と思ふ程の事を、実著なる様に説き為したる者」にすぎないからである。(10) かれは、かつて旧医説を学んだ当時のにがい経験を省みて、「昔読し漢説の解しかたかりしは、自己の愚鈍なるのみならさる事と、今に至て暁れり」と述懐している。(11)

つぎにそれならば、右のような人体構造の解剖学的認識に基づく医理が、なにゆえに臨床治療にあたって、必要とされるのであろうか。玄白は、これについて、つぎのような説明を加えている。いま内科を例にとれば、人間の栄養は、まず飲食をまち、それが体内で「消化腐熟」して、その精液が血となり、一身を流通する、というのが常態であ

る。しかるに、もし飲食の変によって、化成する精液の濃度や性質に異常が生ずれば、これより内淫の諸病がおこる。あるいはまた、風寒暑熱の影響で、皮膚の汗孔から排泄する蒸気が、皮裏に留滞して、外部に漏れることができない場合、外淫の諸病が生ずる。このようにして病因が知られるのは、「是等少しは身体の理を初めに覚悟せる所より、想も及へるなり」。それゆえ、「医を学ふ者、此事を第一とし」、医理を得てはじめて確実な「治療の道を知る」ことができるのである。[12] さらに治療のために欠くことのできない薬方についていえば、漢医は薬理の知識をもたず、もっぱら経験に頼って、大黄を下剤、麻黄を発汗剤として用いる。しかるに、オランダ医学にあっては、大黄を用いるにあたり、「大黄の性は苦酷にして、腸胃中裏面の神経を侵襲刺棘す。神経是を厭ひ悪み、自ら攣急し、其方のキリールより水液を搾出し、これをもつて蕩滌駆逐するなり。故に下利の功を奏する事なり」という理を心得て、これを用いるのである。[13] しかも、かかる理を心得ているならば、蘭医といえども、ことさらオランダの薬剤を用いる必要がない。漢土・オランダを問わず「何れにも医理に詳なる法に従ひ、馴るゝ所の汗吐下和の法に従ひ、寒涼温熱の利あるものを弁へ、薬を与る」ことにより、容易に実効をあげうるのである。[14] かれは実証的な医理の認識が必要なゆえんをこのように説いている。われわれは、これらを通じて、徂徠が軍理と軍法との関係を説くことにおいて示した、「近代的」な技術思想の影響を読みとることは、さまで難事ではあるまい。

もっとも、徂徠の兵学思想と玄白の医学思想との間に、右のような継受関係が認められるにしろ、両者の所論がそれぞれ重点のおき方を異にしていたことも、また事実である。すなわち、徂徠にあっては、当代の軍学者が空疎な軍理にとらわれ、軍法を軽んじた結果、戦国時代の軍法がなお墨守されていたのに対し、「畢竟の処は信玄公も謙信公も秀吉公も皆百年已前の乱世の人にて、其外の将兵も乱世の人にて御座候故、其軍法は当時治世には合不申事御座候」(外書、巻六)として、時世に応じた軍法の要を説いたのであった。それだけにその所論は、軍理の探究よりも軍法の確立に重点がおかれていた。これに対して玄白の場合は、すでに古方家によって旧医説に対する批判、排斥がなされていたものの、かれらは、結局、病症に応じた実効ある薬方を求めるにとどまった。そのため玄白は、真の医理がオランダにあり、これが治療に欠くことができない、ということをことさら強調したのであって、そこでは徂徠と異なり、基礎理論がとくに重視されているのである。しかしながら、玄白は医理の認識だけでこと足りるとは、決して述べていない。「仮令医理を詳に窮むとも、療法はならぬものなり。(中略)自身手を下し、幾度も戦ひ場数を経されは、勝軍は覚ぬと同事にて、病人を数多取扱ひたる其上にて猶骨を折、療治し、尤和漢の差別なく先哲の著し置る書共を読み、かくある時は下し、かゝる時には吐して、効を得しと言ふ意を心に留め、患者に対しては用事数多なる内には、自然と医理符合し、心に徹する所出来るものなり[15]」と、医術を修得するためには、医理のみならず、治療の経験もまた欠くことができぬ、ということをも強調しているのである。

(1)『形影夜話』、序、日本文庫、第三編、五―六頁。

(2) 同、一六―七頁。

(3) 同、一七頁。

(4)『鈐録外書』、巻二、のこれに該当する部分をあげると、左の通りである。

「惣体世上の人軍法の法の字に泥ミ、作法格式之様に覚、手前の流儀をかたくなに守り、夫はヶ様にするもの、あれは如何様にする物と心得候(中略)。鉄砲と弓をくらへ候て、弓は間数近くあたりあしく、鉄砲に及不申候故、鉄砲さへあれは、弓ハなくても済候と覚へ候にても可有之候。是皆畳之上の料簡にて候。成程あたりの細かなる所、間数の延候所、鉄砲ハ弓にまさり候へとも、風雨の節も有之候。薄原も有之候、又音を嫌候時も有之候、只玉続の間の為斗に、弓を鉄砲に組ませ候ハヽ、弓はかり入用之節弓不足可仕候。其上太平の代には、都の市にて焔硝硫黄を可買候故、金次第にて玉薬の不足有ましく候、戦国の時に至り候ハヽ、玉薬のきれめの節は不足なからも、弓をも用不申候てハ叶申ましく候、今時鉄砲打候者共ニ焔硝ハ何方より生する物そと承候へは、不存族も多く有之候。是皆太平の今日己が習伝候事を堅く守り、格式作法の様に存候故、皆々不案内の沙汰と相聞候也」。
(5)『形影夜話』、二六頁。
(6) 同、二六―七頁。
(7)『和蘭医事問答』、文明源流叢書、第二巻、三九四頁。
(8) 同、三九五頁。
(9)(10)『形影夜話』、二五頁。
(11) 同、二四頁。
(12) 同、二五頁。
(13) 同、二八頁。
(14) 同、二七頁。
(15) 同、二九―三〇頁。

第四節　むすび

以上によって、玄白の医学思想の根幹をなすものが、『鈐録外書』に示された、徂徠の技術思想にほかならぬことが明らかにされた、と思う。もしそうならば、『ターヘル・アナトミア』の訳述を契機として創始された「蘭学」が、「技術」を本質とすることは、容易に理解されよう。もっとも、蘭学を技術と規定する見解は、これまでもなかったわけではない。しかし、その場合、科学的認識を抜きにして、実用性のみを重視する、という悪しき意味を伴っていた。(1)しかしながら、果してそうであろうか。なるほど、蘭学の先駆といわれる古医方の場合、観念的な李朱医学の知識体系と、疾病治療の技術的実践との矛盾を看破して、「親試実験」を唱えたものの、結局のところは、病症に応ずる薬方の探究にとどまった。この意味からすれば、上述の評価は、古医方に関するかぎり妥当する。しかるに、玄白はそうではない。かれの場合は「夫医術の本源は人身平素の形体、内外の機会《ようす》の精細に知り究るを以て、此道の大要となす」(形影夜話)という自覚を伴っていた。いいかえれば、医学的知識の技術的実践をめざしていたのである。われわれが、蘭学の本質を技術性にみいだしたのは、かかる意味においてであった。したがってまた、蘭学の発達は、当然ながら、技術の改良とともに、基礎科学の移植、研究をも伴った。

これをいま、医学に限ってみれば、オランダ解剖書の訳書『解体新書』(安永三年一七七四年)が刊行されたのち、大槻玄沢訳『瘍医新書』(寛政二年一七九〇年)、宇田川玄随訳『西説内科撰要』(寛政四年一七九二年)、大槻玄沢増訳『重訂解体新書』(寛政十年一七九八年)、宇田川玄真撰『医範提綱』(文化二年一八〇五年)、杉田立卿訳『眼科新書』(文化十二年一八一五年)、吉雄俊蔵訳『和蘭内外要方』(文政二年一八一九年)、杉田立卿訳『黴瘡新書』(同年)、青地林宗訳『訶倫産科書』(文政六年一八二三年)、大槻玄幹訳『要術知新』(文政七年一八二四年)、新宮涼庭訳『泰西疫論』(同年)、坪井信道訳『診候大概』(文政九年一八二六年)、小森玄良撰『病因精義』(文政十年一八二七年)、高良斎撰『西説眼科必読』(文政十一年一八二八年)、杉田立卿訳『瘍科新選』(天保元年一八三〇年)、小関三英訳『泰西内科集成』(天保三年一八三二年)等、多数の訳書、撰書があらわれている(2)。しかし、このうち、一、二を除けば、ほとんどが治療の技術に関するものにすぎない。

しかるに、天保三年(一八三二年)にいたり、シーボルトに師事した高野長英が、洋医数家の所説に拠って、生理学書『医原枢要』を著わした。かれは、その題言において、生理学研究の必要を説いている。すなわち、『解体新書』が刊行されて以来、西洋医学書がつぎつぎと翻訳されて、普及した結果、「人身内景ノ学ヨリ内外疾病ノ治法、薬品方剤ノ製煉・主能等ニ至ルマテ、一トシテ備ハラザルヿナシ。西医ノ学今ニ於テ盛ナリト謂フベシ。是ヲ以テ近者西舶医書ヲ輸スヿ、昔日ニ倍セリ。故ニ医ノ事ヲ検索スルニ、十ノ七八ハ備ハレリ」。しかしながら、医学において、最も基本的な知識であるべき人身窮理の学(生理学)は、いまだに備わっていない。というのは、それが西洋でも「精確詳明」となったのは、わずか四、五十年この方のことであって、その書が舶来したのは、近年のことにすぎない。しかも、「其事珍奇ニシテ、其理幽遠」なために、訳書がいまもって世に現われていない。そのため、「西洋ノ医術ニ習熟シ、門戸ヲ張リテ、西医ヲ唱ル者モ、窮理ノ一端ニ至テハ、唖シテ語ラズ、両間ノ物理ニ通セズ、人身ノ妙用ヲ知ラザレバ、異常ノ疾病ニ遇ヒ、奇変ノ症候ニ臨ンデハ、思慮茫洋トシテ向フ所ヲ知ラズ、或ハ摸索臆裁シ、師心ノ僻説ヲ吐ク、此ノ如キノ徒少シトセズ」という有様である。

もともと西洋医学の特徴は、「一ニ人身ヲ覈明スルヲ以テ本トナス」ところにある。それゆえ、これに従事するものには、はじめ解剖書を授け、人体の構造に通ずるをまって、ついで「人身窮理ノ書ヲ読マシメ、人体ノ形質、諸器ノ主用ヲ詳ニシ、活器運動営為シテ、性命存活スル所以ヲ明ニセシム」という順序をとる。したがって、人身窮理（生理学）こそ、「極致ノ学」というべきであり、医学にたずさわる者の欠くべからざる基礎知識である、とかれは生理学研究の必要なるゆえんを説いている。[3]

西洋医学に対する認識がここまでいたれば、蘭学はすでにようやく技術の領域を脱しつつあった、とみてよいのではあるまいか。

同様なことは、薬学研究についてもいえる。それは宇田川玄真訳『和蘭局方』（文化十年一八一三年）、藤林泰助訳『和蘭薬性弁』（文政元年一八一八年）、宇田川玄真訳『和蘭薬鏡』（文政二年一八一九年）等の、オランダ薬説の紹介にはじまり、その間、薬剤調製の研究が行われたが、これがやがて基礎科学たる化学の研究へと発展した。すなわち、化学をはじめて体系的に紹介したのは、周知の通り、宇田川榕庵の『舎密開宗』（天保八年一八三七年）であるが、おなじころ、高野長英も『遠西水質論』を著わし、これを紹介している。かれはこの中で、

往古西洋亜利私度底列私《アリストテレス》人名四原質ヲ定ム、其一燥寒、其二湿寒、其三燥熱、其四湿熱、土ハ燥寒、水ハ湿寒、気

ハ湿熱、火ハ燥熱トス、是レ四原質ノ起ル所ナリ。爾後或人明暗ノ二ノ者ヲ原質ノ起ル所ナリトス、然レ圧、必竟空論癖説、共ニ実測ニ非ス、故ニ其説立タス。爾後年ヲ経テ学術精微ヲ究メ、事理分明ニ至ル、此レ偏ニ究理学分合術ノ功徳ナリ。

として、ギリシア以来の四元素説が、化学(分合術)のおこるにおよんで、否定されたことを明らかにするとともに、「刺忽以失以爾《ラホイシイル》ハ巴列以斯《ハレイス》(払郎察ノ都ナリ)ノ人ナリ、世々姓名高シ。嘗テ水ヲ測テ水ノ清気燃気ヨリ出ルコヲ発明ス。又尼《ニ》私墨私《スメス》ノ蒙傑私《モンケス》、隴鈍《ロンドン》(以機利私ノ都ナリ)ノ加扁細斯私《カヘンシス》人名、刺忽以西以爾(マヽ)ト共ニ、其時ヲ同シ、水ヲ験ムルニ、各国相距ルコ数百里、文書ヲ通スルコナシ。然レ圧、其質ヲ見ルコ、一ニ符節ヲ合セタルカ如シ」と、ラヴォアジエ(A. L. Lavoisier)等による化学創始の機縁について記している。(4)

四元素説はかつて向井元升が「只形器の上の工夫而已也」と、これを断じて、排斥して止まなかったものであった。しかるに、後述するごとく、蘭学勃興期の段階では、これが陰陽五行説にはるかにまさる物質構成の理論として、蘭学者の信奉を受けたのである。(5)ところが、ここにおいて、それが再び否定されるとともに、あらたに近代化学研究の道が開かれるにいたったことを、このことは物語っている。すなわち、以上をもってすれば、蘭学は、徂徠学におげる技術思想を媒介にして興ったという意味で、その本質が技術であると規定されるにしても、それが純正科学への契機をはらんでいたことは、否定できないように思われる。

そこで以上の理解が正しいとすれば、序説および前章のはじめに引用・紹介した、沼田次郎氏の洋学の性格規定は、洋学が封建社会において果した役割を、どう評価するかの問題とは別に、あらためて再考を必要としよう。すなわち、沼田氏は、蘭学をもって「儒教的な自然科学観の上に接木された西欧自然科学の知識の体系」と解し、あるいはまた「儒教的観念の上に接合された西欧科学知識の体系」と規定しているが、もともと蘭学の成立は、徂徠学のもたらした、朱子学における天人一理思想の分解を前提としていたのであり、それゆえ、自然科学の領域に限定されたかぎりの蘭学は、儒教的自然観から解放されていた、とみなければならない。そのことは、玄白の「真の医理は遠西阿蘭にあることを知りたり」(形影夜話)という告白が、明白に示している。しかも、蘭学が、徂徠学における技術思想(作為の思想)を継受することにおいて成立したといっても、徂徠の右の思想は、かれの思想に含まれた近代的な側面を示すものでこそあれ、儒学本来のものとは考えられない。したがって、蘭学者が、たとえば大槻玄沢のごとく、「本邦治国之道、人倫之序、則上古聖王、以二神道一、君二臨于天下一、其教至二于今一、上下倶莫レ不二崇敬一焉、且加レ之、周孔之道、仏老之教、極二高大一、尽二精微一、而戸諷誦、人服膺、又何苦レ不レ足、而待二之於和蘭一哉、然独至二内外之医法一、則有下如レ未二全備一者上焉」[6](六物新志題言)という観念を有していたとしても、それは、かれらが蘭学をもって封建社会補強の具とみなしていたことを示すにとどまり、沼田氏の解するように[7]、「儒教的観念の上に接合された西欧科学知識の体系」という意味を、何ら含むものではない。のみならず、徂徠学そのものは、西洋学術の体系的移植の道を開いた反面、かれの人倫思想の当然の帰結として、それは、究極において、蘭学を封建制補強の具たらしめる以外の何ものでもなかった。その意味からすれば、玄沢の上掲の見解は、徂徠の思想にのっとり、これを忠実に再現したものにほかならない、といえよう。したがってまた、これから当然帰結されるのは、蘭学が、何らかの意味で、反封建ないし封建批判的性格を備えるとすれば、それは、自己形成の前提となった徂徠学を乗り越え、蘭学独自の人倫思想を形成することでなければならぬ、ということである。ただし、この問題については次章以下にゆずり、ここでは、右の点を指摘して、本章をひとまず終わることにしたいと思う。

(1) たとえば、花田・梅沢・静間「日本の科学と思想」、近代日本思想史講座、第七巻、参照。
(2) 以上は『新撰洋学年表』に拠る。

（3）高野長英全集、第一巻、『医原枢要』題言。
（4）同、第四巻、六二頁。
（5）本書、第一篇、第三章、第二節、参照。
（6）磐水存響、坤、所収、『磐水漫草』、二頁。
（7）沼田次郎『洋学伝来の歴史』、一一二―三頁。

第三章　洋学の勃興とその特質

はしがき

洋学勃興の糸口が、八代将軍吉宗の西洋学術の移植・育成によって開かれたという伝えは、すでに江戸時代後期において、識者の通念とされていたものであり、とくにこれをもって、時には洋学者が反動勢力の抑圧に対抗して、自己の学問を正当化するための歴史的根拠とし、あるいはまた封建的為政者側で、権力強化のために洋学を育成し、ないしこれを統制するにあたり、かかる権威を利用し、またはその指針とした、という事例さえみられる。(1)のみならず、今日においても、吉宗をもって洋学の開祖とみなす見解が、一般に行われている。

筆者はもとより、洋学発達史上、吉宗の果した役割をことさら軽視しようとするものではない。のみならず、洋学の歴史的意義を封建制の補強者的側面に認める伊東多三郎氏・沼田次郎氏はもちろん、両氏とは反対に、封建制の批判・克服者としての側面を重視する高橋碩一氏らにしても、吉宗の洋学育成について、それなりに注意を払っている。しかしながら、問題は、沼田次郎氏が新井白石の認識とともに、吉宗の洋学育成が、洋学の性格と針路を決定づけたものと評価し、これをもって、氏のいわゆる封建制補強者説の有力な根拠の一つとしている点にある。(2)そのうち、新井白石の西洋学術観については、すでに検討したので、本章では、吉宗の洋学育成の意義についてまず考察を加え、ついで田沼時代に成立した「蘭学」の特質を明らかにすることによって、沼田氏の見解の当否を検証するとともに、これをもって、次章における洋学の権力隷属化についての考察の、導入部としたいと思う。

（1）　たとえば、高野長英は、獄中において自己の無実を弁ずるために著わしたといわれる『蛮社遭厄小記』の中で、「〇〇〇(ママ)〇〇徳廟(吉宗—筆者註)ノ御代ニ至リテ先王我求ノ義ニ随従マシマシ、華夷ヲ選マズ、博ク天下ノ美ヲ取ノ御仁恵ニテ、蛮書講釈勅免被仰付」云々として、洋学の起源を吉宗の育成に帰して、ここに洋学の存在根拠を求め、自己の正当化を図っている。しかるに、これに対して、長英らをおとしいれた鳥居耀蔵らの一派に属する天文方見習渋川六蔵は、蛮社の獄の直後、幕府に上書して、洋学の統制と独占を説いたさい、蘭学の発達が吉宗の深慮によるものとしたのち、崋山・長英らの蘭学をもって、吉宗の深慮にもとる「名聞之蘭学」であると批難している(本書、第二篇、第二章、第五節、参照)。

（2）　沼田次郎『幕末洋学史』一〇—二頁。同「洋学」(世界歴史事典、第十九巻)。

第一節　将軍吉宗の洋学育成

従来の見解によれば、八代将軍吉宗の洋学育成は、かれの実学奨励の一環をなすものと理解されている[1]。周知の通り、将軍吉宗の享保期は、商品経済の発達に伴い、封建的支配がようやく動揺を示した時期であった。かれはその対策の一つとして、折からようやく発達の気運に恵まれつつあった自然諸科学を、政治的に利用しようとした。かれの実学奨励はまさにこれに由来し、その結果、禁書政策の緩和となり、ついで西欧科学の移植が行われるにいたった、とするのである。

そのうち、禁書政策の緩和については、享保五年(一七二〇年)正月、長崎奉行に、書付をもって、つぎのような指令を下している。

唐船持渡候書籍之内、邪宗門之儀聊も書載候書物者、貞享二年已来一切停止之事候得共、向後者右諸法儀に可レ用

類之文句等者弥停止可レ致候、噂迄にて不レ障文句書入候分者、御用物者勿論世間江売買為レ致候而も不レ苦候、尤吟味之節随分入念紛敷無レ之様に可レ仕候、以上。(2)

これがいわゆる享保の新令であり、その直接の動機となったのが、農事と密接な関係をもつ、暦学研究であったことは、知られているが、(3) これによって、暦学のみならず、外来諸科学研究が、一段と進展を見たことは、いうまでもあるまい。なおこの新令には、「噂迄にて不障文句書入候分者」云々とあるから、一応寛永七年のそれへの復帰とも解せられるが、(4) しかし、後者において、禁書の指定を受けた、『圜容較義』、『職方外紀』等、十二種をはじめ、貞享の厳令以降、禁書に指定されたもの七種が、これによって、解除されているから、(5) 単なる復帰と見るべきではなかろう。

それならば、かれの洋学育成の契機となったといわれる、殖産興業政策の本質はいかなるものであったか。それは、要するに、貢租の増徴にあたって、農家経済の破綻を防ごうとするにとどまり、旧来の経済体制に対し、何らの変革的意味をもつものではなかった。たとえば、享保十四年(一七二九年)八月、幕府は関東の在々に対し、菜種の栽培に関して、

関東在々にて菜種を作、百姓共助成ニ可成段、御代官中え可被申渡旨、近年申渡処ニ(ママ)、木陰畔岸等に少々充植付、修理肥しも不仕由に候得とも、出来之様子大概上方種に不相替、直段も八木に差続能候由、左候得は、土地致相応、百姓勝手に可成儀と相聞候、只今まても冬菜作り不申所は無之由之処、土地不相応抔と申之、右之通麁末ニ仕、或は一切作り不申所々多きよし、年を重入念作仕、土地不相応ニ候ハヽ、其節可相止処、発端より右之仕形ハ菜種に格別之年貢運上等可掛哉と邪推仕、或は右体之儀申勧候族有之由相聞、不届之儀ニ候、当年より相応に菜種作仕、修理肥し入念候様申付、度々見分吟味之上、其趣可相達旨、関東筋御代官え可被申渡候、以上。(6)

と達しているが、この中に「百姓共助成ニ可成段」、「百姓勝手に可成儀と相聞候」、「菜種に格別之年貢運上等可掛哉と邪推仕」云々とある通り、菜種そのものを貢租の対象とするのではなく、その奨励により、米租増徴の条件を創出しようとしているにすぎない。ここに、吉宗の殖産興業政策の限界が示されている。

同様なことは、吉宗が丹羽正伯、野呂元丈等の医師に命じて、諸国に採薬させ、あるいは、小石川白山に薬園を設け、朝鮮人参その他の薬物を、移植・栽培させたという、有名な事績についてもいえる。[7] すなわち、かれの本旨は、「国産の薬物などひろくもとめさせ給ひ。異域の薬種をも。あまた培養せしめられしは。もし洋舶通ぬことありとも。国人の病用に事かゝせじとの御旨なり」[8]と伝えられるごとく、鎖国至上の観念に立脚したものであった。

つぎに、かれの洋学育成そのものについて、吟味して見よう。

『蘭学事始』によれば、吉宗は蘭人献上の図入れの本を見て、「これは図ばかりも至つて精密のものなり、このうちの所説を読み得るならば、また必ず委《くゎ》しき要用のことあるべし、江戸にても誰ぞ(蘭語を)学び覚えなば然るべしとのことにて、初めて御医師野呂元丈老、御儒者青木文蔵殿との両人へ仰せを蒙り候よしなり」[9]とある。しかし、江戸ではじめて、オランダ語の本格的研究に着手したのは、青木文蔵＝昆陽であって、野呂元丈はそうではない。なるほど、元丈は台命により、ヨンストン(Jan Jonston)の禽獣譜、およびドドネウス(R. Dodonaeus)の本草書を訳述、献上している。これが『阿蘭陀禽獣蟲魚図和解』一巻、および『阿蘭陀本草和解』十二巻(実は十一巻)である。〔補註〕しかしながら、これらの訳述書は、実は和蘭通詞の手になる翻訳、およびかれらを介して、参府の甲比丹や蘭医から伝聞した知識を記したもので、文字通りの「翻訳書」というべき性質のものではない。[10] のみならず、元丈が蘭語を学んだという確証がない。してみれば、上記の『蘭学事始』の記載は、吉宗が野呂元丈に対し、右のような意味での、蘭書の「訳述」を命じたことを、誤り伝えたものではなかろうか。

もしそうならば、青木昆陽のオランダ語学研究が、果して吉宗の台命によるかどうかが疑問になる。事実、これについては、『蘭学事始』や大槻玄沢の所伝[11]があるのみで、これを確証するに足る文書が欠けている。のみならず、『新撰洋学年表』には、昆陽らが蘭語学習の台命を受けた年を、元文五年(一七四〇年)としているが、しかし、これ以前に、かれがオランダ語に関心を有していたことは、すでに先学によって、指摘されている。[12]だから、わたくしは、この点を疑問として、残しておきたい。それはともかく、青木昆陽によって、江戸におけるオランダ語学習の緒が開かれたことは、疑いない事実である。[13]なお昆陽の蘭語研究が、のちに前野良沢らに継承されて、『解体新書』の成立となることは、あらためて、述べるまでもあるまい。

吉宗は、このほかにも、蘭人を通じて、洋馬・猟犬や薬種のごとき、実用的な動植物の移入・移植を図り、あるいは、天体観測機や望遠鏡、時計等を輸入し、世界図や西洋式船舶、武器等に関心を寄せて、これを輸入し、また蘭人ケイズル(Hans Jurgen Keijser)を江戸に招いて、オランダ馬術を教授させ、かれの口述するところを、通詞今村市兵衛をして和解させたことなどが伝えられている。[14]

これらは、かれの実学主義の現われとも見られるが、これとならんで、いま一つ、注意を要するのは、かれの洋学育成には、異国趣味的契機が、多分に作用していたという事実である。すなわち、蘭館日記によれば、かれが、前記のごとく、有用動植物や器械類を輸入したほか、火食鳥・麝香猫・孔雀・駝鳥・象・虎等の動物や、珍奇な花樹・果樹の移入・移植を試みている事実が伝えられており、あるいはまた、かれがオランダの食物に興味を寄せて、食料品の各種見本を献上させたほか、側近者が内意を受けて蘭人使節の宿舎において、西洋流の食事を試食している事実があり、そのほか、洋画の移入にしろ、あるいは、蘭人使節の一行に歌舞・剣闘、その他種々の所作をなさしめ、これを観て興じたごとき、かかる側面を物語る所伝が、かならずしもすくなくないのである。[15]

ところで、吉宗に見られた異国趣味は、すでに元禄のころ、京阪の町人層の間で流行していたものであり[16]、これが、商業資本の圧力が幕府政治に深刻な影響を及ぼすにいたった享保期になると、将軍の個人的趣味にまで反映するにいたった、と解することができるのである。しかも、つぎの田沼時代になると、異国趣味は、諸大名や富裕町人層のみならず、庶民的諸層にまで広く普及して、

　その頃より世人何となくかの国持渡りのものを奇珍とし、総べてその舶来の珍器の類を好み、少しく好事と聞えし人は、多くも少くも取り聚めて常に愛せざるはなし。[17]（蘭学事始）

という風潮が生れ、「器械・画図ノ観ルニ足ルベキ物アレバ、更ニ価ノ貴キヲ厭ハズ務メテ華美ヲ逞フセント欲シ、文房ニ並ベツラネ徒ニ美観ニ供ス」る「オランダズキ」[18]（蘭学階梯）や、これを利用して「偶々奇巧美観ノ物アレバ名ヲ彼ニ冒シ、路傍ニ場ヲ構ヘ招牌ヲ掛ケ目ヲ喜シムル」[19]（同上）商人の徒が現われるにいたっている。それは、吉宗の洋学育成における私的側面が、この時代にいたって、政治権力の腐敗と、これに寄生する商業資本の著しい発達という条件の下で、普遍化するにいたったもの、と見ることができよう。しかも、異国趣味そのものは、浅薄な好奇心以上のものでなかったにしても、その背後に、新知識に対する、社会的欲求がひそんでいたことをみのがしてはならない。

（1）高橋磌一『洋学論』、九四―五頁。沼田次郎『幕末洋学史』、一一―二頁。
（2）近藤正斎全集、第三、書籍二十四、禁書一、二七頁。
（3）伊東多三郎「禁書の研究」上、歴史地理、六十九ノ四。海老沢有道『南蛮学統の研究』、一四一頁以下。
（4）（5）伊東、前掲論文。
（6）御触書寛保集成、二十三、七〇〇頁。
（7）新訂増補国史大系、四十六巻、『有徳院御実紀』、附録、巻十五、二九一頁。
（8）同、附録、巻二十、三三七頁。

(9)　緒方富雄校註『蘭学事始』(岩波文庫)、一三頁。
(10)　『阿蘭陀禽獣蟲魚図和解』(内閣文庫蔵)の序文に、

一、此書、薬物ノ為ニ作タル本草ニアラズ、故ニ功能ノコト一切ナシ、タダ形状バカリヲ著ス、文字多クハラテンノ躰ニテ、解シカタシト云。(中略)。

一、解トハ、書面ノ和解ニテ御座候。

一、説トハ、阿蘭陀人ノ物語ニテ御座候。

とあり、つぎに、その実例を一、二示せば、左の通りである。

一、象　ヲーリハン

解ニ、鼻ノ下ヨリ打廻シタル長サ一丈九尺ト云。

説ニ、阿蘭陀人ノ行国々ニ多有之、肉ヲ食フ所ナシ、又皮骨糞等ヲ薬用ニスルコトヲ不聞、牙ハ。イホウルト。申候而、薬用ニスト云。

一、驨《ケイ》　インホウルン

謹案、爾雅ニ云ク、驨ハ如レ馬一角ト、故ニ今拠二此図一用二驨ノ字ヲ一

説ニ、此解書面ニ見ヘズト云、(中略) 此類ノ一角アル条ヲ問フニ、角ヲ薬用ニスルコトミヘスト云、此方ニテ、ウニカウルト云ハ、ホルトギスノ語ニ、ウンハカウロト云ヲ訛リタルヨシ。

これによれば、「解」とは、元丈の和解を意味するものとは思われない。なお末尾に、

対談ノ阿蘭陀人
加毗旦　ヤアコップハンテンワーイ
書記　ハンデンブリイル
外科　ヒリップピイトルムスクルス
大通詞　吉雄藤三郎
野呂元丈
寛保元年辛酉三月

とあるから、おそらく通詞の翻訳に、かれらを介して、蘭人から伝聞したところを加えて、記したものであろう。

これに対して、『阿蘭陀本草和解』の場合もまた、同様であろうと考えられる。すなわち、同書の末尾には、「野呂元丈和解」と記されているが、しかし、これにつづいて、蘭医、および通詞の名が連署されているのが、一般であり、また一例をあげると、

ゾンブロム　阿蘭陀名　和名ヒマハリ
フロスヲリス　ラテン名　漢名向日葵
一、性冷。
一、此葉ノ筋バカリヲ取リホルトガルノ油ニ浸シ用レハ、腎ヲ補フ甚験アリ。
一、此花日ニ向ヒ廻ル、日ニ向フ所ノ花ヲ取リ額ニアツレハ、頭痛ヲ快ス。

とあって、翻訳とは考え難い。したがって、これら両書を元丈の訳述書と伝えて来た通説は、再考を要するものと思う。

(11) 『蘭学階梯』、巻上、磐水存響、乾、所収、八―九頁。
(12) 沼田次郎『蘭学発達の歴史』、三三頁。
(13) 青木昆陽の語学力については、岩崎克己『前野蘭化』、一二三頁、を参照されたい。
(14) 斎藤阿具「徳川吉宗と西洋文化」、史学雑誌、四十七ノ十一。岩崎、前掲書、八三頁。
(15) 斎藤阿具、前掲論文。
(16) 辻善之助「江戸時代の町人と西洋文化」、ソフィア、一ノ二。辻博士はこの中で、かならずしも時代を元禄期に限定して述べているわけではないが、しかし、そこにあげられた、異国趣味に関する諸例のうち、ビイドロ、カルタ、望遠鏡等に関するものは、いずれも十七世紀末以降、とくに京阪の町人層に流行したことを示している。
(17) 緒方富雄校註、前掲書、一八頁。
(18) 磐水存響、乾、八頁。
(19) 同、七頁。
〔補註〕岩崎克己「蘭学史上のヨンストン『禽獣譜』」、書物展望、十一ノ七―九、参照。

第二節　勃興期洋学の特質

さて、洋学の勃興とよばれ、あるいは「蘭学」の成立といわれる、杉田玄白・前野良沢らの『解体新書』の翻訳にはじまる本格的な西洋学術研究は、以上のような社会的環境の中で、はぐくまれたものであった。なるほど、それは吉宗の実学奨励とは無関係ではないにしても、より根本的には、吉宗がかかる政策を不可避とした国内の経済的進展と、これに付随した自然科学勃興の気運こそ、新学問としての、「蘭学」を成立させた、原動力となった、とみなければならぬ。その意味で、わたくしは、吉宗の育成によって、洋学の性格と針路が決定づけられたとする沼田次郎氏の見解に、くみすることができない。のみならず、すくなくとも勃興期「蘭学」に関する限り、それは、形而下的な領域を越えて、新井白石がかつて否定したところの、形而上学にまで及んだ形跡さえ、認められるのである。以下において、右を論証するため、勃興期における洋学の特質を挙げ、あわせて封建批判論を紹介することにしたい。

（一）　まず『解体新書』の訳述に従事したのは、杉田玄白・前野良沢をはじめ、いずれも藩医層に属する人々であった。またその学統を継承して、その後の洋学の主流を占めた大槻玄沢や宇田川玄随らにしろ、同様である。その意味からすれば、洋学が封建権力に奉仕するための、知識・技術たる一面を有していたことは、否定することができない。なおまた当時、蘭方医学といえば、外科に限られていたから、オランダ解剖書の翻訳を発案・推進したのが、蘭方外科を家業とする杉田玄白であったことは、きわめて自然な成り行きであったといえよう。それにもかかわらず、この訳業に参加した人々は、かならずしも外科医に限られていたのではない。かれらのうち、経歴の明らかなものについていえば、外科医は玄白のほか、官医桂川甫周のみで、前野良沢にしろ、中川淳庵にしろ、いずれも内科医であった。しかも、桂川甫周は世界地理学に興味をもち、また中川淳庵は本草家として知られ、前野良沢にいたっては、ひろく諸科学の研究に手を染めている。〔補註〕さらにまた、『解体新書』(安永三年一七七四年刊)の訳業が成って間もない、天明五年(一七八五年)当時、蘭学社中のなかで、外科を専攻したのは、わずかに杉田・大槻二氏のみで、他の社中は「或は天文・地学、或は本道・諸術等にて銘々好候義取掛り罷在候」(1)(傍点筆者)という有様であった、と大槻玄沢が報じている。このことは、かれらの蘭学が、名目上はともかく、実質的には、かならずしも家業に制約されたものではなかったことを示すものである。しかも、右にみえる天文・地(理)学といい、本道(内科)といい、それらは、いずれもすでに国内において独自な発達をとげつつあった、科学技術に対応する諸部門にほかならない。(2)してみれば、「蘭学」の成立が、国内諸科学との関連において、いわばその発展形態として、捉えられねばならぬことが、当然考えられよう。

(二) つぎにこれに関連して、すくなくとも勃興期に関する限り、「蘭学」がひとり封建的支配者側の必要に応えるにとどまらず、ひろく在野の諸層を基盤としていたことは、かれらの啓蒙活動を通じて、知ることができる。つぎにこのことを後述するところと関係をもつ、二、三の実例を挙げて、示してみようと思う。

(a) 蘭学社中の中でも、最も活発に啓蒙活動を行なったのは、杉田玄白の門人大槻玄沢であった。とくにわが国最初のオランダ語入門書として知られる『蘭学階梯』(天明三年一七八三年稿、天明八年一七八八年刊)は、かれが後年、

斯篇原ト家塾ニ蔵刻シテ、特《タダ》同志ノ諸子ニ示セル小冊子ナリシガ、漸々世ニ流布シ、其人々天性ノ利鈍学術ノ浅深ニ論ナク、コノ訓導ニテ志ヲ興スモノ少ナカラズ(中略)、コレヲ修メシ人多クアリシ中ニハ、篤ク好ンデ其業ヲ成シ遂ゲシ者モ数人ニ及ベリ、但恨クハ全ク事成ラズシテ、泉客トナリシモ間々アルナリ、唯世間何トナク其学ハ精密ノ事ナリト知リテ、漸々コレニ入ルモノ夥ク成リ来レリ。(3)(蘭訳梯航)

と述懐しているように、洋学の普及に大きな功績を残していることは、すでに周知の通りである。

ところで、注意すべきは、同書の由来である。すなわち、さきに岡村千曳氏が、大槻文書の中から、玄沢の処女作と目される『和蘭鏡』の序跋を発見して、これを紹介されたが、そのうち、跋文は、司馬江漢が記したもので、左に示すのが、それである。

余画図技術の癖あり、画は則ち漢法に傚ひ以て生業となす、のち和蘭載来する所の画図及び器械を観る。その精妙言ふべからず、よつて其法を学び、造制する所あらんと欲す。然れども、其術其法蘭書を捨てて、何を以てせんや。大蠘先生(大槻玄沢—筆者註)の此学に従事するや、固より已に久し、余等欽仰してやむべからず。その門を扣き、塾に就きて謀り、或は二三同好の士と日を刻して、先生を茅堂に請じ、其書を講じ其説を議し、相諏り相咨ふ者ここに年あり、研精の余、略々其一端を知る。書中説く所の銅版鏤刻の如き、今や始めて其法を考へ、これを本邦において創ることを得たり。その他かくのごとき類、また少なからず、その人を得て、ともにこれを成さんと欲すと雖も、人毎にその入り難きを苦しむ。ここにおいて先生に就いて請ふ(中略)、その固く請ふに及んで、先生遂に書二篇を著はし、名づけて和蘭鏡といふ。此書固よりただ初学の階梯、甚だ高論を務めずと雖も、実に三千年来、未だ説かざる所也、あに一盛事ならざらんや。峻(江漢)等踊躍の至りに堪へず、よつて其略を記してしか云ふ。(原漢文)

天明癸卯秋九月

東都江漢司馬峻識(4)

われわれは、これからつぎのような事実を知ることができる。すなわち、玄沢が、江漢ら庶民の請いにまかせて、日を定めて洋書を講じたこと、またこれにより得た知識を通じて、江漢が銅版画を創製したということが、その一つである。なお江漢の『西洋画談』によれば、玄沢が講じた洋書というのは、ボイスの『工芸百科辞典』であったことがわかる。[5]第二は、江漢がみずから右の洋書を読破せんとして、同好の士を募ったが、しかし、オランダ語そのものを学ぶことが、すこぶる困難であった。よって江漢が、その手引きを玄沢に請うて、生れたのが『和蘭鏡』二篇である、ということである。

もっとも、『和蘭鏡』の本文は、現存しないので、その内容を具体的に知ることができない。しかしながら、筆者不明の同書の序文には、

和蘭鏡は、もし同志の士、取りてこれを読めば、所謂曲釘鴃舌、口に誦して心に解け、しかる後和蘭書を読まば、口授面語、郷里の人に対するごとし。(原漢文)

とあることから、それは、語学入門書であると推定して大過あるまい。ところで、前記の『蘭学階梯』[6]は、同じく蘭語入門書であった。しかも、その例言には、「天明三年癸卯季秋(九月)初吉」の日付があるが、これに対して、『和蘭鏡』の跋文の日付も、同様に「天明癸卯(三年)秋九月」となっている。のみならず、『階梯』の例言には、

頃ロ同臭ノ士来テ此学ノ大法ヲ示サンコトヲ請テヤマズ、故ニ不才ヲ顧ミズ、此編二巻ヲ著シテ其需ニ応ズ。

とあり、この点でも、後者の跋文で江漢が述べているところと符合する。さらに『階梯』が上下二巻からなるのに対し、『和蘭鏡』もまた、跋文によれば、二篇からなることが知られる。してみれば、『和蘭鏡』とは、『蘭学階梯』の異名であるか、あるいはその初稿を指すものではないか、ということが想像される。もしそうならば、洋学の普及に大きな功績を残した『蘭学階梯』は、もと江漢ら庶民を対象とした和蘭語入門書ということになり、したがって、当時の玄沢は、階級的、身分的に、何らの拘束を受けず、啓蒙活動に従事していたことがわかる。

(b) 林子平の『三国通覧図説』および『海国兵談』が、洋学の影響を受けていることは、周知の通りである。すなわち、それらの素材となった洋学系知識としては、蘭館長ヘイト(A. W. Feijth)や和蘭通詞吉雄幸作の談話、『ゼオ

ガラヒー』、『ゲレイキスブック』等の洋書、および『和蘭地図略説』(本木良永訳)、『和蘭航海略記』(松村元綱訳)、『輿地国名訳』等の訳書、その他漢訳書が知られているが、なおこれらと並んで大槻玄沢・桂川甫周らの蘭学社中の影響をも無視することができない。蘭学社中の中で子平と最も親交のあったのは森島中良である。すなわち、中良は子平が、『海国兵談』刊行の際、その引札の中で支援者の一人に名をつらねており、[7] またかれの著書『紅毛雑話』には、子平の談話がいくつか収録されている。ところで『紅毛雑話』は、その凡例によれば、蘭人使節の談話および、

　彼国の書学べる人等の集へる日など、其所に侍りてうち聞たる事をも、筆の随かきあつめたる雑録。[8]

とあるから、子平もまた右に見える蘭学者の会合に出席して、常連の大槻玄沢・桂川甫周・宇田川玄随らと交わったことが想像されるのである。してみれば、個々の知識はともかく、『三国通覧図説』や『海国兵談』を特色づけている国際的視野の広さは、かかる会合を通じて、涵養されたことが、当然考えられてよい。なかでも、かれを啓発したと想像されるのは、中良の兄の桂川甫周で、甫周は蘭学社中の中で最も世界地理学に通じていただけに、子平の『三国通覧図説』の価値を認めてこれに序文を寄せたほか、さらに同書を、かつての蘭館長チチング(Izaak Titzing)に送って海外に紹介している。[9]

(c)　しかしながら、右にもまして、注意を要するのは、工藤平助の『赤蝦夷風説考』に対する蘭学社中の寄与である。同書が閣老田沼意次を動かし、普請役佐藤玄六郎以下の蝦夷地調査隊の派遣となったことについては、改めて述べるまでもなく、周知の事実に属する。同書は、ロシアの北方経略を説き、その対策を論じた上巻と、その基礎知識というべき、ロシアおよびカムチャツカの状態を述べた下巻の、二巻からなり、後書きによれば、上巻が天明三年正月、下巻は天明元年四月二十一日に完成している。なお平助の記すところによれば、下巻の資料として、用いられたのは、松前人の談話、およびその所持する「赤狄の絵図」のほか、一七四四年開版の『ベシケレイキヒング・ハン・ルュスラ

ンド』、および一七六九年開版の『ゼオガラヒー』である。しかも、下巻の後書きにはつぎのように記されている。

一、此壱巻の考、僕の見識にあらず、僕は蕃学未熟にして考る事あたはず、鴻学の士に尋て聞くところ也。(10)

平助と親交のあった蘭学者には、前野良沢・大槻玄沢・桂川甫周、それに和蘭通詞の吉雄幸作がある。では、かれらのうち、だれが「蕃学未熟」な平助のために、これらの洋書の知識を提供したのであろうか。

右の洋書のうち、『ゼオガラヒー』は、いうまでもなくヒュブネル(J. Hübner)の世界地理書で、岩崎克己氏の研究によれば、(11)わが国に伝えられた蘭訳本には、三種あったというが、そのうち、『風説考』の資料となったのは、最も遅れて舶来した、一七六九年版の六冊本である。なお桂川甫周の『地球全図』(寛政三年一七九一年)のために、大槻玄沢が記した題言によれば、(12)同書を江戸ではじめて手に入れたのは杉田玄白で、『風説考』が著わされた当時、甫周および玄沢は、これを玄白から借受けて、その解読に従事していた。したがって、同書の知識を平助に提供したものとして、両者、またはそのいずれかが考えられよう。つぎに『ベシケレイヒング・ハン・ルュスランド』(ロシア誌)は、はじめこれを和蘭通詞吉雄幸作が所持し、天明元年春、蘭人使節に随行して出府した際、同書の売却を工藤平助に依頼したが、やがてそれは、福知山侯朽木昌綱の買上げとなり、ついで前野良沢に下賜されたらしい。(13)良沢がすでに、天明元年当時、同書を見ていたことは、かれの著書『輿地図編小解』の註記によって知られるが、ただし、右の註記には、

予コレヲ読テ、其大略ヲ飜訳セント欲ス、然ドモ故アリテ彼書ヲ熟読スル事能ハス。(14)

とあるから、良沢が平助のために同書の知識を提供したとは考えられぬ。して見れば、前述の例から推して、平助が朽木侯に同書を売却する以前に、やはり玄沢または甫周に託して、同書の知識を得たと見るのが自然であろう。

(三) それならば、「蘭学」は旧学問から何を継承し、またその限界を、どの程度まで、克服し得たであろうか。杉田玄白らがオランダ解剖書『ターヘル・アナトミア』の翻訳を志すにいたったのは、骨ヶ原の刑場で死刑囚の解剖

を見学した際、同書の解剖図が、これと全く一致することを知って、

このターヘル・アナトミアの一部、新たに飜訳せば、身体内外のこと分明を得、今日治療の上の大益あるべし。[15]

（蘭学事始）

との自覚に達したからであった。このことは、理論を治療に害ある、無用のものとしりぞけた吉益東洞ら古方家の限界を、かれらが乗り越えたことを意味していた。

しかしながら、かれらがかかる思想に到達したのは、『ターヘル・アナトミア』の入手と、これにつづく人体解剖の実見という、単なる偶然に幸いされたためではない。それは、徂徠学を通じて、すでにかれらの内部に醱酵していた思想であった。すなわち、杉田玄白は、徂徠の軍学書『鈐録外書』を読んで、軍理と用兵技術との相互関係についての、徂徠の洞察に啓発されて、ここにはじめて、「医術の本源は人身平素の形体、内外の機会《ようす》の精細に知り究るをもって、此道の大要となす」（形影夜話）ことを悟ったと述べている。『解体新書』の訳業は、かかる思想的開眼を前提とするものであり、それは東洞らが見抜き得なかった、徂徠学の新しい可能性の発見と継受にほかならない（本篇、第二章、参照）。

ところで、かれらによって、オランダ医学の優秀性が認識された以上、西洋学術の背後にある宇宙観の評価もまた、当然改められねばならない。このことを明白に示しているのは、前野良沢の『管蠡秘言』[16]である。

『管蠡秘言』（安永六年 一七七七年 自序）は、良沢が西洋の自然科学を紹介した書であるが、その中で、かれは陰陽五行説と西洋の「四元説」との、比較論を展開している。いうまでもなく、四元（素）説とは、ヨーロッパ古代中世の宇宙観を特色づける物質構成の理論であり、万物は、土・水・空気・火の四元素によって、構成されるとするものである。しかも、それは、一見、陰陽五行説と類似するかに見えながら、天理・人道にかかわらぬ点において、これと本質を異にして

いる。それゆえ、かつて長崎の儒者向井元升が、幕命により西洋学術書を批判した際、これをもって「只形器の上の工夫而已也」と断じ、「其論学只形の上の説に詳也、是を以て三世の理にくらく、天堂地獄之説に迷ふ、形の上の説も理気陰陽の義を不レ知、故に凡鄙俗義の説也」として、排斥して止まなかったものである。(17) またこれに対して、西川如見は、かれの天文学体系の中に、西洋学術を組み入れる必要から、「四行ノ運気ハ簡易ノ法ニシテ、五行ノ運気ハ精密」なる点に相違があるのみで、両者は本質的に異なるものではないとして、その妥協を図っている。(18) しかるに、良沢は「夫レ五行ノ説ハ僅カニ支那一区ノ私言ニシテ、四元ノ渾天・渾地ノ公言ニ異ナリ」として、五行説をしりぞけ、専ら四元説を是認した。それならば、良沢が右の根拠としたのは何か。

かれによれば、五行説は、元来単なる物質にすぎない水火木金土をもって、しいて天地間における、一切の事物に配当して、これを統一しようとするもので、これによっては、事物の本質はとらえられないという。

　夫レ水火木金土ハ本来水火木金土ナル而已、然ルニ天地間無数ノ事物ヲ強ヒテ調ヘテ悉クコレニ配当ス、所謂陰陽五行コレヲ数ヘテ、百ナルベク、千ナルベク、只人ノ言フ所ノ随ナリ、豈ソレ本然ヲ得ンヤ。

たとえば、それは、仁義礼智信の徳目に、それぞれ五行を配し、あるいは、東西南北に、中央を加えて、五行の数に合わせ、その他、人性、五臓等についても、同様の仕方で、これを説明する。しかし、それらはいずれも「本然、水火木金土ニ非ザルモノヲ強ヒテ水火木金土トナス」ものであって、何らの必然性も認められぬ。それゆえ、

　他邦ニ在ツテハ、智仁・東西・人性・五蔵等ヲ水火木金土トハイフベカラズ。

と、ここにかれが五行説をもって「支那一区ノ私言」と排した理由がある。これに対して、西洋の四元説が普遍性を有する理由についてかれはいう。

　和蘭、地水火空ヲ云フハ、直チニ地水火空ナリ、コレヲ学バザル他邦ノ人モ、地水火空ヲバ即チ地水火空ト云フ、

コレ渾天渾地ノ公言ニアラズヤ、支那五行ノ説ヲ混雑シテ、コレヲ紛々タラシムルコトナカレ。

もちろん、かれが「渾天渾地ノ公言」と評してはばからなかった四元説は、近代科学の発展に伴い、やがて否定されるべき運命にあった、一個の観念論にすぎない。しかし、それにしても、それが専ら物質的自然の構成理論とされた限り、陰陽五行説に比べて、はるかに経験的性格を有していたといえよう。のみならず、それはすでに漸次解消の道をたどりながら、なおかつ通俗的な科学理論として、十八世紀を通じてヨーロッパに通用していた。しかも、他方、洋学勃興の当時にあっては、鎖国的制約に加えて、国内における蘭書の受容がきわめて乏しく、その入手は偶然的条件に支配されていたのである。これらの事情を考慮するならば、かれが中世的な自然観を越え得なかったからといって、これをもって、かれの認識の限界を示すと見ることは、かならずしも妥当ではない。それよりも、われわれにとって、重要なのは、かれが四元説の評価を通じて、西洋学術認識上の価値転換を行なった点にある。しかも、かれは西洋学術に対し、

按ズルニ、彼ノ邦、別ニ教化ノ学アリテ、本然ノ学トハ其門ヲ異ニス。

という認識を有していたのである。してみれば、かれの「四元説」論は、西洋学術をキリスト教から切り離して、その優秀性を是認するという、白石の提起したとされる命題に対して、いわば原理的立場から答えたもの、と解せられるであろう。もしそうであるならば、かれらの洋学は、儒学的自然観に接合された断片的な西洋学術の知識ではなく、[19]これの体系的移植を意味するものだ、といってよいのでなかろうか。

(1) 大槻玄沢『官途要録』、第一冊、天明五年九月「口上覚」(早大図書館蔵)。なお『官途要録』は、大槻玄沢の公務日記で、四冊からなる。

(2) 天文学の分野では、渋川春海による授時暦の研究と、その成果に基づく改暦をはじめ、中根元圭、西川如見、正休らによ

る中国天文学ないし、漢訳西洋天文学の研究・開拓が行われていた。また地理学では、新井白石の諸研究のほか、西川如見の『日本水土考』(享保五年 一七二〇年)、同『四十二国人物図説』(同年)、北島見信『紅毛天地二図贅説』(元文二年 一七三七年)、後藤梨春『紅毛談』(明和二年 一七六五年)、本木良永『和蘭地図略説』(明和八年 一七七一年)等が現われている。さらに本道(内科)では、古医方の勃興が挙げられる。

(3) 磐水存響、乾、所収、『蘭訳梯航』、二頁。

(4) 岡村千曳「大槻玄沢畹港漫録」㈡、早大図書館月報、十九。

(5) 中井宗太郎『司馬江漢』、所収、六三頁。

(6) 磐水存響、乾、所収。

(7) 林子平全集、第一巻、所収、「海国兵談口上覚」。

(8) 文明源流叢書、第一巻、四五一頁。

(9) 小倉進平「三国通覧図説の語学的価値」、仙台郷土研究、十一ノ三。

(10) 北門叢書、第一冊、所収『赤蝦夷風説考』、二四五頁。

(11) 岩崎克己「ゼオガラヒーの渡来とその影響」、書物展望、十ノ十二。

(12) 大槻玄沢「題地球全図」、磐水存響、坤、所収、『磐水漫草』、三八頁。なお右によれば玄沢らが杉田玄白から『ゼオガラヒー』を借りて解読したのは、玄沢の帰郷(天明二年および同四年)以前のことである。また玄沢の『蘭学階梯』(天明三年 一七八三年稿)に六冊本『ゼオガラヒー』の名が見えている。よってわたくしは天明元年当時すでに玄沢が、甫周とともに同書を閲読していたものと考える。

(13) 岩崎克己「ベシケレイヒング・ハン・ルュスランドの流伝と飜訳」、書物展望、十一ノ十一・十二、参照。吉雄幸作が同書を所持していたことはかれに同書所収のランゲの『北京紀行』の翻訳(安永七年 一七七八年)があることから知られる。ただし、それはやがて福知山侯朽木昌綱の手に渡り、前野良沢に下賜されたという(岩崎、前掲論文)。ところで、『蝦夷地一件』、所収の「松前幷蝦夷地之儀に付御勘定組頭土山宗次郎え承候趣申上候書付」によると、土山宗次郎は『風説考』の素材となった蘭書について、「当時江戸表に罷在候長崎通詞勤候もの姓名失念、外題何とか申唐本致所持、是は蛮国の儀共品々相認、右之内おろしや交易等之儀書載有之、終に渡り候儀無之書物にて風と渡候を、如何の儀にて手に入れ候哉、致所持罷在、右唐本を平助方え借受候由」と述べているが、ここに出て来る長崎通詞とは平助と親交あった吉雄幸作であり、「外題何とか申唐本」とは『ベシケレイヒング』であることはほぼ疑いない。平助は兼々吉雄からオランダ渡りの器物等の売却について依頼を受けているから(仙台叢書、第十巻、所収、「むかしばなし」)、同書も工藤を通じて朽木侯に売却されたものと想像される。

(14) 岩崎、前掲「ベシケレイヒング・ハン・ルュスランドの流伝と飜訳」、所引。

(15) 緒方富雄校註『蘭学事始』(岩波文庫)、三〇頁。

(16) 岩崎『前野蘭化』、所収。

(17) 『乾坤弁説』、文明源流叢書、第二巻、六—七頁。

(18) 西川如見遺書、第一編、『天文義論』、巻下、二二—三丁。

(19) 沼田次郎氏は洋学をもって「儒教的な自然科学観の上に接木された西欧自然科学の知識の体系」を定義づけている(幕末洋学史、二七頁)。

〔補註〕『解体新書』翻訳以前の蘭方医学は、外科にかぎられ、出島の蘭医から伝聞した知識に基づいて、膏薬・塗薬による金創瘡瘍の治療を行なう程度のものにすぎなかった(富士川游『日本医学史』、三〇三頁、三九四頁。杉田玄白『和蘭医事問答』、文明源流叢書、第二、三八五頁、三九三頁)。なお前野・中川両氏が内科医であることについては、『和蘭医事問答』、三九四頁、参照。同書にはとくに中川淳庵について「同藩中川淳庵と申者内科にて、殊に物産を好候」とある。かれの本草学研究については、和田信二郎『中川淳庵先生』、参照。また桂川甫周の地理学研究については、鮎沢信太郎『地理学史の研究』、所収、「桂川国瑞の外国地理研究」、参照のこと。前野良沢については、後出『管蠡秘言』中の「童子難」および岩崎克己『前野蘭化』参照。

第三節　封建批判論の展開

最後にいま一つ、かれらの学問的自覚の深化を示すものとして、挙げられるのは、白石によって代表される西洋観の克服と、これに伴う中華思想(儒学的権威)の否定である。それは科学と社会ないし思想との関係についての、おぼろげな自覚のあらわれともいうことができよう。

もともと洋学は、国内における自然科学勃興の気運の中ではぐくまれ、かつまたイデオロギー的には、徂徠学における自然研究の自由の保障を前提としておこったものであった。したがって、すくなくとも当初にあっては、その領域が形而下の学に限定されていたことは、申すまでもない。それにもかかわらず、西洋学術の優秀性に対する認識が進むにつれて、当然ながら、その母胎となったヨーロッパの社会制度ないし政教に対する関心が、ようやく高まるにいたった。しかも、このことは、白石が洋学をもって「所謂形而下なるものゝみを知りて、形而上なるものは、いまだあづかり聞かず」とした認識の限界を越えることを意味したのである。

もっとも、洋学が形而下の知識としての、限界を越えることは、禁書制度、その他の思想統制のために、きわめて困難であった。そのため、それは輸入を許可された世界地理書、その他、自然科学書や、蘭人との対話を通じて、学び得た断片的知識を基礎に、観念的なヨーロッパ像を描き出すとともに、これに封建社会を対比させるという、封建批判論の形で展開された。つぎに、前野良沢および、司馬江漢の所説によって、その具体的な内容を検討してみよう。

(一) **前野良沢**（享保八年—享和三年 一七二三年—一八〇三年）[1]

洋学系封建批判論の中で、管見に触れた最も古いものは、前掲『管蠡秘言』に見られる、良沢の見解である。かれは同書の中において、とくに、「童子難」なる一項を設け、俗論を代表する童子に仮託して、かれ自身をつぎのように非難させている。

支那ハ五岳ノ域・八区ノ営、聖賢ヲ垂レテ教法礼楽ノ興ル所ナリ。故ニ百方コレニ則リ、四夷コレヲ宗トス。其中華ヲ以テ称スルハコレガ為ノ故ナルベシ。然ルニ先生何ゾコレヲ損テテ専ラ和蘭ニ学ブヤ。先生曾テ只医術ヲイフノミナラズ、天文・地理・暦学・芸術、皆蘭ヲ以テ精真ナリトス。是或ハ然ランカ。近ク聞ク、又頻リニ窮理本然ノ学ヲイヒ、亦時ニ政教ニ及ブモノアリ。（中略）彼ノ和蘭ハ西北ノ戎狄ナリ、其政教タル、何ゾ堯舜文武ノ道ニ尚ヘンヤ。

われわれはこれによって、かれの学問が自然科学のみならず、「堯舜文武ノ道」に比すべき、オランダの政教＝形而上学にまでおよんでいたことを、まず知ることができる。ところで、かれは右の論難に答えて、世界における教学の多元性を指摘し、それらの優劣の規準として、「其帰スル所ノ治乱・盛衰」と、「其及ブ所ノ遠近・広狭」とを挙げて、かかる観点から、つぎのように、論じている。すなわち、かれによれば、世界における教学のうち、仏教の及ぶ範囲は、アジアの十分の二であり、儒学はわずかに十分の一にすぎない。その余は、天主教が世界諸大洲にわたり、広く行われている。アジアにあっては、回回国（マヽ）がその中心となっている。それゆえ、シナでは、これを回回の教えと呼んでいる。ヨーロッパにあっては、イタリアが教化の中心をなす。ただし、オランダに限り、他国の法を入れず、別に一法をおこし、それは北アメリカおよび東南アジアの属州にまで及んでいる。南北アメリカはヨーロッパ人の開くところで、ここでは、主として、天主教が行われている。アフリカでは、アジアの西辺に興った、ユダヤ教が信奉されている、という。良沢は、このように、世界における教学の分布状態を明らかにすることにより、暗にヨーロッパの教学の優秀性を説いて、中華思想を否定した。そして、とくに天主教・和蘭教（新教）およびユダヤ教について、

其大旨ノ帰スル所ヲ推求スルニ、鰥寡・孤独・癈疾・貧困ノ人ヲ救ヒ養フテ、以テ主教政ノ根本トナス者ナリ。

との評価を下している。これはいうまでもなく、かれがキリスト教邪教観から解放されていたことを、意味している。しかも、それのみではない。かれは易姓革命の絶えないシナに対して、ヨーロッパには、かかる事実が見られぬとして、つぎのように、論じている。

易経ニ湯武ノ革命ヲ称シテ、天ニ順ヒ人ニ応ズト謂ヘリ（割註略）。然レドモ尚伯夷馬ヲ叩イテコレ非レリ。後世

議スル者紛々タリ。況ンヤ殷・周ヨリ以下明ニ至ルマデ、命ヲ革ムル者廿余主、共ニ簒奪ニアラザル者ハ稀ナリ、故ニ勝敗興亡ノ移ルㇳ、環ノ端ナキガ如シ。欧羅巴ノ洲中、古ヘヨリ簒奪ヲ以テスルモノ、天下国家ニ君タルㇳヲ得ズ。上ミ驕奢無道ノ桀紂ナキガ故ニ、下モ革命伐罪ノ湯武ナシ。

さらにかれはヨーロッパにあっては教化の主たる法王をはじめ、諸国の王位、あるいは官職が、すべて選挙によって、人を選ぶことを指摘して、これを、暗に、人材登用の余地なき、封建的世襲制度と対比している。すなわち、右は、先に述べた、教学の分布範囲とともに、「其帰スル所ノ治乱・盛衰」をもって、教学の精粗の規準とした良沢にとって、ヨーロッパの教学の優秀性を示すものにほかならない。しかも、かれは、当時、シナ＝清において、儒仏道の三教一致の教えが行われ、康熙乾隆二帝のごとき、小堯舜と称せられる帝王がいでて、蒼生ことごとく泰平の世を楽しんでいるとして、とくに道教の書『丹桂籍』の功過格を列挙し、

予八年前崎陽ニ在ツテ、コレヲ清人ニ問フニ、王公貴官大儒高僧トイヘドモ、専ラコレヲ勧修スルヨシヲ説キタリ。我邦、支那ノ書ヲ学ブノ輩、壱ラ漢魏ノ文章ヲ倣ハンㇳニ心ヲ砕キ、唐明ノ詩句ヲ擬センㇳニ思ヲ焦スノ類ト大イニ異ナリ。

と評している。これはあきらかに儒学を専ら重んじて、他の思想を異端として排斥する、幕府の思想政策を揶揄したものにほかならない。

(二) 司馬江漢（元文三年―文政元年 一七三八年―一八一八年）

良沢に学んだ江漢[2]もまた、世界地理学的認識の上に立って、まず中華思想を排撃した。かれはいう。

万国各其邦ノ聖教アリテ国民ヲ治シム、支那ヲ中華ト云ヒ、吾邦ヲ葦原ノ中津邦ト云ガ如シ、中央ニ不レ当ノ邦ナシ、之ヲ譬ニ管ヲ以テ天ヲ闚ヒ、井ニ坐シテ天ヲ観ガゴトシ、天ヨリ之ヲ定ムレハ、赤道線下ノ邦ヲ中央ト云

ハン。[3]（和蘭天説）

しかも、かれはヨーロッパをもって「天下第一の大洲」（和蘭通舶）と評価した。その理由は、

土地ノ広大ナルハ亜細亜ニ過ルハナシ、然トモ開闢ノ久シキヲ以テ第一トス。

というところにある。すなわち、かれによれば、ヨーロッパは「人類肇テ開ケ、聖賢ノ道首ルノ郷」（同上）であり、「開国如徳亜《ショテア》ヨリ聖賢肩ヲ比テ出テ踵ヲ接スル者、西洋諸国ニ顕レ起」ったとされる。

ところで、それならば、かれのいう「聖賢ノ道」とは、何を意味するのであろうか。すでに良沢にあっては、オランダの政教と科学とは、明白に分離されていた。しかるに、江漢はそうではない。かれが「天地ノ学ハ西洋教ヲ天ニ法リ、身ヲ修メ国ヲ治ムルノ規範トス」（天地理譚）といい、またロシアについて「ビルテル帝立て天文窮理の学を施し、二世女帝の時より大に化す、今に至てその政法を継ぐ」（地球全図略説）と述べているように、天文窮理と政教とは、連続的に把握されていた。おもうに、それは、かれが洋学を専門の業とする良沢らと異なって、一介のディレッタントにすぎなかったため、西洋学術の理解が、きわめて皮相的だったことを示すものであろう。それだけにまた、かれのいう「聖賢ノ道」には、儒学的観念が濃厚であったことは、否定できないところである。

しかし、それにもかかわらず、「天文窮理」の学として、コペルニクスの新説を世に紹介したかれにあっては、これに基礎づけられた政教が、単なる儒学的観念の延長ではあり得なかったことも、また事実である。かれにとって、天文窮理の学と最も密接な関係を有する、ヨーロッパの政教とは、「交易制度」にほかならなかった。すなわち、ヨーロッパは緯度四十度から七十度の間に位置する。ところで、

四十度ヨリ北ノ諸州ハ五穀ノウチ米ヲ生ゼス、寒月多クシテ物産少シ、故ニヤ、其諸国ノ大王ヨリ大舶ヲ造製シ、万国へ渡海シテ、交易ヲ以テ国務トス、或ハ無人島ヲ開キ、愚惷ノ国ニ教ユ。（通舶）

このように交易制度はヨーロッパにとって地理的条件に規定された、いわば必然的な性格をもつものである。しかも、この海外交易に欠くことの出来ない航海技術は、天文暦学によって基礎づけられている。

和蘭及ヒ欧羅巴ノ諸州天文地理度数暦算ヲ学ザル者尠シ、五十余度ノ地物産乏シ、吾日本ノ如ナラス、故ニ大舶ヲ造リ、洋中ニ出テ、数千里ヲ渡ルニ、天ヲ以船ノ行ヲ知ニアラザレバ不可ナリ、故ニ日月星辰ノ度数ヲ測リ、天一年ヲナシ、歳差相累リテ、二万五千余年ヲ経テ、蒼天ノ一周スルコトヲ知者ナリ、其暦法ヲ西洋暦ト云、是皆天下第一ノ国ノ要用ノ学ナリ。（通舶）

かくてヨーロッパにあっては、「格物窮理」がとくに重んぜられ、これがヨーロッパ人の精神的特質をなすのである。すなわち、かれはいう。

遠西ノ諸州ハ格物窮理ヲ学デ、天性空言虚談妄説ヲ不レ為、（中略）且ハ万巧精妙ニシテ、他州之ニ不レ及。（天説）

たとえば、オランダに「コンスト」という語があるが、これは「巧ミ考ヱ思フ」と訳し、「天文地理、或万物ヲ製造シ、奇器ノ類ヲ考ヱ作」るをいう。ヨーロッパでは、この性を甚だ尊び、一世に考え終らぬものは、次代に譲って、これを完成する。また国王や高官とならんで、「博覧多識窮理ノ学者」の面を銅版にきざみ、その伝を記して、後世に知らしめる。技術を尊重することはかくのごとくである（通舶）。それだけにまた、人材が尊重され、かつまた教育の制度が完備している。すなわち、江漢は人材の尊重について、

欧羅巴洲中諸民才能アル者ヲ王ニ告ク、王其得ル所ヲ聴テ、悉ク其好ム所ニ従テ之ニ命ズ、或ハ天地度学ヲ究メテ駕船センコトヲ思フ者アレバ、即大舶ヲ造製シテ之ニ与ヘ、或ハ未巧マザル物ヲ始メテ製作スル者ニハ、王コレニ金銀ヲ与ヱ、之ヲ製セシム。（通舶）

ことを指摘し、また教育制度については、

欧羅巴諸国皆文学ヲ尚ミ、国王一国一郡ニ学校ヲ設ケ、数千人ノ内ニ優ル者ヲ試ミ、之ヲ師トス、欧羅巴諸州ノ学ハ窮理格物ニシテ、第一天文性理ヲ究メ、各人好ミ長ズル者ヲ挙テ其官ニ進ム。（通舶）

と述べている。かれはこれに関連して、個性の尊重にも、注意を怠らなかった。

天性ニシテ人ノ志シ同シカラザルヿ、人面ノ異ルガ如シ、其ウチ志シ広大ニシテ、彼閣竜（コロンブス—筆者註）ノ如キ者、万里ノ外ニ駕船シテ交易ヲ努ント欲スル者、或ハ精蜜（ママ）ノ細工ヲ好ミ、或ハ亦聖経道学ヲ好ミ、或ハ世利福楽ヲ抛棄テ、只人ヲシテ善事ニ化シ、導カント為ス者ハ、之ヲ王ニ告テ好ム所ヲ為サシム、亦ハ世ヲ避ケ、山林幽谷ニ入リ、閑居ヲ好ム者ハ、諸人ヨリ之ヲ施スコトヲ為サシム。（通舶）

さらにまた、かれが指摘したヨーロッパ社会の特質に、社会保障制度がある。すなわち、かれはフランスについて、「鰥寡孤独ノ者ヲ養フ処」の「貧院」、「貧者ノ児ヲ撫育スル」ところの「幼院」、および「貧窮ニシテ病テ薬ヲ用ル事能ス、或ハ旅中ニシテ羈《タヒツカレ》タル者皆病ヲ患フル者ノ為ニ」設けられた「病院」が備わっていることを挙げ、「総テ此国ニ限ラズ、欧羅巴諸洲大概カクノ如シ」と述べている。

ところで、注意すべきは、江漢がかかる諸制度の根底にある、平等的人間観に注目していた、という事実である。しかも、かれはこれをも、天文窮理の学に基づくものと見た。すなわち、

彼国ノ学ハ天文ニ本キ、孝貞忠信人倫ノ道ヲ専ラニシテ、貴トハ諸侯ヲ云、卑キトハ農夫商工ナリ、然ニ天ヨリ是ヲ定ムレハ、同シ人ナリ、禽獣魚蟲ニ非ス、貴人庶人ニ向テ曰、汝モ吾モ一物ニシテ、惟貴ノ上ニ在ト、卑ノ下ニ在トニシテ、何ゾヤ天道ヲ懼ルニ異ナラン。（天説）

と、ヨーロッパにおいては、人間の平等は「天道」であって、王侯庶民の身分的差別は相対的なものにすぎない、とかれはいう。かれはこれを例証するものとして、オランダの画図には肩輿の図がない、いずれも馬に車をひかせ、御

者がその前にあるということを挙げて、

人ヲシテ牛馬タラシムル事ナキヲ知レリ、人トシテ人ヲ貴ムコト如斯。（天説）

と論じている。

それならば、かく観念されたヨーロッパに対して、日本は江漢の眼に、どのように映じたであろうか。かれは「吾日本人天理ヲ知ル者鮮シ、故ニ信ズル者モ亦ナシ」といっている。そして、かれが、その第一の理由として、挙げたのは、日本の「開闢久シカラザル」ことであった。その上、日本はヨーロッパと異なり、「寒暖時ニ応シ五穀能茂リ、米最膏腴アリテ、他邦ノ及ハザルトコロ」であって、このように恵まれた自然的環境が、かえって窮理学の発達の障害となった。なぜならば、交易を必要としないため、わが国の船は、ただ日本の周囲を廻るだけで、大洋に出ることがない。そのため、航海技術の基礎となるべき天文学が、農業のために、季節を知らしむる具と、されているにすぎない。しかも、

船又西洋ノ如ク造サレバ、仮令度数ノ学ヲ知リ得ルト雖モ、何ノ益アラン。（通舶）

と。これはかれが別に、「吾日本他邦ニ舶ヲ不出、故ニ国ヲ開キ、人ヲ種ルノ術ヲ不レ知」（理譚）と、述べていることとともに、かれの鎖国批判を示すもの、ということができよう。

なおまたこれと並んで、かれがいま一つ、窮理学の発達をはばむ条件として、挙げたのは、漢字の使用である。すなわち、世界万国のうち、漢字を用いているのは、シナを除けば、日本と朝鮮と琉球の三国のみである。その他の国は、「訓《ヨミ》」をあらわす文字を用いている。ところで、漢字は学ばなければ、読むことができない。しかるに、ヨーロッパにあっては、

音ヲ以テ通スル故ニ、天文地理ニ通暁セント欲セハ、其書ヲ視ヿ、日本ノ仮名ヲ読ガコトシ、嘗テ雅言俗語ノ差

別ナシ、故ニ師ナクシテ天地ノ理ニモ通スル也、其簡弁カクノゴトシ。（天説）

ところで、右のようにして、天文窮理の発達が遅れた日本にあっては、当然ながら、不平等的な人間観に立つ身分制度が、牢乎として、存在する。かれはこのことを、かならずしも明白に指摘していない。しかしながら、朱子学的窮理によれば、

君父は乾の道なり、臣子は坤の道なり、男外を治む、猶ほ天のごとし、陽なり、女内を治む、猶ほ地のごとし、陰なり、君父の尊き、臣子の卑しき、猶ほ天地の位を奠《さだ》めて乱るべからざるがごとし、然れども上の心下に通じ、下の情上に抒ぶ、君臣父子の道相行はれ、上下貴賤の義相接はり、陰陽内外の理相協ふ、是れ天道上に行はれて人倫下に明かなる所以なり。(4)

とされて、かかる根拠から封建的身分制度が肯定されていたのである。このことを想起するならば、かれがヨーロッパの実証的な「窮理」によって、「天ヨリ是ヲ定ムレハ同シ人ナリ」と断定したことは、かかる身分制度および、その思想的根源たる儒学的窮理に対し、不信を表明したものと、解することができるであろう。

補説　以上において紹介した、職業的洋学者たる前野良沢および庶民層出身の司馬江漢の封建批判論とならんで、なお挙げられねばならぬものに、工藤平助・林子平・本多利明ら、封建的為政者層の側に属する論客の政治改革論がある。いうまでもなく洋学の勃興したのは、封建社会の諸矛盾がすでに顕在化し、また他方では、対外的関係がようやく緊迫を告げつつあった田沼時代であった。しかも、かかる内外の危機は、その進行に伴って、旧学問の無力と空理性とを暴露するにいたった。その上、身分制度の固定化に伴う社会の停滞は、その結果、立身の望みを失った儒者ないし儒学的素養をもつひとびとの間に、現実逃避的な風潮を生み、かれらは政治的関心を捨て、ひたすら文芸に

身をゆだねつつあった。(5) このような旧学問の非政治化と頽廃とが、新知識をふまえた政治改革論を擡頭せしめた理由であった。

工藤・林・本多らの政治改革論の内容については、すでに諸先学によって紹介済みなので、ここでは、次篇において述べるところと関連をもつ、つぎの点を指摘するにとどめたいと思う。それは、かれらの政治改革論がかならずしも現状に対する深刻な危機意識に根差したものではなく、すでに無力化した旧学問に対し、新知識に基づく政治改革を説くことにより、これをもって固定化した身分社会における立身出世の手段として、利用せんとした、という形跡が認められることである。このことは、客観的には封建社会の諸矛盾がすでに激化の一途をたどりながら、なお支配の危機にまで成熟するにいたらなかった、当時の現実と照応するものであり、同時にまた、勃興期における広義の洋学の特質の一つとして挙げられる点でもある。

㈠ **工藤平助**（享保十九年一七三四年—寛政十二年一八〇〇年）　紀州藩長井常安の第三子で、幼にして仙台藩医工藤丈庵の養子となり、宝暦五年(一七五五年)、家督を相続し、玄米三百俵を給せられた。以来、江戸定詰として、人足方医師、御番医師のほか出入司、御近習等を歴任し、政務にも参与した。かれは終生剃髪せず、また平助を通称としたため、藩ではかれを俗医師とよんだ。かれは本道(内科)を業とした関係から、オランダ医学を学ぶことはなかったが、前野良沢と親交あり、その弟子大槻玄沢の学識を知るに及んで、玄沢を支封一ノ関藩から本藩に転籍させた。ために、かれは玄沢と親類のちぎりを結ぶにいたったという。(6) 平助は良沢・玄沢のみならず、桂川甫周をはじめとする蘭学社中とも親しく交わり、その関係を利用して、オランダ通詞と結託し、いわゆる蘭癖の大名や富裕町人を相手に、オランダ渡りの商品の取引きを行ない、巨利を博した。また他方、かれは大奥ともつながりをもち、老中田沼意次の用人三浦庄二とも親しく、公事沙汰や賄賂、請託の仲介を行なう等、田沼の政治と密着していた。かれの『赤蝦夷風説考』は、娘只野真葛の手記によれば、田沼の用人の依頼により、これを執筆し、田沼に建議したものであったという。しかも、その結果、周知の通り、蝦夷地調査隊が派遣されたが、この時、平助は蝦夷地開発奉行に予定されていた。当時真葛は、すでに婚期に達していたが、父平助は将来の立身をゆめみ、幕臣に起用されたあかつきに、権門の子弟とめあはすつもりであった。しかるに、田沼の没落とともに、蝦夷地開発計画も中止となり、そのため、真葛は婚期を逸して、三十六歳にして、仙台藩士只野伊賀の後妻に甘んじなければならぬ不遇の身となった、とみずから記している。(7) われわれは、これによって、『赤蝦夷風説考』執筆の背後に秘められていた、かれの野望をうかがうことができよう。

㈡ **林子平**（元文三年―寛政五年 一七三八年―一七九三年）　同様なことは、林子平についてもいえる。かれの海防論策『三国通覧図説』および『海国兵談』は、たまたまこれらの著述によって、かれが処罰された寛政四年に、ロシア使節ラクスマンが根室に渡来したところから、それらが予言的性格をもつものとして、これまで高く評価されて来た。しかしながら、これらの著書をもって、子平が純粋な立場から、国防的危機について、世論を喚起しようとしたものと解するのは、いささか早計にすぎるように思う。子平は、幕臣岡村源五兵衛良通の次男で、父が罪を得て士籍を削られたのち、子平ら兄弟はともに叔父の林従吾に育てられたが、その後、姉のなおが仙台侯伊達宗村の側室に召し出された関係で、兄嘉膳が、宝暦六年（一七五六年）仙台藩の士籍を得、禄百五十石を給せられた。しかるに、まもなく宗村の死にあい、嘉膳が仙台詰となったので、子平もまた兄にしたがって、宝暦七年、仙台に下った。(8) しかも、かれは、終生、無禄厄介という不遇な境遇におかれた。かれが、学問修業のためたびたび出府し、あるいは長崎奉行の附人の名目で長崎に遊学し、また藩当局に藩政改革に関する建議を行なっているのも、かかる境涯から脱しようとするあがきを示すものともみることができる。かれは、天明三年、兄嘉膳の私用で出府し、以来、江戸にとどまって、『三国通覧図説』および『海国兵談』の執筆に従事した。嘉膳が、天明五年（一七八五年）、藩当局に差出した届書によると、かれが子平を江戸に遣わしたのは、江戸商人豊島屋某からの借財の返済に窮し、そのいい訳けのためであった。しかも、右の届書には、「来々年までには、返済可仕自分見当も御座候間、前書の通り(子平の江戸滞在期間延期を指す―筆者註)奉願候」[9]とあるが、『三国通覧図説』が板刻されたのは、天明六年のことであり、またこの年、『海国兵談』の成稿をみている。してみれば、嘉膳が来々年ごろまでに、借財返済の見込みがあると述べているのは、これらの著述と関係があるのではなかったか、と想像される。なおまたかれは、天明七年、仙台に帰り、『海国兵談』第一巻を板刻、出版するとともに、工藤平助、森島中良らの知友に依頼して、予約をとり、全巻千部の出版を計画したものの、予約がとれたのは、わずか三十四部にすぎなかった。しかし、それでもかれは、寛政三年(一七九一年)、全十六巻の板木を刻し終えて、三十八部刷ったが、その後、知友藤塚知明に書簡を送り、追加三十部増刷のため、資金の融通を依頼したさい、その中で、「ひよと致候ハ、江戸より何か大キな趣向もありそうな事も可有之ャと奉存候事も御座候、先それ迄も一日も早ク一部多くすり出シ度候」と述べている。[10]これをもってみても、かれが同書の出版にある種の期待、おそらくは幕府に召し出される機会をつかみうる、という期待をかけていたことが、察せられよう。

㈢　**本多利明**(寛保三年―文政三年)(一七四三年―一八二〇年)　かれの経歴には、不明な点がすくなくない。かれみずからは、その祖先がもと加賀藩士であったと述べているが、江戸での公式の身分は、家持町人であった。こうしたところに、かれの言行をそのまま信ずることのできない理由がある。かれは十八歳の時江戸に出て、今井兼庭につき関流算学をおさめ、千葉歳胤に中根元圭系の天文暦学を学んでいるが、洋学の学統については、不明である。なお『新撰洋学年表』には、中川淳庵や大槻玄沢について洋学をおさめたとあるが、[11]これには確証がない。ただし、山村才助および司馬江漢とは親交あり、とくに山村才助の訳書を読み、これを巧みにかれの著書の中で利用している。しかし、かれがみずから語るごとく、蘭書を翻訳するだけの能力を有していたかどうかは、きわめて疑問である。かれの著作には、算学・天文暦学・航海術書のごとき科学系統のものから、『蝦夷拾遺』のごとき蝦夷開発を論じたもの、また『西域物語』、『経済秘策』、『経済放言』等の経済学書などあり、その範囲は非常に広い。これらのうち、蝦夷地開発論や経済学書は、いずれも幕藩諸侯を対象に、著わされたもので、とくに『蝦夷拾遺』は、かれの言によれば、寛政二年に閣老松平定信の内覧に入れたものであるという。またかれは、寛政四年、最上徳内の『蝦夷草紙』を『蝦夷国風俗人情之沙汰』と改題して、これに上書を添えて、幕府に提出している。かれは、他方、水戸藩の立原翠軒や小宮山楓軒らに巧みにとり入り、かれらに新知識を提供し、あるいは常陸の調査を行なうなどして、いくばくかの報酬を得ていた事実も知られている。しかも、かれについて、阿部真琴氏が、「例えば行ったこともない蝦夷地にたびたび行ったように語り、見ていない本をよく研究したようにいうたぐいの誇張癖をもっている」と指摘しているが、このことは、かれの著作や書簡の全体を通じてみられる特徴的な点であり、また他人の著述の剽窃とも覚しい箇所も、すくなくない。それは、かれがその博識と誇大な理論をもって、禄仕の手段としたことを証するに足るものである。[12]

つぎにまた、かれらの著述が、上述したような動機によって著わされたものだけに、本多利明の場合にかぎらず、そのいずれにも誇張や空想的要素が多分に含まれ、あるいは現実的な配慮を欠いていることも、特色の一つにあげられる。たとえば、工藤平助が『赤蝦夷風説考』の中で、蝦夷地における抜荷貿易が盛んになりつつある事実を指摘して、その対策の一つとして、ロシア貿易を主張したことは、有名である。ところが、同書に刺激された老中田沼の命により、蝦夷地調査におもむいた普請役佐藤玄六郎らの復命書によって、その実体が、「当時交易と申程の儀にては無之」、たとい行われても、「聊の儀」にすぎない、ということが明らかにされている。[13]また林子平の場合、かれは江戸湾が無防備状態にあることを指摘して、「小子か見を以てせば安房、相模の両国に諸侯を置て、入海の瀬戸に厳重の備を設ヶ度事也」(海国兵談)と、房・相二ヵ国に諸侯を配置すべきことを論じているものの、このことが幕府の諸侯統制策に背馳するという幕藩体制に内在する根本問題については、なんら顧慮を払おうとしていない。さらに本多利明の場合、かれが主張する「自然治道」は、かれがヨーロッパの富強の原因とみなした貿易や植民地経営等を、現実的諸条件を無視して、わが封建社会に機械的に適用しようとしたものにすぎない。(14) しかるに、封建社会の諸矛盾が支配の危機にまで達した、天保期になると、かれらの系譜をひく洋学系政治改革論が、きわめて現実的な性格をおびて来る。たとえば、渡辺崋山が江川英竜のために著わした『諸国建地草図』の中で、後述するように、林子平と同様、江戸湾の無防備状態を指摘し、有力諸侯の配置を論じているが、かれの場合は、これが幕府の諸侯統制策と矛盾することを指摘し、国防の充実のためには、封建的割拠体制の解消を不可避とすることを暗示するがごとき結論を述べている。ここにかれらと崋山とのおかれた時代的背景の相違がみいだされる。(次篇、参照)(15)。

(1) 『管蠡秘言』には安永六年(一七七七年)正月の自序がある。よってこの前年頃の作と想像される。

(2) 江漢が良沢に学んだことは大槻玄沢の『蘭学階梯』(天明三年一七八三年成稿)の「立成」の条に良沢門下同好の諸子としてかれの名が挙げられていることから知られる。

(3) 以下引用の『和蘭天説』、『和蘭通舶』、『天地理譚』、『地球全図略説』はいずれも中井宗太郎『司馬江漢』所収のものに拠る。

(4) 林羅山文集、巻三十、『地天泰解』(原漢文)。

(5) 中村幸彦「文人意識の成立」、岩波講座日本文学史、第九巻。

(6) 斎藤順治『書工藤球卿』、事実文編、第三。大槻如電『磐水事略』、磐水存響、坤、所収。大槻玄沢『官途要録』、第一冊、寛政十三年二月の条。

(7) 只野真葛『むかしばなし』、仙台叢書、第九巻。なお北門叢書、第一冊、『赤蝦夷風説考』解説(大友喜作)、参照。

(8) 大槻清崇『前哲林子平碑』、斎藤順治『林子平伝』、事実文編、第三。大槻文彦「林子平先生年譜」、増補六無斎全書、二。

(9) 宝暦九年より以来見合に相入候諸達之留(林家蔵)。

(10)　林子平全集、第三巻、二〇三―四頁。
(11)　『新撰洋学年表』、寛政元年の条。
(12)　以上は阿部真琴「本田利明の伝記的研究」、ヒストリア、十一―七、および本庄栄治郎編『本多利明集』、近世社会経済学説大系、に拠る。
(13)　松本伊豆守「蝦夷地之儀に付申上候書付」(午二月)、『蝦夷地一件』、第二冊。
(14)　前掲『本多利明集』解説、野村兼太郎『徳川時代の経済思想』所収、「本多利明」等、参照。
(15)　以上の補説は次篇との関係から、とくにつけ加えたもので、そのため詳しい論証は別の機会に譲ることにした。

第四章　洋学の権力隷属化に関する一考察

第一節　寛政期における思想抑圧と洋学

以上によって、われわれは、勃興期の洋学がかならずしも白石の認識や、吉宗の指導によって、規定され、方向づけられた、単なる形而下の知識・技術とのみみなすことができないことを知った。ところが、つぎの寛政期に入るとともに、幕府の思想統制強化によって、洋学は、その性格を変ずることになるのである。それは、洋学が広く在野の諸層に基盤を求めながら、その本来の担い手たるべき、近代的市民層の未成熟に基づく、もろさを暴露したものであった。

いうまでもなく、寛政期の思想抑圧は、松平定信の指導による、いわゆる寛政改革の一環をなすものであり、封建的地代原則の貫徹をめざす改革の反動性のゆえに、人心の離反をおそれての措置であった。かくて、幕府は、寛政二年（一七九〇年）、いわゆる異学の禁をもって、正学たる朱子学による思想の統一に乗り出し、また同年、出版物統制令を公布して、新知識の普及を抑止せんとした。

もっとも、改革の指導者たる定信は、洋学に関する限り、一面では、

蛮学てふものはさして国用にたるものにもあらず、只好奇のものゝする事なり。[1]（退閑雑記）

蛮書の和解など見たるが、ここにてようなきと思ふことはつまびらかにして、こゝぞと思ふ事いとあらし、をし

なべていへば、ようなきことぞおほかめる。[2]（花月草紙）

のごとき、無理解な態度を示しながらも、他面では、「禁ずべしとすれど、禁ずれば猶やむべからず[3]」（宇下人言）というほど、洋学が社会の諸層に浸透している事実を認めざるを得なかった。のみならず、かれは洋学の技術的側面のもつ実用性を否定することができず、

蛮国は理にくはし。天文地理又は兵器あるは内外科の治療、ことに益も少なからず。[4]（同上）

と、いわざるを得なかった。しかしながら、かれがもっともおそれたのは、それが、「好奇之媒となり、またはあしき事などいひ出す」（同上）という、批判的な性格であった。[5]しかも、これを顕著な実例をもって示したのは、工藤平助の『赤蝦夷風説考』であり、また林子平の『三国通覧図説』、『海国兵談』の著述であった。

これらのうち、前者に対しては、定信が老中に就職するとともに、これに拠って立案された、田沼意次の蝦夷地開発計画を廃案とした。後年、定信はその理由について、つぎのように述べている。

此蝦夷てふ国は、いといたうひろければ、世々の人米穀などうへてその国をひらくべしなどいふものことに多かりけれど、天のその地を開き給はざるこそ難有けれ。いま蝦夷に米穀などおしへ侍らば、極て辺害をひらくべし。ことにおそるべき事なりと建議してその義は止にけり。[6]（同上）

ここに、工藤平助の対露交易論はもとより、蝦夷地開拓論さえ容認することを許さぬ、反動的政治家としてのかれの面目が、躍如として、示されている。

また他方、定信は、寛政四年（一七九二年）にいたり、林子平を政治私議の理由で、処罰した。これよりさき、寛政二年五月、幕府は出版物取締令を公布し、その中で、

新板書物其筋一通之事は格別、猥成儀異説を取交作り出候義、堅可為無用候。

と規定した。(7) しかるに、翌寛政三年四月、子平は資金難に苦しみつつ、『海国兵談』十六巻を完刻、出版したが、これが定信の忌避に触れて、かれは同年十二月、江戸に召喚され、町奉行小田切土佐守(直年)の手で取調べを受けた。その理由は、『三国通覧図説』および『海国兵談』が、前記出版物取締令に抵触したためである。試みに、尋問調書によって、両書中に指摘された容疑事項およびこれに比定される記事を挙げれば、左の通りである。(8)

まず『三国通覧図説』では、

(1) ロシアが千島、蝦夷地を経て、日本を襲撃することが必定であるとの記事。

「(莫斯哥未亜《ムスカウビヤ》)既ニラッコ嶋ヲ取テ、ヱドロフヲナツケシ上ハ又一タビ西ニ顧ミバ蝦夷ノ東北部ニ至ルベシ日本ト蝦夷トハ唇歯ノ国也可レ察」云々。(9)

(2) 蝦夷には金銀銅山多く、また砂金が豊富に産出する、しかるに、これを放置するならば、ロシアの所有に帰すであろうとの記事。

「其国(蝦夷)ニ第一金山甚多シ然レトモ掘コトヲ不レ知、空ク埋レテアル也銀山、銅山、亦然リ又砂金ノ出ル地多シ、(中略)竊ニ憶フ今取スンバ後世必、莫斯歌未亜取ベシ、莫斯歌未亜、既ニ是ヲ取バ、臍ヲ噬トモ、遅カルベキ歟」云々。(10)

(3) ロシアが蝦夷地支配の志を有するとの記事。

「ヘイト(蘭人)語テ曰、(中略)近頃、欧羅巴ノ莫斯歌未亜《ムスカウビヤ》、遠ク北海ヲ越テ蝦夷ヲ招諭スルノ志アリト語レリ、(中略)熟思ヘバ蝦夷ヲバ早ク招諭スベシ、早クセズンバ後世必、莫斯歌未亜ノ賊、至ベシ其時臍ヲ噬トモ遅カラン歟」云々。(11)

(4) 同書所収の蝦夷地の地図が事実に反していること。

つぎに『海国兵談』に関しては、

(1)　明和八年(一七七一年)の、はんべんごろう(Baron Moritz Aladar von Benyowsky)渡来事件に関する記事。

「(前略) 既に明和辛卯の年莫斯哥未亜より加模西葛杜加《カムシカツトカ》江遣シ置ル豪傑。バロンマオリッツ。アラアダルハン。ベンゴロウといふ者。加模西葛杜加より船を発シて日本江押渡リ港《ミナト》々江下縄《サケナハ》して其深サを計りながら日本を過半。乗廻シタル事あり就中土佐の国に於ては日本国に在合。阿蘭陀人江と認シ書を遺置《ノコシ》たる事もある也是等の事其心根可レ憎《ニクム》可レ恐」云々。(12)

(2)　長崎表に対外的軍事施設があるが、安房・相模にこれが欠けているのが不審であるとの記事。

「竊に憶へば当時長崎に厳重に石火矢の備有て却て安房、相模の海港に其備なし此事甚不審《イブカシ》、細カニ思へば江戸の日本橋より唐、阿蘭陀、迨境なしの水路也然ルを此《コヽ》に不レ備して長崎にのみ備ルは何ぞや」云々。(13)

(3)　異国船がいずれ陸奥・常陸・上総・下総等の海岸に押寄せて来るであろう、と予測した記事。

「(前略) 北方に加模西葛杜加《カムシカツトカ》即カムサスカ也の黒船あり是亦未タ日本江不レ来ト云とも、(中略) 一円に来ル事なしとも云難シ其船は和蘭船の類にして小城の如ク堅実至極の船ト聞及ヘリ此船、来ル程ならば先常奥及ヒ上下総州等の港口江寄へき歟ト思はる是海路の順道なる故斯《カク》あるべく存ル也」云々。(14)

(4)　後世、韃靼・唐より日本侵略を企てることが必定である、と予測した記事。

「(前略) 近年、唐山、韃靼の人等、欧羅巴《エイロツハ》人と交親《マシハリシタシム》ト云リ愈親《シタシマ》ば唐山、韃靼の英雄豪傑等、妙法を受へし妙法を受得ば侵掠《オカス》の心起ルへし、彼等、侵掠の心を起シて日本江来ル程ならば海路ハ近シ兵馬ハ多シ、此時に当て備無ンば如何ともする事なかるべし熟思へば後世必唐山、韃靼の地より日本を侵掠する企を為ス者起ルへし怠ル事なかれ」云々。(15)

(5)　毎巻の朱印のうちに記した和歌、「伝へては我日の本の兵の法の花さけ五百年の後」の趣旨。

これら九ヵ条からなる容疑事項は、子細に吟味するまでもなく、大部分が洋学を媒介とした海外知識を、その前提としていることは明らかであろう。しかも、子平は町奉行小田切の尋問に対し、とくに『通覧図説』中、(1)、(3)、および『海国兵談』中、(1)の各条について、「長崎表之者より及承候」、「是亦長崎表の者より風聞承候」、「長崎表之者咄之由風聞及承候義にて」云々と答え、さらに、「大体風聞のみにて、殊に不軽異説を書綴候段、察斗請候ては可申立品〔無〕御座候」、「右者不軽異説にて殊に取留も不仕風聞ヲ実事之様に書綴板行に致候段、察斗請候ては可申上品無御座」と述べ、あるいはまた、『兵談』中、(3)については、「海路順道成る故、若異国より寄来る事有之候はゞ、右国之内え可押寄歟と風と存付、推察を以書記候義に御座候処、不軽異説の旨、察斗受候ては可申立品無御座候」、また(4)については、「奇怪之義を書記候義と察斗請候ては、可申立品無御座候」として、それぞれ自己の有罪を認めている。してみれば、子平の著書は、定信によって、「好奇之媒となり、またはあしき事などいひ出す」と指摘された、洋学の批判的側面を暴露した典型的事例にほかならぬといってよかろう。

かくて、町奉行小田切は定信に対して、

右之通取留候儀にも無之、全風聞而已之義、又は推量を以異国より日本を襲事可有之趣、奇怪異説等取交著述致候段、人を狂惑致候に近く、殊に右之内には御要害の儀等相認、其外地理相違之義絵図相添、出来又は板行に致し、市兵衛(書物屋—筆者註)方へ送遣候段、譬利欲に致し候心体に無之候共、一己之名聞に拘り、不憚公儀仕方不届之旨吟味詰候所、無申披由申立候。

と報告し、よって、寛政四年五月十六日にいたり、定信の指図により、子平は在所蟄居を命ぜられた(16)。

ところで、定信は、その後、寛政五年七月、老中を辞したが、その僚友松平信明を中心とする幕閣により、洋学統制に関するかれの遺志が受け継がれ、寛政六年以来、蘭人と日本人との接触制限が、にわかに強化されるにいたった。

周知の通り、蘭人と日本人との接触については、出島ではもとより、蘭人使節の江戸参礼中といえども、これに厳重な制限が設けられていた。とくに参礼中の場合についていえば、『長崎記』所収の「阿蘭陀人江戸え罷上候前後覚」に、

一、阿蘭陀外科望之方有之候得は、在府之奉行人より阿蘭陀宿に居候与力方え申遣之候、此節者通事一人召連参候事。(17)

とあり、これから知られるように、幕府・諸藩の医師中、蘭方外科医に限り、所定の手続きを取れば、蘭人との面談が許された。なお天文家の場合も、同様であったと考えられる。しかしながら、当時の実状は『蘭学事始』に、

官医の志ある方々は年々対話といふことを願ひてかの客屋へゆき、療術方薬のことを聞き給ひ、また天文家の人も同じくその家業のことを問ひ給へり。当時はその人々の門人なれば同道し給へることも自由なり。さあるにより、その方々の門人と唱へ、出入もありたり。長崎は御常法ありて猥りに旅館への出入はならぬことなるに、江戸は暫くの間のことなれば、自然と構ひもなき姿なりき。(18)

とあるように、一般人も官医または、天文家の門人の名目で、かれらと自由に接触する機会があたえられており、これが洋学的知識の普及に、すくなからざる役割を果したのであった。(19) しかるに、幕府は、寛政二年に財政上の理由で、蘭船の輸入額を制限するとともに、その代償として、蘭人使節の江戸参礼を、五年に一度に減ずることにした。しかも、その後、最初の江戸参礼の期(寛政六年)にあたり、幕府は蘭人使節との対談を、もっぱら医者および天文家に限り、門人の随行を禁止した上、さらに対談の回数を制限する措置をとるにいたっている。すなわち、この年の二月、蘭人使節の参府に先立って、官医桂川甫周が嫡子甫謙と連名で、蘭人との対談につき、つぎのような願書を、長崎奉行に提出した。

阿蘭陀人着仕候者、右旅宿え私共罷越療治方対談仕度、尤参府間遠ニ相成候義も御座候間、度々罷越申度奉願候、以上。

二月　奥医師

桂川甫周

甫謙

しかるに、これに対して、長崎奉行側では、「対談之儀ハ可為願之通候、弟子等召連候儀は無用候、其方斗両三度充罷越候儀不苦候」と、門人随行を禁止し、回数を両三度に限って許可しているのである。[20]なおまた、甫周の紹介で、別に対談を許可された大槻玄沢ら五人の藩医の場合、蘭人の出立に差支えるという理由で、二回に限り、対談が許可されている。しかも、当日の対談の模様を記した大槻玄沢の『西賓対晤』によれば、出席者として、栗本瑞見・佐藤有仙・桂川甫周・同甫謙・渋江長伯らの官医、一橋医官石川玄常、子息玄徳、それに玄沢および津山藩宇田川玄随・白河藩森島甫斎(中良)の三藩医の名が挙げられているにすぎない。[21]これからみても、対話を官医・藩医に制限したことが、厳守されていたのを知ることができよう。

いうまでもなく、幕府が蘭人との接触制限を強化したのは、海外事情をも含め、洋学的知識の普及を抑止し、よって、林子平のごとき、「奇怪異説等取交著述致」す徒輩の出現を未然に防がんとしたものであった、と解せられる。しかも、かかる幕府の洋学抑圧策は、これまでの洋学の動向に対し、何らの作用をも及ぼさぬはずはなかった。すなわち、このことを示すものとして、まず挙げられるのは、官医・藩医からなる蘭学社中と、林子平・司馬江漢ら在野の知識人との間に、不和が生じている事実である。このうち、林子平についていえば、かつて『海国兵談』出版の支援者の一人であった、官医桂川甫周の舎弟、森島中良が、かれと絶交している。すなわち、子平が簗又七に寄せた、

寛政三年(一七九一年)六月朔日付の書簡によれば、

一、森島氏はいかがの事にや小子と絶交に相成り申候、此方より書状五六度進じ候へども、三年来反書不来候、
甚不審に御座候得共、強て詮鑿も不仕候。

とあって、その理由はともかく、森島中良が、寛政元年以来、子平と交わりを絶っていることが、知られるのである。[22]

ところが、これについで子平が処罰されたのちにいたり、司馬江漢と桂川甫周およびその社中との間に確執が生じている。すなわち、寛政四年九月に、ロシア使節ラクスマンがわが漂流民幸太夫・磯吉ら三人を伴って蝦夷地に来り、通商を求めたのは、周知の事実であるが、その翌年の九月、将軍家斉が幸太夫らを吹上御苑に召して、桂川甫周らをしてロシアの事情を問わしめた。この時の問答を、甫周が筆記したものが、『漂民御覧記』として知られている。[23] ところで、この書を批判したのが、司馬江漢である。[24] それは、江漢みずから語るところによれば、幸太夫に直接事情を確かめた上で、記したものであるというが、それにもかかわらず、かれの批判は、そのほとんどが的はずれであり、その上、これには、ことさら甫周や蘭学社中を誹謗するかの言辞が、すくなからず含まれている。つぎに二、三の例を摘記すれば、江漢は同書のモスクワの事情を伝えた記事を評して、

幸太夫は船頭故、一向俗人にて珍談も不知者故、カネール(甫周)はムスコヒヤの都へ参と心得、よいかげんにおもしろく作られし者と思はる。後の甚しき誹を得る事なれば、先づ外へ御備は御無用に可被成候。

といい、またロシアに類火乏しき事を記した記事に対しては、

火災の事甚虚言《ウソ》にて、能々考知べし。二階の火事を三階にては不知と云は、内外共に石・煉土にて作りたる家にても、二階梁《ウツバリ》は木なり。石にては還て危き事也。天井は皆木にて張たるを、下の火事は二階におよぶことは不及言。あまり桂川と云人は奇談なる事を云者かな。火事は一家焼なるべし。

とある。さらに末尾に至っては、

其外大間違数々有之候。註説いたし御覧に入れ可申候。御上覧の時の聞書、尤桂川の作なれば良才の者迄も真《マコト》に信じ申候事、扨々気の毒千万なることなり。世人の説に蘭学者は奇談のみを云。人をアザムクと言《イハ》ば社中一派の病也。

と、甫周のみならず、蘭学社中を罵倒する言辞が綴られている。すなわち、これをもって見れば、当時、江漢と、甫周およびその社中とが、反目していたことが、想像に難くないのである。

では両者の反目は、いかにして生じたのであろうか。この江漢の批判を反批判したのは、烏有道人の『盲蛇』である。[25] 烏有道人とは、誰か明らかではない。ただし、書中、

余は桂公と相識る人にもあらねば、敢て左袒するにはあらねども、云々。

とあるけれども、海外事情に精通しているところから推して、やはり蘭学社中の一人、と見るべきであろう。かれは同書のはじめに、江漢の人物を批判していう。

嘗て彼が人となりを聞くに、天性愚にして頗る奸黠なり。業とする画すら固より工拙の論なく、世にいふ横数奇の諸芸、其片端のみ聞知り、自ら名家を許して人にほこる。(中略) 然れども鼻先の才気ありて和漢蘭学家諸先生にもおりおり出入し、其論説を見過し、聞過し、自ら得たりとして世に誇り、其業を鬻ぐの助となす。されども其もと惷愚の性なるがゆへに、或は博達明識の人に逢ふといへども其弁へなく、口まかせをいひちらし、ひそかに見侮るゝをも知らず、去とてはなげかはしく気のどくなる者ともいふべし。

ここに「鼻先の才気ありて」云々とあるのは、江漢が和漢洋の諸学の断片的知識を巧みに織りまぜて、警抜な世相批判を行ない、あるいは翻訳的知識によって、銅版画製法をはじめとする、諸技術を学んだ事実を指すものであろうが、

それにしても、この批評は、右のようなディレッタントとしての江漢が、この時点において蘭学社中の眼にどのように映じていたかを、如実に伝えるものとして、注目に値する。『盲蛇』の著者は、これについで、江漢の批判を逐条毎に反駁し、上掲の「世人の説に蘭学者は奇談のみを云」のくだりに至って、

蘭学者奇談のみを云ふと世人評するは、汝が如き上わすべりの片言知りのいひちらす事を賢愚ともに噂することなるべし。真の学者は真説を説くゆへ人かつて怪まず。「知るものは不レ言、言ふものは不レ知」とや。先づ真の学者はむさと人には説かぬなり。

といい、最後に、江漢の学問に対する態度をつぎのように攻撃している。

汝も蘭学者と自ら許して居るか。汝は学者にあらず。真の蘭学者のいふことを片端きれぎれのことを索めて買ひ出し、何事も其奥に至るに及ばず、上わすべりの事をのみこみ顔、知つた自慢にかたことをとなへ売りあるき、蘭学者と自らゆるすと云ふものなり、さてさて不届千万なり。真の学士は、彼の邦語数言を暗記し、文章の語路を解了し、其書を読んで訳文をなすにあらねば其名称へがたし。汝が短才何ぞ企て及ぶべけんや。

さて、わたくしは右の烏有道人の批評を通じて、つぎのような推定を下すことができると思う。まず当時、洋学者が奇説を語って、人を惑わすという、風評が行われていたこと、すなわち、江漢が、「世人の説に蘭学者は奇談のみを云。人をアザムクと言《イハ》ば社中一派の病也」といい、これに対して、烏有道人が、「蘭学者奇談のみを云ふと世人評するは、汝が如き上わすべりの片言知りのいひちらす事を賢愚ともに噂することとなるべし」と、応酬していることが、この事実を示している。しかも、寛政改革に伴い、幕府の思想統制が強化されるや、この風評が、蘭学社中を恐怖せしめたことは、定信が洋学をもって、「好奇之媒となり、またはあしき事などいひ出す」と評し、また社中と親しい林子平が、処罰されているという事実を想起するならば、想像に難くはないであろう。

ではこれに対し、かれらはどのような対策を講じたか。蘭学社中が、かかる風評をもつて、江漢のごとき「片言知り」が、一知半解な知識をいい散らす結果にほかならぬ、と想像したであろうことは、上掲の烏有道人の言から、容易に知られるところである。なおまた、これよりのちではあるが、大槻玄沢も、

近時幸ニ此蘭学ト云フ者世ニ行ハレショリ、通俗何ニノ差別ナク、(中略)己レガ不学短才モ揣ラズ、仕旧《シフル》シタル事サヘ知ラズシテ卒爾トシテ此学ニ入リテ其片端ヲ見聞シ、自ラ誇張シテ和蘭流ト称シテ世ヲ誣ルナリ、コヽヲ以テ世ノ人其唱フル者ノ精ト粗トヲ択バズ、其志ノ実カ不実カノ論ナク奇異ヲ唱フルモノヽヤウニ誹議スル事ト見ユルナリ。(蘭訳梯航)

と論じている。してみれば、かれらが在野の諸層に対する啓蒙活動を、放棄することによって、弾圧を免かれようとしたことは、当然考えられるであろう。しかも、それは、「彼の邦語数言を暗記し、文章の語路を解了し、其書を読んで訳文をなす」ところのかれらと、「真の蘭学者のいふことを片端きれぎれのことを索めて買ひ出し、何事も其奥に至るに及ばず、上わすべりの事をのみこみ顔、知つた自慢にかたことをとなへ売りあるき、蘭学者と自らゆるす」江漢ら市井の好事家とを、析別することにより、洋学をアカデミズム化することにほかならなかった。とはいえ、かれらはかくすることによって、在野の諸層とのつながりを断ち切った以上、学問の純正さはかえって失われ、それが専ら封建支配者層のための知識・技術へと転落することは、これまた、当然のコースであった、といわねばならぬ。

しかしながら、それについては、後述することにして、ともかくも、上述の中良と子平との絶交といい、蘭学社中と江漢との反目といい、わたくしはかく見ることによって、その真相が理解されると思うのである。すなわち、すでに述べたように、中良および甫周は、子平と親しく、中良は『海国兵談』刊行の支援者の一人であり、また甫周は、かれの『三国通覧図説』のために、序文を寄せている。のみならず、工藤平助の『赤蝦夷風説考』のために、洋書の

知識を提供したのは大槻玄沢ないし甫周であった。しかるに、松平定信の老中就職とともに、政局の転換が行われ、そのため、工藤平助の建言による蝦夷地開発は中止となり、また子平の著書が、危険視されるにいたった。かくして、官医たる甫周および、その弟の中良が、保身のために、かれらとの交わりを絶つ必要に迫られた、というのが、中良と子平の絶交の真相であった。しかも、寛政二年にはじまる、思想統制の強化に加うるに、寛政四年の子平の筆禍事件が、甫周らのみならず、蘭学社中を深刻な恐怖におとし入れた結果、かれらが啓蒙活動を放棄することとなった。かかるかれらの転向が、江漢との反目を惹きおこす、直接の原因となった、と解せられるのである。(26)

(1)　日本随筆全集、第十二巻、二二一頁。
(2)　『百家説林』、正篇下、八八一頁。
(3)(4)(5)　『宇下人言』(岩波文庫)、一七七頁。
(6)　同、一四四—五頁。
(7)　御触書天保集成、下、八〇九頁。
(8)　阿刀田令造「林子平先生版木焼失始末」、仙台郷土研究、十三ノ九・十。右には子平の尋問調書が全文紹介されている。
(9)(10)　林子平全集、第二巻、二五四頁。
(11)　同、二六二頁。
(12)　林子平全集、第一巻、一一五頁。
(13)　同、一二六頁。
(14)　同、一二七頁。
(15)　同、一三四頁。
(16)　林子平の処罰とともに、『三国通覧図説』の板元となった書物屋市兵衛、および書物屋仲間行事もそれぞれ、「書(物)類の義に付ては、前々厳敷申渡も有之、猶又、去々戌年申渡候趣も有之候処、行事共之改も不請に新板物取捌候段、不埒」、「書物類之義に付ては、先達て町触も有之上は、得と可相糺所、無其儀、行事共之改相済候事と等閑に相心得、右書物請取置候段、不埒」という理由で、重過料および過料の処分を受けている。これからみても、子平の処罰は、あきらかに出版物取締令違反であることがわかる。

(17)『通航一覧』、第六巻、二〇一頁。

(18) 緒方富雄校註『蘭学事始』(岩波文庫)、二一一頁。

(19) 斎藤阿具「蘭人の江戸参礼」(二)、史学雑誌、二十一ノ十。

(20) 桂川家文書。

(21) 静嘉堂文庫所蔵、『甲寅来貢西賓対晤』。

(22) 林子平全集、第三巻、二一四頁。

(23)『通航一覧』、第八巻、一四七―一五五頁。

(24) 江漢の批判は岡村千曳氏が玄沢の『畹港漫筆』の中から発見された『盲蛇』に所収されている。

(25) 岡村千曳「大槻玄沢畹港漫筆」(二)、早稲田大学図書館月報、十九、所収。なお『盲蛇』の書かれたのは寛政六年九月である。

(26) ただし、江漢と蘭学社中とはついに和解しなかったのではない。両者の反目が表面化したのは寛政五、六年の頃と想像されるが、寛政八年の芝蘭堂(大槻玄沢家塾)における新元会で、余興のために作られた蘭学者芝居見立番附によれば、江漢には「銅屋の手代こうまんやうそ八」や「唐ゑやのでつち猿松」のごときかれを揶揄した端役が振りあてられている。したがって、この時にはまだ反目が続いていたことが判る。しかるに、寛政十年の新元会の相撲見立番附には「司馬漢右衛門」の名が西方前頭六枚目に見えているから、おそらくこの頃には両者の反目が解消していたものと想像される(岡村千曳『紅毛文化史話』、所収、「寛政時代の洋学者番附二種」参照)。なお文化四年には大槻玄沢が伊勢の人市川粛夫の請いにより江漢に画を依頼し、これに玄沢はじめ蘭社の有志が題賛を記している事実もある(『磐水漫草』、所収、「題江漢散人画」)。しかしながら、両者の和解は表面上のことに過ぎなかったと見るべきである。すなわち、江漢が『春波楼筆記』の中で、かつての師である大槻玄沢の『蔫録』(文化六年一八〇九年刊)を評して、「大槻玄沢と云ふ人は、仙台侯の外科にて蘭学に名あり、頃日、タバコの起原の書を引きて皆漢文なり。タバコは多くは愚人卑賤の好む者にて、故に此書は世の嘲弄ものとなりぬ」と嘲っているのは、このことを物語るものである。したがってまた、寛政四年頃からはじまる江漢の本格的な天文地理学研究はかならずしも蘭社の援助によったものとは思われない。これについては今後の研究を俟たねばならないが、天文学に関する限り、長崎通詞本木良永訳の『新制天地二球用法』(寛政五年一七九三年成稿)に拠るところが多いという事実は、この推測を裏づけるものといえるであろう。

第二節　洋学の権力隷属化

しかしながら、寛政期における洋学抑圧の影響はこれで終ったのではない。すなわち、蘭学社中がさらにすすんで、洋学を専ら権力奉仕の知識技術として、方向づけることにより、弾圧を免かれようとしたことが、それである。それはまた、かれらが啓蒙活動を断念することにより、在野的基盤を喪失した、必然の結果でもあった。しかも、他方、ラクスマンの来航以来、国際関係がとみに緊迫を加えて来たことから、幕府が海外知識の摂取を必要とするにいたり、ここにおいて、洋学は幕府権力の庇護下に置かれ、公学たる地位を獲得することとなったのである。つぎに、右の過程を、大槻玄沢を中心に、たどって見よう。

大槻玄沢が、何時、いかにして、幕府と関係をもつようになったか、これを明瞭に示す史料はないが、かれと関係の深い、伊達家出身の堀田正敦が、寛政二年に若年寄に任ぜられているから、おそらくはこの堀田を通じてであろう。それはともかく、享和三年(一八〇三年)、天文方高橋至時が参政堀田正敦の命により、ラランデの暦書を訳述した際、玄沢が社中とともに、これを援助したことが、こんにち知られるかぎりでは、玄沢が幕府と関係をもつにいたったはじめである。[1] これについで、玄沢は長崎遊学中の長子玄幹の報告に基づき、志筑忠雄を堀田正敦に推薦して、天文方の訳官たらしめようと図ったが、志筑の死により、果さなかったということがある。それは文化二、三年の頃である。[2] 当時、長崎では、ナポレオン戦争の余波を受けて、蘭船が欠航したため、市民が大いに困窮した。そこで、長崎の地役人はその対策として、琉球貿易の開設を計画し、文化六年(一八〇九年)、和蘭通詞本木正栄を通じて、ひそかに玄沢に対し、幕府への斡旋を依頼している。これをもって見れば、玄沢が、この頃すでに、幕府の要路と密接なつながりをもっていたことがわかる。(3) しかしながら、玄沢が幕府権力と公式につながりをもつようになるのは、蘭書訳局＝蛮書和解御用の創設以来である。これについては、周知のように、新村出博士の研究があるので(4)、ここでは、その要点を摘記するにとどめよう。幕府は、文化四年十二月にいたり、海外事情の緊迫にかんがみ、天文方高橋景保に対して、世界地図の編纂を命ずるとともに、同局に訳官を招致することとなって、和蘭通詞馬場佐十郎(貞由)が起用された。大槻玄幹の手記によれば、馬場を推薦したのは、玄幹自身であったという(5)。馬場は、文化五年三月、出府して、天文方において、世界地図編纂の傍ら、諸種の翻訳に従事した。しかるに、文化八年三月にいたり、玄幹が官医土生玄碩を介して、ショメールの百科辞典の訳述を、堀田正敦に建議したことが、容れられて、馬場は蛮書和解御用を命ぜられ、ここに、翻訳事業が天文方の一部局として、独立することとなった(6)。右のような玄幹の画策の背後に、玄沢のあったことは、当然考えられるところであって、とくにかれが、蘭書訳局の創設とともに、他の蘭学社中に先んじて、同局に出仕を命ぜられているのは、このことを証するものである。

　では蘭書訳局の創設は、どのような意味をもつものであったか。それは、要するに、かつて、「唯自ラ好ム所ヨリ為ス所ノ私学」(蘭訳梯航)として興った洋学が、権力奉仕の知識・技術として公認されたことにほかならない。すなわち、玄沢がこれをもって、

前時蘭学と申事創業仕候より已来始て之儀にて、四十年之今時に至り押晴右御用被命候御義は、実に為御国家有益之書有用之学たりと申事被為知召被仰付候御義と、同学之者共先以難有仕合本懐之義と奉存候。(蘭訳梯航、後附二)

といい、また玄幹が玄沢の出仕を指して、

家翁も陪臣にして右の和解御用に預り、朝請をも奉ずる事になりたるは五十年来蘭学の公学となりし始なり。

（蘭学事始、附記）

と評していることが、このことを明らかに示している。しかも、注意すべきは、これに対応して、玄沢の学問的態度が一変している事実である。すなわち、これより先、天明五年八月に、玄沢が、一ノ関藩から本藩たる仙台藩への移籍について、内命を受けた際、

不肖之私なから、御本家様より御目鑒を以御末家へ御貰受被遊候儀に御坐候ては、此方様より御本家様へ対し御本望之義、私身分に取候ては面目之至、冥加至極難有仕合。

と感激しながらも、杉田玄白の意志を継いでオランダ外科の移植を念願していたかれは、

師匠義は正真之外科方取立申度相企候志堅ク私へ相託し、引続相勤候様にと申聞候義、半途ニ相捨申候様にては失本意残念至極ニ存候。

といい、それゆえ「遠国ニ引籠罷在候而は同志之者も無御坐、其上考合候書物も有兼、同学之人々所持之書物共相合吟味仕候事も相成不申義も御坐候」という理由で、移籍承諾の条件として、江戸居住を願い出ている。(7) これによれば、当時、かれが身分的拘束を受けつつも、なおかつ、自己の学問を第一義とする態度を、持していたことがわかる。しかるに、文化八年五月十七日、ショメール和解のため、訳局に出仕を命ぜられた際の、かれの態度は、これと全く異なっている。すなわち、かれはこれに対して、

畢竟此度被仰渡候公辺御用向之儀も、拙者儀是迄格別御引立厚被下仕修業出精も仕候故、右公義御用等迄も被仰付候ニ至候儀と乍恐奉存候上、御上之儀者不及申上、拙者一分之身ニ取リ本望之至有難仕合奉存候。(8)

と、翻訳技術者として、専ら権力に奉仕することを、無上の光栄として、ひたすら感激するばかりであったのであり、それは、かれが学問的主体性を放棄した事実を、明白に物語っている。

しかも、それのみではない。権力のための翻訳技術者に転じた玄沢は、さらに進んで、江漢ら庶民層を対象とする、洋学統制を説くにいたっている。すなわち、かれは蘭書訳局創設後まもなく、参政堀田正敦の下問に応じて、洋学振興に関する建議をしているが、その中で、天文方の一部局にすぎない訳局を独立させ、これを洋学の研究機関とするとともに、洋学統制の機能を付与すべきことを論じて、つぎのように、述べている。

扨亦阿蘭陀は機智妙才之国柄之名高く、何にても事々物々奇珍なる事多き様に俗間にも申触れ候故、近来は別て三ヶ津を始め諸国にも妄りに此事を唱へ申候者多く相成り、其族は何れも己れ〳〵が名を釣り術を売り候助け而已にて、世之俗人を惑し欺き候者多く相聞得、大に人民之害を招き、実学之者迄も譏りを起させ候事不少様に相見得申候。依て右御役所御免被相建候上は、右体無実之空談申散し候者天下一統え堅く御制禁被仰出、医術天地を始め、何に寄らず阿蘭陀有用之実学に志し御座候者は、此御役所え申出吟味之上可為相許、右も無之自分に右様之事申唱候者は、急度可為曲事など御触出し等も御座候はば、自然と右体無稽不埒之所業仕候者も相止み、御取締にも可相成哉と奉存候。(9)（蘭訳梯航、後附二）

ここで、玄沢は統制の対象として、「己れ〳〵が名を釣り術を売り候助け而已にて、世之俗人を惑し欺き候者」を挙げているが、『蘭訳梯航』ではこれを、「己レガ不学短才モ揣ラズ、仕《シ》旧《フル》シタル事サヘ知ラズシテ、卒爾トシテ此学ニ入リテ其片端を見聞シ、自ラ誇張シテ和蘭流ト称シテ世ヲ誣」る「軽儇ノ徒」と呼んでいる。して見れば『盲蛇』の著者が、「真の蘭学者のいふことを片端きれ〲のことを索めて買出し、(中略) 知つた自慢にかたことをとなへ売りあるき、蘭学者と自らゆるす」者と評した江漢が、これに含まれることは当然考えられるであろう。しかも、かれがこの中で洋学の統制を権力に期待し、とくにその研究を許可制とすべきことを論じている以上、洋学を権力の独占物たらしめようとするかれの意図が、これによって明瞭である。

では、かかる玄沢の学問的態度、および実践における変化は、かれのイデオロギーに、どのように反映しているであろうか。最後に、これについて見よう。玄沢が洋学と漢学との関係を論じて、いわゆる「採長補短」の説を唱えたことは、周知の通りである。ただし、沼田次郎氏はこれをもって「聖学之補翼」と同一の意味に解しているが(10)、それは誤解であって、本来は、形而下的領域における、新旧学問の関係づけにすぎない。しかも、かかる思想は、寛政期以後の所産であって、安永・天明期のかれの著書には、ほとんど見あたらないのである。のみならず、かれは『蘭学階梯』の中で『解体新書』訳述以前のオランダ外科について、つぎのように論じている。

其医術ハ入貢随従ノ人ニ名医世々少ナカラズ、故ニ訳師其術ヲ見習テ其法ヲ伝フ、此ヨリ以来矯黠ノ徒其術ノ奇ニシテ糊口ノ資ケ多キヲ喜ビ、千里笈ヲ負テ長崎ニ到リ、其家ニ従游シテ其業ヲ受ク、後来コレニ倣フ者数十人、各一門戸ヲ立テ妄リニ和蘭外科者流ト唱ヘ、彼医ハモトヨリ内外二科ヲバ兼ネ来ルコトヲ知ラズ、惟外治ノミスルコト、思ヒテ、天下滔々其流派甚盛ンニナレリ、(中略)ナレドモ全体耳聞面晤ノ一術ノミニテ其一道ノ備ラザルヲ憂ルノ余リ、支那瘍科者流撰スル所ノ諸書ヲ取テ閲スルニ、其説或ハ粗或ハ贅、一モ取ルベキ所ナシ、却テ世ニ称スル和蘭流ノ外科ニハ劣レリ(11)。

すなわち、かれはここで、「耳聞面晤の一術」にすぎないオランダ外科さえ、シナ流の医術に優るとし、後者には、一も取るべき所なし、と断じているのであって、その限りにおいて、旧学問との妥協の余地は、全くなかったといえよう。しかるに、かれは文化十三年に著した、『蘭訳梯航』の中で、「採長補短説」を展開していう。

抑我輩ノコ、ニ見解ヲ立ルモノハ従来ノ旧法ヲ習慣セザルニハアラズ、又尽クコレヲ廃置スルニモアラズ、但人々其漢土ノ方法ニテ錬磨円熟ノ業ヲナス者アリト雖モ、彼ノ医流ハ診脈ト見証トヲ主トシテ其本ヲ究ル所ニ至リテハ甚疎漏ナリヤト云フ事ヲ彼西洋実測ノ説ニ徴シテ知リ得タル所アレバ、コレヲ学ンデ其足ラザル所ヲ補ヒ、古来ノ諸術ニ相続ギ内外相応ズルノ療法精ニ精ヲ加ヘンコトヲ欲シテナリ、漫リニ彼ヲ捨テ、、此レニ従ハントニハアラズ、其短長ヲ取舎スルハ己レガ見識ニアル事ナリ。(12)

このように『蘭訳梯航』にあっては、旧学問に対し、「一モ取ルベキ所ナシ」とした『蘭学階梯』の所説に対して、「漫リニ彼ヲ捨テ、、此レニ従ハントニハアラズ」と、著しく妥協的な態度を示しているのである。いいかえるならば、『蘭学階梯』の時期における玄沢は、ひたすらオランダ外科の移植に没頭していたのであって、そのひたむきな態度が、そのまま映し出されたのが、同書の所説であった。これに対して、『蘭訳梯航』の所説の場合、すでに学問的主体性を放棄し、翻訳技術者として、権力に奉仕することに余念なかった、かれの態度が、かかる習合説を展開せしめたものにほかならぬ、と解釈されるのである。

このようにして洋学は、封建制補強のための技術・知識として、専ら権力に奉仕するものとなった。すなわち、それは、蘭学社中が権力の抑圧に抗し得ずして、啓蒙活動を放棄した必然の結果であり、かくて在野的基盤を失った洋学は、権力に依存し、これに隷属するというコースをたどることを、不可避としたのであった。玄沢の幕府権力への働きかけはかく解すべきものと思う。とはいえ、もとより、これにより、洋学は全く権力の独占物となったのではない。とくに、封建的危機が進行するにつれて、洋学は林子平・工藤平助らの系譜につらなる武士層内部の革新的分子によってかかる危機への対抗手段として追究されるにいたった。しかも、かれらが在野の側にあった限り、それは当然弾圧を免れ得なかったのであって、蛮社の獄はそのような意義を担う洋学の弾圧にほかならなかった(後述)。だがしかし、かれらの洋学も所詮は封建的支配者層のためのものにすぎなかったことはもちろんである。しかるに、これに対し、江漢的な洋学は、かれ以後その系譜がほとんど絶えてしまうのであり、これから見て、洋学が庶民的基盤を失ったと考えざるを得ないのである。

（1）『新撰洋学年表』、八八頁。
（2）大槻玄幹『蘭学事始附記』（和田信二郎校訂『蘭学事始』所収）。
（3）『婆心秘稿』、第三冊、所収、「長崎表永続方ニ付御内密申上候存寄書」（静嘉堂文庫蔵）。
（4）「蘭書訳局の創設」、新村出選集、第二巻。
（5）（6）大槻玄幹、前掲書。
（7）前掲、『官途要録』、第一冊、所収、「口上覚」（天明五年九月）。
（8）『官途要録』、第三冊、文化八年五月十七日付堀越源左衛門宛書簡。
（9）磐水存響、乾、所収。
（10）沼田次郎『幕末洋学史』、一八頁。
（11）磐水存響、乾、所収、『蘭学階梯』巻上、四頁。
（12）同、『蘭訳梯航』、巻上、三―四頁。

第三節　化政期における洋学の動向

最後に、蘭書訳局が創設された文化年間、およびこれにつづく文政期の洋学の動向を概観して、本章を終ることにしたいと思う。

前記のごとく、幕府は、文化八年、蘭書訳局を創設して、蘭学を「公学」たらしめた。それは、かつて「私学」としておこった蘭学を、権力奉仕の知識・技術たらしめんとしたことを意味する。ところで、それならば、幕府は洋学に対して、いかなる知識を期待したのであろうか。このことを端的に示しているのは、訳局における最大事業とされた、ショメールの百科辞典＝『厚生新編』の訳述である。同書については、すでに板沢武雄博士の詳細な研究があるので、(1)ここでは、これがいかなる意図の下に訳述され、またいかなる知識の移植が図られたか、を指摘するにとどめたい。

　前述の通り、最初この訳述に従事したのは、馬場佐十郎および大槻玄沢であった。かれらは訳述にあたって、その方針を示すため、『訳編初稿大意』を著わしたが、その中で、訳述書を『厚生新編』と名づけた理由について、「此書原版二巻なるもの〻題名を『ホイスホウデレーキ・ウヲールドブック』と云(割註略)、『ホイスホウデレーキ』といふ辞を訳すれば人各職を務め、それ〴〵の生産を計り修めらるべき云々といふ語義あり。これを漢語にあてば厚生ともいふ義なるべし。(中略)『ウヲールド・ブック』は即ちそれら事物の寄語の書といふ事なり。(中略)恭く惟るに方今本編新訳の明旨、ひとへに万民を広済し給ふべき深大厚徳の御仁意、偶々『ホイスホウデレーキ』の本語、前に弁ずる如く厚生の意義を、切当附契するを以て此二字を題名の訳語に取れるなり(2)」と記したのち、さらにこれについで、訳述の趣旨について、左のごとく述べている。

　此和蘭書の和解新たに厳命を下し給ふ御趣意は行々弘く、天下に公けに布かせ給ひ、不学文盲なる野夫工職の輩に至るまで、遍くこれを読みて能くこれを理会し、其用を利せしめんとなれば、和解文法通俗平和を専らとすべし。但其事業によりて中等已上の人の取扱ふべきの事、殊に医法薬剤の如きはこれに論なしとなり(下略)。(3)

　以上から知られるように、本書は主として、庶民を対象とし、かれらに利用厚生的な知識・技術を授けることを目的とするものであった。しかも、その内容を検討された伊東多三郎氏は、文字通り利用厚生のための実際的知識の豊富で、有用なことは驚嘆に値するとされながら、他方では、人文に関する事項が皆無であること、また機械力応用の産業的知識や物理化学に関する事項が乏しいことを指摘して、「要するに日常生活の為めの万宝全書で、卑近な心得が大部分を占めて居る」と述べたのち、「蘭学の成果がかゝる範囲にのみ止まつたならば、それは実学の発達を促し、生活を豊富至便ならしめるのみで、何等封建的常識に牴触するものではなく、寧ろそれを補ふものである」と結論づけている。(4) この事実は、鎖国を前提とする旧体制の下で、これに抵触せずして、移植可能な洋学の限界を示すものであるとともに、権力隷属後の洋学がどのように方向づけられたかを物語っている。

さらに、同様な例をいま一つ挙げるならば、大槻玄沢が、訳局に出仕してまもなく、同局の拡大に関し建議を行なった際、これを天文方から切り離して、独立の洋学研究機関とすべきことを論じ、さらにこれに加えて、

ショメール御書物和解之外にも、地理学・算術、或は物産・本草之学、医学療治等之事も銘々志次第右一役所にて為御開被成候はゞ、是迄仕覚有来にて事足候様に御座候へども、亦其筋之発明補益にも相成り、種々之事必ず精に精を加へ候大益可有之と奉存候。(5)（蘭訳梯航、後附二）

と述べている。これから知られるように、玄沢が封建社会に大益あるものとみた洋学とは、対外政策と関係をもつ地理学を別とすれば、算術、物産、本草、医学等の民生的知識・技術に限られていた。すなわち、これが、洋学の権力隷属後において、洋学者の通念とされた、洋学の知識内容にほかならない。このことは、かつて前野良沢が自己の学問内容について、「先生曽テ只医術ヲイフノミナラズ、天文・地理・暦学・芸術、皆蘭ヲ以テ精真ナリトス、（中略）又頻リニ窮理本然ノ学ヲイヒ、亦時ニ政教ニ及ブモノアリ」（管蠡秘言）と語ったことを想起するならば、いかにその領域が限定づけられたか、明らかであろう。

なおここで、この時期における洋学の担い手が、いかなる階層に属していたかを、明らかにしておくことは、かならずしも無駄ではあるまい。そのために、呉秀三博士が『シーボルト先生其生涯及功業』の中で、挙げているシーボ

ルトの門人のうち、第一回渡来の当時(文政六年―文政十二年 一八二三年―一八二九年)の門人について、検討を加えることにする。これによれば、門人数、五十二人であり、その内訳は左の通りである。

医　者	四三人
武士層出身者	一人
その他	二人
経歴不明	六人
総　計	五二人

これから知られるように、圧倒的に医者が多い。しかも、医者のうち、二十五人までが、藩医出身か、またはのちに幕府・諸藩に招かれた人々である。

つぎに、呉博士が初度渡来の際面会した人々として挙げているもの、二十三人について見ると、

医　者	一三人
暦算家	八人
武士階級	二人
総　計	二三人

となる。このほか、諸侯にして面会したものとして、島津重豪、同斉彬、奥平昌高、同昌暢、黒田斉清、同斉溥の六人が、挙げられているが、かれらはおおむね蘭癖家的関心から、かれと交わったにすぎない(呉、前掲書)。

もちろん、これらをもって、すべてを律することはできないが、しかし、この時期における洋学の担い手が、医者を主体とし、その他は天文家か、さもなければ、蘭癖家であったとみて、大過ないであろう。

以上のように、化政期における洋学が、利用厚生的知識を、その主内容とし、かつまた医者が主にその担い手であったという事実は、おなじく封建制補強の知識・技術と規定されるにしても、幕末における洋学が、武士層をその担い手とし、かつまた「富国強兵」的知識・技術をその内容としたのと比較する時、そこに非常な開きのあることがわかる。それならば、化政期的洋学が、何時いかにして、「幕末洋学」へと転化したか、それが幕藩権力自体の変質＝絶対主義への傾斜の問題とからみ合っていることは、おそらく想像に難くないであろう。そこで、この問題を次篇において、とくに蛮社の獄の考察を通じて、検討して見たいと思う。

(1) 板沢武雄「厚生新編訳述考」(『日蘭文化交渉史の研究』、所収)。
(2) 厚生新編刊行会本、四—五頁。
(3) 同、七頁。
(4) 伊東多三郎「洋学に関する一考察」、社会経済史学、七ノ三。
(5) 磐水存響、乾、所収。

第二篇　蛮社の獄の研究

序章　研究史の回顧と問題の所在

蛮社の獄（天保十年 一八三九年）は、シーボルト事件（文政十一年 一八二八年）とともに、洋学史上、最大の弾圧事件として知られており、これに関説した著書・論文の類は、かならずしも乏しくない。それにもかかわらず、豊富な内外史料に拠って、すでに研究し尽された感さえある後者と異なり、その研究は著しく立ち遅れている。[1] もともと蛮社の獄は、幕府官僚内部の対立に派生した政治疑獄であっただけに、[2] 当時においても当事者を除けば、真相を知るものはほとんどなく、その上、連坐をおそれた人々の手で、関係史料が故意に湮滅された形跡がうかがわれるのであって、[3] これらの事情が真相の究明をすこぶる困難ならしめているのである。

もっとも、伝存する関係史料として、高野長英の『蛮社遭厄小記』、『鳥の鳴音』等の獄中手記[4]や渡辺崋山の獄中書簡、[5] あるいは椿椿山の『麹町一件日録』[6] 等の諸記録があり、これらを通じて、獄の輪廓を一応うかがうことができる。しかしながら、長英の手記は、自己の無実を弁ずるために書かれたもので、[7] これにはかれの主観がかなり混入している、とみなければならぬ。その上、かれが、果して獄の真相を握るような地位を占めていたかどうかについても、疑問がもたれる。さらに崋山の獄中書簡にしても、その大部分が獄と直接関係をもたない、画友や自藩士にあてたもので、その意味からすれば、かれが、その中でどの程度真相をもらしているかについて、吟味する必要があろう。しかるに、従来の研究にあっては、かかる史料批判がほとんど行われていない。[8] のみならず、研究文献としてもっとも古い、藤田茂吉の『文明東漸史』（明治十七年 一八八四年 刊）の所説が、今日においても、無批判のまま、ほぼその儘踏襲されている、といってかならずしも過言ではない。このことを明らかにするため、ここで通説なるものを紹介しておくことは、あながち無駄ではあるまい。

天保初年、江戸において田原藩士渡辺崋山・町医師高野長英・岸和田藩医小関三英らを中心とする洋学研究団体があった。かれらは「尚歯会」という組織をもち、また「山ノ手派」ともよばれた。これには代官江川英竜・同羽倉用九・勘定吟味役川路聖謨らの幕臣および水戸藩士立原杏所・雲州松江藩士望月兎毛・紀州藩士遠藤勝助らの諸藩士が参加した。かれらは天保大飢饉に際してその対策を立て、あるいは諸侯の諮問に応ずる等の活動を通じて、都下において隠然たる勢力をなすにいたった。天保九年(一八三八年)、モリソン号渡来の報が伝えられるや、幕府がこれに撃攘策をもって臨むことを知った崋山らは、『慎機論』や『夢物語』等を著わして反対運動をおこした。このことが守旧派の幕吏鳥居耀蔵らを激怒させた。ことに鳥居は、江川英竜とともに、天保十年一月、江戸湾備場を巡見した際、浦賀海岸の測量にあたって江川と業を競い、やぶれて面目を失したため、部下の花井虎一なるものを使嗾して、同年五月、崋山・長英らを訴えさせ、累を江川に及ぼそうとした。これが獄の真相であり、その帰するところは、新思想・新学問の弾圧にほかならない。(9)

『文明東漸史』が刊行されたのが明治十七年といえば、それは自由民権運動が最高潮に達した時期にあたる。改進党系の論客であった著者の藤田は、当時流行の文明史観に拠って「泰西文明の東漸せる起因成果を明かにし、読者をして、封建鎖国の世に当り、泰西文明の進歩せる実勢を知らしむ」(10)という目的で、本書を著わした。いいかえれば、自由民権運動の思想的系譜を明らかにしようというのである。ところで、本書の大部分を占めたのは、蛮社の獄を中心とする崋山・長英の事績に関する叙述であった。その理由について、かれはいう。

蓋し時勢の変故に遭ふて君に忠し主に義ある臣僕、遂に其事に死する者、古今其人に乏しからず。而して後人皆其事を称揚して、史に載せ伝に記して事跡彰著ならざるはなし。而るに国を憂ひ国に忠し、遂に国の為めに死したるの志士にして、其人と共に其功業の彰著ならざる渡・高二氏の如きはあらざるなり。余、深く此に憾む所あり、故に此史を編するに当りて、殊に二氏の事を顕彰せんことを勉めたり[11]。

これにより、国民主義の先駆として、封建権力の犠牲に供せられた、崋山・長英らの事績を顕彰せんとする藤田の意図が明らかであろう。しかも、当時すでに、関係史料の多くが嫌疑をおそれた人々の手で故意に葬り去られていたため、研究は困難をきわめた。藤田は同書の凡例の中で、「殊に華山《ママ》等の大獄に由りて、其人と其事とに関する書類を蔵むる者は、皆一時嫌疑を畏れて或は焚却し或は文章字句を抹殺し、甚しきは之を改竄するが如きものありて、完本を得ること極めて難かりし故に、往々同一の写本数種を得て彼此参照して一の完本となし、然後之を史料に供するに至れり[12]」と、史料蒐集上の苦心を述べ、蒐集した史料の主なものを、同書の外篇に載せている[13]。

それにもかかわらず、本書は、右の言から想像されるような、客観的批判的な基礎に立って、叙述されたものではない。ことに蛮社の獄に関する記述は、その骨子を長英の『蛮社遭厄小記』にあおぎ、しかも、これに著しい主観的解釈と扮飾を加えたものにすぎない。このことを最もよく示しているのは、「尚歯会」に関する記述である。上述のごとく、通説にあっては、崋山・長英らがかれらを中心に、「尚歯会」なる洋学研究団体を組織していた、としている。ところで、右の典拠となったのは、『文明東漸史』にみえる、つぎの記述である。

是より先き華山《ママ》・長英の徒同志者を糾合し、相謀つて一会議所を設け、名けて尚歯会と云ふ。蓋し又智識交換の目途に出でたるものにして、都下知名の実学者を集合し、当世の要務を講論して其可否を決するの協会なり。諸侯の策問中、其議題の重要にして、一二人の見識を以て判断すべからざるものあれば、則此尚歯会の議題となし、衆議に附して之を討究し、其議を精覈して以て問者に対ふ。衆皆懇篤なるに感じ、且其経世に補益あるに服し、政務を問ふもの益々多く、此徒を指して経済実学の大家と称するに至れり。於是乎華山・長英等は、草莽に在りて隠然国家の政務に参与するの勢力を有し、人の智識を開発して世益を補導する務に任ぜり。(14)

しかるに、右の記述が拠った長英の『蛮社遭厄小記』には、つぎのように記されている。

紀州ノ儒官ニ白鶴義斎・遠藤勝助ト云者アリ、紀州公ノ師範ヲ勤メ藩邸ノ子弟ヲ教導シケルガ、（中略）癸巳（天保四年―筆者註）以来凶荒頻リニ行ハレ、都下尚餓莩多ク鄙郷僻邑実ニ想像スベシ、是ニヨリテ概然トシテ歎息シ、救荒ノ諸書ヲ著述シ、専ラ経済ノ実学ヲ研究セシカバ、諸侯往々策ヲ設テ政事ヲ質問セラレケリ、但シ就中頗ル錯雑ニシテ急ニ答ヘ難キモノ有ルトキハ、尚歯会ヲ設ケ老人会合ヲ名トシ、大小都下有名ノ士ヲ招キ、就テ衆人ノ議論ヲ湊合シ、常ニ問答致サレシカバ、説ルル者其厚ク深キヲ信ジ、政務ヲ問者随テ多シ、故ニ都下ノ人一時ニ経済学ノ大家トス。(15)

これによれば、「尚歯会」は、あきらかに紀州藩儒遠藤勝助が天保飢饉の対策研究のために設けた会合であって、『文明東漸史』の著者が「華山・長英の徒同志者を糾合し、相謀つて一会議所を設け、名けて尚歯会と云ふ」と記し、あるいはまた、「於是乎華山・長英等は、草莽に在りて隠然国家の政務に参与するの勢力を有し」云々と述べているのは、崋山らの事績を宣揚せんとする余り、長英の記述を恣意的に改竄し、あるいは拡張解釈を行ったものとの批評を免れ得ないであろう。

もっとも、長英の記述そのものにも、すくなからぬ疑義がある。「尚歯会」が直接には飢饉対策の機関として設けられたことは、おそらく事実であろうし、長英の『二物考』(16)（天保七年一八三六年稿）、『避疫要法』(17)（同年稿）、遠藤勝助の『救荒便覧』(18)（同年稿）等は、いずれも尚歯会における飢饉対策研究の成果であるともみれる。しかしながら、長英が「諸侯往々策ヲ設テ政事ヲ質問セラレケリ」とか、「政務ヲ問者随テ多シ、故ニ都下ノ人一時ニ経済学ノ大家トス」とか説いているのは、多分に誇張があるように思われる。というのは、これが事実ならば、当時の文献にかかる尚歯会の活動を裏づける記載が、すくなからず見られて然るべきである。しかるに、それが欠けている。のみならず、管見に入った尚歯会関係記事としては、藤田東湖の『見聞偶筆』に、「余(ママ)華山の名を聞くこと久しけれども、良縁なくして交りを結ばず、遠藤□□(欠字)が尚歯会にて其面を知り、又立原杏所の許にて草々に相逢ふ、寒暖を談じたるまでなり」とあり、また『慊堂日歴』の天保九年十月二十六日の条に「遠藤勝助　尚歯会、在二本月十五一」とあるのが、挙げられるにすぎない。[19]

おもうに「尚歯会」は、その起源についてはともかく、その本来の性格は、当時流行した物産会等の会合と類似の、新知識交換のための知識人の会合たるところにあったのではなかろうか。たとえば、天保九年十月、尚歯会の席上で、長英の門人内田弥太郎・奥村喜三郎の両者が、その製作による航海用の経緯儀を会員に紹介し、また幕府評定所記録方芳賀市三郎が紀行記数篇をたずさえ、会員に示して削正を請うたことが、『遭厄小記』に見えている。[20]これから推して、尚歯会をもって、通説のごとく、これを諸侯の政務諮問機関と解するがごとき、政治的性格の色濃い団体とみなすことには、にわかに賛同し難いように思われる。

以上において、わたくしは通説の拠り所としている『文明東漸史』はもとより、さらにその典拠とされ、これまで蛮社の獄の根本史料の一つとして、ことさら重視されて来た長英の手記にも、疑う余地が多分にあることを、「尚歯会」の例によって指摘した。そこで蛮社の獄の研究にあたって、まずこれを実証的見地から究明する必要のあることは、多言を要すまいと思う。

さて、つぎに蛮社の獄の歴史的意義が、これまでどのように理解されて来たかを顧みてみよう。周知の通り、洋学は、明治初年以来、文明史観の影響を受けつつ、無限定のまま、近代思想、ないし近代学問と等価値をもつものとして、位置づけられてきた。したがって、蛮社の獄もまた、『文明東漸史』の著者藤田が、これをもって「漢学と蘭学との軋轢」と規定し、あるいは「文明の新説野蛮の法網に罹る」[21]と評してよりこの方、かかる評価が、そのまま通説とされた。しかるに、昭和期にいたり、洋学の歴史的意義をめぐって、伊東多三郎氏と藤原治・高橋碩一氏らとの間に、活発な論争が展開されるや、ここにおいて、洋学の性格についての理解が深められるとともに、この論争を通じて、蛮社の獄の意義も、あらためて検討される段階に達した。つぎに戦後、伊東氏のいわゆる封建制補強者説を継承・発展させた沼田次郎氏の見解と、これに対して、洋学の封建制に対する批判・克服面を重視する高橋碩一氏および遠山茂樹氏の所説を挙げて、それらの検討を通じて、問題の所在を明らかにしたいと思う。

まず高橋氏の見解をとり挙げてみよう。氏によれば、天保初年、崋山を中心として、内外の情勢を研究する洋学者のグループが生れ、これが、天保四年以降、「わが国最初の自由な学術研究サークル」たる「尚歯会」へと発展した。しかも、これを通じて育成された近代的国民意識と、その上に立つ科学・思想の若芽が、蛮社の獄を境として無残におしつぶされ、「これ以後の洋学は革命的科学の道をとり得ず、いまや崩壊しつつある封建制を絶対主義に改良補強する技術や知識として方向づけられ、明治絶対主義政府の富国強兵策に奉仕する悲劇の道へと追いやられた」と評価を下している。[22]これに対して、遠山氏は、より広い視野からこの問題をとり上げ、幕末においては、すでに商品経済の発展が全国的な結合を可能としており、したがって、かかるものの観念的反映として、国家意識が成長する地盤が成立していたとするとともに、自尊排外的な名分論を説く攘夷論には、近代的な国民意識は由来せず、「むしろ国際平等の思想より攘夷論に鋭く対立した洋学の中に、真正の国民意識の萠芽が見られたことは、意味深いことである」として、近代的国民意識が、洋学にのみ期待できたことを指摘したのち、かかる国民意識が「十分な生長をとげぬ裡に、封建権力の無慈悲な弾圧を受けて空しく挫折した事実をわれわれは銘記する。その決定的な契機をなしたのは、天保十年渡辺崋山や高野長英ら先覚者を遭難せしめた蛮社の獄であった（傍点―筆者）。これ以後の洋学は、その本質たるべき反封建的な世界観を骨抜きにされて、軍備充実ないし殖産興業の面における技術学として、いわば封建制補強のために働かされた下僕としての地位に甘んぜしめられた」と評している。[23] 要するに、高橋・遠山両氏とも、崋山およびその同志＝「蛮社」の洋学をもって、封建制度の補強、ないし絶対主義形成のための知識・技術として動員された点で特色づけられる、幕末洋学の反対物ととらえ、洋学に内在する反封建的性格が完全に除去されて、それがもっぱら権力に奉仕する知識・技術へと転化する「決定的な契機」となった点に、蛮社の獄の歴史的意義を認めようとするものである。

しかるに、これと対蹠的なのは、沼田次郎氏の見解である。沼田氏は、高橋氏らをも含め、蛮社の獄を思想弾圧と解する通説的見解を批判して、崋山ら「蛮社」の思想は、封建的支配者層の自己批判にすぎず、したがって、それは根本的には為政者の立場と矛盾するはずはないとしたのち、「それにもかかわらず周知の如き結果（蛮社の獄―筆者註）を招いたのは、純然たる思想弾圧というより、処士にして政策を論じた事が、一種の政治疑獄の端緒として利用されたというべき点があるので、必ずしもその思想的立場のみの故ではなかったと考えねばならぬ面のある事」に注意を喚起している。[24] つまり、氏によって、高橋氏らが「蛮社」の洋学を幕末洋学の反対物ととらえる見解が、まっこうから否定されているのである。

ところで、それならば高橋・遠山両氏および沼田氏は、弾圧された崋山ら「蛮社」の実態をどのように理解しているのであろうか。氏らはいずれも、これを「尚歯会」の名で把握しているが、この問題については暫く措き、高橋氏はこれをもって町医者、幕臣、中小藩士のほか、市井の町人、僧侶まで加わった学術団体としており、[25] また遠山氏の場合、幕末洋学の展開について、「幕末洋学は、その担手が漸次医者から下級武士に重点が移るにつれて、特に蕃社（ママ）の獄の大弾圧以後は、封建制の補強、ないし絶対主義形成の技術官僚の独占物に化していった」[26]と説明していることからして、その指導的地位を占めたのが、高野長英らの医者＝職業的洋学者であったと解している、とみて差支えあるまい。すなわち、いずれにしろ、両氏ともに、「蛮社」を庶民的・在野的性格をもつもの、と理解しているわけである。

これに対して、沼田氏は「蛮社」をもって崋山・長英らを中心とした洋学者のほか、「江川・下曾根のような幕吏中の西洋式兵学者や慎機論、夢物語著述の動機を提供した幕吏等を含む知識人の会合」と規定している。[27]したがって、氏によれば、「蛮社」を構成したのが、封建的為政者層内部の知識的分子にほかならない、ということになる。

このように、両者の見解の相違が「蛮社」の実態の把握の仕方にかかっているということを、ここでまず指摘しておきたい。

いうまでもなく、蛮社の獄の時期といえば、天保初年以来の相次ぐ飢饉と、これに伴う一揆・打こわしの高揚によって、封建的支配の動揺がその極にまで達した時期であった。しかも、他方、海外関係にあっては、天保八年に国籍不明の異国船が江戸湾に侵入するという椿事があり、またこれにつづいて、「英船」モリソン号渡来の情報が伝えられ、それらが、アヘン戦争前夜の不穏な国際関係を反映して、識者をすくなからず刺激した。このような内外の危機に伴い、洋学の動向にもあらたな変化が生じている。すなわち、前篇の終りに指摘したごとく、化政期の洋学は、医者・天文家のごとき技術者を主な担い手としていた。またその内容も、蘭書訳局における最大事業の一つである『厚生新編』の訳述が示すごとく、利用厚生的な知識を主としていた。しかるに、天保期を境として、洋学の担い手が、ようやく武士層に移る傾向を示してくる。これをいま、故原平三氏の調査によって、天保・弘化年間における蘭学者伊東玄朴の象先堂の入門者中、武士階級の出身者を示すと、左の通りである。

象先堂入門者総数	三五六名	
武家階級	一七九名	
内訳		
幕吏	二名	
藩士	一三八名	六十藩
準藩士	一二名	
其他武家階級と推定され得る者	二七名	
計	一七九名[28]	

このように、その過半数が武士層によって占められているという事実は、幕末的な危機がようやく顕在化した天保・弘化期の深刻な時局を反映したものにほかならない。したがってまた、これに対応して、洋学が軍事科学的色彩を帯びるのも、この時期である。[29]しかも、それが幕末的危機の進行に伴って、高橋氏のいう「封建制を絶対主義に改良補強する技術や知識」として定着することは、ここであらためて論ずるまでもあるまい。[30]

ところで、上述の高橋・遠山氏らの見解にあっては、右のような洋学の性格転化のためには、庶民層的基盤とつながる洋学の反封建的性格が、完全に骨抜きにされることを不可欠の条件であるとみなし、蛮社の獄の弾圧をもって、これをもたらした「決定的な契機」として意義づけるのである。しかるに、これに対して、沼田氏は「蛮社」の思想と行動をもって、封建的支配者層の自己批判にすぎないと解するのであるが、ただし、氏の場合は、かれらの自己批判の具体的な内容について、ほとんど言及していない。しかし、それが上記のような歴史的状況の下での自己批判であり、しかも、蛮社社中が封建的支配者層内部の開明的分子とされている以上、かれらの洋学が、高橋氏らのいわれる意味での幕末洋学と、連続的な関係を有することは、容易に想像されるところである。もしそうならば、蛮社の獄の本質をいかに理解すべきかが、あらためて問題になってこよう。

以上の検討を通じて、蛮社の獄の問題点がほぼ明らかになったと思う。そこで本篇では、まず高橋氏および遠山氏と、沼田氏との論争における争点の一つである「蛮社」の実態を究明することからはじめ、つぎに蛮社の獄の直接の原因となった江戸湾防備問題をとりあげ、天保八年の異国船江戸湾侵入事件を契機とする江戸湾防備体制の強化計画と、その一環をなす、蛮社社中の江川英竜と反対派の鳥居耀蔵との、江戸湾備場見分にあたって惹き起された、いわゆる浦賀測量事件について検討するとともに、これとの関連において、蛮社の獄の真相を究明し、最後に蛮社の獄の歴史的意義について、その直後に実施された幕府の天保改革に関連させつつ考察を加えることにしたいと思う。

(1) 蛮社の獄を学術的な立場から考察した研究文献としては、井野辺茂雄「蛮社の獄」(大正十四年一九二五年稿、『幕末史の研究』、所収)が、戦前における唯一のものとして挙げられるにすぎない。
(2) この点については、後章において明らかにするはずである。
(3) 伊東多三郎「鷹見泉石と蘭学」、歴史、昭和十二ノ五。伊東氏は鷹見泉石の日記を調査した結果、蛮社の獄以前の部分には、崋山との交渉を示す記事がすくなからず散見するが、蛮社の獄がおこるとともに、かれの名が日記から姿を消すことを指摘している。
(4) 高野長英全集、第四巻、所収。
(5) 鈴木清節編『崋山全集』、藤田茂吉『文明東漸史』等に収められている。
(6) 前掲、『崋山全集』、所収。なおこの種のものとしては、ほかに赤井東海『奪紅秘事』、清水礫洲『有也無也』(いずれも崋山掃苔録所収)、松崎慊堂『慊堂日歴』(日本芸林叢書、第十一・十二巻)等がある。
(7) 高野長運『高野長英伝』(昭和十八年一九四三年刊)によれば、『鳥の鳴音』は、天保十年、長英が未決の期間に獄中から同志の鈴木春山にあてて、冤罪を訴えたものであり(四〇〇頁)、また『蛮社遭厄小記』は、天保十二年、郷党にあてて、獄の顚末を述べ、かれの罪案が憂国の著述によることを弁じたものであるという(四二九頁)。

(8) 管見に触れたものとしては、井野辺茂雄博士が、鳥居耀蔵の上申書に拠って『蛮社遭厄小記』の記事を批判しているのが、唯一の例である(井野辺、前掲書)。

(9) 以上は、主として高橋碩一『洋学論』、同「蛮社の獄」(世界歴史事典、第十五巻、三〇一—二頁)、阿部・今井・井上共編『大学日本史』、下巻、一二四頁、等を参照して、要約したものである。

(10) 『文明東漸史』(大正十五年一九二六年再版本)、凡例、七頁。

(11) 同、自序、四頁。

(12) 同、凡例、八頁。

(13) 外篇に収められた史料を挙げると、三宅友信『華山先生略伝補』、渡辺崋山『慎機論』、同『西洋事情答書』、同『鴃舌小記』、『渡辺華《ママ》山獄中書札』、高野長英『夢物語』、同『鳥の鳴音』の七種で、ほかに崋山・長英の略伝を付している。

(14) 『文明東漸史』、七六頁。

(15) 高野長英全集、第四巻、二五頁。

(16) 同、第四巻、所収。

(17) 同、第一巻、所収。

(18) 日本経済大典、第十五巻、所収。

(19) 菊地謙次郎編『東湖全集』、五五六頁。日本芸林叢書、第十二巻、二六七頁。

(20) 高野長英全集、第四巻、二五—六頁。

(21) 『文明東漸史』、九七頁、一一一頁。

(22) 高橋碩一「蛮社の獄」(世界歴史事典、第十五巻、三〇二頁)。

(23) 遠山茂樹「尊王攘夷思想とナショナリズム」(『尊攘思想と絶対主義』、一二一—五頁)。

(24) 沼田次郎『幕末洋学史』、三三—三四頁、四九—五〇頁。

(25) 高橋、前掲論稿。

(26) 遠山茂樹『明治維新』、三〇三頁。

(27) 沼田、前掲書、三四頁。

(28) 原平三「蘭学発達史序説」、歴史教育、十一ノ三。

(29) 蘭学勃興後における西洋砲術、兵学等の、軍事科学関係の翻訳ないし研究書の中、天保以前のものとしては、わずかに前野良沢訳『和蘭築城書』(寛政二年 一七九〇年)、石井庄助述『遠西軍器考』(寛政十一年 一七九九年)、本木正栄訳『海岸砲術備用』(文化五年 一八〇八年)、大槻玄沢撰『銃法起源考』(同年)等が挙げられるにすぎない。しかるに、天保期に入るとともに、とくにアヘン戦争(天保十一年―天保十四年 一八四〇年―一八四三年)を境として、多数の翻訳書や研究書が現われる。試みに、『新撰洋学年表』によって、天保・弘化年間における洋学系軍事科学書を示すと、天文方官撰『火攻精選』(天保十二年 一八四一年)、吉雄常三撰『粉砲考』(天保十四年 一八四三年)、天文台訳員訳『海上砲術全書』(同年)、鈴木春山訳『三兵活法』(弘化三年 一八四六年)、同『兵学小識』、『海上攻守略説』(共に年次不明)、大塚同庵撰『遠西砲術略』(弘化三年 一八四六年)、同訳『抜隊竜学校全書』(年次不明)、藤井三郎訳『舶砲新編』(弘化四年 一八四七年)等がある。もっとも、これらの訳述、研究は、かならずしもアヘン戦争を契機として始められたのではない。たとえば、三兵戦術をわが国にはじめて紹介した、鈴木春山の『兵学小識』は、すでに天保十年に訳了していた、といわれる(佐藤堅司『日本武学史』、七五六頁)。これによって、天保期における洋学の動向が、おおよそ窺われよう。

(30) 幕末洋学の具体的な様相については、沼田次郎『幕末洋学史』を参照されたい。なお沼田氏は、幕末洋学の意義を概括して、つぎのように述べている。「幕府側と反幕諸藩と、大まかにいってこの二つの立場は異なり、それに従ってかかる両者側における過程に異同はあるが、いずれにせよ洋学が既に単なる封建制の補強者たる域に止まらなくなった点においては、根本的な性格は等しいと見なければならぬ(中略)。それは共に軍事、政治、経済あらゆる面において、欧米の新知識、新技術を出来る限り取り入れる事によって、封建制を克服して、ともかくも外形的には近代的な国家に脱皮しようとする動きたる点においては、根本的に相通ずるものがあった(中略)。果して然らば、その政治的経過が、これら諸藩の政治的プログラムの進展に応じて、「倒幕」として一応解決せられた時に、これら洋学の知識成果が、一斉に新時代国家の、また政府の新建設の武器として、あるいはまた理論として、各方面に、かつての政治的立場の区別を問わず、抱容され、動員された事は極めて当然であろう。それは今や一個の絶対主義国家の理論であり技術であったとも云えるであろう」(二六九―七〇頁)。

これによれば、やや視点のおき方を異にするにしても、同氏の幕末洋学観は、氏と反対の立場に立つ高橋・遠山両氏のそれと、基本的には異なるものではないことが知られるであろう。

第一章　「蛮社」の起源とその実態

第一節　「蛮社」の名称

通説では、蛮社の獄において弾圧された渡辺崋山・高野長英らの洋学者およびその同志を「尚歯会」、「山ノ手派」あるいは「蛮社」等の名でよび、あたかもかれらが、かかる特定の称呼をもつ結社をつくり、あるいは党派をなしていたかのように説いている。しかし、事実はそうであろうか。

これらの称呼のうち、「尚歯会」については、すでに明らかにしたように、それは、紀州藩士遠藤勝助の発案による知識人の会合であって、これには崋山・長英らが参加し、事実上、この会合の指導的地位を占めていたにしても、遠藤そのひとが主宰者であったことは、たまたまこの会に出席した藤田東湖が「遠藤□□(欠字)が尚歯会」と記し、あるいは『慊堂日歴』に「遠藤勝助　尚歯会」とあることから、知られるところである。しかも、主宰者遠藤の名は、鳥居耀蔵の密命により、崋山らの身辺を探索した小人目付小笠原貢蔵の手控えにも、また鳥居の告発状にも見えず、その上、かれが獄の連坐を免れている[1]、という事実からしても、「尚歯会」そのものが弾圧の対象とされたとは信じられない。したがって、弾圧の対象となったかぎりの崋山・長英およびその同志を「尚歯会」の名で呼ぶことは、厳密な意味では、誤りだといわねばならぬ。

つぎに「山ノ手派」の名は、通説によれば、戸塚静海・伊東玄朴らの市内に住む「下町組」洋学者に対し、崋山・

長英および小関三英らが山の手に住み、諸人を教導したことに由来する称呼とされるものである。しかしながら、かかる称呼が当時行われていたことを示す史料が、全く欠けている。なるほど、長英の『蛮社遭厄小記』には、かれの同志を「山ノ手蛮学者流[2]」とよび、あるいはまた「瑞皐高野長英・学斎小関三英ノ如キ医事ヨリシテ蛮学ニ入リ、遂ニ各々名家ニナル者山ノ手ニ居住シ、諸生ヲ教導シ、諸書ヲ訳述シ[3]」云々、「山ノ手・下町一斉ニ其頭取ト唱ヘラレタル者召捕レケルニゾ、瑞皐・学斎等元ヨリ遁ルベキヤウ無カリケル[4]」等ノ記述がみえている。しかし、「山ノ手蛮学者流」とは、長英がその同志を指すに、仮りに用いた名称にすぎない[5]。また「山ノ手派」および「下町組」の洋学者の対立についても、何ら言及していない。のみならず、長英の指す「下町」洋学者とは、戸塚静海・伊東玄朴らの医者＝職業的洋学者のことではない。すなわち、同書には、「下町辺ニ蛮学ヲ信用スル者有テ、八丈ノ先ナル無人島へ航海シ、一ニハ新島ヲ開墾シ、一ニハ物産ヲ起シテ国家ノ御用ニモ供シ奉リ度、両三年前ヨリ、時々同志ノ者ヲ会シテ談話シ、行々ハ官命ヲ請テ渡海セント謀リシ者共有リケル[6]」とあり、さらに前引のごとく、「山ノ手・下町一斉ニ其頭取ト唱ヘラレタル者召捕レケルニゾ」云々と、蛮社の獄の勃発を伝えているから、それは、崋山・長英らと同時に逮捕された無人島渡航計画者一味を指すもの、と解せられる。しかるに『文明東漸史』には、

此時に当り江戸に二派の蘭学者あり。一を下町派と称し、二を山の手派と云ふ。蓋し其市内に住するものと、市外に住するものとに由て相区別せるなり。（中略）伊東玄朴、戸塚静海、其他下町派と称する蘭学者は、専ら医を売りて他事に及ばず。唯山の手に住する蘭学者中には、其学芸を世務に用ひんとする奇士ありき[7]。云々。

と記されている。通説は、おそらく右の記載に拠ったものであろう。しかし、この記載を裏付ける証拠がない以上、これをにわかに信ずることができない[8]。前述の「尚歯会」の例から推して、これもまた、著者の藤田の創作とみるべきではなかろうか。

最後に「蛮社」は、もと「蛮学社中」の約語であって、蛮学＝西洋学術を修めるものの仲間を意味する普通名詞にすぎない。しかるに、長英がその受難記に『蛮社遭厄小記』という題名を付け、あるいはその中で、「蛮学社中」、「蛮学者流」等の名辞を用いたため、後世史家がこれらによって、弾圧された長英およびその同志を「蛮社」とよび、またかれらの弾圧をもって「蛮社の獄」と称するようになったものであろう。事実、「山ノ手派」の場合と同様、これがかれらの自称とされ、あるいは時人が、かれらをかかる名称をもって呼んだという証拠が、認められないのである。

要するに、通説では、弾圧された崋山・長英らが、特定の名称をもつ党派ないし結社をつくっていたかのように説いているが、それが誤りであることを、以上において論証した。そこでいわば無名の集団にすぎない、崋山・長英およびその同志の実態がいかなるものであったかを、次節において考察したいと思う。

なお次節以下において、無名の集団にすぎない崋山・長英らおよびその同志を、かりに「蛮社」と呼ぶことにする。ただし、それは筆者が叙述の便宜上、用いる仮称であって、それ以上の意味がないことは、もとよりである。

(1) 本章、次節、および付章、二、参照。
(2) 高野長英全集、第四巻、三〇頁。
(3) 同、二三―四頁。
(4) 同、三一頁。
(5) 当時崋山は麹町半蔵門外の田原藩邸に、また三英は溜池の岸和田藩邸に住み、長英は麹町貝坂において開塾していた。そのため、長英が、かれおよびかれらをもって、かりに「山ノ手蛮学者流」と呼んだものであろう(岩崎克己「崋山と洋学」(二)書物展望、十二ノ二、参照)。
(6) 高野長英全集、第四巻、三〇頁。
(7) 『文明東漸史』、七三頁。

(8)『新撰洋学年表』、天保五年の条に、「当時江戸蘭学者流は山手下町と両分す」云々とあり、崋山・長英・三英およびその同志が「山手連」と称したとし、これに対して、下町連として、青地林宗・杉田成卿・坪井信道・伊東玄朴らの名をあげている。しかし、その典拠は不明である。なるほど、下町に住む伊東玄朴らは、長英らと異なって、医事に専心していたことは知られている。しかし、前章においてあげた原平三氏の調査が示すように、玄朴の門下には、武士階級に属するものがすくなくなかった。また蘭書訳局員である杉田成卿らは、幕命により、オランダの兵書・政書を翻訳している。だから、両者を截然と分かつことは、かならずしも当を得ているとは思われない。その上、長英らが山手連と称したという明証がないかぎり、この説をにわかに信ずることができない。これもまた、『文明東漸史』の影響と解すべきではなかろうか。

第二節　「蛮社」の実態

弾圧された崋山ら「蛮社」の実態をどのように理解すべきであろうか。蛮社の獄の直前、目付鳥居耀蔵が、輩下の小人目付小笠原貢蔵に命じて、崋山らの身辺を探索させたが、その折の小笠原の手控えが、高橋磌一氏によって紹介されている。(1) そこで、まずこれを手掛りにしながら、考察を進めていこう。右の手控えには崋山・長英およびその同志のほかに、僧侶順宣らの無人島渡航計画者一味に関する記述が含まれているが、これはひとまず除き、崋山ら「蛮社」に関する部分のみを挙げると、左の通りである。なおこれには、かれらを山ノ手派や尚歯会のごとき、特定の名称でとらえていないことに注意すべきである。このことは、「蛮社」が無名の集団にほかならぬ、とするわれわれの推測を裏付けるものである。

一、仙台出生之者、蘭学も能出来、医術相応に出来候者。

麹町　高野長英 瑞皐

○アールド。レイキス。キュンデ。ウヲールテン。ブック。
是は蛮国の地理政事人情をしるしたる書を和解し、其内に蛮国と我国との政事人情等を取交ひ、善悪を評したる物にて、夢物語と号し候ものゝ由、長英の解に渡辺登執筆いたし候由。

水戸殿家来　幡崎鼎

此もの去年中不埒の筋有之、土方仙之助方え御預に相成、右之者才気有之、長崎に罷在、高橋作左衛門一件之節、奉行本多佐渡守密事等相勤候事共有之、蘭学に秀候に付、水戸殿に被抱高名に相成候由。

〔御使番　松平伊勢守〕

御勘定吟味役　川路三左衛門

御代官　羽倉外記

同　江川太郎左衛門

伊賀者　内田弥太郎

増上寺代官
奥村喜三郎

此外他人数有之由、名不承。

右は鼎を尊信し、蘭書の講釈承候人々の由、鼎御預に相成候後は、長英幷三宅土佐守家来にて家老渡辺登と懇意いたし候由。

三宅土佐守家来にて
家老　渡辺　登
四十四五歳

此者文武相応出来、書画もまた不拙、平常麁服を着、長剣を帯し、逢対静にして一度逢候もの親み深く相成、近年蘭学を以世に名をしられ、幡崎鼎高野長英を友とし、蘭学の徒多親み、〔土佐守隠居へも相進め、隠居も蘭学好みに相成、登儀〕当今御政事向を誹謗し、剰蛮船交易之義に付ては、浦賀洋中にて江戸廻船に妨なさは、自ら江戸中困窮して交易の道も開け可申抔、其徒に語候事度々御座候由、且又奥州金華山洋中纔の離島有之、蛮船繋居て海浜の漁師に金壱分を遣せは、通路自在の事とも申談居候由。

一、夢物語は高野長英作、または登の作とも風聞いたし候。

一、去戌年（天保九年）参向之甲比丹ニイマン滞府中、岡部美濃守方の蘭学医小関三英対話の始末、登に申聞候処、鴃舌小記と申書を作り、蘭人の執政家幷御政事向等密々難し候事を述作せしものにて、其徒密に書写せし由。

一、魯西亜イキリス船印旗印の類、蔵板にいたし罷在候由、其徒に送りし由。

（中略）

松平大隅守家来
　小林専次郎
土井大炊頭殿家来
　鷹見三郎右衛門
松平出羽守家来
　望月兎毛
此もの共登方へ懇意いたし罷越候由。

以上の記述に見える人々のうち、洋学者またはこれに準ずるものは、田原藩士渡辺崋山(登)、水戸藩抱え蘭学者幡崎鼎(鼎は天保八年旧罪露見のため、当時追放中)、および町医師高野長英・岸和田藩医小関三英の四人であり、またかれらに師事し、あるいは交わったものとして挙げられているのは、使番松平伊勢守、勘定吟味役川路聖謨(三左衛門)、代官江川英竜(太郎左衛門)、同羽倉用九(外記)、伊賀者内田弥太郎、増上寺代官奥村喜三郎らの幕臣、および薩摩藩士小林専次郎、古河藩家老鷹見忠常(三郎右衛門、泉石)、松江藩士望月兎毛らの諸藩士である。これによるかぎりでは、「蛮社」が崋山・長英らの洋学者と、その傘下に集まった幕臣・藩士層に属する人々であることが、一応想像されよう。しかしながら、これには、なお吟味が必要である。

小笠原の手控えには、ほかに無人島(小笠原諸島)渡航計画者一味に関する記述が含まれ、これには崋山も関係ありとされている[2]。なおこのグループとして名を挙げられているのは、交替寄合福原内匠家来斎藤次郎兵衛、常州無量寺住職順宣・順道父子、本石町公事宿山口屋彦兵衛(実は金次郎)、深川佐賀町印籠蒔絵師山崎金三郎(実は秀三郎)らである。前述のように、高橋磌一氏が、「蛮社」に参加したものとして、町医者・幕臣・中小藩士のほか、市井の町人・僧侶を挙げているのは、右の無人島渡航計画者一味を「蛮社」関係者とみなしたからであろう。しかしながら、幕吏の尋問にこたえたかれらおよび崋山の証言によれば、両者は全く無関係であったことが明らかにされている(3)。したがって、かれらを「蛮社」から除外するのが正しい。

そこでつぎに問題となるのは、長英らの職業的洋学者をもって、「蛮社」の指導的地位にあったとみなす遠山茂樹氏の見解である。通説では、崋山と長英・三英らの洋学者を、対等の関係において捉えている。しかし、事実はそうではない。「蛮社」の中心的存在は崋山であって、長英らの洋学者は、翻訳技術者ないし知識提供者として、崋山に奉仕していたにすぎない。

当時崋山は、「蘭学にて大施主なり」との評判を得ていた。すなわち、高松藩儒赤井東海の『奪紅秘事』に、

私方へ参申候者ども、すべて崋山(登之号也)事蘭学にて大施主なり、と感心致申候(4)。

とある。なおまた崋山が逮捕されたさい、同志の一人遠藤勝助が、赤井に対し崋山の救援運動に協力を求めたところ、赤井は、「左なくとも此度の大将は崋山と評判御座候処、多人数連党にて贈り候ては、扨こそ風聞に相違なく、崋山は党首也と思はれ候半、是れ罪を増す物也(5)」として、これに反対している。このことは、崋山が「蛮社」グループの盟主とみなされていたことを示すものである。

さらに上掲の小笠原の手控えをみても、崋山に関する記述が最も詳しく、かつまた幕政批判をはじめとして、数ヵ条にわたる容疑事項があげられているのに対し、長英については、『夢物語』に関する一ヵ条が、また三英の場合は、蘭人ニーマンとの対談の内容を崋山にもらしたことが挙げられているにすぎない。しかも、右の手控えに基づく小笠原の復命書に拠って作成された、と推定される鳥居耀蔵の上申書にあっても、崋山に関する罪状が大部分を占めている(後述)。このことは、鳥居ら守旧派が、「蛮社」の中で、とくに崋山の存在を重視し、弾圧のほこ先をかれに集中し

たことを物語っている。のみならず、崋山らもまた、この事実を認めているのである。すなわち、崋山は、獄中書簡の中で、かれらの逮捕をもって、洋学そのものの弾圧と解する世評を疑って、「妛ニ洋学」候に、拙者を首として事を起し候事、不審に御座候(6)」といい、また長英が同じく獄中から同志にあてた書簡の中で、獄の原因を鳥居耀蔵の実父林述斎の、かれらに対する嫉視に帰して、「華山(ママ)西学を好候を甚だ忌候由、又華山の西学を助くるものは、小生井三英と申、是又殊の外悪み被居候由(7)」と述べているのは、このことを証するものである。

それならば、右の崋山に対して、長英・三英らの洋学者はどのような関係に置かれていたか。このことを明らかにするため、『蛮社遭厄小記』の記述を手掛りにしながら、まず、「蛮社」の成立事情を振りかえってみよう。

長崎にあって、シーボルトに師事していた長英が、文政十一年（一八二八年）、シーボルト事件がおこるや、いちはやく姿をくらまし、その後江戸に出たのは、天保元年（一八三〇年）十月のことであった(8)。かれは麹町貝坂に居を定めて、開業したが、ここでのちの盟友小関三英と相知るようになった。かれらの下には、医学のみならず、新知識を求めて集まる知識人がすくなくなかった。長英はつぎのように述べている

瑞皐高野長英・学斎小関三英ノ如キ医事ヨリシテ蛮学ニ入リ、遂ニ各々名家ニナル者山ノ手ニ居住シ、諸生ヲ教導シ諸書ヲ訳述シ、博ク諸方ニ交リヌル故、其勢一層ヲ倍加シ、或ハ万国ノ治乱興廃ヲ詳ニセントテ此社ニ入リ、或ハ天算数学ヲ研究セントテ此学ヲ尊信シ、或ハ練兵砲術ヲ詳明セントテ此書ヲ学ビ、或ハ本草物産ヲ拡充セントテ此学ヲ好ミ、其他諸般ノ工技其業ヲ練磨スル者各々靡然トシテ此ニ従ヒ、学ヲ賞揚尊奉スルモノ一時雷動シテ甚シケル(9)。

なおかれによれば、かかる社中の繁栄が守旧派の嫉視を生み、これが弾圧の誘因になったという(10)。しかし、それにしても、かれらによる諸生の教導が、そのまま「蛮社」の成立を意味するものではなく、またかれらの社中が、こと

ごとく弾圧の対象となったのでもない。直接、弾圧の対象とされた「蛮社」が、崋山を中心とする以上、その成立の事情は、これとは別に考えなければならない。これについては、『遭厄小記』のつぎの記述が注目される。

瑞皐(長英)・学斎(三英)の社中ニ参州田原ノ城主三宅土佐守殿ノ大夫崋山渡辺登ト云フモノ有リ、元ハ林家ノ学徒ニシテ、普ク諸書ヲ渉猟シ、博ク歴史ヲ考究シ、才能衆ニ出タル者也ケルガ、頗ル好事ノ性質ニシテ(中略)、西洋画学ヲ研究シ、又地理学ヲ好ミケルガ、官務繁冗ニシテ親シク蛮書ヲ攻ムルコト難ケレバ、常ニ瑞皐・学斎等ト交リテ蛮学ヲシケルニ(中略)、同気相求同声相応ズルノ理ニシテ、崋山ノ交友往々蛮学ヲ尊奉スル者多ク、依テ瑞皐・学斎等ト交ル者モ又少ナカラズ。[11]

これによれば、「蛮社」は、崋山が長英および三英に就いて洋学を修めたことに起源をもち、その感化の下に、同じく洋学を尊奉するにいたった知識人からなる集団であることが、想像されよう。ただし、右の記述の中で、長英は崋山を自己の社中の一人とみなし、「蛮社」をいわばかれの社中の延長のごとくに述べているが、しかし、これには長英の主観がかなり加っていることを、みのがしてはならない。

もともと崋山の洋学研究は、単なる私的ないし趣味的なものではなく、後述するように、田原藩の執政としての立場から、なかば公的資格においてなされたもので、[12]それゆえ、藩主三宅康直は、長英に出入扶持を給し、かれの研究を援助しているのである。すなわち、鳥居耀蔵の告発状には、長英について「此もの仙台出生にて、幼年より蘭学を致し医術も相応に出来、三宅土佐守より扶持貰居」[13]と記されており、また崋山の口書にも、「長英は主人へ致推挙出入扶持相送り」[14]とある。

しかしながら、崋山の洋学研究に対して、最も支援を惜しまなかったのは、前藩主康明の異母弟三宅友信(鋼蔵)であった。かれは長英および三英に師事して、蘭語を学び、かれらに月俸を給するほか、[15]崋山の勧めにしたがい、資を傾けて蘭書の蒐集につとめた[16]。そのため、かれは後年「蛮学社中ノ蔵書家[17]」として名をなすが、かれの蔵書が、崋山および社中の知識源ともなったのである。なお前掲小笠原の手控えに、「土佐守隠居へも相進め、隠居も蘭学好みに相成」とある、「隠居」とは、三宅友信のことである。

崋山の洋学研究が、右のごとく、直接、間接に、藩権力の庇護の下でなされたものである以上、かれをもって、単なる長英の社中の一人とみなすことができない。のみならず、崋山と長英・三英との関係は、後者が前者のために蘭書の翻訳をなし、あるいは知識を提供することにおいて結ばれたのであって、これを師弟関係のごとくにみなすのは、もとより誤りである。すなわち、三宅友信の手記に、「先生(崋山)常に小関・高野の二氏を招ぎ、地誌・歴史の類を読ましめ、訳言を聞に随て筆記し、編冊を成す[18]」(崋山先生略伝)とあり、また崋山自身も「私儀は未蘭学未熟の義に付き、講釈等は出来不申、長英並に三栄鼎等を招ぎ、飜訳等相頼み、又は理義等承り合候[19]」(崋山口書)と述べているのは、かかる両者の関係を明白に示すものである。崋山に対する長英・三英ら職業的洋学者の関係を、翻訳技術者ないし知識提供者と規定することは、通説的観念に反するにしても、封建社会の常識とは、何ら矛盾するものではない。むしろ田原藩の執政として、純然たる封建的為政者層に属する崋山と、一介の職業的洋学者にすぎない長英・三英とを、「蘭学者」の名の下に、これまで同一視して来たところに、そもそも問題があるのではないか。崋山は、新知識を職業的洋学者の翻訳にあおぎ、政治改革論を展開した林子平・工藤平助・本多利明らの系列に属する経世家の一人とみなすべきであって、たといかれが、当時「蘭学にて大施主」と評されたにしても、職業的洋学者たる長英や三英と同列に置くことは、正しくない。鳥居耀蔵の告発状に接した閣老水野忠邦が、その裏付けのために、腹心の輩下をもって、さらに崋山らの身辺を探索させたさいの報告書には、蘭学および蘭学者の社会的通念として

蘭学と申候は総名之儀ニ而、測量医術又は細工物等、都て阿蘭陀文字解候者共を蘭学者と唱候事之由[20]。

と記し、蘭書を翻訳する能力をもたぬ崋山について、「学術にも達し候へ共、蘭学は不得手之由」と述べている。ここでいう「蘭学」とは、もちろん狭義のそれであるが、それはともかく、崋山が当時、長英らと同じ意味での「蘭学者」とみなされていなかったことが、これからも知られよう。

これに対して、長英ら職業的洋学者が、主観的にはともかく、事実上、翻訳技術者として遇せられていたにすぎないことは、つぎの事例によって、うかがうことができよう。いうまでもなく、幕府の対外政策を批判した『夢物語』の著者は、高野長英そのひとにほかならない。しかるに、当時、これは崋山の作とされ、あるいは崋山の潤色したもの、と誤り伝えられていた。すなわち、赤井東海の『奪紅秘事』には、「日比より夢物語は渡辺登相認申候と申評判頻々御座候」(21)とあり、あるいはまた「高野長栄(割註略)夢物語と申物相認め、渡辺登手を入れ候由」(22)とも伝えている。さらに前掲小笠原貢蔵の手控えにも、『夢物語』をもって、長英が蘭書『アールド。レイキス。キュンデ。ウヲールテン。ブック』を翻訳し、これに基づいて、崋山が執筆したものである、という噂を伝え、あるいはまた、「夢物語は高野長英作または登の作とも風聞いたし候」とも記している。

おもうに、右のような誤解が生じたのは、「蘭学にて大施主なり」との評判を得ていた崋山に対して、長英が社会的に翻訳技術者として位置づけられていたことを示すものである。のみならず、長英が獄中書簡の中で、かれらの逮捕を林述斎の隠謀かと疑って、「華山西学を好候を甚だ忌候由、又華山の西学を助くるものは、小生并三英と申、是又殊の外悪み被居候由」(前出)と述べているのは、崋山の洋学研究が翻訳的知識の吸収にあった点からみて、長英が翻訳技術者たることを自認したものにほかならぬ、と解することができよう。

さて、以上において考察したところに基づき、「蛮社」の実態を規定すれば、それは、田原藩執政として、藩権力の庇護の下に、長英・三英らの職業的洋学者を擁して、洋学をおさめた崋山と、かかるかれの傘下に集まった幕臣・

藩士層内部の開明的分子の一群にほかならない、ということになろう。ところで、最後に注意したいのは、かれらが個人的に崋山に接し、あるいは師事したにすぎず、かれおよび社中の相互間に、かならずしも緊密な組織や連繋があったのではない、いいかえれば、「蛮社」は特定の政治結社というべきものではない、ということである。かれらが、自称であれ、あるいは世称であれ、特定の名称をもたなかったのは、かかる事実に基づいている。つぎにこのことを、社中の一人江川英竜の場合について、例証してみよう。

伊豆韮山の代官である江川英竜が、洋学に志した直接の動機は、伊豆・相模・武蔵・駿河の四ヵ国にわたるかれの支配地に、海防の要地が含まれていたことによる。(23) かれははじめ、水戸藩抱え洋学者幡崎鼎について洋学を修めた。しかるに、幡崎は、天保八年五月、旧罪露見のため逮捕されたので、その後、川路聖謨の紹介で崋山に師事したのである。(24) なおその時期については、江川家所蔵の『天保八年御参府諸用留』によれば、天保八年九月二十三日の条に、

渡辺登罷出御逢有之、夕飯等差出し畢而夕七時頃、此方様右登と御連、松平内記様方え被為入。

とあり、これが、おそらく両者の初対面を示すものと思われる。なおまた崋山の獄中書簡によれば、「此江印（江川—筆者註）抑杞憂ありて海岸隷する所の地多、それ故地理承り度、何卒入門を願など御頼なれども、御存の通、人に咄候程の事も出来不申、況教など思ひもよらぬ事に御坐候。然るに右令は直截なる御人故、一字にても師は則師なりなと被申、送迎も御丁寧にて御坐候」(25) とあって、これから知られるように、江川はもっぱら崋山に師事しているのである。さらに現存する江川あての崋山の書簡をみると、その中には、洋式馬術書、兵書、火砲、火薬、船型等、軍事技術に関する江川の質疑にこたえた記事、あるいはモリソン号渡来の風説、その他、海防関係情報を江川に報じた記事、また兵書の絵図を考証した記事等が含まれている。(26) これらによって、江川が崋山にいかなる知識を期待したかがうかがわれよう。

これに対して、江川と長英との関係を示す史料が全く欠けている。とくに前記の参府諸用留や、天保十年一月、江川が島居耀蔵とともに、江戸湾備場を巡見したさいの記録である相州備場見分用留等には、崋山との関係を示す記事が多数散見しているのに、長英の名は全くみあたらない。これから推して、両者は、直接交渉をもたなかったとみるべきであろう。

しかるに、前掲小笠原貢蔵の手控えには、江川および川路聖謨、羽倉用九、松平伊勢守、内田弥太郎、奥村喜三郎の名を挙げ、

右は鼎を尊信し、蘭書の講釈承候人々の由、鼎御預に相成候後は、長英井三宅土佐守家来にて家老渡辺登と懇意いたし候由。

と記している。しかしながら、それは、つぎのような誤認に基づくものと考えられる。すなわち、かれらのうち、内田と奥村とは、江川らと階層を異にする最下級の幕臣層に属し、測量術等の技術を修めるために、はじめ長英に師事し、のち崋山に接するにいたったものである。[27] しかも、両者は、すくなくとも天保十年ごろまで、江川と面識がなかったことは、同年一月、江川が江戸湾備場を巡見したさい、崋山の紹介により、かれらが江川の海岸測量を援助するために、現地におもむいている、という事実から知られる。[28] これに対して、川路・羽倉の両者については、江川の場合と異なり、史料が欠けているので、詳細は不明であるが、後述するごとく、かれらおよび江川は、以前より親しく交わり、知識や情報の交換を行なっていることからみて、かれらもまた、江川と同様、幡崎鼎に師事したのち、相前後して、崋山に接近するにいたったものと思われる。なお松平伊勢守については、その経歴が全く不明である。しかし、これが寄合松平内記の誤りであるとすれば、かれは江川と親しく、崋山と初対面の天保八年九月二十三日に、江川は崋山を伴って、松平内記方を訪問している(前掲、参府諸用留)。かれの場合、おそらくこの時、江川とともに崋山

に師事するにいたったものであろう。小笠原は、これらの系統を異にする内田・奥村と、江川らとを混同して、前記のごとく記載したもの、と想像されるのである。

(1) 高橋磌一「小笠原貢蔵の手控―蛮社の獄の一史料」、蘭学資料研究会研究報告、五十三。小笠原貢蔵は、天保十年四月十九日、殿中において目付鳥居耀蔵の指令を受け、小人目付大橋元六とともに、崋山らの身辺をひそかに探索して、同二十九日に探索書を鳥居に提出、翌五月一日、鳥居と殿中で対面し、二日、再び大橋とともに命を受けて、再度調査にあたった。引用の部分は、第一回の探索書の草稿と推定される手控えに記載されたものである。なお上掲の蘭研報告所収の史料は誤植がすくなくないので、本篇に引用したものは、高橋氏の御厚意により、借用した原史料の複写写真に拠った。
(2) 小笠原の第二回の調査の手控えによる。なお本篇、第二章、第五節、参照。
(3) 「渡辺華山《(マヽ)》獄中書札」、『文明東漸史』、外篇、三二八―三〇頁。
(4) 井口木犀編、崋山掃苔録、所収、二九〇頁。
(5) 同、二九六頁。
(6) 『麹町一件日録』、崋山全集、八五頁。
(7) 崋山全集、一〇四頁。
(8) 前掲、『高野長英伝』、二三八頁。
(9)(10) 高野長英全集、第四巻、二三―四頁。
(11) 同、二四―五頁。
(12) 本章、第三節、参照。
(13) 付章、二、参照。
(14) 崋山全集、一〇九頁。
(15) 『蛮社遭厄小記』、高野長英全集、第四巻、二四頁。
(16) 三宅友信『崋山先生略伝』、崋山全集、三二〇頁。
(17) 『蛮社遭厄小記』、高野長英全集、第四巻、二五頁。

(18) 崋山全集、三三〇頁。
(19) 崋山全集、一一六頁。
(20) 付章、二、参照。
(21) 崋山掃苔録、二九〇頁。
(22) 同、二八九頁。
(23)(24)(25) 椿椿山あて獄中書簡、崋山全集、九九頁。
(26) 江川文書、崋山書簡(写)。
(27) 本章、第四節、参照。
(28) 本篇、第二章、第三節、参照。

第三節　渡辺崋山の洋学研究

本節では、「蛮社」の起源をなす渡辺崋山の洋学研究をとり上げ、その時期と動機および内容について考察を加え、さらにその実践的意義を検討することによって、「蛮社」の政治的、思想的立場を明らかにしたいと思う。なおかれの略伝については、「付説」を参照されたい。

一　時期と動機

崋山の洋学研究の時期については、普通、三宅友信の『崋山先生略伝』によって、これを文政七年(一八二四年、崋山三十二歳)のころにはじまる、としている。(1) しかしながら、崋山が長英と相知ったのは、天保三年(一八三二年)のことであり、(2) 三英とは、その前年の四月である。(3) なお幡崎鼎との交渉については、詳細は不明であるが、鼎が出府して、水戸藩に召し出されたのは、天保四年のころといわれるから、この前後にはじまったもの、と推定される。[4] したがって、洋画研究のためならばともかく、政治的な関心から、長英らについて本格的に洋学研究を開始した時期としては、友信の説にしたがうことができない。のみならず、崋山の日記等を調査しても、天保初年以前に、かれが洋学を修めたという形跡がみあたらないのである。[5] そこで、これが天保期に入って開始されたとすれば、崋山が、後年、幕府の取調べに対する証言(口書)の中で、つぎのように述べていることが注目される。

私儀(中略)八ヶ年以前辰年、年寄役末席被仰付相勤罷在候。異国船渡り候節、海岸心得方の儀に付前々の御書付、井に文政八年酉年被仰出候趣も有之、主人領分三州田原の義者、遠州大洋へ出張り候場所に付、私儀海岸懸り被申付、於御当所右用向き相心得罷在候。右に付異国船渡来の節、不調法無之様、常々心配致し、西洋蛮国の事情、教政軍事等の儀心得居申度、御留守居松平内匠頭様与力青山儀兵衛借地町医長英、岡部内膳正様医師小関三栄、水戸様御家来幡崎鼎等は蘭学にて名高き者に付、知る人に相成、長英は主人に致推挙出入扶持相送り、追々蘭書翻訳を相頼み、難読得廉、理義難解義は右三人へ承り合せ、蛮国の風俗其外一通りは、右書中にて相心得罷在候(下畧)。[6]

これによれば、崋山が、藩の海岸懸りを命ぜられたため、職責上、長英らについて、洋学を修めたことが明らかにされているものの、その時期については、言及していない。しかし、冒頭に「八ヶ年以前辰年、年寄役末席被仰付」云々とあるから、かれが年寄役末席に任ぜられるとともに、海岸懸りを分掌したと解してよいのではなかろうか。ただし、「八ヶ年以前辰年」とあるのは、「七ヶ年以前辰年」の誤りであって、崋山が藩の年寄役末席に任ぜられたのは、天保三年(辰年)五月のことである(後述)。したがって、さきの推測が正しいとすれば、かれが本格的に洋学研究を開始したのは、天保三年以降ということになる。なお崋山は、天保四年春、帰藩して藩内事情を調査したさい、海岸を巡見しており、[7]またかれの洋学研究の成果の一つである『鴃舌或問』について、崋山は口書の中で、「鴃舌或問儀は、七年前(天保三年)より長英並に小関三栄・幡崎鼎より追々承り置候もの」などを取りまとめたものであると述べているが、[8]これらは右の傍証となろう。

つぎにその動機であるが、これについては、右に明らかにした通り、海岸懸りとしての職責上の要請が、まずあげられよう。もともと田原藩領は、遠州灘に突出した渥美半島にあり、しかも、この地には、他に城地がなかった関係から、海防上「三河一国の眼目」というべき特殊な位置を占めていた。[9]そのため、同藩では元文の海防令以来、海岸に番所を設け、さらに文政打払令が発布されるや、海岸防備のため、藩士はもとより、農民の動員計画をも立案している。[10]崋山がことさら海防に関心を寄せるにいたった動機として、かかる自藩の特殊事情をみおとすことはできない。

ところで、海防は、もとより封建的割拠体制を越えた、いわば「国民」的な課題であり、それは、国際的環境への関心を喚起するとともに、これを媒体として、ナショナリズムへの自覚をうながす契機を内包していたといえる。のみならず、海防のための軍事力の充実は、それが洋式兵備の採用を意味する以上、既存の諸制度の変革ないし修正を必須の条件としたのである。[11]洋学が、海防のみならず、内政問題にも関与し、両者の統一としての政治改革論＝富国強兵論を創出する契機たりえたのは、右のような理由に基づいている。しかも、崋山の場合、とくに注意を要するのは、かれの政治改革論が、藩政改革と直接結びついていた、という点である。すなわち、崋山が年寄役末席に起用されたのは、前任者の実施した藩財政の改革が失敗に帰した結果、危機にひんした藩政の打開のためであった。崋山は、年寄役末席にあげられた天保三年五月十二日の日記に、苦境におちいった藩の内情を、つぎのように記している。

是より前庚寅(天保元年)の歳、佐藤半助等十数人を撰んで新法を行ひ、倹を以て欲を刻し、猝かに余りありて不足なし。人禄を折し、年寄七口、用人六口、其下これに準ず。今年に及んで、其法大いに弛弊し、又欠負千両に向はんとす。是を以て、其職に在りて議論紛興し、佐藤氏病と称して出でず。川澄また病に臥して起たず。解舎寂然として、人無し。(12)(原漢文)

しかも、かれの洋学研究は、まさにこの時期に開始されたばかりでなく、長英によれば、崋山の『鴃舌小記』は、いわゆる天保大飢饉の惨状を目撃した崋山が、「慷慨の心より、万国の国体・政務・人情・世態等蘭書より抄出し、又は伝聞に出たる事なども湊合し」、これを編集したものである、と伝えている。(13) これらによって、かれの洋学が、藩領の海防を直接の動機にしたにしろ、内政上の要請とも無縁なものではなかったことが知られよう。

しかしながら、かれの洋学研究が、右に指摘したごとく、海防であれ、内政であれ、藩政上の要請を、直接の動機としたにしろ、このことは、もちろん、その実践的意義が藩的規模にとどまっていた、ということを意味するものではない。のみならず、それは、洋学系富国強兵論の展開過程の中で、つぎのような意義を有していたことに注意すべきである。すなわち、われわれは、海防論ないし富国強兵論的見地から、洋学を修めた崋山の先駆として、工藤平助・林子平・本多利明らの論客をあげることができるが、かれらのうち、工藤平助は仙台藩の俗医師であり、林子平の場合、その生涯を通じて、仙台藩士林嘉膳の「厄介」という身分を脱することができず、また本多利明にいたっては、一介の浪人にすぎない。しかも、かれらの論策は、いずれも現実の危機に対決する、というよりも、むしろ洋学的知識を利用して、就職ないし立身の手づるをつかみ、不遇な境涯から脱しようとする功利的意図の下に、著わされた、と思われるふしが多分にある。それだけに、その内容には、誇張や現実的条件を無視した空想的要素がすくなからず含まれていた。(14) しかるに、かれらと違って、一藩の政治担当者として、現実的要請から洋学的知識の摂取を図った崋山にあっては、後述するところから知られるように、その思想はきわめて現実に即し、かつまた実践力に富んでいた。このことは、かつて危機の到来をいちはやく予知した工藤・林・本多のごとき在野の知識人によって、立身出世の方便として学ばれた洋学が、封建的危機がようやく顕在化した天保期にいたって、政治権力内部の知識的分子により、危機打開の手段としてとり上げられ、実践に移されるべき段階に達した、ということを意味する。

崋山の洋学研究が、藩政を直接媒介として開始された、という事実を、われわれがことさら重視するのは、それが、洋学史上、右のような画期的意義をもつと、考えるからにほかならない。

二　ヨーロッパ認識とその実践的意義

崋山の洋学は、世界地理学および歴史学をはじめ、兵学、砲術学、測量学等、多岐にわたっているが、その中でも、かれが最も意を注いだのは、世界史的見地に立って、わが国の現状を理解し、危機打開の方途をさぐろうとすることであった。おもうにそれは、儒学を尊信する余り、世界の現勢に眼を覆い、いたずらに鎖国体制を謳歌するものをもって、「高明尚古の者は蟹眼の天に向ひ、燈台の本暗きが如く、究竟するに盲目の蛇を惶れず、聾者の雷を避ざるに帰し可申、又島人の賊を患へず、田舎人の火を麁末に仕るも亦懲ざるにて候べし[15]」と痛罵するとともに、「斯道古今無しと雖も、時勢は則ち、今は古にあらず、故に古を以て今を議するは、柱に膠して琴を皷くが如し、何ぞ解釈を待たん[16]」(原漢文)とした、かれの反儒学的な歴史意識に基づく発想であった。

さて崋山によれば、世界五大洲の中で、今日文明の最も進んでいるのは、アジアとヨーロッパの二洲である。なかでも文明の基礎たる「人道」は、アジア洲のうち、おおむね北緯三十度以南の地に興っている。エルサレムにおけるユダヤ教、インドの「ヘイデン宗」(ヒンズー教)、ナトリアに興ったキリスト教が、それである。ただ中国の儒教のみが、三十五度以南の地に興っている(西洋事情書[17])。これに対して、四十度以北の地は、太古は「肉ヲ食ヒ皮ヲ着シ、此方夷蝦(ママ)ノ如ク、唐山ニテ北狄と鄙シメ候通ニ御坐候。右ハ唯今ノ独立韃靼・蒙古・満州(割註略)等、及欧邏巴諸国ニ御坐候」[18]（外国事情書）。しかるに、「後来南方之教化次第ニ北方ニ広」がり、ユダヤの教えはヨーロッパに入り、これがいわゆる邪宗たるキリスト教となった。また中国の教えは満州・蒙古等の諸国に伝わり、元や清の興起をうながした。アラビア・インドの教えは、韃靼に入り、今のマホメット教およびラマ教となった。しかも、その結果、北方の「慓悍詭黠ノ俗ハ強勇深智ノ国ト相変シ」、南方の「高明文華ノ地ハ疎大浮弱」に堕したため、東部の蒙古・満州は中国本土を征服して、それぞれ元および清の大帝国をつくり、西部の韃靼は、アラビア・ナトリア・ユダヤおよび、ヨーロッパのギリシア、アフリカのエジプトを併せた。これが、いまのトルコ国である。また蒙古の一部は南方に移り、インドを併せて、大モンゴル帝国をつくった（同）。

しかしながら、なかでも最も強大となったのは、ヨーロッパ諸国である。すなわち、こんにち、世界五大洲中、アジアを除く諸洲は、ことごとくヨーロッパ人の所有に帰している。またアジアの中でも、「洋人之穢」を受けざるものは、唐山（中国）・ペルシア・わが国の三国のみである。しかも、「唐山（中国）ハ已北狄之有と相成候得者、唯我邦・百爾西亜（ペルシア）之二国のみ古来独立仕候。然レハ誠ニ心細キ事ニ御座候」[19]（再稿西洋事情書）。すでにかの大モンゴル帝国は、イギリス・フランスおよびポルトガルにより、分割支配されている、という有様であり（外国事情書）[20]、「其余、則狼《セイロン》・印度・満剌加《マラカ》・蘇門答剌《スマタラ》・暹羅（シャム）・占城・勃泥《ボルネヲ》・新和蘭・咬𠺕吧（ジャワ）・食礼百私《セレベス》・日本近海マリアネ諸島・ヒリヒス（フィリッピン）諸島・マロコ（モルッカ）諸島、統て洋人之領と相成、乍恐我邦ハ途上遺肉之如く、狼虎之顧ミサルヲ得ンヤ。然ルニ不知ハ井蛙も安シ、小鷦モ大鳥ヲ笑ふ譬の通、誠ニ杞憂ニ不堪事ニ御座候」[21]（再稿西洋事情書）。これが、崋山の理解したかぎりの、日本のおかれた国際的環境であった。

ところで、ヨーロッパ諸国は、その多くが北緯七十度から四十五度の間に位置し、「是を我国に比すれば、奥蝦夷以下の地にして、人多きに非ず、土地広きに非ず、耕すも食ふにたらず、織るも着るに足らず」[22]（慎機論）という、寒冷不毛な自然的環境におかれている。それにもかかわらず、いかにしてかかる不利な条件を克服し、「今ハ地球中一地も欧羅巴諸国之有ニあらさるハなく候」(再稿西洋事情書)といわれるほどの、強盛に達しえたのであろうか。

崋山よりさきに、この点に注目したのは、本多利明であった。かれは「国土の貧富も剛弱も皆制度教示にありて、土地の善悪にあらず」(西域物語)という観点から、ヨーロッパの富強の拠って来たる原因として、「海外渉渡」と「勧業開物」の制度をあげた。[23] しかるに、崋山は、かれよりさらに考察を深化して、かかる諸制度の創出と運営のための主体的および客観的な要件として、ヨーロッパ人の合理的精神と、これに基づく「実学」の発達に注目した。すなわち、かれは、ヨーロッパ人の精神的特質を左のごとく指摘している。

西洋の可レ恐は雷を聞て耳を塞ぎ、電を忌で目を塞ぎ候事を第一の悪と仕候。唯万物計窮理仕候には無之、万事議論皆理を窮るを専務と仕候。[24] (西洋事情書)

さらにかれは、かかる「窮理」の精神を育成し、実学の発達を可能ならしめた社会的条件として、人間を尊重し、その才能を伸張させるための諸制度が備わっていることをもみおとさなかった。かれによれば、西洋では、政教がならび行われ、「教主は天子と位を同く」し、「一人一身の行状可否皆教主の任」である。これに対して、天子(国王)は「政事の主」であるが、「申さば天子と申役人」にすぎない。しかも、「身を治め人を治る」ことを第一の任務とするため、「開才造士を専と仕、学校の盛なる事、我国唐山の及ぶ所」ではない。かの国では、教学、政学、医学および物(理)学を四学と称し、他に「芸術」(技術学)がある。そして、これらのための教育機関のほかに「女学院、貧子院、病院、すべて造士の道」が完備し、「恐らくは唐山に相勝」ると思われる。たとえば、「和蘭小国といへども、窮理一学校に三千八百人有之候。之にて推計候へば、教学政学などは猶更の事と存候」[25](同上)。

教育は、幼時から行われ、「人生れ五六歳『アートシカッペイ』(州学即ち郷学の類)に入、此より其人の天賦を品し、其志を定め、多分駢拇に至らしめず」[26](駃舌或問)。かかる配慮がなされているがゆえに、「志処を不ㇾ賊して、其の質の当然を勤めざるを責」め得るのである。それゆえ、「其の芸術精博にして、政教の羽翼皷舞を為事、唐山の及ぶ所に非ざるに似たり。是を以て天地四方を審にして、教を布き国を利す。又唐山の及ぶ所に非ざるべし」[27](愼機論)とかれはいう。なおここで、かれがヨーロッパと対比した「唐山」とは、実はわが封建社会を指すものであることは、あえて付言するまでもあるまい。

さらにかれは、とくに「窮理」の研究に対し、国家または私的機関による経済的援助が行われている事実にも、注意を怠らなかった。すなわち、ヨーロッパでは、「窮理」の才のあるものに対して、これよりなお一定の年限の教育を授け、

発明の事あれば、其説を記し、学院へ出し、諸学士の論定を得、政庁へ進め、政庁又衆議して帝王の許可を蒙る。夫よりしては学資皆官府より出で、其物は成る迄は二三年を経るとも、遅速を責る事なし。或は其私する者は商家の求めに応じ、其価を定、創始せるなり、左なくては物を開き務をなすこと能はず。[28](駃舌或問)

しかも、こうして達成された成果は、ことごとく「大学校の論定を経て印行」される(同上)。それゆえ、ヨーロッパでは、「独尊外卑自ら耳目を閉て、井蛙管見の弊風なく、学者の規模広大にして能容れ、能弁し、其不ㇾ知者は欠如す」[29](同上)。のみならず、ひとたび学校を離れれば、「有道の者は帝王の経済、勲功の者は補佐の職に登り、物学精博の者は芸学校の学頭に進み、工術精絶なるは利禄を得る」[30](同上)道が開かれている。このように、各人の個性が尊重され、これを育成する制度が存在し、その上、才能による職業選択の自由が認められ、したがって、身分制度というべきものがなく、かつまた研究の成果が一般に公表され、封建的独善と秘伝主義の弊風が存在しない社会にして、はじめて「実学盛に行れ、向学の者日々に多く、日烘雨淋、天の物を生ずる如くなれば志ありては、生活に事欠などゝ申

義無之候[31]」(同上)。しかも、かくのごとき制度の下で発達をみた学術の実践を通じて、ヨーロッパ人は、

天地四方を審に致し、人を育し、国を広め候間、今は地球中一も欧羅巴諸国の有にて無きは無御座候。[32](西洋事情書)

これが、ヨーロッパ諸国の富強の根本原因について、崋山が洞察したところの結論であった。

以上のヨーロッパ認識がどれだけ真をうがっているかは、ここでは問題ではない。われわれは、これを通じて、崋山の封建批判の視角とともに、かれが理想とする社会像をうかがい知ることができたと思う。とくに崋山がヨーロッパにおける実学(科学)の発達とともに、その根底をなす「窮理」的精神に注目したのは、かれの眼に映じたわが国の現状が、つぎのごときものであったからである。

維昔唐山滉洋恣肆の風転伝して、高明空虚の学盛なるより、終に光明蔽障せられ、自から井蛙の管見に落るを不レ知也。況んや明末典雅風流を尚び、兵戈日に警むと云へども、苟も酣歌鼓舞して、士気益々儇薄に陥り、終に国を亡ぼせるが如し。[33](慎機論)

しかも、その結果は、対外策において、「三代綏服の制、秦漢禦戎の論[34]」のごとき空論が横行し、また為政者層内部にあっては、「当時朝廷(幕府―筆者註)にては一向に物の数とも被致不申、ますます西の方銀の橋など出来、又此間狐を殺し候もの有之、其もの楓山の鎮火狐を殺し候故を以て牢舎也、其夜狐を中山へ十七人の人数に御送葬有之、又西の棟上の餅を焼て喰ひたる女、即日御暇などにて、海外の事一向に耳にも入不申[35]」という有様で、対外的危機をよそに、無用な浪費がなされ、迷信が相も変らず跋扈している。かれはかかる精神的な荒廃に、「今の諸侯は二百年の久しき、衰晩老人の如く元気耗減仕候得ば、漫に劇剤を投じ、疾をウナガスべからざる勢[36]」という、封建社会の末期的症状を認めたのであった。

それならば崋山は、内外の危機に対して、さしあたっていかなる具体策を用意していたか。これをまず、対外策について検討してみよう。

対外策を立てるにあたって、「古来唐山禦戎の論、我邦神風も頼べからざれば、先敵情を審に仕るより先なるは無之」(37)(西洋事情書)という、リアリズムの立場に徹した崋山は、上述のごとく、ヨーロッパ諸国の勢力が日本近海の諸島にまで及んでいる事実を指摘した。しかも、今日世界五大洲中、わずかに独立を保っているのは、中国・ペルシアおよび日本の三国があるのみであり、そのうち、「西人と通信せざるものは、只我国存するのみ。万々恐れあることなれば、実に杞憂に堪へず。論ずべきは、西人より一視すれば、我国は途上の遺肉の如く、餓虎渇狼の不レ顧を得んや」(38)(慎機論)と論じている。してみれば、世界の現状においては鎖国体制の変革も止むを得ない、というのが、かれの結論であったと想像される。のみならず、かれは、古代以来のわが国の膨張過程を論じたのち、キリスト教対策のため、消極的な鎖国体制をもってしたことが、かえってこんにちの危機を招来するにいたったとして、対外策としての鎖国政策の欠陥を、つぎのように指摘している。

中葉耶蘇の邪教に懲り、規模狭小と相成唯一国を治る意なる故、終に海外の侮を受候にて、已後の変如何を不存候。是は如何にと云に昔一室を治候者、志僅に鐘釜妻妾に有之、偶大盗至れば門を堅め、墻を高ふして内妻妾に驕る、大盗圧来候共門墻は越ざれども、一村焼打候て、終に延焼に及候、所謂荘子の譬の如く御座候。(39)(西洋事情書)

しかも、他方、かれはヨーロッパ諸国の強盛のよって来たる原因として、「学術実践を以て天地四方を審に致し、人を育し、国を広め」(同上)た点をあげている。こうみるならば、かれの対外的危機打開策が、実学の振興に基づく積極的な開国と海外進出にあり、したがって、それが幕末の段階において、橋本左内・佐久間象山らの提唱した「富国強兵論」に通ずる性格のものであることが、理解されよう。

さらにいま一つ指摘されるのは、対外的危機打開の方策をめぐって、かれの思想の中に、封建的割拠制度克服への志向がはぐくまれつつあったことである。すなわち、後述するごとく、かれが江戸湾の防備を論じたさい、幕府が内政的視点から、江戸湾周辺の地に有力諸侯を配置せず、ためにこの地には海防のための潜在的な軍事力さえ存在しなかった点を指摘して、これをもって「内患ヲ専トシテ、外患ヲ慮ルモノニアラサ」(諸国建地草図)るもの、と評しているところに、かかる思想の萌芽がうかがわれる(後述)[40]。

さてつぎに、かれの対内策についてみよう。それは、かれの場合、具体的には藩政改革策を意味する。上述のごとく、諸侯窮迫の現状をもって、「今の諸侯は二百年の久しき、衰晩老人の如く元気耗減」と評した崋山は、固定した身分制度と旧例墨守によって特徴づけられる封建的支配機構それ自体に、その拠って来たる根本原因をみいだした。すなわち、「其職に当り、前の並合出来合にて天下と申大なる箱、諸侯と申小なる箱、士と申内のしきり、活物世界を死物にて治め候世の中」[41]というのが、かれの眼に映じた封建社会の実状であった。それゆえ、封建的支配の危機は、かかる政治機構に必然した時の勢いであり、「右時勢に乗じ、世間並の才略を出し、財用を勤め、繰廻しを専らと致候者、一年を不レ待危地を踏み可申候。又出入会計一定の易きに乗じ候はゞ、議は定まるとも、事は破れ易かるべし」。そこで、「然る上は時勢には、一向手を附不レ申方可レ然」として、時勢にさからわず、長期にわたって、根本的な施策を樹立すべきである、とかれは主張した。すなわち、「何れにも貧乏にてツブレたる大名決して無之」という事実がある以上、これに安んじて、「上も下も困苦する時困苦すべし、扶持の渡らぬ時は、此度の上金の如く、道具を払ひ米を買ふべし、給金の出ぬ時は、払致すべからず、か様なる不始末なる屋敷、江戸には箒にてはく程も有之候間、さして目立も不仕安心し、右の通安じて而して慮るべし」と述べているのが、それである[42]。ここにも、かれの徹底したリアルな思考態度が示されている。

それならば、崋山が根本的な施策としたのは、いかなるものであったか。かれは、藩財政の危機打開にあたって、「御勝手は第二番め」(43)とし、「金で復し不申は人心にて復し可申、人心乃復し候験は材用と相成申、是義を以利を興す漸也」(44)と、人心の回復と人材養成とを最も重視した。かくて、かれが藩財政復興の根本策として掲げたのは、「養才教化」であった。そのうち、教化とは、「先づ徳政を内に施せば、家中治まる、家中治まり一領百姓に及べば人民蕃息して、戸数増加に及ぶ、而して財は自其中にあり」(45)という、儒教の徳化主義に基づく施政の根本方針を意味するとともに、財政窮迫の結果、紊乱の極に達した藩士層の身分秩序と道義の回復をめざしたものであった。すなわち、「子を思はぬ親はなく、君を思はぬ臣はなかるべし、教化次第にて、人心其本に反り可申候」(46)とは、崋山が教化政治によせた衷心からの期待であった。これに対して、養才とは、実務的才能をもつ封建官僚の養成にほかならない。かれはかかる施策を実施するため、藩校成章館の再建を図り、ここに儒者伊藤鳳山を招聘するとともに、他方では、その教育方針について、「実用計、虚文は阮元の如きものたりとも入用無之候」(47)といい、空理を排して、もっぱら実用の学によるべきことを強調している。のみならず、かれは「養才政策」実施の前提として、従来の家禄制度に代るに、職務給制を原則とする格高制を創案し、人材登用の道を開いている(付説参照)。さらにかれは、農学者大蔵永常を招いて、殖産興業技術の移植を図っているが、ここにもかれの実学重視の思想が示されている(48)。われわれは、これらを通じ、とくに実学による人材の養成や職務給制度の採用等において、かれのヨーロッパ認識の影響を指摘することは、かならずしも困難ではないように思う。

しかしながら、かれの対外策にしろ、対内策にしろ、それらがいかに開明的であり、またヨーロッパの影響が何程か認められるにしても、それらの施策が、封建的為政者層の立場から立案されたものである以上、封建制度の補強・

修正を意味しても、これを根本から否定するものでなかったことはもちろんである。なるほどかれは、上述のごとく、幕藩的割拠体制が内包する内政と国防との矛盾を指摘し、あるいはまた、封建的支配機構をもって、「其職に当り、前の並合出来合にて天下と申大なる箱、諸侯と申小なる箱、士と申内のしきり、活物世界を死物にて治め候世の中」と痛烈に批判し、その修正として、藩政において、家禄制度を職務給制度に切り換えるがごとき、大胆な施策をあえて実施している。しかも、他方、「天下は天に代り、諸侯は天下に代り、老臣職たるものは君に代り、其大小は有之候得共、国人を平治致すに至りては、変無之候[49]」という封建的治者観に立ち、藩士層の道義の高揚と身分秩序の維持のために、教化政策をもって臨み、あるいはまた、「民は至て愚なるもの[50]」という愚民観を持して、はばからなかった。ここに崋山の開明性の限界が、明白に示されている。そのかぎりにおいて、前記の封建的支配機構に対する批判も、かれにとって、「今天下泰平にして世禄世官の家多く、何心もなく古格旧例にさへ相随候得ば、世並の事に相心得[51]」ている支配者層に対する警告以上のものではなかったのである。しかも、かれの傘下に、幕臣・藩士層内部の開明的分子が集まり、そのため、かれが「蘭学にて大施主」と評せられたのも、封建制度の補強・修正としての限界をもつ、かれの思想の「開明性」のゆえであった。のみならず、後述するごとく、まさに同じ理由によって、かれが弾圧された直後、アヘン戦争のもたらした対外的危機を通じてかれの思想は、幕府権力内部に深く浸透し得たのであった。

（1）　崋山全集、三一九頁。
（2）（3）　菅沼貞三『崋山の研究』、三一頁。
（4）　呉秀三『シーボルト先生、其生涯と功業』、七三〇頁。なお伊東多三郎氏によれば、鼎は天保四年ごろから水戸藩に出入りし、正式に召抱えられたのは、天保五年の末か、六年であるという（「蘭学者幡崎鼎」、伝記、四ノ一）。
（5）　筆者が調査した崋山の手控え『寓目録』、『客坐縮写』、『客坐掌記』、『客坐録』等、二十数点についていえば、天保以前のものには、洋学関係の記載がきわめて乏しい。しかるに、天保二年の三尻紀行を含む『客坐録』の末尾、二丁ほどにこれがみえているのをはじめ、天保三年以降の手控えには、博物学関係のほか、地理学、兵学等に関係した記事が多数記載されている。これによれば、崋山は天保初年ごろから洋学に関心をもち、とくに天保三年を境に本格的研究に入ったことがうかがわれる。

(6) 「崋山口書」、崋山全集、一〇八—九頁。
(7) 『全楽堂日録』、天保四年二月四日の条、崋山掃苔録、所収、二四三—四頁。
(8) 崋山全集、一一五頁。
(9) 「助郷免除歎願書」、同、五三九—四〇頁。
(10) 「御伺書御書取写」(天保八年十一月二十四日付)、田原藩日記抄(写、井上親氏蔵)。
(11) 丸山真男『日本政治思想史研究』、三四二頁、参照。
(12) 『全楽堂日録』、崋山掃苔録、二一三頁。
(13) 『鳥の鳴音』、高野長英全集、第四巻、一七頁。
(14) 本書、第一篇、第三章、第三節、補説、参照。
(15) 『西洋事情書』初稿本(『西洋事情御答書』)、崋山全集、三六頁。
(16) 『鴃舌或問序』、同、一二頁。
(17) 同、三七頁。
(18) 本篇、付章、所収、『外国事情書』、第一条。
(19) 江川家所蔵本。なお同書および初稿本の成立事情については、付章、一、の解説を参照されたい。
(20) 『外国事情書』、第一条。
(21) 再稿『西洋事情書』、第七条。
(22) 崋山全集、一〇頁。
(23) 丸山真男『日本政治思想史』、二八九頁。
(24) 崋山全集、四三頁。
(25) 同、三九頁。
(26) 同、二〇—一頁。

(27) 崋山全集、八頁。
(28)(29) 同、二一頁。
(30) 同、二〇頁。
(31) 同、二一頁。
(32) 同、四〇頁。
(33)(34) 同、一一頁。
(35) 『阿蘭陀風説書』、同、四七頁。
(36) 真木重郎兵衛あて書簡、同、五六六頁。
(37) 同、四一頁。
(38) 同、八頁。
(39) 同、四三頁。
(40) 本篇、第二章、第四節、参照。
(41) 「退役願稿」、崋山全集、二三六頁。
(42) 真木あて書簡、同、五六七頁。
(43) 同、五六六頁。
(44) 同、二〇六頁。
(45) 同、五六七頁。
(46) 同、五六八頁。
(47) 同、五六五頁。
(48) 早川孝太郎『大蔵永常』、一八〇頁以下、参照。
(49) 『凶荒心得書』、崋山全集、二二二頁。
(50) 同、二二〇頁。
(51) 同、二二二頁

付説　渡辺崋山と田原藩政
——崋山の略伝にかえて——

渡辺崋山の研究は、戦後においても相変らず活発である。ことに吉沢忠氏(1)や蔵原惟人氏(2)等によって崋山の芸術と思想との統一的理解が試みられたことは、戦後における研究の最大の収穫であった。それにもかかわらず、伝記的、ないし基礎的研究に関するかぎり、かならずしも戦前のレベルを越えているとはいえない。なかでも、藩政史における崋山についていては、戦前と同様、未開拓の領域として残されている。それは、もちろん、この方面の研究が、崋山の理解にとって、さしたる意味をもたないからではない。もともと田原藩史料は、旧士族団の所有に帰していたため、外部のものの調査と利用がきわめて困難であった。崋山研究家がこぞって藩政史研究の必要を認めながら、愛知県史や渥美郡史の記述に頼るほかなかったのは、右のような理由による。

しかしながら、幸いにして、最近田原藩史料は、旧士族団の手から田原町に移管され、ようやく研究の道が開かれた。ただいま整理が進行中だと聞いている。藩史料による崋山の本格的な研究が現われるのも、そう遠いことではあるまい。

さて、小論は、右の藩史料の充分な利用によって書かれたものではない。一部を直接藩史料に拠ったほかは、旧士族井上親氏所蔵の『田原藩日記抄』および、郷土史家大須賀初夫氏が多年にわたって蒐集された関係史料を利用させて戴き、藩政史の面から崋山の生活と生涯を粗描したものである。したがって、それは、藩史料の整理と調査をまって行われるべき本格的な研究にとって、過渡的、暫定的な意味をもつにすぎないが、かかる研究が皆無に近い現在では、それなりに崋山理解の一助になろうと思い、これをもって、崋山の略伝にかえることにした。

（1） 吉沢忠「崋山における二つのもの」、歴史評論、四ノ四。同「崋山の矛盾」、美術史、九。
（2） 蔵原惟人「渡辺崋山の思想と芸術について」、世界、八十七・八十八。

一

渡辺崋山（寛政五年—天保十二年 一七九三年—一八四一年）は、名を定静、字を伯登、または子安といい、登と称した。三河国田原藩三宅氏の定府の家臣、市郎兵衛渡辺定通の長男として、寛政五年、江戸麹町半蔵門外の藩邸で生れた。渡辺家は、祖父定延および父定通の初期を除けば、俸禄は百石を例とし、かつまた代々留守居役、用人、用向加判等の重職を占めるを常とした。(1) 同藩では、足軽・仲間等の軽輩を除く士分のものは、百三十人ほどあり、かれらは知行取、扶持米取、給金取に分けられるが、いうまでもなくそれらは、家格をあらわしている。そのうち、最高の家格である知行取は、大体二十人前後で、寛保二年（一七四二年）の分限帳によれば、最高三百五十石から最低五十石となっている。(2) これによれば、渡辺家は上士層に属していたことが知られよう。

田原藩は、わずか一万二千石程度の小藩の上、藩地が遠州灘に突き出た渥美半島にあった関係から、風害による痩せ地や砂地が多く、そのため、藩財政の窮乏は、他藩に比して、ことに著しかった。しかも、この地方には、農業を除けば、めぼしい産業もなく、また藩自体これを育てる余裕がなかったから、年貢の先納、用金の賦課によって、農民に負担を転化し、あるいは家中の俸禄を減ずることによって、当面の財政難を糊塗するほかなかった。

家中の減俸は、藩政初期以来、間々行われているが、これが定例化するのは、享保のころからである。とくに寛保二年（一七四二年）には、同年の収納高一六、七〇〇俵に対し、三二、三五八俵という、収入の二倍に近い支出が生じたため、五ヶ年の年限をもって倹約法を施行することとし、在藩のもの四割―五分、江戸詰のもの三割五分―五分の引き米を命じた。しかも、右の引き米のほかに、諸事倹約し、さらに借財をもってしても、なおかつ八千俵近い不足が見込まれる、という有様であった。そのため、右の倹法が期限に達した延享四年(一七四七年)の暮にいたり、これをさらに五ヶ年間延長するとともに、減俸率を引き上げ、その後も倹法期間の延長と減俸率の引き上げを繰り返して、ついに天明元年(一七八一年)には、減俸率の最高が七割一分に、さらに寛政二年(一七九〇年)には八割に達するまでにいたっている。もっとも、これは藩士側の激しい抵抗にあって、藩当局も譲歩せざるを得ず、翌三年には、天明元年の減俸率の二分増としたが、それでも、高二百石で七割三分六厘引、手取り二十一石(ただし、四公六民)、百石で六割四分八厘引、手取り十四石という高率であった。しかも、これは一応五ヶ年の年限をもって実施されたものの、その後延期を繰り返した結果、なかば永法化し、これが長く減俸率の規準となった(3)。

ここで、崋山の幼時における渡辺家の家計状態をうかがってみよう。崋山が生れた寛政五年といえば、父定通が家督を継いだ翌年にあたる。定通は、同藩の平山氏から渡辺家へ養子に入ったひとで、そのため、減俸されて、当時十五人扶持を給せられていた。田原藩で一人扶持といえば、玄米四俵半で、一俵は四斗である(4)。その計算でいけば、年間二十七石の給米を受けることになる。ただし、寛政三年に定められた減俸令により、十五人扶持は五割六分引となっていたから、手取りは、わずか十二石足らずにすぎない。当時、三百石の知行取で、実収入が百両として、正規の軍役を果せば、年間三両の不足がでたといい、百石の知行取で、軍役を抜きにして、四、五人の家族が辛うじて生活できたといわれる(5)。これから推して、渡辺家の家計が、いかに窮迫したものであったかが、容易に想像されよう。

その上、崋山の父定通は病身で、二十年の大病をわずらい、医薬のため畳建具のほかは、ことごとく質に置くという有様であった。それにまた、家族も多かった。定通は八人の子福者であり、また祖母も健在であったから、合せて十一人の大家族である。そこで、食い減らしのため、兄弟の大半が、幼いうちに奉公や養子に出され、しかも、その大部分が貧死同然の最期をとげている。これらについては、崋山の『退役願稿』に詳しいから、ここでは省略する。

(1) 大須賀初夫編『全楽拾遺』㈢(未刊)。
(2) 寛保三年改正田原藩分限牒。
(3) 田原藩日記抄(井上親氏蔵)。なお以下、とくに註記しないかぎり、藩政関係については、同書および藩史料に拠る。
(4) 早川孝太郎『大蔵永常』、一八三頁。
(5) 田村栄太郎『渡辺崋山の人と思想』、九頁。

二

崋山が、後年、画家として身を立てるにいたったのが、もっぱら家計の窮迫を救うためであったことは、知られるごとくである。かれは、文化五年(一八〇八年)、芝の画工白川芝山の下に入門し、ついで同六年、金子金陵に学んだ。金陵は、江戸画壇の大御所、谷文晁の門下で、花鳥画をよくした。おそらくその関係からであろう。これからまもなく、崋山は文晁の写山楼にも出入りするようになっている。のみならず、これ以後、二十四、五歳までは、文晁のつよい人格的影響の下におかれたようである。崋山の二十三歳(文化十二年)の日記である『寓画堂日記』(1)によれば、崋山はこの年十八回にわたって、文晁を訪れている。崋山は、文晁から画の指導を受けたばかりでなく、生活上の世話になることも多かった。この日記には、古画を模写した記事が多く見えるが、森銑三氏によれば、これは内職の一つで、文晁の斡旋によるものであったろう、といわれる(2)。

それだけにまた、当時の崋山が、文晁によって代表される画壇や学芸界の文人趣味的雰囲気に対して、無自覚のまま、これに順応していたこともいなめない。崋山は、二十二歳の折(文化十一年)、同好の士とともに、絵事甲乙会をおこしたが、かれが執筆したといわれる会則の前文には、「只其苦楽を忘れ、性情に由りて、書画を楽み候半には、彼の芸に遊ぶといへるにも背き申まじく候」とあり、また本文の末尾において、「只風流韵事をむねといたし度候」と述べている。(3)俗塵から離れて芸に遊び、あるいは「風流韵事」を楽しむという、現世逃避的な趣味性、高踏性は、文人画家の画境にとって不可欠の条件であったにしても、家計の窮迫を凌ぐために、初午燈籠や凧の絵まで描かなければならなかった崋山の生活感情とは、本来的に相容れぬものであった、といわねばならない。

しかるに、崋山をして、かかる矛盾を自覚せしめ、かれ独自の画境を開く契機となったのは、藩財政の破局的な窮迫と、これに伴う家中の道徳的頽廃であった。

ここでもう一度、田原藩の財政状態を顧みてみよう。同藩では、天明以来、厳倹令を施行し、延期に延期を重ねて来たものの、ありきたりの減俸や用金政策に頼るだけでは、もちろん事態が好転するはずはなかった。ことに文化六年、藩主十一代康友が卒去し、新藩主十二代康和が継封するにあたり、巨額の費用を要したため、藩財政は窮乏の極に達し、参勤交代をはじめ、公務に事欠く有様となった。藩当局は、その対策に苦慮して、大阪町人田辺屋治左衛門、今宮屋東助に借財の申し入れをしたが、前々の返金が滞納していることを理由に、容易に承諾しなかった。そこで止むを得ず、田辺屋らの要求を容れて、財政支出を極度に制限することとし、文政元年(一八一八年)十月、藩主の名において、「格別の借米」を命じ、翌二年には家中の俸禄を全額借上げ、別に小額の扶持米を支給することを定めた。

このようにして、藩財政の赤字がことごとく家中に転化された結果、藩士の生活難は一層激化した。その上、いわゆる化政期の奢侈頽廃の空気は、藩内部にも及び、風紀の紊乱と道徳の頽廃は、ほとんど眼を覆わしむるものがあった。崋山は、後年、当時の家中の内情をつぎのごとく伝えている。

其頃は家中風儀不ㇾ宜、心得不ㇾ宜もの、若もの頭と相成(割註略)、勤番ものを勧め、游所通ひ致させ、又は御役相勤候ものは威光を借、上下を恣に仕り、黙巌院様御代也又は奥向不取締り、又は古道具など世話を致、又は他の婚礼慶庵様之事を内食に志し、又元締共奢侈に相成、又は御家中之もの申合、強情の願事仕、又歌三味せん之稽古仕私共も此党に入られ候事も有之候、果は出奔御暇人など出来、必竟御政事漫弛致、御困窮之あまり、御家中之者如何様にも勤さへすれば宜敷との事より、上役衆おどしたりすかしたり致、下を取あつかひ被ㇾ申候より、かくは相成候にて、誠に浅ましき御事にて御座候ひき。（退役願稿）

ここにおいて、崋山は同志とかたらって、藩内の弊風刷新のため、革新運動を起した。おもうに、文政元年、父定通が年寄役末席として、藩政に参与するようになったことが、かれの藩政に対する関心を高め、かかる運動をおこす動機となったのであろう。とくに翌二年実施された、上記の俸禄全額借上げ政策の結果、家中の空気はきわめて険悪となり、文政三年以来、有志のものが手当金を要求して、強訴に及ぶという事態が、連年起っている。

これに対する崋山らの革新運動は、学問の振興による風紀の刷新をめざした、観念的なものにすぎなかった。(4) それにもかかわらず、かれが藩政の現状にめざめたことが、高踏的な文人画の画境を脱して、独自の画風を確立する契機となったという点で、注目に値する。すなわち、このことを示しているのは、崋山の初期の傑作といわれる、風俗画集『一掃百態』である。

『一掃百態』は、江戸の市井の風俗を描いたもので、鎌倉時代から江戸時代のなかば、寛延、明和ごろまでの風俗を写したもの十図と、現代風俗を描写したもの四十一図からなり、ほかに総論と跋文が付記されている。なおこれらによれば、一日二夜で浄書し、文政元年十一月十三日までにはすでに完成していたことがわかる。

そのうち、総論は、崋山が風俗画論を述べたものであるが、未定稿で、朱筆による訂正の跡が甚しく、文意の通ぜぬ箇所もすくなくない。崋山全集所収の「一掃百態序文(5)」は、おそらくのちに、これに手を加えたものと思われ、要旨は、総論とほとんど同じであるが、文辞が整い、内容もよく整理されている。そこで、後者によって、かれの主張するところを要約すると、左の通りである。

㈠ 風俗画は、元来「善を見て、以て悪を戒め、悪を見て以て善を思はしむ」(原漢文)という道徳的目的に奉仕すべきものであり、そのためには、「その実を形容するに足」るものでなければならぬ、とかれはいう。それは、いいかえれば、勧善懲悪主義に基づく写実の主張にほかならない。

㈡ かれは、岩佐又兵衛以来の伝統をもつ浮世絵が、風俗を写して、これを後世に伝えた点に、功績を認めながら、「皆務めて世に媚び、容を求むるが故に、その作る所鄙陋艶冶、頗る俗態を極む、而して、今日一種鄙陋之画態をなすは、蓋し諸れ此に本づく」と非難している。したがって、この序文は、浮世絵によって代表される当時の風俗画の純化を宣言したもの、と理解される。

㈢ 浮世絵とは別に、市井や田園の風俗を描いた蕪村や応挙を評して、「徒らに工思を畢し、製作楷模の法なし」とし、さらにその末流たる蘆雪、呉春、月仙、岸駒を以て、「所謂画中の郷愿なる者、直ちに人をしてこれを見て嘔せんとせしむ」とまで酷評している。しかし、この批評は、たんに円山・四条派のみを対象にしたものとは思われない。「徒らに工思を畢」すとは、対象の想化を意味し、「製作楷模の法なし」とは、そのゆえに、対象の視覚的把握のための技術的修練を怠ることを指摘したものと解するならば、この評言は、文人画にもあてはまる。これがかならずしも独断的な解釈でないことは、崋山が晩年、椿椿山との『絵事問答』の中で、読書による風趣風韻(文学的詩情)の会得をもって、一義的なものとみなす文人画の風潮を評して、「風趣風韻のみを心として画を学び候ては、所謂郷愿偽君子を学候にて、気韻生動の気韻とは違ひ申候」(6)と、これを斥け、「意ふに人物花禽虫魚は古今皆写真也」「今の山水は老荘異端の如、画の真面目に害あり、山水は空疎の極なり」(7)として、写生を主張していることが例証となろう。

しかも、かれは、『一掃百態』の序文の中で、結論として、「古を食んで化する者にあらざれば、安んぞ善く今世の風俗を模写するを得んや」と、過去において蓄積された技術の体得を通じてのみ、対象のリアルな把握が可能となることを説いている。このようにみるならば、それが風俗画を通じてであれ、すでにこのころ、崋山が、文人画にあきたらず、あらたな画境を開こうとしていたことが、うかがわれるのであるまいか。

このことは、『一掃百態』の本図によっても、容易に指摘することができるように思う。それは、崋山が江戸の生活の中で眼に触れたかぎりの、世態、風俗を描写したもので、この中には、大名行列や武家稽古のような武家風俗から、棒手振り、人足、露店の小商人、さては最下層に属する雪駄直しにいたるまで、あらゆる階層の人々の生態が描かれている。しかも、崋山は、これらの人々をすべて同じ人間として、どこまでもリアルに把握しようとしている。たとえば、遊女の風俗を描いても、いたずらに官能的な美を追究するのではなく、かの女らの裏側の生活を見通すような描き方をしている。[8]

このような崋山のリアリズムは、文学的詩情を介して対象を処理する文人画や、あるいはもっぱら官能美を追究する浮世絵とは、まったく異質なものだといわねばならない。それは、風俗に名をかりながら、人間そのものを視覚的に捉えようとする態度のあらわれであり、近代的なリアリズムの精神に通ずるものである、といえよう。

ところで、それならば、本図を貫く崋山のリアリズムは、序文にみえるかれの勧善懲悪的な絵画観と、どのように結びつくであろうか。右の絵画観が、一切の事象を道徳的規範の下に従属させる儒学思想、なかんずく、朱子学に基礎をおくものであったことは、論ずるまでもあるまい。しかるに、文人画は、これとは異なり、学芸を道徳から切り離して、前者に独自の価値を認めた徂徠学を思想的根拠としていた。それゆえ、文学的詩情を以て究極の絵画理念とすることが可能とされたのである。この点からすれば、崋山の絵画観は、かえって後退したかにみえる。しかし、果してそうであろうか。

朱子学にあっては、近代的な意味での「公私」の別は存在せず、「公」とは善、「私」とは悪を意味したにすぎない。しかるに、これに対して、徂徠は、「公は私の反なり、衆の同共する所、之を公と謂ふ、己の独り専らにする所、之を私と謂ふ」(弁名)として、公＝政治的、社会的なものと、私＝個人的、内面的なものとを、明白に分離した。かくて、絵画をも含め、学芸一般が、社会生活とはかかわりをもたぬ私的領域に属するものとして、道徳的規範から解放されたのであった。(9)ところで、学芸が、道徳の支配から解放され得たにしろ、それが、私的領域においてのみ存在意義を認められたかぎり、当然ながら、社会生活とは何らかかわりをもたぬ高踏的、趣味的なものにならざるを得ないであろう。なるほど、徂徠学における公私の分離は、朱子学の限界を越えた点で、革新性が認められるにしても、しかし、そこでは、分離された「公」と「私」とをより高い次元において再統一しようとする試みがなされていない。そのかぎりにおいて、徂徠学における公私の別は、近代的なそれとは、段階を異にするとみなければならぬ。文人画の属性たる現実逃避的な高踏性は、徂徠学のもつ、右のような限界に照応するものであった、と解せられる。

しかるに、藩内の弊風刷新運動を通じて、政治的、社会的に開眼された崋山は、絵画制作の面においても、高踏的な文人画の画境に安如たり得なかった。かれが、社会生活における人間の生態に対して、溢れるばかりの興味をもって、これを視覚的に追究しているのは、このことを物語っている。しかも、かかるリアリズムの根拠となるべき思想が、当時存在しなかったとすれば、古来の勧善懲悪的絵画観に拠るほかなかったのではないか。このことの傍証となるのは、近世写実論が、崋山と同様の実用主義的見解に拠っている、という事実である。たとえば、洋画の技法と沈南蘋のそれとを折衷して、いわゆる秋田系洋風画を創出した佐竹曙山は、「画の用たるや似たるを貴ぶ(中略)、帝王の耕作を画しむるは邮農ため、元帥の嶮難を画しむるは謀勝ためなり。これ亦似ざらんには何を以か用をなさんや」(10)

（画法綱領）と述べている。また司馬江漢も、写生を特徴とする西洋画をもって「真に実用の技にして、治術の具なり」(11)（西洋画談）と賞讃している。崋山のリアリズムと勧懲的絵画観との関係は、かかる近世写実論の伝統の中に位置づけることにより、はじめて理解され得るものと思う。

（1）崋山掃苔録、所収。
（2）森銑三『改訂渡辺崋山』、八一頁以下参照。
（3）崋山全集、所収、「会約」、六四二―四頁。
（4）同、「退役願稿」。
（5）同、六一五頁。
（6）同、二九一頁。
（7）同、二九二頁。
（8）なおこの点については、吉沢忠『渡辺崋山』、二一頁以下、柳亮「崋山のレアリズム」、三彩、六十八、を参照されたい。
（9）丸山真男『日本政治思想史研究』、一〇六頁以下参照。
（10）坂崎坦編『日本画談大観』、七三頁。
（11）同、一一六頁。

三

ところで、崋山らの藩内弊風刷新運動は、藩当局の旧例墨守的な方針にはばまれて、もろくも失敗に終った。ここにおいて、藩政に絶望した崋山は、「愈々以絵事を専とし、貧を助け、少しも親に安堵させ申度と、これよりは更に一生御役義相勤り候半事は思ひ寄らず、急にしては親の貧を助け、緩にしては天下第一の画工と相成可申、一事に思ひを定」（退役願稿）め、藩籍を離脱して、もっぱら絵画修業に精進しようとした。しかし、それさえも、両親の切なる願いにより、望みを果し得ず、藩務のかたわら、絵画制作に従事するほかなかった。[1] しかも、ひとたび文人的画境を否定したかれにとって、絵画は、俗世間からの逃避の場ではあり得なかった。それは、あくまで「親の貧を助け」るという自覚と結びついていた。すなわち、文政六年（一八二三年）に自戒のため記した「心の掟」には、

一、両親を匱《とぼ》しからず可致様心得べき事。

一、学問をして遠く慮り、画を書きて急を救ふ事。

但書物は経書画書此外不可見事。[2]

とあり、さらに文政十二年の「日省課目」の中で、「一、禺中已画応二人索一」とした後、

余毎思、此時臨二摹妙絵一写二影法書一必進二於技一矣、然困乏及二飢饉一以レ画免、故一日不レ作レ画増二一日之窮一而已、上虧二母之養一下虧二弟妻之慈一、余画是以如二農之田漁之畋一、然可二豈不レ歎。[3]

と記している。

もちろん、文人画が、知識人の余技に起源をもち、その本質が趣味性ないし高踏性にあるにしても、それが職業画家の手になるかぎり、「商品」としての一面をも有することは、これまた当然である。事実、文晁はもとより、大雅や蕪村にしろ、あるいは竹田にしろ、いずれも売画によって生活していたのであり、この点では、崋山と同様、かれらの絵画は「農之田漁之畋」にほかならなかった。しかるに、かれらには「困乏飢饉に及び、画を以て免かる。故に一日画かざれば、一日の窮を増すのみ」という体験があっても、かかる自覚を伴っていない。いなむしろ、かかる自覚こそ、文人画の高踏性に背馳するものとして、拒否されたのである。ここにおなじく文人画家といわれながら、崋山とかれらとの根本的な相違がある。[4] しかも、このような生活上のリアルな態度が、かれの絵画におけるリアリズムの根源となったことはいうまでもあるまい。のみならず、かれが三十歳のころから洋画の技法を学び、さらに後年、

ヨーロッパ学術に傾倒するにいたったのも、同様な精神に基づいている。

しかしながら、「急にしては親の貧を助け、緩にしては天下第一の画工」たらんとしたかれも、藩籍を離脱し得なかったかぎり、絵画制作に没頭することは許されるべくもなかった。とくに文政七年(一八二四年)、父定通が没して、かれが家督を継ぐや、藩務もようやく多忙となり、さらに天保三年(一八三二年)、年寄役末席として、藩政を担当するにいたった結果、絵画に専念する余暇はますます失われ勝ちとなった。すなわち、『全楽堂日録』、天保四年二月二十二日の条に、「我手即天下之手、我身即滕薛之宰」[(5)]と記し、藩政を担当して以来、絵画制作にたずさわる余暇を奪われた、わが身の不運を嘆じている。かれが、後年、ヨーロッパの社会事情を論じて、そこでは、職業の自由が認められていることを指摘しているのは(既述)、かれ自身のこうした体験に基づくものであろう。

(1) 崋山全集、所収、「退役願稿」。
(2) 『全楽堂日録』、崋山掃苔録、二五頁、および太田善太郎『渡辺崋山』所収、「壁書」。
(3) 『全楽堂日録』、二九頁。
(4) 谷信一「南画論」(『近世日本絵画史論』、所収)、二八一頁以下参照。
(5) 崋山掃苔録、二六一頁。

四

それにもかかわらず、崋山は藩政そのものを決して軽視したのではない。とくにかれが、年寄役末席に任ぜられて、藩政を担当するや、藩財政の復興のために苦慮を重ね、あるいは海防懸りとして、藩の軍事力の強化につとめ、これらを動機として、洋学を本格的に研究するにいたっている(既述)。ここでは、崋山が年寄役末席に任ぜられるまでの藩財政の状態を概観し、ついで崋山が企図した藩政改革のうち、とくに格高制について、考察を加えることにしたい。

これよりさき、文政元年、藩当局では「格別の借米」制度を実施して、藩財政の復興を図ったものの、藩士側の激しい抵抗にあって、結局失敗に終った。そのため、文政六年、藩主十二代康和が卒去して、弟康明が襲封したのを機会に、同七年、これを撤回して、文政元年以前の減俸制度に復帰することとした。しかるに、文政九年にいたり、財政が極度に窮迫したため、藩当局では評議の結果、五ヵ年間にわたって、倹法を施行し、家中の減俸率を一割五分引上げるという条件で、大阪町人今宮屋および田辺屋から千両を借受け、ようやく危機を切り抜けるという有様であった。しかも、翌十年には、十三代藩主康明が卒去したが、葬儀と相続の費用に窮し、資金調達のため、持参金をめあてに、姫路藩主酒井忠実の六男稲若を養嗣子に迎えて、急場を凌ぐにいたった。この稲若が十四代康直である。

しかしながら、持参金付養子を迎えてみたものの、もちろん、財政難は緩和されるはずはなく、ことに同藩では、文政十二年(一八二九年)以来、引き続き一ッ橋門番を勤め、その上翌十三年(天保元年)には、日光祭礼奉行を命ぜられたため、財政の窮迫は一層甚しくなった。そこで藩当局では、同年七月から三ヵ年の期限をもって、格別の減俸を行うことにした。その内容は、左の通り、江戸の家中は最高七人扶持から最低一人半扶持とし、田原の家中はすべて二人扶持を給するというものである。

江戸御家中御宛行

一、七人扶持　　御年寄
一、六人半扶持　御留守居
一、六人扶持　　御用人
一、五人半扶持　御取次

一、五人扶持　　御給人
一、四人半扶持　御中小姓
一、四人扶持　　御供中小姓連紙まで
一、三人半扶持　御徒士
一、三人扶持　　足軽
一、壱人半扶持　部屋住

田原御家中御宛行

一、上下都而弐人扶持宛

しかるに、翌天保二年(一八三一年)には、幸い豊作に恵まれたため、多少の余裕が生じ、年末には、江戸家中に四拾両弐朱、田原家中には百拾弐両の手当金を支給したが、同三年にいたって、にわかに出費がかさみ、五月にしてすでに千両の不足が生じたため、藩首脳部の間に議論が沸騰し、ついに責任者が病と称して、出仕を拒むにいたった。同年五月十二日、崋山が年寄役末席に任ぜられたのは、かかる事態の収拾のためであったのである(既述)。

さて、崋山は、天保四年一月末、田原におもむき、領内を視察したのち、五月一日に帰府した。そして、同年七月九日、さきの減俸法を十二月まで延期することを布達し、ついで十二月十九日にいたって、藩主の名の下に、改めて五カ年間の倹約を命ずるとともに、次年度より新法を実施することを宣言した。この新法が、格高制といわれるものである。なおこの時、藩主の下した「被仰出之覚」によれば、

是迄御引米被仰付候処、其法本高ニ就而割引被仰付候間、自然不□(不明)ニ相成候上ニ、小禄之者えは御役も難被仰付次第ニ至、御政事ニ取リ、大ニ御差支之筋も有之(下略)。

とあって、格高制が、従来の減俸法の不合理を是正するとともに、人材登用の路を開くことを目的としていたことがわかる。

つぎに格高制の内容を「御家中格高御法立」によって説明すると、およそ左の通りである。

一、それは、従来の家禄制とは逆に、職務を規準として俸禄を定めようとするもので、具体的には、つぎのように規定されている。

年寄役　一二〇石(手取り九〇俵、ただし三物成、以下同)

用人　八〇石(六〇俵)

側用人・御者頭　七〇石(五二・五俵)

御者奉行　六〇石(四五俵)

御取次　四八石(三六俵)

給人　四五石(三三・七五俵)　以下略。

二、これには、さらに勤功、徳芸、家格が勘案される。

三、定府のものは、前記の俸禄に対し、七分五厘増とし、在藩の家中は一割引とする。これは両地の生活費の相違を考慮したものである。

四、格高制の実施に伴い、従来の家禄を下廻るものについては、減俸された分の十分の一、ないし二十分の一を下付する。これを分合法とよぶ。

なお「御家中格高御法立」には、分合法について、つぎのような例が挙げられている。

両地分合被下御法立

一、十分壱被下左之通
本高弐百石
一、格高四拾八石
三物成、此俵三拾六俵四分《（ママ）》
分合米、拾六俵四分
本高弐百俵之内、格高三十六俵引
残米百六拾四俵之十割一ッ分
〆五拾弐俵四分
一、弐拾分一被下左之通
本高百石
一、格高六拾石
三物成、此俵四拾五俵
分合米、弐俵七分五厘
本高百俵之内、格高四拾五俵引
残米五拾五俵弐拾割一ッ分
〆四拾七俵七分五厘

右に見える格高四拾八石は、取次役の格高に該当する。これに対して、格高六拾石は、御者奉行に当る。したがって、かつての家禄二百石のものが取次役、百石のものが、その上の御者奉行になり得ることを示している。

もちろん、格高制は、分合法をとり入れている点で、従来の家禄制度を完全に克服したものではない。しかしながら、原則として、家禄を職務給に切り換えることによって、人材登用を可能にするとともに、新しい官僚制への道を開いた点で、注目に値するものといえよう。

五

さて、格高制は、天保五年より一応五ヵ年の期限をもって実施に移されたものの、翌六年十一月には、不慮の支出増加により、翌年一ヵ年を限りとして、文政十三年の厳法に復することを余儀なくされた。しかも、翌七年および八年の二ヵ年間にわたり、未曾有の凶作にあい、ために右の厳法をさらに二ヵ年延期せざるを得なかった。そして、天保九年十二月にいたり、藩主の名において、

御家中宛行之義無御拠事ニて、去ル申年(天保七年)斗別年之御厳法被為立候処、不図申酉二ケ年引続キ大凶ニ至リ、今年迄其儘ニ被居置候処、御無体之事と御心痛被思召候得共、二ケ年共御収納皆無同様の上、御救手当莫大之御入用ニて総而以御借材御取湊相成候得ハ、今年ニ及候而者其折よりも御六ケ敷候得共、御約束通リ格高ニ御戻相成候。

と、かろうじて格高制への復帰を布達するにいたっている。

しかし、崋山の企図した、格高制をはじめとする諸改革をはばんだのは、凶作や不時の出費のごとき偶然の事態によるばかりではなかった。家禄制度の変革を含む急進的なかれの改革案は、当然ながら藩内守旧派の反感をかい、そのため、藩首脳部の間に意見の一致を欠いたことが、その実施を困難ならしめた根本の理由であった。崋山口書に、「其頃(天保九年)主人家政筋の義に付、同役共と矛盾致し候義有之、因而退役の儀相願候」(1)とある通り、崋山は、こ

のため、天保九年に退役を願い出ている。なお同じころ、鈴木春山に宛てた書簡には、

一体僕事性来疎懶の上、幼少より画に志すに死を以てし、他事不顧処、父の大病に逢ひ、又君の大義に逢ひ、因循逶迤及今日候、其実は抱二心候にて罪莫レ大レ焉候。今天下画の真面目を得るもの絶て無之、我朝自レ在昔ニ画道の正を見候もの無之、我今死候時此道雲霧に陥リ候。これは僕が真色に候。(2)

とあり、また真木定前あての書簡の中で、

先予がからだは、燧石箱程の家老味噌用人に毛のはへたる、十分事成た処が掌程の片田舎也。予が手は天下百世の公手、唐天竺迄も筆一本あれば公行出来申候。なんとおしきものに無之や。(3)

と述べているから、これらによれば、藩政に絶望したかれが、退役して絵画に専念しようとしたことが想像される。しかしながら、それは、かれの本心の一側面をもらしたものにすぎない。すなわち、当時の崋山は、藩務に追われながら、他方では、江川英竜・羽倉外記・川路聖謨らの幕臣と交わり、事実上、かれらを指導しつつ、海防問題に情熱を傾けていたのである(第二章、参照)。のみならず、その前年の十月、崋山は江川にあてた書簡の中で、「倩風流韻事の風、唯淫盗の媒に相成のみにて、実は是もあき果候へ共、年来此事にのみ心を委候間、今更捨難く、優游委蛇仕候故、英烈の御風度を奉レ拝候へは、唯何となく御敬慕申上、何卒折々は御雄談も相伺度候」(4)と述べ、あたかも画家生活を否定し、政治をもって第一義とみなすかのような口吻をもらしている。おもうにかれが、封建制度の崩壊期に臨んで、なおかつ封建的為政者層の一人としての自覚を失うことなく、しかも、あくまで自己に誠実に生き抜こうとしたかぎり、結果として、かれの内面生活が藩政と国防と絵画との三つの極に分裂する、という苦悩を味わわなければならなかった。かれの言動にあらわれた上記のような諸矛盾は、このことを物語るものである、と解釈される。しかも、崋山は再度にわたって退役願を出しながら、いずれも却下されている。格高制への復帰は、このような経緯を経

てなされたものであった。

しかるに、崋山は、翌天保十年、蛮社の獄に連坐して、同年十二月、在所蟄居を命ぜられたが、これに伴い、藩内の守旧派が藩政を掌握することになった。その結果、格高制が廃止され、これに代って、町人請負による財政の整理が行われ、最高八割二分という高率の減俸制度が実施されることになった。このようにして、崋山が、天保三年五月、藩政を担当して以来、腐心して立案した藩政改革策の一切が水泡に帰したのである。しかも崋山が、蟄居中、在藩の用人真木定前らと連絡を保って、ひそかに藩政を指導したことが、反対派の知るところとなり、その術中に陥り、ついにかれは自殺にまで追いこまれた。崋山が自殺したのは、天保十二年十月十一日、時に四十九歳であった。

（1）　崋山全集、一一八頁。
（2）　同、五五六頁。
（3）　同、二〇四—五頁。
（4）　同、四九頁。

第四節　「蛮社」の人々

崋山の洋学研究の動機と内容とが以上のようなものであったとすれば、かかるかれの傘下に集まった人々が、かれと基本的に志向を共にする封建的支配者層内部の開明的分子であったことは、容易に理解されよう。つぎに、かれら「蛮社」社中を左のごとく分類して、崋山との関係を中心に、かれらの略伝を加えておきたい。

第一類　「蛮社」の中心的存在である渡辺崋山、およびかれのために蘭書の翻訳に従事し、新知識を提供した高野長英・小関三英らの洋学者。なお崋山の略伝は、前節の付説で紹介したので、ここでは、長英および三英の略歴のみを記す。

㈠ 高野長英（文化元年―嘉永三年 一八〇四年―一八五〇年）　通称は譲、はじめ卿斎を名乗り、のちに長英と改めた。号を瑞皐という。奥州胆沢郡水沢の産で、本姓は後藤氏であるが、幼にして外叔父高野玄斎の養子となった。後藤・高野両家は、ともに水沢の留守氏の臣で、高野家は医をもって仕え、養父玄斎は杉田玄白の門下であった。

文政三年（一八二〇年）、十七歳の折、実兄後藤湛斎が江戸に遊学するにあたり、長英は養父の反対を押し切って、兄湛斎に同行、江戸で苦学しながら、杉田伯元に学び、ついで吉田長叔に師事して、医術と蘭学をおさめた。文政七年、師長叔の急逝にあい、翌八年長崎に遊学、シーボルトの鳴滝塾において、研鑽を積んだ。文政十一年、対馬、壱岐地方に採薬のため旅行中、養父玄斎の訃音に接し、ただちに帰郷すべきところ、口実をもうけて長崎にとどまった。しかるに、同年十一月、シーボルト事件がおこるにおよび、身辺に危険を感じて、いち早く遁走し、九州地方を遍歴したのち、翌十二年八月、芸州広島に出、翌天保元年（一八三〇年）春、尾道に移り、それより京都に出て、診療にしたがった。同年十月末、江戸に帰り、十一月、麹町貝坂に居を定めて、ここで開塾し、診療と講義を行い、かたわら訳述に従事した。

これよりさき、長英は京都滞在中、郷里に書を送り、多病を口実に帰郷を固辞し、養子を迎えて、高野家を相続させんことを陳情するとともに、生涯他藩に仕えざることを約した。[1] かれが、シーボルト門下の伊東玄朴や坪井信道らのごとく、あえて仕官の道を選ばず、町医師の境遇にあまんじたのは、こういう事情によるのである。なおこの時、郷党にあてた書簡には、

小生は多病且つは駑才、未た術も自得不仕、只少々学事は数年勉強相研候故にや、少しは進歩仕候、仍て今より

術を学び候事も多病難叶、自ら学事を専にして生涯を過し申度候、左候はゝ(中略)せめては是迄蒙御恩候千万の一を報申度、忘寝食考見候処、西洋の学事より一事見出申候。此事東都に非ざれば事を行難し、然し是等之事は不レ凡事にて未た事の就ざる前には発言不申候(下略)。

とあり、これによれば、長英が帰郷をこばんだ真意は、江戸において、西洋学術の研究に専念せんとするところにあったことが知られる。もっとも、かれは、この中で、いかなる学術の研究を行なおうとしていたかについて、あえて秘しているが、しかし、長英は、江戸開塾後まもなく、蘭書数種によって生理学の研究を行ない、天保三年に、わが国最初の生理学書『医原枢要』内編五冊を脱稿、さらに同七年に外編七冊を脱稿しているから、当時未開拓の生理学研究を志していた、と考えて大過あるまい。

長英が崋山と相知ったのは、既述のごとく、天保三年のことである。三宅友信の『崋山先生略伝』によれば、当時長英は、開業したものの、「西洋医術世に用ふること甚だ稀にして、困窮殆ど極る。偶々一日先生(崋山)に見えしより以来、西書訳読の故を以て親しく交友となる。長英は麴町隼町に寓し本邸と近接なるを以、日に来り阿蘭書を訳読し、先生頗る洪益を得たり(2)」とあり、これによって、かれが崋山のために蘭書を翻訳し、生活の資を得た、という事情が推察される。しかも、他方、長英は崋山に接するにおよんで、ようやく政治に関心をもつようになった。すなわち、長英が江戸開塾以前において、政治的関心を有していたことを示す史料が、全く欠けている。たとえば、文政五年五月十九日付の養父玄斎にあてた書簡の中で、同年四月末、浦賀に入港した英船について報じているが、そこでは、船中の水腫患者の治療法について見聞したところを、克明に報告しているだけで、後年のような政治的関心をうかがうことができない(3)。また文政八年の打払令発布についても、養父に客観的な事実を報告しているにとどまる(4)。さらにまた、江戸開塾の初期においては、生理学書『医原枢要』の編述を行なったほか、『居家備用』等の医書の訳述を行なっているにすぎない。しかるに、かれが、天保八年、飢饉対策のために出版した『避疫要法』の巻末には、近刻として、『医原枢要』外編七冊のほかに、『和蘭史略』、『西洋雑志』のごとき、オランダの歴史や西洋事情に関する訳述書の出版が予告されている。[5] このことは、このころかれの関心が、自然科学の領域を越えて、拡大されていったことを示すものである。

それにもかかわらず、崋山は、長英の学識についてはともかく、その知見に関するかぎり、かならずしも高くは評価していなかった。崋山の長英観を最もよく示しているのは、崋山が三宅友信にあてた書簡(年次不明)中の、つぎの記述である。

> 一、定平(村上定平)事は、申さば、閣下(三宅友信)はコニフルシテイテンのプロヘッソーレンとやらにて、定平はスチデンテン　プロヘッソーレンの如きものか。何れにもソルダートに終りては遺憾。高氏(長英)の学、伍長に限。隊将は未なるべし。[6] 御厚思所願候。(傍点は原傍線)

ここに記された蘭語のうち、「コニフルシテイテン」は、koning staten(王国)、「プロヘッソーレン」は、professoren(教官)であり、また「スチデンテン」とは、studenten(学生)であろう。そうすると、友信は王国の教官、田原藩士村上定平は学生の教官ということになる。[7] しかるに、長英は「高氏の学、伍長に限。隊将は未なるべし」と評されている。すなわち、これによれば、長英の語学力が、崋山によって珍重されたにしても、かれは、崋山から「伍長」程度の存在としてしか、認められていなかったことがわかる。このことは、われわれがさきに長英を翻訳技術者と規定したことの傍証となろう。

天保十年五月、蛮社の獄がおこるや、かれもこれに連坐して、政治批判の罪で永牢の処分を受けた。弘化元年(一八四四年)六月晦日、伝馬町の牢舎が焼失したさい、獄を放たれたのを機会に逃亡し、諸国を流離したのち、弘化四年、江戸にもどり、三兵タクチーキをはじめ蘭書の翻訳に従事して、生活の資を得つつ、この地に潜伏した。しかるに、これが宇和島藩主伊達宗城の知るところとなり、招かれて、翌嘉永元年(一八四八年)、ひそかに宇和島に下り、同地において蘭学を教授し、かたわら兵書の翻訳を行なった。しかし、幕吏の探索がようやくおよんだため、翌嘉永二年春、宇和島を去り、広島を経て鹿児島にいたり、島津斉彬の恩顧を得て、兵制全書九巻を完成した。しかし、この地にも長く止まることを許されず、おること三カ月にして、再び流離の生活をつづけ、同年八月、薬品をもって面相を変え、江戸に帰って、沢三伯と称して、医業を営み、翻訳に従事した。しかるに、これが幕吏の知るところとなり、嘉永三年十月晦日、おそわれて、自殺して果てた。[8]

㈡　小関三英(天明七年—天保十年 一七八七年—一八三九年)　名は好義、通称は良蔵、篤斎または学斎と号した。はじめ三栄となのり、天保六年ごろから三英に改めた。出羽庄内藩足軽組外弥五郎兵衛知義の次男である。若くして江戸に出て、吉田長叔の門に入り、のち郷里に帰って開業した。文政六年(一八二三年)、仙台藩に招かれ、医学館において蘭医方の教授を担当した。文政八年、仙台を去り、再び江戸に出て、湊長安、桂川甫賢の食客となり、翻訳や蘭語の教授によって辛うじて衣食の資を得つつ、勉学にいそしんだ。当時はなお、蘭学に対する世人の関心がうすく、諸侯は医術を重んずるのみであったから、蘭学者も一般に翻訳を業とし、あるいは医業をもって仕途の方便と心得て、これに専念するものがすくなかった。三英はかかる蘭学界の功利的な傾向に対して、「当時蘭学お(ママ)致候人之主意は、何れも名利お重と仕候事ニ御座候所、私抔之同意ニハ無之候。第一翻訳を業と致候人は、夫ニ而金お設け候ためニ仕候。又医術を学候人は、夫ニ而世俗ニ用られ、望お得候ためニ致候事ニ御座候間、孔子之所謂君子之道ニ相返(反)候事ニ御座候。依之私抔之する所は、同蘭学致候人之目より見候而も、相分り不申候」と、非常な反撥を示しているもの[9]、実はかれ自身の不遇をかこったまでにすぎなかったことは、その後天保三年(一八三二年)にいたり、岸和田藩岡部侯の侍医に召し出されるや、長兄にあてて「今度美濃守様(岡部侯—筆者註)より、格別之御厚意ヲ以被召出候義ニ御座候所、微禄ヲ不厭相仕可申候。尤初メより給人格被仰付候。給人格と申は当藩ニ而も至て重き事ニ御座候」(10)と、微禄ながら給人格に取り立てられたことを、誇らしげに報じていることから知られよう。

三英が崋山をはじめて訪れたのは、天保二年四月十六日のことである。当時三英は桂川家に寄食していた。すなわち、崋山はこの日の日記に、つぎのように記している。

小関三栄来、三栄出羽庄内人、善読二洋書一業レ医、不レ好二治療一、読書飲食之外無二他嗜一、上無レ君下無二妻孥一。終日孤然読レ書而不レ能二自立一、衣食住待レ人而生活、桂川医院愛二其嗜レ学、養レ之肆二其所レ好云。(11)

崋山は桂川甫賢と親交があったから、おそらく桂川の紹介で、かれを訪問したものであろう。

三英は岸和田藩に就職したものの、微禄の上、同藩では、当時引米制を実施していたため、実際の手取りは五人扶持程度にすぎず、その上、藩務や格式上の出費がかさんだため、生活は相変らず窮迫をきわめた。(12)この点から推して、崋山が蘭学研究を開始するとともに、三英がかれを助けて蘭書の翻訳にたずさわったのは、多分に内職的動機によるものであることが想像される。しかも、三英の場合は、長英と異なり、学究的立場に終始した。たとえば、大塩平八郎の乱を長兄に報じた書簡には、「賊之張本大塩平八郎」と記し、「大坂大悪人大塩父子も遂ニ滅亡ニ及誠ニ万々歳存候所、何卒此上中位之作合ニ致度ものに存候」、「此度大塩徒党之者共、其々御刑罪被仰聞候。大塩父子之塩漬、大坂ニ而磔罪被仰付候。其後三都共静謐ニ御座候得共、世間米価近々引上け、来春ニも相成候ハヽ、如何と存候」(13)と述べて、大塩の乱の落着を万々歳と喜悦するのみで、これと天保飢饉との関連には一顧もせず、別に米価の高騰を憂えているにすぎない。ここにかれの政治意識の低さが明白に示されている。

天保十年五月十四日、崋山が逮捕されるや、これを知った三英は、司直の手がおのれにおよぶのをおそれて、同十七日、自殺した。三宅友信の『崋山先生略伝』によれば、崋山が当時、三英にキリストの略伝を翻訳させていたが、これが探知された、と誤信したためであったという。(14)

第二類　崋山の洋学的知見を慕って、直接かれの傘下に集まった人々。幕臣江川英竜・羽倉用九・川路聖謨・松平伊勢守・松平内記・下曾根信敦ら、および鷹見忠常(泉石)・小林専次郎らの諸藩士がこれに属する。

(一)　江川英竜(享和元年—安政二年 一八〇一年—一八五五年)　通称は太郎左衛門、坦庵と号した。伊豆国韮山代官江川英毅の次男で、兄英虎が幼折したため、嗣子となり、天保六年、代官職を継いだ。かれが海防に関心をもつにいたった動機、および崋山との関係については、前節で述べたので省略する。かれは海防家としての才腕を閣老水野忠邦に認められ、天保十二年、長崎の砲術家高島秋帆が出府するや、水野の特命により秋帆について西洋砲術を学び、天保十四年、鉄砲方兼帯として、幕府の軍事改革を推進した。水野の失脚後は不遇な地位におかれたが、嘉永六年(一八五三年)、ペリー来航とともに、再び起用され、幕府の軍事施設の強化につとめ、安政二年(一八五五年)、病のため没した。(15)

(二)　羽倉用九(寛政二年—文久二年 一七九〇年—一八六二年)　通称は外記、簡堂と号した。若くして古賀精里に漢学を学び、また広瀬淡窓とも交わり、当代一流の教養人として知られた。父秘枚没するや、代官職を継ぎ、武毛駿遠房総諸州に歴任した。江川と親交あり、おそらくかれに前後して、崋山に師事するにいたったものと思われる。なお羽倉が天保九年、幕命により伊豆諸島ならびに無人島(小笠原諸島)の調査におもむかんとするや、崋山また、かれに同行して無人島に渡航せんとして、藩当局の反対にあい、果さなかった、ということがある(後述)。天保改革の際、閣老水野忠邦に抜擢されて、納戸頭となり、ついで勘定吟味役を兼ねて、政治の機務に参与した。しかるに、天保十四年閏九月、水野が上知問題で失脚するや、羽倉も召し放たれ、翌年赦にあうも、病と称して官務につかず、読書と著述に専念した。弘化・嘉永以降、海防問題が深化するや、嘉永二年に『海防秘策』を上申し、嘉永六年に『画灰書』十七篇、翌年には『画水書』十篇を草して、海防について論ずるところがあった。文久二年(一八六二年)、七十三歳で世を去った。[16]

㈢　川路聖謨(享和元年—明治元年 一八〇一年—一八六八年)　はじめ三左衛門、のちに左衛門尉と称した。幕府官僚中の逸材として知られる。享和元年、豊後日田に生れ、八歳の折、江戸に出て、旗本小普請組川路家を継いだ。文政元年(一八一八年)、支配勘定出役に任ぜられ、これより累進して、天保六年(一八三五年)、勘定吟味役となった。当時勘定所は、その大部分が直轄地からなる江戸湾周辺地区の防備と深い関係を有していたから、川路もまた海防問題に関心をもち、崋山に接するにいたったもの、と思われる。その時期については明らかではないが、崋山の獄中書簡によれば、江川と相知るにいたった動機について、

一体御近所川印(川路—筆者註)より噂などにて、相合候にて云々。

とあるから、川路の住居が半蔵門外の田原藩邸と近接していた関係で、江川よりさきに、崋山と交渉をもつにいたったものであろう。[17]かれもまた、江川・羽倉と同様、閣老水野の信任が厚く、天保改革の際は、小普請奉行に挙げられ、のち普請奉行、奈良奉行、大坂町奉行を経て、嘉永五年(一八五二年)、勘定奉行に昇進。ペリー来航を契機とする政局の急迫に際しては、海防ならびに外交事務を担当して活躍した。明治元年三月十四日、江戸城引渡しの由を知るや、翌十五日自裁して、徳川氏に殉じた。[18]

㈣　松平伊勢守　二千石高旗本、蛮社の獄の当時、使番であった。生没年月日、経歴ともに不明である。前掲の小笠原貢蔵の手控えおよび鳥居耀蔵の告発状、椿椿山の『麹町一件日録』中の「御不審十八人」[19]等に、その名がみえているので、かりにここに掲げる。

㈤　松平内記　三千石高旗本、寄合。名は勝敏。かれの場合もまた、生没年月日および経歴ともに未詳である。[20]かれの名は、長英が『蛮社遭厄小記』の中で、花井虎一の密告の内容を、想像をまじえて伝えた中にみえている。ま

た清水礫洲の『有也無也』にも、嫌疑者の一人として、かれの名を挙げ、「是も長英の門人なり」と註記している。[21]ただし、この註記は疑わしい。前掲江川文書『天保八年御参府諸用留』によれば、かれは江川や羽倉と親交を有し、また前述の通り、江川が崋山と初対面の日、崋山を同伴して松平内記を訪問しているから、かれもまた、江川と同様、崋山に師事した、とみるべきであろう。

(六) 下曾根信敦（文化三年—明治七年 一八〇六年—一八七四年） 通称金三郎、桂園と号した。町奉行筒井政憲の次男で、蛮社の獄の当時、西丸小姓組であった。崋山の手控えである天保六年の『客坐録』に、「下曾根金三郎云 筒井伊賀守二男[22]」という記載があるから、両者はこのころ相知るようになったもの、と想像される。なお赤井東海の『奪紅秘事』によれば、

同(五月—筆者註)十四日登召捕に相成候、元来筒井事月番之処、思召を以非番之大草え被仰付候、是は筒井二男下曾根金三郎事、渡辺之蘭学門人に付、筒井も御疑と申事に候。[23]

とあり、下曾根を崋山の門人と明記している。かれは江川と同様、西洋砲術に興味をもち、天保十二年、高島秋帆が上府するや、かれについて学び、翌十三年十二月、江川の推挙により、江川についで高島流砲術指南を許可された。[24]なお幕末には講武所砲術師範役、歩兵奉行、陸軍所砲術修行人教授役頭取等を歴任し、幕府の軍事改革に参与した。[25]

(七) 鷹見泉石（天明五年—安政五年 一七八五年—一八五八年） 名は忠常、通称を十郎左衛門といった。泉石はその号である。かれはいわゆる蘭癖家の一人で、この点、崋山とは立場を異にする。かれはすでに二十歳のころから蘭学に興味をもち、蘭書や舶来品の蒐集につとめ、蘭学者のみならず、参府のオランダ人や通詞とも交わった。それだけに博学ではあったが、学問内容は雑駁であった、といわれる。崋山の師という説があるが、これは誤りで、たがいに知識の交換を行なった程度の関係ではなかったか、と思われる。[26]

(八) 小林専次郎 薩摩藩士、生没年月日、経歴ともに未詳である。前掲小笠原貢蔵の手控えに、その名がみえて

いるほか、『麹町一件日録』の「御不審十八人」の中に、「小林銑次郎」とあり、また『有也無也』の天保十年五月十六日の条に、

時に一斎方に入塾の酒井順蔵来り、関研次の話に林家などの説にては、蘭学者十八人の御吟味あり、長英と小林千次郎とは出奔したりと云。(27)

とあるが、いずれも同一人であろう。ただし、かれと崋山との関係を示す史料が欠けているが、小笠原の手控えに、崋山と懇意なものの一人として、その名を挙げているので、かりにこの部類に入れておく。

第三類　崋山の文雅の友で、のちに崋山が洋学を修めるとともに、これに興味をもつにいたった人々。したがって、儒者・文人が多い。

㈠　遠藤勝助(寛政元年―嘉永四年 一七八九年―一八五一年)　紀州藩儒者、名を泰通、白鶴または義斎と号した。経歴は未詳である。尚歯会の主宰者であった。長英の『遭厄小記』によれば、崋山が洋学を学んだ結果、「同気相求同声相応ズルノ理ニシテ、崋山ノ交友往々蛮学ヲ尊奉スル者多ク、依テ瑞皐(長英)・学斎(三英)等ト交ル者モ又少ナカラズ」と述べ、これにつづいて、「其中ニ就テ紀州ノ儒官ニ白鶴義斎・遠藤勝助ト云者アリ」(28)と、遠藤の名を挙げている。したがって、遠藤はもと崋山の文雅の友で、その感化の下に洋学に興味を寄せ、長英・三英らとも交わるにいたったもの、と解せられる。なお『奪紅秘事』によれば、赤井東海は崋山ととくに懇意なものとして、遠藤および立原杏所の名を挙げている。(29)また『慊堂日歴』、天保十年五月十八日の条に、

夢物語、高野長英訳、遠藤勝助潤色。(30)

と記されているが、かかる誤伝が行われていたという事実は、崋山のみならず、かれの傘下に集まった遠藤らの知識人に対しても、長英ら職業的洋学者が、社会的に翻訳技術者として位置づけられていたことを示すものである、とい

えよう。

㈡ 立原杏所（天明五年―天保十一年 一七八五年―一八四〇年） 名は任、通称を甚太郎といった。崋山の画友である。崋山の『心の掟』（文政六年稿）によれば、

文晁谷、米庵市河、坦斎檜山、杏所立原、書画ノ道ニ深キ人ナレハ、常ニ益アリ、交リテ楽ムヘシ。[31]

とあり、立原は谷文晁らとともに、益友の一人に数えられている。なお『遭厄小記』[32]に記された花井虎一の訴状や、『奪紅秘事』所載の蛮社の獄の連累者に関する風説の中に、かれの名がみえているから、のちに風雅を越えた交わりを結ぶにいたったことが、想像される。[33]

㈢ 赤井東海（天明七年―文久二年 一七八七年―一八六二年）[34] 名は繩、通称は厳三、東海はその号である。昌平黌において古賀精里に学び、のち讃岐高松藩儒者となった。崋山との関係については、かれが『奪紅秘事』の中で、

私に曰、登事十七八年前、岡部侯儒者紹介にて私宅へ参り、其後内藤儒者竹村海蔵切腹之節、兼々本多茂一郎、並に私と登とへ跡々の事相頼み置候而、死去仕候。其比も至極義気は御座候、夫より折々出会仕候へ共、立原・遠藤などの懇意と致し様と交りは不仕候。別て近年疎遠にて年始に往来手札位に御座候。[35]

と述べている。竹村悔斎（海蔵）が自殺したのは、文政三年（一八二〇年）のことであるから[36]、両者は、これ以前から相識の仲であったわけである。なお東海が、この中で、ことさらかれ自身が遠藤や立原のごとく、崋山と懇意でなかった、と弁じているのは、獄の連坐を免れようとした、かれの陋劣な心事を暴露したものであるが、事実においても、遠藤・立原を除けば、赤井にしろ、つぎに挙げる古賀侗庵や安積艮斎にしろ、崋山とそれほど深い関係を有していたとは思われない。

㈣ 古賀侗庵（天明八年―弘化四年 一七八八年―一八四八年）[37] 古賀精里の第三子、名は煜、小太郎と称し、侗庵と号した。幕府聖堂付儒者で

ある。崋山と相知った時期は明らかではないが、かれは赤井とともに、長英とも懇意にしていた。すなわち、崋山らが逮捕された折、連坐の噂におびえた古賀は、用人佐藤武一をひそかに赤井のもとに遣わして、情報の交換を行なわせたが、その際、佐藤が「内実は我が師匠にも長栄を懇意に致候に付、名前も出居候故、心配と相咄申候」と告げたことが、『奪紅秘事』にみえている。[38]

(五) 安積艮斎（寛政三年—万延元年 一七九一年—一八六〇年） 名は信、通称を祐助といった。奥州安積郡郡山の神官の子として生れ、十七歳（文化四年）の時、志を立てて江戸に出、佐藤一斎の学僕となった。崋山は十九歳（文化八年）のころ、一斎の門に入っているから、その関係で相知るようになったもの、と思われる。崋山の『心の掟』に、「祐助安積、順助菊地、文事ヲ談スヘシ」[39]とあるから、古くは文雅の交わりをしていたことがわかる。蛮社の獄の当時、安積は二本松藩儒者であった。『奪紅秘事』によれば、天保九年十二月十八日に、艮斎が自宅の新築を祝って、崋山ら八人の知名人を招待したが、その席上、崋山が世界地図を示して、異国の事情を説いたところ、同席の一人、林式部（林述斎三男）のうらみをかい、「是によって崋山の禍は艮斎（割註略）楼上に始ると世上に申伝に申候」という噂を伝えている。[40]

(六) 望月兎毛（寛政八年—嘉永五年 一七九六年—一八五二年）[41] 松江藩士、五百石高。名は重煕といい、定江戸番頭、留守居役を経て、蛮社の獄の当時は、用人上座であった。天保三年（一八三二年）の『客坐掌記』（未刊）によれば、崋山がこれに鉄面の写生図を載せ、

右鉄面松平出羽守家来望月兎毛所蔵。

と記しているから、すでにこのころ、両者が相識であったことがわかる。天保三年といえば、崋山がようやく本格的な洋学研究を開始した年であるから、もともとは文雅の友であったことが想像される。なおかれの名は、前掲小笠原の手控えのほかに、『麹町一件日録』中の「御不審十八人」や、長英の挙げた花井虎一の訴状と称するものにもみえ

ている。しかし、かれと崋山との関係については、以上のほかは未詳である。

(七)　庄司郡平（生没年月日未詳）[42]　松江藩士、百二拾石高、定江戸組付。のちに洋学一等助教となる。崋山とは、おそらく望月兎毛を通じて、結ばれたものであろう。前記長英の挙げた花井の訴状にその名が見えているので、かりにここに掲げる。

第四類　はじめ長英・三英らの職業的洋学者に学び、のちに崋山に接した人々。内田弥太郎・奥村喜三郎・本岐道平らの下級幕臣が、この類に属する。

第二類および第三類に属する人々は、洋学を通じて、経世的知見の拡充を目的としていた。この点に関するかぎり、かれらは工藤平助・林子平および本多利明の線に連なるもの、とみることができよう。なかでも、かれらの関心が海防問題にむけられていたことは、羽倉用九の『海防秘策』等の論著をはじめ、赤井東海の『海防論』（嘉永元年 一八四八年）、安積艮斎の『禦戎策』（執筆年代不明）、『洋外紀略』（嘉永元年 一八四八年）、古賀侗庵の『海防臆測』（天保九年 一八三八年）など、海防関係書が多数、社中の手で著わされていることから知られる。またのちに西洋砲術の移植につとめた江川英竜の場合、それはあくまで経世家としての見通しに立ったもので、単なる砲術家にすぎなかったのではない（後述）。その他、かれらの中には、川路聖謨のごとく、幕末多事の外交を担当した人材があり、また安積艮斎はのちに昌平黌教授となり、外国書翰和解掛りをつとめ、その門下からは、栗本鋤雲・木村芥舟のごとき、幕府官僚の逸材が輩出している。

しかるに、第四類の奥村・内田らは、最下級の幕臣層に属し、立身ないし経済的困窮切り抜けの方便として、もっぱら測量術・器械学等の諸技術を学んでいるのであって、この点では、第二類・第三類の人々とは趣を異にしている。のみならず、かれらをもって、いわゆる幕末洋学の担い手となった武士層出身の洋学者の、先駆ともみなすことができるように思う。たとえば、幕府の洋学研究機関が蕃書調所（安政三年 一八五六年 設立）から開成所（文久三年 一八六三年）へと拡充・発展をとげるにつれて、ここに任用された洋学者で、幕臣出身者がめだってふえて来るが、その大部分を占めたのが、黒鍬・徒士・同心等の軽輩者であった。なおこれは、幕府ばかりでなく、諸藩の洋学研究機関の場合も、同様な傾向を示している。[43] しかも、かれらは、多くの場合、単なる技術者、ないし翻訳家であり、福沢諭吉のいう「云はゞ筆執る翻訳の職人で、政治に与からう訳けもない」[44]（福翁自伝）、職人的な存在にすぎなかった。奥村・内田らがかかる存在であったことは、以下において述べるかれらの経歴から、容易に推測できよう。

㈠ 奥村喜三郎（生没年月日未詳） 名は増貤、城山と号した。増上寺御霊屋領代官である。長英に師事し、測量技術をおさめた。『遭厄小記』には、かれおよび内田弥太郎をもって、「瑞皐ノ門人」と明記している。[45] 著書に『量地弧度算』（天保七年 一八三六年 撰）があるほか、天保九年には、内田弥太郎の協力を得て、西洋の羅針盤に自己の工夫を加えて、経緯儀をつくり、蘭書の知識によって、その用法を記した『経緯儀用法図解』（天保九年 一八三八年 撰）を著わした。[46] なお後述するように、天保十年一月、江川英竜が鳥居耀蔵とともに、江戸湾備場を巡見した際、崋山の紹介で、内田とともに江川を助けて、測量にあたらんとしたが、鳥居にはばまれて、これを果さなかった。これより鳥居の怨みをかい、同年五月、蛮社の獄がおこるや、かれも連坐して、寺社奉行青山忠良の吟味を受けたが、嫌疑がはれて放免された。[47]

㈡ 内田弥太郎（文化二年—明治十五年 一八〇五年—一八八二年）[48] 名は恭、観斎と号し、晩年には五観《いつみ》と称した。蛮社の獄の当時、留守居役支配明屋敷番伊賀者という、幕臣中の最下級の身分に属していた。幼年にして数学者日下誠の門に入り、関流数学の皆伝を受けた。天保のはじめ、長英に師事して天文数学をおさめ、天保十年、江川英竜の手附となって、江戸湾海岸の測量を行ない、功成って嘉賞された。維新後、大学に出仕し、明治五年、太陽暦への改暦の局にあたった。明治十二年、東京学士会院会員に選ばれ、[49] 同十五年、病のため没した。

㈢ 本岐道平（生没年月日未詳） 幕府の徒士、蛮社の獄の当時は、職を子の栄作にゆずり、隠居の身分であった。

長英および三英について理化学を研究し、天保六年、あらたに発電機を工夫して、浅草蔵前通りに見世物小屋を構えて、平賀源内伝来エレキテルの看板を掲げた、と伝えられる。かれは鉄砲の製作にも通じ、おそらくその関係からであろう、江川英竜とも懇意で、江川が江戸湾備場巡見の際、随行した（後述）。かれもまた蛮社の獄に連坐して、洋式鉄砲の修理・鋳造の廉で、押込めの処分を受けた。崋山との関係については、崋山が獄中書簡の中で、無人島渡航計画者一味のうち、斎藤次郎兵衛・順宣父子および山口屋金次郎との関係に関する幕吏の尋問に対して、かれらと無関係なことを証言したのち、「道平・明暉（蒔絵師秀三郎―筆者註）ハ、書画井ニ細工モノニテ心易致、其様ナル事（無人島渡航計画―筆者註）、一向話不申」[50]と、申し立てたと述べているから、これによって、本岐が崋山とも知己であったことが知られる。

第五類　田原藩関係者。三宅友信・鈴木春山・村上範致らがこれに属する。

(一)　三宅友信（文化三年―明治十九年 一八〇六年―一八八六年）[51]　幼名を鋼蔵といい、字を子信、毅斎と号し、他に王山、芳春堂、片鉄翁等の別号がある。田原藩主三宅侯、十一代康友の庶子で、十二代康和、十三代康明の異母弟にあたる。文政十年（一八二七年）、藩主康明が薨じたが、嗣子なく、当然異母弟の三宅友信が継ぐべきであった。しかるに、当時藩財政が極度に窮迫していたため、重臣らが謀って、持参金めあてに、姫路藩主酒井雅楽頭忠実の六男稲若を養嗣子にむかえんとした。これに対し、在府の藩士が崋山を筆頭に、友信の擁立を図ったものの、ことついにならず、十月三日、康明大病の理由で、急養子願いを幕府に届け出、十六日に稲若の養嗣子たることが認可されて、同二十四日、康明の喪が発せられた。この稲若が十四代康直である。[52]

康直は失意の友信のために、巣鴨に別邸をしつらい、崋山をその傅たらしめた。これ以来、両者の関係はとくに深く、崋山が洋学を志すや、友信に勧めて、長英・三英を招いてオランダ語を学ばせ、あるいはまた財を尽して蘭書の購入をなさしめた。友信所蔵の蘭書がきわめて豊富であったことは、自筆蔵書目録中、現存する兵書の部によってみても、およそ想像に難くはない。その総計を挙げれば、左の通りである。

蘭書総数　二百十九冊、三図面
代金総計　金百七十八両三分一朱
　　　　　銀四匁六分余
　　　　　　外三冊未詳(53)

のみならず、かれはすでに天保末年ごろには、蘭書の所蔵家として有名であった。一、二の例を挙げれば、天保十三年、幕府はアヘン戦争に伴う国際的危機に対処するため、江戸湾防備体制の強化と、これに関連して、軍事改革を図ったが、その折、閣老水野忠邦は、腹心の江川英竜を通じて、友信所蔵の兵書『フルステケンキュンデ』(築城書)の借用を申し入れている(後述)。また友信は崋山の没後、佐久間象山と相知ったが、「僕佐久間象山に識らるゝも蔵書に富を以てなり。故に僕毎に云ふ、象山の僕に交るは蔵書に交るなり」(54)(崋山先生略伝)とは、かれがみずから述懐するところである。なおかれが蘭書の翻訳・編述したものに、『西洋人撿夫児日本誌』(天保三年一八三二年訳)、『鈐林必携』(嘉永四年一八五一年)、『泰西兵鑑』(安政三年一八五六年)等がある。

(二) 鈴木春山(享和元年―弘化三年一八〇一年―一八四六年)(55)　名は強、字は自強、号を童浦といった。春山はその通称である。父は鈴木玄通といい、代々医をもって三宅侯に仕えた。文化十一年(一八一四年)、岡崎に出て医を学び、その後江戸において朝川善庵について儒学を修めた。文政三年(一八二〇年)、長崎に遊学して西洋医学をおさめ、帰郷後、医業についたが、数年にして江戸に出た。塩谷宕陰の撰文によれば、「江戸に出るに逮んで韜鈐を専精し、治を請ふものあれば、方剤を書して、之を与ふ」(原漢文)とあるから、このころから兵学に志すにいたったものであろう。

春山が崋山と親しく交わるようになった時期については、明らかではない。しかし、天保二、三年ごろ、崋山が国元の用人真木定前らとともに、三宅友信の実子仙太郎を藩主康直の養嗣子たらしめんとして、いわゆる復統運動をおこした際、春山もこれに参加しているから、[56]両者は復統問題を通じて、ようやく親密の度を加えるにいたったもの、と想像される。

春山は、その後天保六年に、兵学研究のため再び長崎に遊学した。かれがオランダ語を解するようになったのは、これ以来のことである、という。帰府後、春山は長英の協力を得て、ブランドの三兵戦術書(Heinrich von Brandt, Grundzüge der Taktik der drei waffen, Infanterie Kavallerie und Artillerie, 1833)の蘭訳本の翻訳に着手した。その訳了の時期は明らかでないが、これがわが国最初の三兵戦術の紹介書といわれる『兵学小識』である。[57]このほか春山の訳著としては、『三兵活法』(弘化三年一八四六年)、『海上攻守略説』(訳年未詳)等がある。

かれは崋山の信任が厚かったが、「春山芸学ばかりにて、上を不顧」[58]と、崋山が評している通り、後年は藩政を顧みず、兵学研究に没頭して、弘化三年(一八四六年)、四十六歳で世を終えた。崋山の兵学知識は、春山に負うところが多かったものと想像される。なお椿椿山の『麹町一件日録』、天保十年五月十五日の条に、崋山の逮捕を記したのち、「春山宅も同様取調、蘭書之分は御取上け之由」[59]とあるが、鳥居耀蔵の告発状には、かれの名がみえていないから、これはおそらく誤伝であろう。

㈢ 村上範致(文化五年一八〇八年—明治五年一八七二年)[60] 通称は定平、のちに財右衛門と改め、清谷と号した。父は財右衛門照員といい、範致出生の当時、地方代官をつとめ、十七俵二人扶持を給せられていた。藩内でも下層に属していた、といえる。

文政十年(一八二七年)、家督を継ぎ、同十二年、近習江戸詰となった。崋山とは、このころから相知るようになったものと思われる。文政十三年、地方代官となり帰国したが、これ以来天保十二年までの消息は不明である。かれは砲術に興味をもち、天保十二年三月、砲術修行のため江戸に出、当時上府中の高島秋帆の門に入った。同年五月、高島が武州徳丸原で洋式銃隊を編制して、調練を行なった際、かれもまたこれに参加した。(61)当時田原に幽居中の崋山が、村上に書簡を送って、かれを激励しているから、(62)村上の砲術修行が、崋山の勤めによるものであったことが想像される。

村上はその後、同年七月に帰国、ついで高島流に基づく藩の軍制改革に着手した。村上による田原藩の軍事改革は、諸藩にさきんじて行われたもので、それは、諸藩の有志の注目の的とされた。たとえば、のちに述べるごとく、浜松藩の軍事顧問野慵斎は、天保十四年八月、藩主水野忠邦に上書して、村上による田原藩の例をあげ、同藩の軍事改革をうながしている。また村上をしたって、宇和島藩をはじめ、諸藩の有志が田原に遊学したことも、伝えられている。なお村上には『銃陣初学抄』(天保十四年一八四三年)等の著書があり、またかれの蔵書目録『孤松軒西洋砲術兵書馬書』によれば、西洋兵学関係書六十八種、三百余巻、ほかにわが国古来の火術書二十一種が数えられる。(63)

嘉永六年(一八五三年)、幕府がペリー来航に刺激されて、大船建造の禁を解くや、村上は豆州戸田の船大工を田原に招き、西洋型帆船(君沢型)の建造に着手、これを順応丸と名付けて、同船による国内交易を計画し、藩財政の復興をはかった。(64)

以上において紹介した村上の事績は、軍制改革といい、藩財政の復興策といい、それらがいずれも進歩的であるという点で、藩政の側面において、崋山の遺志を継承したもの、と評価できるであろう。

第六類　その他の人々

㈠　幡崎鼎(文化四年一八〇七年—天保十三年一八四二年)(65)　はじめ藤市または藤平と称し、シーボルト渡来の当時(文政六年一八二三年)、和蘭人部屋付きの小者であった。シーボルト事件(文政十一年)に連坐して、町預りとなったが、天保元年(一八三〇年)、脱走して、大坂において蘭学塾を開き、のち江戸に出て、幡崎鼎となのり、水戸藩に仕えた。その時期は明らかではないが、天保四、五年のころであったという。崋山との関係については、崋山の口書に、かれが蘭学に志すにいたった動機を述べたのち、「御留守居松平内匠頭与力青山儀兵衛借地町医長英、岡部内膳正様医師小関三栄、水戸様御家来幡崎鼎等は蘭学にて名高き者に付、知る人に相成、（中略）追々蘭書翻訳を相頼み、難読得廉、理義難解義は右三人へ承り合せ、蛮国の風俗其外一通りは、右書中にて相心得罷在候」(66)とあることから、容易に推察されよう。ただし、水戸藩士として正式に召し抱えられた鼎を、田原藩ないし三宅友信から出入扶持や月俸を給せられ、崋山のために翻訳技術者としての役割を果した町医師長英や岸和田藩医三英と、同等に位置づけてよいかどうか、疑問なので、かりにこの類におさめることにした。

天保八年（一八三七年）、鼎は藩命により、オランダの造艦書購入のため、長崎に出張した。しかるに、この地において前身が露見したため、長崎奉行戸川播磨守の手で逮捕され、翌九年十一月、軽追放に処せられ、菰野藩主土方仙之助方へ御預けとなり、天保十三年七月二日、病没した。

(二) 佐藤信淵（明和六年―嘉永三年 一七六九年―一八五〇年）(67) 字は元海、通称は百祐、椿園、融斎等と号した。出羽国雄勝郡西馬音内村の出身で、農政学者である。かれの伝記については、研究書が多いから、ここで詳述する必要はあるまい。天明四年（一七八四年）、十六歳にして、父信季の死にあい、江戸に出て宇田川玄随について蘭学をおさめ、井上仲竜および木村泰蔵より天文・地理・暦算・測量等の諸術を学んだ、とはかれがみずから記すところである。(68) 信淵は自己の農政学を父祖五代の家学と称し、諸方を遊歴しつつ、徳島藩、津山藩、久留米藩、薩摩藩、宇和島藩等の諸侯にこれを説いた。とくに幕府のいわゆる天保改革に際して、『物価余論篓書』（天保十三年 一八四二年）、『済四海困窮建白』（同上）を著わして、改革の指導者水野忠邦に献策せんとし、(69) さらに弘化元年（一八四四年）の暮には、水野が用人秋元宰介を介して、信淵に経済策について下問し、これに答えて、かれが『復古法概言』を著わした、という事実も知られている(70)。

もっとも、森銑三氏の綿密な研究によって、かれの事歴に疑うべき点が多々あり、またその著書に、他からの剽窃がすくなくないことも明らかにされている。とくに崋山との関係について、森氏はつぎのように述べている。「信淵と崋山との交渉は、ただ農事方面に限られてゐたらしく、まして長英その他の蘭学者とは、信淵は何等の関係もなかつたらしい。その獄の原因を成したモリソン号のことについても、また無人島渡航のことについても、信淵は何等関与するところがなかつた。信淵は蛮社の厄には事実無関係の立場にあつたのである(71)」。

崋山と信淵との関係が、農事に限られていたという森氏の推測は、大体において事実に近いように思われる。信淵の『草木六部耕種法』に付載された、天保三年六月初吉の日付をもつ佐藤信昭の序に、同書を「社中白井磐水、奥山鳳鳴、渡辺華山等上木して、以て世に公にせんと欲す」(原漢文)とあるが、森氏の考証によれば、同書の成ったのは、天保十二年前後で、この序文は、かれの捏造である、という(72)。しかも、天保三年には、信淵が江戸十里四方の追放に処せられているから(73)、崋山と相知るにいたったのは、これより後年のことであろう。天保八年、崋山が信淵を田原に招き、農事を説かせた、という所伝もあるが(74)、典拠が不明である。かれは、天保十年二月、崋山の請いにより、農書『田畯年中行事』を著わしたが、崋山が信淵の説くところに不満をいだいていたことは、真木定前あての書簡に、

私常々申は勧課の官唐土にも有之義可然と存候。元晦(信淵)の申田畯也。田畯の事は勤方不レ分、同人推考附会にて申事と相見候(75)。

とあることから知られる。崋山は信淵をかならずしも信用していなかったのではなかろうか。もしそうならば、信淵が江川英竜あての書簡の中で、「田原侯の重役大抵皆愚老が門人(76)」と称していることも疑わしい。ただし、江川文書に収められたモリソン号に関するオランダ風説書の付録に、「元海按ニ云々」として、イギリスの国勢およびモリソ

ンの経歴についての記事がみえている。これによれば、信淵をもって、いわゆるモリソン号事件と無関係であった、とみなす森氏の見解には、にわかに従うことができないように思う。かれは尚歯会と関係を有していたのではあるまいか。なおかれの名は、小笠原貢蔵の手控えにもみえ、[77] また『麹町一件日録』所収の「御不審十八人」の中にも、その名が載せられているから、かれをも「蛮社」の一員とみなして、かりにこの類におさめることにした。

㈢ 松本斗機蔵（生没年月日未詳） 名は胤通、八王子同心組頭、高三拾俵一人扶持。その経歴は明らかでない。江川英竜ととくに親しく、また崋山とも懇意であった。[78] かれは海防問題に造詣が深く、天保八年（一八三七年）、水戸藩主徳川斉昭に『献芹微衷』を献じ、海防の危機を説くとともに、その対策として、オランダの援助による西洋型艦船の建造や英・露との交易等について、論ずるところがあった。[79] また同九年、モリソン号渡来の風説が伝えられるや、幕府に上書して、打払令をもってこれに臨むことに反対し、ラクスマン、レザノフ渡来の際の前例にしたがって、処置すべきことを説いた。[80] これが幕府の嘉賞するところとなり、のちに賞賜を受けたと伝えられる。[81]

㈣ 大塚同庵（寛政七年―安政二年 一七九五年―一八五五年）[82] 名は庵、通称を八郎といった。幕臣で普請役を勤めた。シーボルト事件に関係して、隠居を申し渡され、以来、医をもって身を立てんとして長崎に遊学、楢林宗建の門に入り、天保四年（一八三三年）、江戸に帰って開業した。この時、同庵と改称したという。崋山との関係については、崋山の口書に「庵儀は私とは兼て懇意に候」[83] とあるから、両者は親交を有していたことが知られる。おそらくそのためであろう、かれもまた蛮社の獄に連坐して、押込めの処分を受けた。同庵は、長崎遊学中、高島秋帆と交わり、その関係で、天保十二年、高島が武州徳丸原で銃隊の演練を行なうや、かれも往観した。これ以来、砲術に志し、下曾根信敦の門に入ってこれをおさめ、弘化三年（一八四六年）、下谷の三味線堀で西洋砲術師範を開業、名を蜂郎と改め、瑪蜂と号した。著書に『遠西砲術略』（弘化三年 一八四六年）、『和蘭官軍抜隊竜学校全書』（年次不明）等がある。

㈤　岩名昌山　名は謙、字は子光、善渓と号した。生没年月日、経歴ともに未詳である。清水礫洲の『有也無也』の分註には、かれをもって「番町住居蘭医」と記し、本文には、「此人は長英、華山（マヽ）とは懇意、且つ昌山娘は華山の弟子なり」[84]とある。遠藤勝助の『救荒便覧』[85]後集に、昌山は、崋山とともに、跋文を載せているから、かれもまた尚歯会の常連であった、と想像される。なおまた『奪紅秘事』では、かれも獄の連累者の一人とされている。

㈥　斎藤弥九郎（寛政十年―明治四年 一七九八年―一八七一年）[86]　名は善道、字は忠卿、晩年にいたり、篤信斎と号した。越中国射水郡仏生寺村の出身で、文化九年（一八一二年）、江戸に出て、剣客岡田十松の門に入り、文政九年（一八二六年）、あらたに道場を設けて、剣術教授をはじめ、かたわら、赤井東海について儒学をおさめた。かれは、これよりさき、江川英竜と岡田十松の同門のゆえをもって、親交あり、江川が、天保六年、代官職をつぐや、その懇望によって、代官所の手代となり、左馬之助と称した。

崋山と相知るようになった時期は明らかではないが、『崋山先生略伝』によれば、崋山が家中の剣術の実用性を欠くことを知り、当時の剣客杉山大助、斎藤弥九郎らを迎えて教授させた、ということが記されているから、[87]おそらく崋山が藩政を担当した天保三年以降のことであろう。かれはとくに江川の海防関係の事業をたすけ、江川に代って諸有志の斡旋につとめた。後述するように、江川が、天保十年、江戸湾備場を巡見したのち、復命書を幕府に上申するにあたって、ひそかに崋山の意見を求め、これに対して、崋山は数部の稿本類を江川に送っているが、その折衝にあたったのは斎藤であり、右の事実を熟知していたのも、江川と崋山を除けば、かれのみであった。

天保十二年五月、江川が閣老水野忠邦の特命により、高島流砲術の皆伝を受けるや、斎藤は江川を助けて、西洋砲術の移植につとめ、また幕末多事の際には、水戸藩、長州藩、越前藩等の軍事改革にも参画した。江川英竜の没後、その遺児を守り、維新後は明治政府に出仕し、明治四年、七十四歳で世を去った。

結語　以上において、蛮社社中と目される人々を挙げ、その略歴を紹介した。これから知られるように、かれらは職業的洋学者である長英・三英・幡崎鼎らを除けば、そのほとんどが武士階級に属し、しかも、その中には、幕府官僚の逸材ともいうべき江川英竜、羽倉用九、川路聖謨らをはじめ、安積艮斎、古賀侗庵、赤井東海らのごとく、儒者として一家をなした人々、それに三兵戦術の最初の紹介者である鈴木春山のごとき兵学者、またのちに東京学士会院会員に選ばれた内田弥太郎のごとき科学技術者が含まれていた。「蛮社」が、このように封建的支配者層内部の知的・開明的分子からなっていたという事実は、この時点における洋学の志向をうかがわしむるに足るもの、といえよう。

もっとも、すでに指摘したように、「蛮社」は、崋山の洋学的知識ないし知見を慕って、個人的にかれと接触した人々の総称であり、かれらをもって、特定の党派をなしていたかのようにみなすのは、誤りである。しかしながら、かれの傘下に集まった人々の一部に、横の連絡がなかったわけではない。遠藤勝助の主宰する尚歯会がその一例として挙げられるし、また『奪紅秘事』には、「斎藤弥九郎発会」、「麹町安積祐介発会」[88]等の名がみえている。それらはかならずしも政治的な会合ではなかったにしろ、崋山をはじめ、社中の人々が出席して、時勢を論じあったことが、当然想像されるであろう。のみならず、さらに注意すべきは、崋山に師事した江川英竜ら幕府官僚が、相互に密接な連絡を保ち、またかれらをめぐって赤井東海、松本斗機蔵、本岐道平らが交渉を有していた事実が認められることである。すなわち、この事実を示しているのは、天保八年七月十二日から同年九月二十五日にいたる、江川の『御参府諸用留』(江川文書)である。

これによれば、江川は同年七月十五日に出府したが、その前日には、赤井東海から江戸の江川役所に来状あり、同二十六日に、江川は羽倉用九を訪問、翌八月三日には、羽倉が江川を訪れており、また同じ日、江川は川路聖謨を訪問し、五日には、崋山が江川の留守中に訪問している。ついで同九日に、江川は松平内記方を訪れ、またこの日、川路に直書を送っている。その後江川は、同十六日に川路を訪問し、翌十七日には、川路が江川から借用した廻船雛形を返却しており、またこの日、羽倉から書簡が届いている。ついで十九日には、松平内記、伊東采女とともに本法寺をもうで、その夜松平を伴って帰宅、終夜歓談して、翌暁に松平が辞去。翌二十日には赤井東海の訪問をうけ、二十一日には川路に直書を送り、二十四日に立原杏所を訪問、翌二十五日に川路より来状あり、翌日川路を尋ねている。その後、九月三日にいたり、江川は間宮林蔵を訪れ、同七日、再び立原を訪問、同十四日には川路をたずね、十六日には立原の来訪あり、同十九日、本岐道平を訪問、翌二十日には松本斗機蔵が来訪、二十二日には、本岐が江川方を訪れている。崋山が江川をたずね、両者がはじめて対面したのは、翌二十三日のことである(既述)。この崋山の訪問についで、本岐道平が、翌二十四日に再び来訪、二十五日に江川が登城。その後の部分は欠けているので、不明である。

以上から知られるように、江川および羽倉、川路、松平内記らの幕臣が相互に関係をもち、その上、かれらは、当時「蘭学にて大施主なり」との評判を得ていた崋山に師事し、また同じく崋山の傘下に集まった赤井東海、松本斗機蔵、本岐道平、立原杏所らとも結びついていた。してみれば、鳥居耀蔵ら守旧派官僚の眼に、あたかもかれらが、崋山を中心に、党派をつくっていたかのように映じたとしても、別に不思議ではあるまい。すなわち、崋山らを告発した鳥居の上書に、崋山について、「兼て蘭学を好ミ近年土佐守へも蘭学を勧め、好事之徒を集め、蘭書を講し云々[89]」とあり、また崋山が逮捕されるや、吟味掛りの幕吏が「其方蘭学ヲ致、隠居(三宅友信―筆者註)トモ申進メ、折々朋友会合講論致、外国ノ事共申張云々[90]」と尋問しているのは、この間の事情を物語っているように思われる。

(1) 天保元年九月二十四日付親戚あて書簡、高野長運『高野長英伝』、二二三―四頁。

(2) 崋山全集、三二二頁。
(3) 前掲、『高野長英伝』、八九—九〇頁。
(4) 文政八年二月二十三日付書簡、同、一四八頁。
(5) 高野長英全集、第一巻、二三一頁。
(6) 『渡辺崋山先生錦心図譜』所収、三宅友信宛崋山自筆書簡の写真に拠る。
(7) 村上定平については、第五類(三)村上範致をみよ。
(8) とくに註記しない部分は、前掲、『高野長英伝』による。
(9) 文政十一年六月十日付長兄あて書簡、山川章太郎「小関三英とその書簡」(二)、文化、五ノ四。
(10) 天保三年二月二日付書簡、山川、前掲論文(三)、文化、五ノ六。
(11) 『全楽堂日録』、崋山掃苔録、二〇四頁。吉沢忠『渡辺崋山』、五九頁。
(12) 天保五年九月十日付書簡、天保七年二月十三日付書簡、山川、前掲論文(三)および(四)、文化、五ノ六、七。
(13) 天保八年三月十六日付、同年五月十三日付および十月十二日付書簡、山川、前掲論文(五)、文化、五ノ八。
(14) 崋山全集、三二一—二頁。
(15) 江川文書、「江川坦庵君履歴抜書」。なお閣老水野と江川との関係については、後章参照のこと。
(16) 竹林貫一編『漢学者伝記集成』、一一三二頁以下。「五月雨草紙」、『匏庵十種』、所収。田村栄太郎『渡辺崋山の人と思想』、二三七—八頁。
(17) 崋山全集、九九頁。天保十年の大成武鑑によれば、川路聖謨の住所は「牛込舟河原はし」とあり、半蔵門外の田原藩邸からは、直線距離で、千メートルあまりである。
(18) 川路寛堂『川路聖謨之生涯』。
(19) 崋山全集、五九頁。
(20) 高野長英全集、第四巻、三〇頁。
(21) 崋山掃苔録、二七六頁。なお『麹町一件日録』にも、「三味線堀松平内紀殿長英之門人也」とみえている。
(22) 崋山全集、六五二頁。

(23) 崋山掃苔録、二九二頁。
(24) 江川文書、天保十三年砲術御用留、高島流砲術稽古之儀ニ付奉願候書付。
(25) 筒井政憲外七人事蹟(東大史料編纂所蔵本)。『東京市史』、外篇、講武所。山崎有信『幕末血涙史』。
(26) 伊東多三郎「鷹見泉石と蘭学」、歴史、十二ノ四。
(27) 崋山掃苔録、二七三頁。
(28) 高野長英全集、第四巻、二五頁。
(29) 崋山掃苔録、二九〇頁。
(30) 日本芸林叢書、第十二巻、三〇四頁。
なおこの記事は、正確には、
華山《(ママ)》 夢物語、高野長英訳、遠藤勝助潤色。
とあり、これによれば、夢物語の著者が崋山で、長英が訳し、遠藤が潤色を加えたとも、解せられないわけではないが、普通は本文のごとく解しているようなので(たとえば、森銑三『改訂渡辺崋山』、二一五頁)、かりにこれに従っておく。
(31) 松岡次郎『全楽堂記伝』、崋山掃苔録、二五頁。
(32) 崋山掃苔録、二九四頁。
(33) 塩田華『立原杏所伝』、事実文編、第三、四五三頁。無名居士『立原両先生』。
(34) 四屋恒『赤井先生墓表』、事実文編、第三、四六九頁。
(35) 崋山掃苔録、二九〇頁。
(36) 森銑三『改訂渡辺崋山』、一三七頁。
(37) 古賀増『先考侗庵君行述』、事実文編、第三、四七〇頁。
(38) 崋山掃苔録、二九五頁。なお大槻文彦「高野長英行状記」(『復軒雑纂』、三九一頁)、参照。
(39) 前掲、『全楽堂記伝』、二五頁。
(40) 崋山掃苔録、二九〇頁。石井研堂『安積艮斎詳伝』。漢学者伝記集成、一〇三七頁。
(41) 『烈士録』(写)、(桃裕行氏の示教による)。

(42) 同。
(43) 沼田次郎『幕末洋学史』、二四二―七頁。
(44) 『福翁自伝』(岩波文庫)、一七九頁。
(45) 高野長英全集、第四巻、二五頁。
(46) 『新撰洋学年表』、天保七年、同九年の条。遠藤利貞遺著『増修日本数学史』、五四七頁。
(47) 井野辺茂雄「蛮社の獄」(前掲)。
(48) 遠藤、前掲書、五二〇頁および六三八頁。『新撰洋学年表』、天保五年の条。林鶴一『和算研究集録』、一五二―五頁。
(49) 『新撰洋学年表』、天保六年の条。
(50) 『文明東漸史』、外篇、三三一頁。
(51) 伊奈森太郎『隠れたる先覚者三宅友信』。
(52) 井上親氏所蔵、田原藩日記抄。
(53) 三宅友信自筆『蘭書目録』、兵書之部(復製本)。
(54) 崋山全集、三二〇頁。
(55) 森銑三「春山鈴木先生伝」、鈴木春山全集、上巻、所収。
(56) 真木定前あて崋山書簡、崋山全集、一六八―九頁。
(57) 佐藤堅司『日本武学史』、七五七―六一頁。
(58) 真木定前あて崋山書簡、崋山全集、二〇五頁。
(59) 崋山全集、五七頁。
(60) 三宅文書、「御玄関置帳」。同、「御用人方日記」。大須賀初夫編『全楽拾遺』(未刊)。
(61) 『新撰洋学年表』、天保十二年の条。
(62) 〔天保十二年〕五月十四日付、村上定平あて崋山書簡、崋山全集、五五九頁。
(63) 伊奈、前掲書。
(64) 岩崎鉄志「幕末における田原藩の財政復興計画」、日本歴史、一七〇号。

(65) 呉秀三『シーボルト先生、其生涯と功業』、七二九頁。伊東多三郎「蘭学者幡崎鼎」、伝記、四ノ一。
(66) 崋山全集、一〇八—九頁。
(67) 羽仁五郎『佐藤信淵に関する基礎的研究』。森銑三『佐藤信淵、疑問の人物』。
(68) 『経済要略』、序、滝本誠一編、佐藤信淵家学全集、中巻、二六一頁。『経済要録』、序言、同、上巻、六五五頁。
(69) 森、前掲書、一八七—一九〇頁。
(70) 北島正元「幕末における徳川幕府の産業統制」、人文学報、十七。石井孝「佐藤信淵学説実践の企図」、歴史学研究、二二一。
(71) 森、前掲書、一六一頁。
(72) 同、一三五—九頁。
(73) 同、一四三頁。
(74) 崋山全集、二九九頁。
(75) 同、一九九頁。
(76) 同、三〇〇頁。
(77) 次章、第五節、参照。
(78) 江川文書、松本斗機蔵書簡(写)。とくに天保十年二月十九日付の斎藤弥九郎あて書簡によれば、当時鳥居燿蔵とともに江戸湾備場巡見中の江川の身を案じて、出府し、崋山方を訪れて、その消息を尋ねている。これによって崋山とも懇意であったことがわかる。
(79) 日本海防史料叢書、第四巻、五七頁以下。
(80) 同、第三巻、松本斗機蔵上書。
(81) 井野辺、前掲論文。
(82) 呉、前掲書、七五七頁。『新撰洋学年表』、天保四年・弘化三年の条。
(83) 崋山全集、一一七頁。
(84) 森銑三『改訂渡辺崋山』、二一三—四頁。

(85)　日本経済大典、第十五巻、所収。
(86)　江川文書、「斎藤篤信斎履歴書」。大坪武門『斎藤弥九郎伝』。
(87)　崋山全集、三一五頁。
(88)　崋山掃苔録、二九〇頁。
(89)　付章、二、参照。
(90)　『文明東漸史』、外篇、三二七頁。

第五節　守旧派の実態

崋山ら「蛮社」をおとしいれた守旧派が、目付鳥居耀蔵、およびかれを含む林家一門からなることは、当時においても、すでに知られていた。すなわち、高野長英が立原杏所にあてた獄中書簡に、つぎのように記されている。

或人の説に、宿儒老先生（鳥居耀蔵が父大内記衡のこと也）夢物語（割註略）を一見して申けるは、如レ此書を述ぶる者は可レ斬と為り。又華山（マヽ）西学を好候を甚だ忌候由。又華山の西学を助くるものは、小生并三英と申、是又殊の外悪み被居候由。是れ一原因と被存候。又当春（天保十年）江川、鳥居両君浦賀巡見の節、海岸諸処測量の儀に付、其間不和の由承候。是は鳥居君に従居候御小人目附小笠原貢蔵と申者、少々町間術心得居候方歟、大抵絵図書認候処、其仕方不宜敷方歟、江川不服、仍て華山紹介にて、小生社中の奥村喜三郎内田弥太郎を招候処、貢蔵右を恨み候儀に付、竟に其端を啓き候由、是又一原因と奉存候。扨て貢蔵兼て虎一（花井―筆者註）に懇意の由に付、右を欺き出訴為仕候て、華山小生并一体西学者流不レ残吟味為レ致候て、竟に江川羽倉にも波及為レ致度の存慮と相見へ申候云々、（下略）[1]。

ここで、長英は、林家の当主、述斎林大内記衡[2]の崋山ら洋学の徒に対する嫌忌と、述斎の次男、鳥居耀蔵と、蛮社社中の江川英竜とが、浦賀海岸の測量をめぐって衝突したという、いわゆる浦賀測量事件の二つを獄の原因として、挙げている。そのうち、後者については、のちに詳細な検討を加えるはずであるが、ともかくも、幕府の文教を掌る林家一門の、崋山らに対する嫌忌が、獄の背景をなしていたことは、疑いないように思われる。

もっとも、かかる見方に対して、批判的な見解がないわけではない。すなわち、井野辺茂雄博士は、かつて花井虎一の密訴を幕府に報じた、鳥居耀蔵の上申書を紹介した際、崋山らの弾圧をもって、新旧思想の衝突と解し、あるいは鳥居らの陰謀とみなす、『文明東漸史』以来の通説を批判して、「蛮社の獄は要するに、処士の横議を許さゞる幕府の制度に触れたるが為なり。新旧思想の衝突を以て目すべきにあらず」と、結論を下された。(3) 井野辺博士がその理由とされたのは、鳥居が固陋な漢学者流と異なり、洋学の存在価値を認めていたこと、およびかれが花井の密訴を上申するにあたり、とくに意見を付して、江川英竜および羽倉用九を弁護している、という事実である。そのうち、後者であるが、井野辺博士は、鳥居の上申書に接した閣老水野忠邦が、あらためて幕吏に崋山らの身辺を探索させた際の報告書を、同じく鳥居の上申書と誤解し、これに「御代官羽倉外記江川太郎左衛門儀は蘭学ニ志有之候へ共、差当り蛮国ニ通し、前書之始末柄(無人島渡航を企てた事実—筆者註)は無之哉ニ相聞申候」と、あるのを根拠としているのであって、これは論ずるまでもなく、誤りである。(4)

つぎに、前者についていいえば、井野辺博士がその論拠としたのは、天保十四年、蘭方医学書『泰西名医彙講』の出版について、請願がなされた際、検閲の任にあたった医学館の主宰者多紀安良が、出版禁止を主張したのに対し、当時町奉行であった鳥居が、許可を主張して譲らなかった、という事実である。しかしながら、鳥居が多紀の禁止説に反対したのは、かならずしもかれが洋学そのものの価値を認めたからなのではない。多紀が前記書籍の出版禁止を主張したのは、「近来蘭学盛に行れ、右様之蘭書彫刻致候はゞ、漢士之医学追々廃れ候様に可相成」きことをおそれたためであった。しかるに、これに対して、鳥居はつぎのように反駁している。

西洋諸国之書籍、兎角新奇之説を以、偽眼を眩惑為仕候事多く、元より好ましからぬ儀に付、兼而抑留仕度候得共、天文、暦数、医術書、蛮夷之書とても、専ら御採用相成、既に官医にも蘭科専門之者も御座候上は、蘭科にて治験有之候薬方漢土之医術には有用之書にも有之間敷候得共、蘭科専門之者に於ては、極而有益之書に可有之も難計、純駁精粗之弁なく、只漢土之医学廃れ可申との懸念、或は医家有用之書に無之との見込を以、彫刻差止候者、一己之学ぶ所に而已偏僻仕如何にも狭隘之論に陥り、却而広く医術精詣之者出来候様、厚く御世話被為在候御趣意にも触れ可申哉。(下略)(5)

鳥居の主張は、一見正論のごとき印象を与えるかも知れない。しかし、これを子細に検討するならば、かれの本心が、「西洋諸国之書籍、兎角新奇之説を以、偽眼を眩惑為仕候事多く、元より好ましからぬ儀に付、兼而抑留仕度」というところにあり、ただ当局が「天文、暦数、医術書、蛮夷之書とても、専ら御採用相成、既に官医にも蘭科専門之者も御座候上は」、蘭方医学書の出版は、これを許可すべきであるという、事大思想に基づいて、そう主張しているにすぎないことに気付くであろう。してみれば、「天文、暦数」や医学のごとき、当局の許可した科学技術部門を越えた、崋山ら「蛮社」の洋学に対して、鳥居がこれを是認したとは考えられない。

さらにまた、崋山らに対する林家一門の敵視を伝えるものとして、つぎの事実があげられる。それは、前節で触れた安積艮斎邸の新築落成会の席上における、崋山と林述斎の三男、林式部との衝突である。(6)『奪紅秘事』の著者、赤井東海は、これをつぎのように伝えている。

因に曰、戊年(天保九年)の暮十八日に安積祐介新築に付、落成会に当時之八傑と申者相招き申候、所謂林式部殿(林家三男にて、当時二の丸御留守居林家名代相勤候)、井戸鉄太郎、篠田藤四郎など、其外渡辺登も参申候。(中略）其砌登事輿地の図にて異域を弁証仕候事、掌中に見る如く、雄弁宏方、一座を圧倒致し、六傑の者感賞斜ならず候、然処式部殿一人柱によりて冷笑致候よし、是によつて崋山之禍は艮斎（艮斎は安積の号なり）楼上に始ると世上に申伝に申候。(7)

当時の世界地理学は、「万国の治乱、興廃、人情世態を、詳かにするの学」(8)として、いわば政治学的性格の色濃いものであった。それだけに、崋山の世界地理学に関する博大な知識が、林式部の冷笑をかったという所伝は、林家の嫌忌のよって来たるところをうかがわしめるに足るものである。ただし、両者の思想的立場の相違については、のちに具体的事実に即して、検討するはずなので、ここでは、以上を指摘するだけに止めたいと思う。

ところで、林述斎らが崋山らを嫌忌した理由として、いま一つ、つぎの事実をみのがすことができない。すなわち、すでに明らかにしたように、崋山の傘下に集まった知識人の中には、幕府の儒官古賀侗庵をはじめ、紀州藩儒遠藤勝助、高松藩儒赤井東海、水戸藩儒立原杏所、二本松藩儒安積艮斎等の儒者が、多数名をつらねており、さらに江川英竜にしろ、羽倉用九にしろ、林家に出入りし、とくに林式部や鳥居耀蔵と親交があった（後述）。その上、崋山自身もまた、述斎の高弟、佐藤一斎および松崎慊堂に師事し、ために一時は、林家の門下の一人に数えられていた。(9)しかるに、かれらは、崋山をはじめとして蘭学に心を傾け、とくに崋山の場合、かれは長英・三英らの蘭学者を擁して、当時「蘭学にて大施主なり」との評判を得るにいたったのである。この事実が、林家一門の嫉視を招いたことは、想像に難くはない。長英は、この点について、

近頃は、蘭学殊の外開けて、医学はいふに及はず、天文、地理、兵法、工技に至るまでも、蘭派を以て、一家を為す者あるから、其内には奸佞欺詐の徒もありて、世に痛く、悪み玉ふ人もありなん、又左なくとも、異端の説なりとて、善悪の差別なく、唾して顧りみ玉はず、其者共の議論は、かたはら痛く思す方もあり、或は又、西洋

地理学は、万国の治乱、興廃、人情世態を、詳かにするの学なれば、近頃碩学の諸先生も、往々心を蘭学に傾け、或は儒よりして、蘭に入る人もあり、去る故に之を、痛く悪み嫉み玉ふ方もあり。(10)（鳥の鳴音）

と指摘している。してみれば、林家の心情は、あたかも漢方医学の衰退をおそれて、蘭方医書の出版禁止を主張した、多紀安良のそれと異なるものではなかった、と評することができよう。わたくしは、以上の点からして、蛮社の獄の要因として、林家一門の存在を無視することができぬ、と考える。

さて、つぎに明らかにしておきたいのは、鳥居耀蔵ないし林家と、江川英竜・羽倉用九ら幕府官僚との関係である。長英は、『蛮社遭厄小記』の中で、「儒家ニ出身シテ文人ナル故、蛮学ヲ嫌忌」する鳥居が、そのゆえに、「蛮学ヲ尊信シ、崋山ナド、親シク来往シ、外藩ノ事情ヲ探索シ、国家ノ不虞ニ備フルノ志」をもつ江川と、かねがね反目していたと説き、これをば、浦賀測量事件とこれにつづく蛮社の獄の伏線としている。(11)しかも、この説がそのまま、『文明東漸史』に継承され、こんにち通説化しているのである。しかしながら、すくなくとも天保十年以前にあっては、両者の反目を示す証拠がない。のみならず、もともと両者は昵懇の間柄であった。このことは、蛮社の獄の真相を究明する上で、重要な意味をもつと考えられるので、ここで暫く説明を加えておこう。

鳥居耀蔵（寛政八年―明治七年　一七九六年―一八七四年）　名は忠耀、胖庵と号した。林述斎の次男で、のち旗本鳥居一学の養子となり、家禄二千五百石をはんだ。かれの知行地は、豆州大平村および柿木村にあり、江川の支配地に接していた関係から、鳥居は村方支配について、兼てから江川に依頼するところがあった。そのため、天保七年の飢饉に際して、江川は支配地廻村の途次、みずから鳥居の知行所に立ち寄り、窮民の救済に尽力している。(12)

さらに、前掲江川の天保八年『御参府諸用留』によって、両者の関係を見よう。江川は天保八年七月十五日に参府、同二十九日に至り、鳥居が用人永江弾右衛門を使者として江川方に遣わし、前記の窮民救済に関する謝意を伝えるとともに、「猶又久々拝面も不被仕御疎遠而已打過候段、甚残念被奉存候所、此度御参府幸之儀ニ付、御逗留中御閑暇も被為在候はゝ、緩々拝面万端御物語も被仕度」と、江川を自宅に招待し、江川は八月二日に鳥居方を訪れている。なお右に引用した永江の口上の中に、「久々拝面も不被仕」云々とあることから、両者の交際の久しいことがわかる。江川は、翌八月三日、鳥居およびその実兄の林左近将監(皝、述斎嗣子)に山葵を送り、同八日には、おそらくその礼状であろう、両者の直書に接している。ついで二十日には、林左近将監の招きで、羽倉用九とともに林式部方を訪問している。そして、翌二十一日には鳥居からの直書が到来、二十二日に返書を送り、二十五日、勘定所に出仕したのち、鳥居方を訪れ、二十九日には再び鳥居の直書到来、翌三十日に鳥居を訪問、さらに九月十八日にいたって、述斎林大学頭を訪問している。

以上によって、われわれは、江川が崋山と相知るにいたった天保八年当時、鳥居のみならず、大学頭林述斎、左近将監、式部等、林家一門の人々と親しく交わっていたこと、またこれとともに、羽倉用九もまた、林家と関係を有していたことを知り得た。しかも、その後天保十年のいわゆる浦賀測量事件において、江川と鳥居とが確執したという事実があったにしろ、両者は間もなく表面上、和解しており、(13) さらに両者の交際は、鳥居の失脚する弘化元年(一八四四年)まで続いている。(14) したがって、この点に関しては、通説が、当然修正されなければならない。

もっとも、右の事実は、両者の政治的対立をかならずしも否定するものではない。さらにまた、蛮社と対立した守旧派が、鳥居を含む林家一門を中心にしていたにしろ、これをかれらのみに限定することは、蛮社の獄の本質を卑小化するおそれがあるように思われる。

ここで観点をかえれば、崋山に接近した江川・羽倉・川路らは、いずれも勘定所系官僚であり、これに対して、鳥居は、天保八年以来、目付の職にあった。しかも、天保十年の江戸湾備場見分にあたって、江川は現地から絶えず崋山と連絡を保っていたのに対し、鳥居は同僚の目付佐々木三蔵らとしばしば文通している(後述)。この事実から、一応番方層と役方層との対立が想像されないでもないが、遺憾ながら、詳細は全く不明である。しかしながら、鳥居ら守旧派が、江川・羽倉ら開明派官僚の背後にあった崋山の弾圧に成功したのは、幕府官僚内部にこれを支持する勢力があったからであり、さらにまた、後述するごとく、天保十二年以後に開始された幕府の軍事改革をめぐって、両派の対立は極度に激化し、それが高島秋帆の弾圧をもたらしたばかりでなく、閣老水野の失脚の一因とさえなっている(15)。これらによれば、崋山ら蛮社と対立したのは、単なる林家一門にとどまらず、かれらを主軸とする幕府官僚内部の守旧的勢力であった、と解すべきではなかろうか。

(1) 崋山全集、一〇四頁。
(2) 林述斎(明和五年―天保十二年 一七六八年―一八四一年)　名は衡、幼名は熊蔵、美濃国岩村城主松平乗蘊の第三子。寛政五年(一七九三年)、特旨をもって林家の名跡を継ぎ、大学頭をなのり、昌平黌の学制改革、教育内容の充実を図って、これを名実共に官学たらしめた。天保九年十一月、職を嗣子皝に譲り、大内記と称したが、旧のごとく、機務に参与した。天保十二年、病没。かれには男女おのおの九人の子があり、嫡男および次男が夭折したため、三男皝(檉宇)が嗣子となった。鳥居耀蔵は四男、のちに見える林式部は六男であるが、普通は、鳥居を次男、林式部を三男と称している(漢学者伝記集成、一〇〇九頁)。
(3) 井野辺、前掲論文。
(4) 付篇、二、鳥居耀蔵の上申書について、を参照のこと。
(5) 蘭科医書彫刻之儀ニ付申上候書付、「追加市中取締類集」、徳富猪一郎『近世日本国民史』、天保改革篇、三〇八頁。
(6) 林式部(寛政十二年―安政六年 一八〇〇年―一八五九年)　名は韑、藕潢と号し、晩年、復斎と改めた。式部はその通称である。述斎の第三子(実は第六子)で、嘉永六年、宗家大学頭健(長兄檉宇の子)が没するや、特旨によって宗家に復し、大学頭となった(安積信、故大学頭林文毅公墓碑銘、事実文編、第四、一〇一―四頁)。
(7) 崋山掃苔録、二九〇頁。

(8)『鳥の鳴音』、高野長英全集、第四巻、一〇四頁。
(9)『蛮社遭厄小記』、同、二四頁。
(10)高野長英全集、一〇―一一頁。
(11)同、二八―九頁。
(12)江川文書(写)。
(13)『麹町一件日録』、天保十年五月十八日の条、参照。
(14)江川文書、「書札写」中に含まれた、鳥居耀蔵書簡はおよそ三十通あり、いずれも江川英竜にあてたものである。そのうち、最後のものと思われるのは、弘化元年二月九日付の書簡で、江川が鳥居に山葵を送ったのに対する礼状である。なおその後、同年六月二十一日に、水野忠邦が老中に再任、同年九月に鳥居は町奉行を解任させられている。
(15)本篇、第三章、第四節、参照。

第二章　江戸湾防備問題と蛮社の獄

はしがき

周知の通り、海防論が台頭するのは、北方からするロシアの脅威が加わった、明和・安永のころである。当時わが方では、長崎を除けば、いずれの海岸にも、対外防備施設というべきものが、ほとんど存在しなかった。このことは、幕府権力の所在地である江戸近海においても、例外ではなかった。なるほど幕府は、江戸湾警衛のために、すでに元和二年に下田奉行を、また寛永元年には三崎・走水奉行を設け、のちこれらを改廃して、享保五年以来、浦賀に奉行所を設置している(1)。しかし、それらはいずれも、国内諸船の船改めを任務としていたのであって、この点、江戸に通ずる諸街道に設けた関所と機能を異にするものではなかった(2)。のみならず、幕府は、諸侯の配置にあたっても、もっぱら内政的配慮から、江戸湾周辺の諸国に有力大名を置かず、その大半を直轄地と小給地に充てた結果、この地には、海防に転用し得る潜在的な軍事力さえ存在しなかったのである(3)。

このような江戸湾防備の欠陥は、十八世紀以降あらたに国際的緊張が加わるにつれて、当然問題とならざるを得なかった。すなわち、この点をいち早く指摘したのは、林子平であった。周知の通り、かれは、『海国兵談』の中で、つぎのように論じている。

竊に憶へば当時長崎に厳重に石火矢の備有て却て安房、相模の海港に其備なし此事甚不審《イブカシ》、細カに思へば江戸の日本橋より唐、阿蘭陀、迠境なしの水路也然ルを此《コヽ》に不レ備して長崎にのみ備ルは何ぞや小子か見を以てせば安房、相模の両国に諸侯を置て入海《イリウミ》の瀬戸《セト》に厳重の備を設ケ度事也　　日本の惣海岸に備ル事は先此港口《ミナト》を以て始ト為へし是海国武備の中の又肝要なる所也。(4)

もっとも、海防のために諸侯を江戸湾周辺の地に移封するという子平の構想は、諸侯配置の原則に抵触せざるを得ないし、またこの点をどう解決するかについて、かれは何ら具体策を提示していない。(5) しかしながら、右に指摘された海防と内政との矛盾の調整こそ、その後幕府が江戸湾防備に着手するにあたって、解決をせまられた課題であった。

さて、筆者の解するところによれば、蛮社の獄は、直接には、江戸湾防備問題をめぐる幕府官僚間の対立に派生した政治疑獄にほかならない。そこで、本章では、上述の観点から、江戸湾防備問題の展開過程を概観したのち、天保期にいたり、いわゆるモリソン号事件を契機として企画された江戸湾防備体制の改革をとり上げ、これとの関連において、蛮社の獄の真相について解明を試みたいと思う。

(1)『通航一覧』、第八、附録巻之十、「海防、御備場部、伊豆国下田」、三六七―九頁。同、「相模国三崎并走水」、三八一―二頁。

(2) 同、「伊豆国下田」の部の編者解説に「此津、及ひ三崎、走水等を置れしは、もと船改の事主意にして、寛政以前の記録に、異国船防禦筋の事をのせされとも、寛政四年十二月触られし海防の御書付に、以前は下田、三崎、走水等に奉行を置れ、其上海辺御備向、寛永之頃追々御内調有之云々と見えたり」とあるが、寛政四年十二月の海防書付の記載にどれ程の信を置けるかどうか疑わしい。それよりも、むしろ「此津及ひ三崎、走水等を置れしは、もと船改の事主意にして」として、寛政以前に異国防禦筋の記録がないと記している点に注意すべきでなかろうか。なおこれらの奉行所が船改めを主な任務としていたことを示す史料としては、「寛文六年四月十七日付、三崎下田船改之書付」、『通航一覧』、第八、三七二頁、を参照のこと。

(3) 江戸湾周辺の地の大部分が、直轄地および小給地から成ることについては、後掲鳥居燿蔵および江川英竜の見分復命書を参照されたい。なお文化十年当時の江戸湾周辺諸国、すなわち、相模・上総・下総・安房の四ヵ国における大名配置の実状を、参考迄に示すと、左の通りである。

相模		
小田原	大久保忠真	一一・三(万石)
荻野中山	大久保教孝	一・三
久喜	米津通政	一・一
上総		
久留里	黒田直侯	三・〇
佐貫	阿部正簡	一・六
大多喜	松平正升	二・〇
飯野	保科正徳	二・〇
小池	山内豊武	一・三
五井	有馬久保	一・〇
下総		
結城	水野勝超	一・八
古河	土井利堅	七・〇
多古	松平勝升	一・二
佐倉	堀田正愛	一一・〇
小見川	内田正良	一・〇
生実	森川俊孝	一・〇
高岡	井上正国	一・〇
安房		
館山	稲葉正盛	一・〇
勝山	酒井忠嗣	一・二

これから知られるように、十万石以上の大名は、小田原藩大久保、佐倉藩堀田の二侯のみであり、ほかに古河藩土井の七万石があるが、これらを除けば、いずれも三万石以下の小大名で、とくに一万石台が圧倒的に多い。しかも、十万石以上の小田原、佐倉にしろ、これに準ずる古河にしろ、いずれも江戸湾から隔たっている。

（4）　林子平全集、第一巻、一二六頁。

（5）　もっとも子平は、同じく『海国兵談』の中で、ヨーロッパ諸国について、「欧羅巴の諸国は大小の火器を専トして其外の飛道具甚多シ尤艦船の制。妙に精クして船軍に長シたり殊に其国。妙法有て能治メて和親するゆへ。同国中にて同士軍をせざる也是　日本唐山等の企及さる所なり」（前掲書、一一七頁）と述べ、わが国の割拠的体制を暗に批判している。この思想は、国防のためには、軍事面における中央集権化を不可欠の条件と、かれがみなしていたことを暗示しているように解せられる。

第一節　江戸湾防備問題の展開

幕府がはじめて江戸湾防備の問題をとり上げたのは、寛政四年（一七九二年）十月、ロシア使節ラクスマンの蝦夷地渡来の報に接した時のことであった。当時の執政松平定信は、ラクスマンが日本人漂流民の送還を口実に、江戸入港を希望していることを知って、江戸湾の無防備に等しい状況に、いまさらながら狼狽せざるを得なかった。すなわち、かれの眼に映じた江戸湾の現状はつぎのごときものであった。

第一安心不仕は房州豆州上総下総等にて候。沼津辺よりは大概海辺に居城も有之処、右四ヶ国は尤小給所又は御領所等にて、一向に御備無之、下田奉行も相互に浦賀え引移り候上は、猶更御手当も無之同様に候。異国船右之場所より浦賀え乗入、品川え来り候節は、大井川箱根之御固も寔に徒然に相成、可恐之場所にて候。(1)

定信はその対策として、幕臣諸士を要地に土着させて、防備にあたらせるという計画をたてた。いま同年十二月十二日に、勘定奉行柳生主膳正（久通）および久世丹波守（広民）に下した書付によれば、まず下田の出崎および入海の左右に「海辺御役所」を設け、ここにそれぞれ三千石以上の寄合を二人あて、計六人を奉行として土着勤務させるとともに、小普請組より上番二十五人、下番百人を選んで配属、土着させる、つぎに房総豆の諸ヵ国にも同様の役所を設けて、交代寄合並のもの十人を配置するというのが、かれの構想の骨子である(2)。ついで定信は右の計画を実施するにさきだち、翌五年一月に、前記役所の用地ならび備場選定のため、勘定奉行久世らを現地に派遣し、また同年三月には、みずからも伊豆・相模の巡視におもむいた(3)。

しかるに、その後七月二十三日にいたり、定信が防備計画の実施を見ぬまま、退任を余儀なくされ、ついで翌六年八月三日には、老中戸田采女正（氏教）が勘定奉行久世らに書付を下して、

右御場所之内、先浦賀奉行御役所向なと被取建、其外は連々に取懸り候姿に相成候ても可然哉。

と、定信の計画の、全面的実施を一時延期すべきことを指令した。おもうに、これよりさき、寛政五年六月三十日にラクスマンが蝦夷地を退去して、情勢が緩和された結果、

追々御固め番所等之分計出来居候得は、遠境と申にも無之、万々一異国船等寄せ来候とても、小人数に候はゝ、神速之儀も可有之哉に候得共、論するにたらす、多勢船数に候はゝ、前方にも相知可申儀、其節に至り、勤番之姿にて、寄合又は上番、下番被遣、時急に寄ては、其余人数も被差向候はゝ、御備は相立可申哉。

という、きわめて安易な国防観が、幕府内部において支配的になったことが、その理由として挙げられよう。しかしながら、同時に、かかる空気を反映して、定信の土着策に対する旗本諸士の不平不満が表面化したことも、みおとすことができない。すなわち、上記戸田の書付には「土着寄合をはじめ、上番下番とても同様之儀、人情においては不容易、箇様之類は先被見合云々」と、土着策が実施にあたって、いかに困難かが述べられている(4)。このようにして、

定信の防備計画は事実上、放棄されるにいたったのである。

ところで、その後文化元年(一八〇四年)に、ロシア使節レザノフの来航があり、これに対して、幕府が通商の要求を拒絶したため、北方海域においてロシア船による暴行事件の頻発をみるにいたった。ここにおいて幕府は蝦夷地警固のために、奥羽諸藩に対して動員令を下すとともに、江戸湾防備についても顧慮せざるを得ず、文化四年(一八〇七年)十月、鉄砲方井上左大夫に命じて、伊豆国下田ならびに相模国浦賀、および安房・上総両国の海岸を見分させ、さらに翌五年四月には、前記井上とともに、浦賀奉行岩本石見守、代官大貫次右衛門に命じて「伊豆相摸安房上総国之内、大筒御台場御目論見、浦賀御番所、御役所、三崎御役宅、下田御用所御普請御目論見」の目的で、ふたたび見分をなさしめた。(5) そして、文化七年二月には、白河・会津両藩に江戸湾の防備を命ずるとともに、会津藩には相州三浦郡、また白河藩に対しては上総二郡、安房三郡、合せて三万石余りの領地替えをなさしめ、これに相当する兵力を同地に常備させることとした。ついで、翌八年には、あらたに相模国浦賀平根山、同鴨居村観音崎、城ヶ島、および上総国百首村竹ヶ岡、安房国波佐間村洲之崎に備場(台場)を設け、これらをそれぞれ両藩に管掌させた。このようにして、江戸湾防備体制がはじめて具体化されるにいたったのである。(6)

しかるに、文化十年にいたり、ロシア側との間に和議が成立して、北方海域における緊張が緩和された結果、幕府はようやく海防に対する熱意を失い、文政三年(一八二〇年)十二月には、会津藩主松平肥後守(容衆)の内願により相模国の海防を免じた。そして、同国の備場を浦賀奉行の所管に移すとともに、城ヶ島の備場を廃止し、かつまた、非常の際には小田原藩および川越藩が防衛に参ずることとした。(7) これについで文政五年には、白河藩側の意向に反して、安房国州之崎の備場を上総国富津に移し、翌六年には同藩を桑名に移したのを機会に海防を免じ、備場を代官森覚蔵の所管とし、佐倉藩および久留里藩をもって後詰とした。(8) その結果、防衛体制の規模はいちじるしく縮小をみるにいたった。しかも、これからまもなく、文政八年(一八二五年)二月に、異国船打払令を発布するという、非常事態が生じたにもかかわらず、幕府はあえてこれを補強しようとしていない。

いま試みに、常備兵力を比較してみよう。文化度の改革における常備兵力の正確な数は不明である。しかし、かりに白河藩の替地三万石、会津藩の場合もこれに準ずるものとせば、慶安二年(一六四九年)の「軍役人数割」(9)によって推定される、両藩の替地合せて六万石に相当の軍役は、およそ千二百人余りである。しかるに、文政度の改革以降にあっては、天保十年の調査にしたがえば、浦賀奉行の所管である相州観音崎および平根山備場の兵数は合せて与力十八人、同心七十四人、計九十二人であり、代官森覚蔵の所管に属する竹ヶ岡・富津の備場の場合は、手附二十一人、これに見習四人、足軽十五人を加えて、わずかに四十人にすぎないと報告されている。(10)

(1)「海辺御備愚意」、海舟全集、第六巻、『陸軍歴史』上、三六四頁。
(2)「寛政四年十二月十二日主膳正丹波守え越中守殿御渡候御書取」、同、三六五頁。
(3) 末松保和『近世における北方問題の進展』、二三七頁以下。
(4)「戸田采女正より久世丹波守勘三郎甚八へ渡書付」、『通航一覧』、第八、四四〇頁。
(5)『通航一覧』、第八、四四一―二頁。
(6) 同、第八、三九七頁以下。渋沢栄一『楽翁公伝』三五〇頁以下。江川文書、鳥居耀蔵「海防見込書」。
(7) 同、第八、四〇一―二頁。
(8) 同、第八、四〇六―八頁。『楽翁公伝』三五六―七頁。
(9) 創文社版『徳川禁令考』、前集第一、九一頁。
(10) 江川英竜「相州御備場其外見分見込之趣申上候書付」、『陸軍歴史』上、三七五頁。

第二節　モリソン号事件とその反響

文政打払令が発布されてのち、しばらくの間、外国船との間にさしたる紛擾を生ずることなく、対外関係は、一時小康を得たかの観を呈した。[1] しかし、その間、極東における国際関係は、イギリスの対清貿易の進展に伴い、新たな局面に入りつつあった。

すでに十八世紀の末から、一部のイギリス人の間に、日本貿易再開の動きがあらわれていた。しかし、当時極東貿易を独占していた東インド会社が、これに反対したばかりでなく、政府も世論も、一般に、この問題には無関心であった。[2] また十九世紀のはじめ、北太平洋に移動する鯨群を追って、イギリス捕鯨船が日本海域に姿をあらわし、日本側との間にしばしば紛争を巻きおこしたものの、[3] それは、本国において、採り上げられることはなかった。[4] しかるに、一八三四年(天保五年)にいたり、自由貿易主義者の主張が大勢を制して、東インド会社の対清貿易独占が廃止され、その指導が直接政府の手に移るとともに、あらたに任命された貿易監督官(Superintendents of Trade)および在清の自由商人により、日本貿易の再開が、あらためて考慮されるにいたった。[補註1] そのあらわれの一つが、無人島(小笠原諸島)占領計画であり、他の一つは、モリソン号(Morrison)の日本渡来である。

無人島は、一八二七年(文政十年)、英艦ブロソム号(Blossom)が同島に寄港し、艦長ビーチイ(Capt. F. W. Beechey)が英国所属を言明して以来、その存在が、ようやくヨーロッパ人の注目を惹くにいたったもので、その後一八三〇年(天保元年)には、英人を含む一団のヨーロッパ人が、同島に寄港する捕鯨船ならびに商船に対し、食料を供給する目的で移住し、英国政府に対して、同島の公式占領と保護を請願した。しかるに、当時、英国商品のための市場拡大を目論見つつあった貿易監督官側では、これを好機とし、とくにそのひとりであるチャールス・エリオット(Capt. Charles Elliot)は、一八三四年の暮、海難にあって、たまたま同島に避難した英船ボランテー号(Volunteer)の報告によって、同島の対清および対日貿易の基地としての価値を認め、本国政府にその占領を勧告した。よって政府では、実状調査のため、英艦ロウレー号(Raleigh)を派遣することになった。(5)ロウレー号による無人島調査が実施されたのは、一八三七年のことであるが、この年、これとほぼ同時期に行なわれたのが、米国商船モリソン号の日本渡航である。

一八三四年、アメリカの西海岸に漂着した日本人漂流民三名が、イギリスのハドソン湾毛皮会社の保護の下に、ロンドンを経て、一八三五年十二月、マカオに送られた。貿易監督官チャールス・エリオットは、かれらの送還を利用して、日本と貿易を開かんと計画したが、本国政府の許諾を得ることができず、中止のやむなきにいたった。しかるに、アメリカの在清商社オリファント会社(Olyphant & Co.)の支配人チャールス・キング(Charles W. King)がこれを知り、上記の漂流民および、これとは別に、マニラから送還された四人の日本人漂流民を、米国船をもって本国に送還することを提案した。もちろんその目的が、日本貿易にあったことはいうまでもない。当時、日本人漂流民の送還の方法に窮していたエリオットは、止むを得ずこの提案を受諾したものの、アメリカに先んじられることを喜ばなかったかれは、日本貿易に関するイギリス側の権利を留保するため、貿易監督官付の主席通訳官ギュツラフ(Charles Frederick Augustus Gutzlaff)を同乗させることを求め、ギュツラフに対して、日本人漂流民の保護をなさしめるとともに、帰還後、日本遠征の経過について一切を報告するよう義務づけた。したがって、これら漂流民の送還に際して用いられたのが、米国船籍をもつオリファント会社の所属船モリソン号であり、その指揮にあたったのが、米人キングであったにしても、同船の日本渡来には、駐清イギリス官憲側の意向が加わっていたことは、これまた否定でき

ないところである。(6)

さて、モリソン号は、キングの指揮の下に、一八三七年七月四日、マカオを出航し、途中、沖縄本島の那覇港外に停泊して、これより先、無人島方面調査のため航行中の、英艦ロウレー号に搭乗していたギュツラフの到着を待って、七月十五日、無人島にむかうロウレー号に別れを告げ、日本にむかって航行を続けた。そして、七月二十九日の夜にいたって、目的地である江戸湾に到達した。(7)

わが方では、その翌日、すなわち、天保八年六月二十八日(一八三七年七月三十日)の昼近くに、浦賀奉行太田運八郎(資統)が三崎詰支配与力香山助七郎からの急報でこれを知り、ただちに江戸に報告するとともに、平根山備場に出兵し、また後詰の任にあたっていた小田原藩および川越藩に連絡して、モリソン号の接近とともに、砲撃を開始した。もちろん、浦賀奉行は、同船がわが漂流民を送還せんとする米船モリソン号であることを知る由もなく、またモリソン号側でも、その砲撃の意味を理解することができなかった。しかし、モリソン号は、これにより進航を中止して、三浦郡野比村沖に退避することを余儀なくされた。この機に乗じて、浦賀奉行太田は夜中野比村方面に人数を繰出し、また三百目玉大筒三挺および中筒・小筒を廻し、翌朝未明から再び砲撃を加えた。そのため、モリソン号は止むを得ず、江戸湾を退去した。その後同船は、帰航の途中、鹿児島湾に立ち寄り、漂流民を上陸させようと図ったが、薩摩藩側の砲撃にあったため、一切の計画を断念して、八月二十九日の夕刻、マカオに帰港した。(8)

ところで、モリソン号は出帆に先立ち、日本側との無用な紛争を避けるために、同船に備えた武器の一切を陸揚げしていたから、完全な非武装船であった。それゆえ、日本側の砲撃に対して、何らの応戦をもなし得ず、むなしく退去したのであった。(9)しかも、同船に搭乗したキングは、この砲撃について「船とその乗員が重大な危害を免れ得たのは、彼等に望遠鏡が無かったこと、及び大砲を操縦する訓練が下手であったからに外ならない」と評し、また宣教師ウィリアムズは「大砲の操縦は下手で、弾丸は或は頭上を超え、或は船と陸の中間に落下したが、砲弾が通過する時、非常に大きな唸りを立てたのは弾の製造が粗雑な為であろう」と評しているが[10]、このような砲術の拙劣さに加えて、後詰の小田原藩の出兵がおくれたことが、非武装船たるモリソン号を容易に撃攘し得ず、長時間にわたって江戸湾に停泊せしめた理由であった[11]。浦賀奉行太田は、かかる事実にかんがみて、その後まもなく防備体制の強化について意見書を具申した。よって幕府は、これを勘定奉行・勘定吟味役、および大目付初鹿野河内守(信政)・目付大沢主馬に下して評議させた[12]。

ところが、翌天保九年六月にいたり、オランダ商館長ヨハネス・エルデウィン・ニーマン(Johannes Erdewin Nieman)[13]が、蘭船のもたらした「シンカポーレ島之日記」(シンガポール発行英字新聞)に拠って、前記モリソン号渡来の顚末を告げた機密文書を提出した。この文書は、米国船にほかならないモリソン号を英国船としたことを除けば、事実をほぼ正確に伝えたものである[14]。

右の機密文書を受理した長崎奉行久世伊勢守(広正)は、とくにモリソン号に搭乗したわが漂流民の取り扱いについて、「右之通、日本人異国え漂流罷在候趣ニ付、手寄も有之候はゝ、重而入津之節連渡候様可仕旨、当秋阿蘭陀船出帆之砌、申渡候様可仕哉」との意見を付して、これを幕府に進達した[15]。

ここにおいて、幕府では閣老水野忠邦が勘定奉行内藤隼人正(矩佳)・明楽飛驒守(茂村)、勘定吟味役中野又兵衛・村田幾三郎・根本善左衛門ら、および儒役林大学頭(述斎、衡)、大目付神尾山城守(元孝)、目付水野舎人らに関係書類を下して、意見を問い、その上でさらに評定所一座に諮問した。かれらの答申の要点を記すと、左の通りである。

すなわち、漂流民をオランダ船に託して送還させようとする、前記久世の伺書に対し、勘定奉行らおよび大小目付、林大学頭は、多少の意見の食い違いはあるが、賛意を示した。しかるに、評定所一座のみがその必要なしとして、これに反対し、さらにモリソン号が漂流民送還のため、ふたたび渡来した場合、これに打払令をもって臨むべし、という強硬意見を主張した。これに対して、大小目付は、モリソン号渡来の際、打払令を適用すべしという点では、評定所一座と意見を共にし、林大学頭は仁政論的見地からこれに反対した。

これらの答申に接した閣老水野は、これを勘定奉行・同吟味役らに下して、ふたたび審議させた。勘定奉行らは、モリソン号再来の問題については、ことさら考慮する必要なしと断じ、「先達而私共申上候通、(エゲレス人え)別段申論には不及、漂流人連渡之儀手寄も有之候ハヽ、重而渡来之節連渡候儀ハ不苦旨、在留かひたんえ可申渡段、伊勢守え被仰渡可然哉と奉存候」と、もっぱらオランダ船による送還のみを主張した。おそらく閣老水野は、右の答申に従ったものと思われる。かれは、同年十二月にいたり、長崎奉行久世に対し、「書面伺之通、漂流人手寄も御座候はゝ、入津之節連渡候様、阿蘭陀人え可申渡」と指令した[16]。これとともに、水野は、急遽江戸湾防備を強化する必要を認め、同年十二月、目付鳥居耀蔵および代官江川英竜に江戸湾備場の見分を命じ、防備改革案を立案せしめることとした(次節参照)。

おもうに水野が、江戸湾防備強化の必要を認めたのは、単に上記のモリソン号渡来に関する機密文書や、あるいはその前年の、異国船江戸湾侵入事件に刺激されたためではない。当時対外関係が一応平穏無事の様相を呈していたにもかかわらず、幕閣では、極東におけるヨーロッパ諸国、なかんずくイギリス側の動向に注目しており、とくに英人らの無人島移住、ないし貿易監督官エリオットらを中心に企画された無人島占領計画について、ある程度感知していた、と思われるふしがある。すなわち、ビーズリイ氏の研究によれば、さきにモリソン号が日本渡来の途中、沖縄本島に立ち寄った際、これが沖縄の官民の間に疑惑を生み、さらに英艦ロウレー号が到着するや、同艦が無人島にむかうことを知って、同島併合の意図をもつとの疑念を深め、その上、モリソン号に日本人の乗船していることが明らかになるとともに、このことが確信をもって信じられるようになった。かくて沖縄の官憲が、これをただちに本国政府に通報したという。[17] 沖縄の官憲が通報したとすれば、それは当然、薩摩藩に対してであろうが、ビーズリイ氏は右の記述の典拠を示しておらず、これをたしかめることができないのは遺憾である。[補註2] しかし、この年(天保八年)、出島に赴任した筆者ウォルフが、これに関するある種の情報をもらした形跡があり(後述)、さらに幕府は、同年十二月、代官羽倉用九に対して、地図改めの名目で、伊豆諸島ならびに無人島の渡海調査を命じているから、[18] イギリス側の無人島占領計画、ないしこれに近い事実について、幕府がある程度の知識を有していたとみるのは、あながち無理な推測ではあるまい。もしそうならば、モリソン号渡来に関する秘密情報に接した閣老水野が、この問題をあえて文政打払令の趣旨に従って処理しようとはせず、上記のごとく、ことさら諸有司に審議させたという理由が、容易に判明する。すなわち、それが幕府の打払令改訂の意図を示すものであることは、すでに田保橋潔氏以来指摘されてきたところであるが、[19] アヘン戦争をまたず、すでにこの時点において、幕府が政策転換の必要を認めざるを得なかったのは、イギリスの無人島占領計画その他に示された、一八三四年以降における国際関係の新たな進展について、すくなからぬ情報を握っていたからにほかならない。

　ところで、国際情勢の動きに注意を怠らなかったのは、ひとり幕府の首脳部に限られていたのではない。在野にあっても、渡辺崋山およびその同志がまた、無人島をめぐるイギリス側の動向に注目していた。すなわち、崋山の『外国事情書』には、

　英吉利亜人日本近キ海島ヲ見出仕、コレニ拠リ候由、一昨年(天保八年―筆者註)中参候蘭人ヲルフと申者話仕旨、
　風説承リ候。(傍点は原傍線)

と記載されている。[20] ヲルフとは、和蘭商館の筆者ウォルフ(J. W. Wolff)で、かれが天保八年、出島に着任し、英人の

無人島移住ないし占拠についての情報を漏らしたものであろう。しかも、崋山は、同年十二月、羽倉用九が無人島渡航の命を受けたことを知って、当時田原藩が飢饉による破局的な財政危機におちいり、かれが藩政担当者として、その対策に苦慮していた折にもかかわらず、羽倉に同行して、同島の実情調査を計画し、この旨を藩当局に申請している。なお右の申請書には、

蒙重御役候而、軽々敷進退仕候ハ、如何敷候得共、御一家之義ハ天下之義にて、今秋撰ニ相当候者、乍恐私ナラテハ有之間敷候、依之私ヲハ遠慮致、門人半兵衛(崋山門人水戸藩士鈴木半兵衛―筆者註)ト申者、(羽倉様)御頼ニ相成候義ニ候。然ルニ私何分にも残念ニ而、譬途中死候而も天下之ために死候事候得者、乍恐、上にも御不本意とハ不奉存候、私老母をも不顧奉願候程之義ニ候得者、深御仁察被下置、宜敷御内評奉願候。

とあって、これにより、崋山が、英人による無人島占拠ないしこれに類似の噂から、いかに深刻な衝撃を受けたかを読みとることができるであろう。[21] のみならず、崋山およびその同志が、モリソン号渡来の風説を知って、これに打払令を適用することに反対したのは、かかる情報に裏打ちされた危機感に基づくものであったことを見おとしてはならない。

これよりさき、天保九年十月、評定所記録方芳賀市三郎が、尚歯会の例会の席上で、モリソン号渡来の風説に関する幕府の諮問に答えて、打払令をもって臨むべしとした評定所一座の答申案を同志に漏らした。[22] なお評定所一座の答申は、二度にわたって行われているが、芳賀の漏らしたのは、第一回のものと推定されるので、[23] 参考までに、これを左に掲げる。

去ル(天保八年十月)五日評議いたし可申上旨被仰聞、御渡被成候、久世伊勢守相伺候書面、一覧仕候処、此度入津仕候阿蘭陀新古かひたん差出候横文字書付、和解為致候処、漂流之日本人、七人為乗組候、モリソンと申ェケ

レス船、漂流人送越候趣、右は内実商売相願候ため、江府近海え至候風説之由、右之通、日本人異国ニ漂流罷在候趣ニ付、手寄も有之候ハヽ、重而入津之節、連渡候様可仕旨、当秋阿蘭陀船出船之砌、可申渡哉之段、御内慮相伺候趣御座候。

此儀林大学頭丼神尾山城守(大目付―筆者註)、水野舎人(目付―同)、御勘定奉行、吟味役等取調申上候書面をも、夫々一覧之上勘弁評議仕候処、元来異国え漂流之日本人連渡候儀は、兼而阿蘭陀人共も心得罷在、殊ニ今般かひたん申立候風説迄之儀を以、右漂流人連渡候様、阿蘭陀人え申渡候ハヽ、漂民を憐求候儀と、彼国のもの共推考致間敷共難申、左候而は外国え被対候御趣意ニ振候儀ニ付、漂流人連渡之儀は、阿蘭陀人え申渡候ニ不及段被仰渡可然、且前書之次第ニ候上は、此後ヱケレス船江府近海え渡来之程難斗候得共、異国船打払之儀ニ付而ハ、文政八酉年之御書付ニ、いきりす船先年於長崎狼藉およひ、近年は所々え乗寄、薪水食料を乞、去年ニ至而者猥ニ致上陸、或ハ廻船之米穀、島方之野牛等奪取候段、追々横行之振舞、其上邪宗門勧め入候致方も相聞、旁難被捨置事ニ候、一体いきりすニ不限、南蛮西洋之儀は御制禁邪教之国ニ候間、以来何れ之浦方に於ても、異国船乗寄候を見受候ハヽ、其所ニ有合候人夫を以、不及有無、一図ニ打払、逃延候ハヽ、追船等不及差出、其分ニ差置、若押而上陸致し候ハヽ、搦捕又は討留候而も不苦候、本船近付候ハヽ、打潰候共、是亦時宜次第可取斗旨、改而被仰出候、尤唐・朝鮮・琉球なとハ、船形人物も可相分候得共、阿蘭陀船ハ見分も相成兼可申、右等之船万一見損打誤候共、御察度は有之間敷候間、無二念打払を心懸、図を不失様取斗候処専要と有之、況交易願望之主意を含、信義を唱、漂民を囮にいたし、利を計候段、猶更不届之仕形ニ付、大学頭申上候趣も有之候得共、右体蛮夷之奸賊え対し、接待之礼を可設筋ニハ有之間敷、仮令漂民連渡候共、山城守等申上候文化度長崎表え渡来いたし候魯西亜船、日本漂流人連渡候節、長崎奉行え被仰渡候御書取之趣等思弁仕候而も、御仁慈被施候は平常ニ可有之儀ニ而、御国之災害を被除候ため、賤民之存亡ニ不拘、御取計可有之は御国制之大事、一時権変之御所置ニ付、敢而君徳を薄し候道理は無之候間、向後弥右御書付之趣を以、無二念打払候義勿論ニ有之、尤海岸御備之義は、兼而向々ニおいて心得罷在候上は、今般風説之趣、別段右之向々え御沙汰ニハ及申間敷哉と奉存候。

右之通評議仕候趣、書面之通御座候、御渡被成候書付、五通返上仕候、以上。

戌十月　　評定所一座[24]

もちろん、モリソン号の渡来にあたって、打払令を適用すべしとする評定所一座の答申は、当局の意向と全くかけ離れたものであった。しかるに、幕府内議の実情を知る由もなかった渡辺崋山・高野長英らは、たまたま尚歯会の席上で、右の答申を知るにおよんで、これが幕府の方針を示すものと誤信した。そのため、長英は『夢物語』を著わし、また崋山は『慎機論』を書いたほか、幕府の要人に入説し[25]、あるいは同志の松本斗機蔵が上書するなど、かれらは噂された幕府の撃攘策を阻止しようとした。当時韮山にあった江川英竜は、かれが師事した崋山の通報でこの噂を知ったが[26]、かれもまた上書して、これに反対したと伝えられる[27]。もっとも、これには確証がない。

つぎにかれらの所論を、前記諸有司の答申の中で、とくにかれらと同様、打払令の適用に反対した林大学頭＝述斎の見解と対比しつつ、両者の論点の相違を検討し、これを通じて、蛮社の獄の思想的背景を明白ならしめたいと思う。

林大学頭が答申にあたって、とくに問題にしたのは、打払令が施行されている以上、長崎以外の地に来着した異国船は、当然打払いの対象となるが、しかるに、これにわが漂流民を護送するという条件が加われば、打払令の発動に新たな考慮を払う必要が生ずる、という点であった。すなわち、かれはいう。

（モリソン号）若来年ニも何方之海にか参り候節、定而邦人を伝馬船に載、岸近く漕寄、其訳申させ候抔と申手段可有之歟、（中略）最初邦人を連来候歟否不相分内は、随分打払、成丈寄付申さぬ様ニ仕候事、元より相当之事ニ候得共、定而彼方ニ而も本船ハ沖懸リニ仕、伝馬船ニ而邦人を最初に近寄候事たるへく候、左候時無二無三に打払候而ハ、一向に訳之分り申さぬ事に候、譬ハ軍中にて敵国之使番参り候時ハ、矢留を仕候も同様之儀、此意之分チ無御座候而ハ、此方之仕方却而無法と申ものニ御座候。(28)

たしかに、林大学頭の見解は、外国船側の事情を考慮に入れず、「有無に不及一図に打払」を命じた文政打払令の不合理性を指摘した、という点だけをとり上げれば、田保橋潔氏のごとく、「文政七年高橋作左衛門上書と並称し得べき出色の文字」(29)と評することは、かならずしも失当ではないように思われる。しかしながら、問題はつぎのところにある。すなわち、右の見解は、「遠国船方等之賤き者迄も我国之人ニ候得は、御憐愍被下候と申儀、君徳之重き所ニ候間、其趣意違ひ不申様仕度而已之事ニ候」という、儒学的仁政思想から発想されたものであって、そこからは現下の国際情勢に対する深刻な洞察や、これに基づく対外的な危機意識をほとんど窺うことができない。のみならず、林大学頭は、その答申の中で、ロシアについて、文化年間におけるロシア船の暴行事件を指摘して、「オロシアは古来より通信無之国ニ候処、文化中始て渡来、其後蝦夷地に於て狼藉之挙動仕候事故、国柄は同様ニ候得共、エケレスとハ又差別御座候訳、其役筋にてハ心得居可申儀ニ御座候」と述べながら、他方、イギリスについては、

エケレスは二百年前阿蘭陀同様ニ商船之往来不絶、御朱印をも被下、暫は御当地ニ住居も仕候程之事ニ候得共、商売之利潤薄き故歟、又は阿蘭陀人と意味合にても御座候歟、いつとなく往来不仕様ニ相成申候。

と、過去におけるわが国との友好関係を挙げるのみで、フェートン号事件や、はたまた打払令施行の直接原因となった宝島事件のごとき、イギリス側の不法行為については、全く不問に付しているばかりでなく、現下の情勢についても何ら言及していない。(30)このことは、林大学頭が対外問題について、無関心であり、あるいは無知であったことを暴露したものである、といえるであろう。

しかるに、崋山・長英らの場合はそうではない。かれらは、ヨーロッパ諸国、なかんずくイギリスの世界征覇の現状を認識し、みだりに打払令を施行することの危険を予測し、警告しているのであって、林大学頭のごとく、単なる道徳的見地に立って、打払令に反対したのではない。

なるほど、かれらは、打払令に反対するにあたって、ヨーロッパの人道主義思想に注目し、これを重視しているが、しかし、その場合、単に人道主義的見地からこれに反対したのではなく、これに反するがごとき政策が必然的にもたらす不測の災害をおそれたのであり、国際政治の現状を踏まえた上で、反対しているのである。すなわち、これについて、長英はいう。「英船」モリソン号が、人道主義の名において、漂流民の送還を口実に渡来した場合、もしこれに対して、打払令をもって臨むならば、イギリス側ではわが国を「民を不レ憐、不仁の国」とみなすであろう。しかも、「若又万一其不仁不義を憤り候はゞ日本近海に『イギリス』属島も夥しく有之、始終通行致候得者、後来海上の寇と相成候て、海運の邪魔に相成候哉も難計、左候はゞ自然国家の大患にも相成可申、たとひ右等之事無之候共、右打払に相成候はゞ、理非も分り不レ申暴国と存じ、不義の国と申触らし、義国の名を失ひ、是より如何なる患害萌生候哉も難計」[31](夢物語)。

長英の右の所論には、道徳的要因がなお幾分名残りをとどめているが、さらに徹底した政治的見地に立って、これを論じたのは、崋山である。かれは、わが国との交易を望むイギリスによって、鎖国体制が人道にそむくという理由で、日本侵略の口実とされるおそれが多分にあることを指摘した。

若し英吉利斯交販の行はれざることを以て、我に説て云はん。貴国永世の禁堅く改むべからず。我国を始め海外諸国航海の者、或は漂蕩し、或は疾病有る者、地方に来り急を救はんとせんに、貴国海岸厳備にして航海に害あること、一国の故を以て地球諸国に害あり。全く天地を戴踏して類を害ふ。豈之を人と云ふ可けんや。貴国に於て能く此大道を解し、我天下に於て望む処の報を聞かんと申せし時、彼が従来可レ疑事実を挙げ、通信すべからざる故を論ずるより外あるべからず。斯る瑣屑の論に落ちて窮まる処、彼が貪婪に名目生ずべし。[32]（慎機論）

しかも、今日の国際的状況下にあっては、かつて国防上有利な条件とされた島国という地理的環境は、かえって不利な条件となっている。なぜならば、「今我四周渺然の海、天下万国拠る所の界にして、我にありて世に不備の処多く、彼が来る本より一所に限ること能はず。一旦事あるに至ては、全国斉せんと欲するとも、鞭の長け短ふして、馬の腹に及ばざるを恐るゝなり。況んや西洋膻腥の徒、四方明かにして、万国を交治し、世々擾乱の驕徒、海船火技に長ずるを以て、我短にあたり、方に海運を妨げ、不備をおびやかし、以《テ》レ逸《ヲ》攻《メ》レ労《ヲ》百事反戻して、手を措く所なかるべし」[33]。（慎機論）

右に崋山が指摘し、また同様に、長英も上掲の『夢物語』の中で指摘している海上封鎖の危機を、とくに江戸湾について論じたのは、松本斗機蔵である。かれは、イギリスとロシアが極東征覇のために、提携する可能性があるとし、その場合、ロシアもまた日本近海に根拠地をもつことになる。

左様之節ニ至リ第一心配仕候ハ、彼国之船々、房州洋伊豆大島之洋々徘徊罷在、江戸入津之廻船ヲ見合次第差妨候ハヽ、御府内食米ヲ始、諸色品切ト相成、国内之飢饉ヨリハ差当リ大患出来可申候。[34]

ところで、江戸湾封鎖に必然する江戸市中の経済的困窮という問題は、ひとり松本の着想ではない。小笠原貢蔵の探索書（前掲）によれば、小笠原は崋山について、「剰蛮船交易之儀に付ては、浦賀洋中にて江戸廻船に妨なさは、自ら江戸中困窮して、交易の道も開可申抔、其徒に語候事度々御座候由」と記しているから、崋山をはじめ、蛮社社中の共通の予測であった、と解せられる。しかも、それは、単なる崋山らの杞憂にすぎなかったのではない。モリソン号を指揮して、江戸湾に渡来したチャールス・キングもまた、日本を開国させる手段として、この問題をとり上げ、

「その第一の手段は（中略）、江戸へ向って北部植民地から魚を積んで来るジャンク及び西部諸国から米を積んで来るジャンクを逐い返えし、それによつて公方をして言葉によつて納得させることの出来なかつた日本の防禦力の欠如を、事実をもつて知らせることである」(35) と論じているからである。

最後に、この問題に注目するならば、つぎのような推測がなり立つであろう。すなわち、キングも指摘しているように、江戸湾封鎖は、まさに幕府の死命を制する問題であった。しかも、英人による無人島占拠が事実であり、その上、「英船」と信じられたモリソン号の撃攘によって、万一イギリスと事をかまえることになれば、江戸湾封鎖の危険は、単なる可能性にとどまらないであろう。幕府が無人島調査のために、代官羽倉用九を派遣せんとし、あるいはまた、モリソン号渡来の風説を契機として、打払令の改訂を考慮するとともに、江戸湾防備体制の強化を計画するにいたったのも、また他方、在野にあって、崋山らも無人島問題に注目し、とくに崋山は、羽倉に同行して無人島に渡航するため、藩政の放擲さえもいとわず、あるいは、その同志とともにモリソン号の撃攘に反対し、また後述するごとく、江川英竜を通じて、外国事情に関する意見書を幕府に上申しようと企図したのも、いずれもこの点を憂慮したからにほかならぬと考えられる。果して然らば、この時期における海防的危機の実体は、この問題にあった、といえるであろう。

（1）田保橋潔『増訂近代日本外国関係史』、三六一―二頁。
（2）W. G. Beasley, Great Britain and the Opening of Japan 1831-1858 (London. 1951), pp. 1-4.
（3）田保橋、前掲書、二九八―九頁、三五八頁。
（4）Beasley, ibid., p. 9.
（5）Beasley, ibid., pp. 16-20. 田保橋潔「ナサニエル・サヂリーと小笠原諸島」、歴史地理、三十九ノ一・二。奥平武彦「イギリス外交文書よりみたる小笠原島問題」、国際法外交雑誌、三十九ノ七・八。

（6） Beasley, ibid., pp. 21–6. 田保橋、前掲書、三一三—七頁。田保橋氏は、同時代のオランダの史家ラウッ(G. Lauts)が、この計画をもって、英国官憲の関係するところが少なくないと疑っているが、それは誤りで、もっぱら米人キングの計画したものであると見ている。またビーズリイ氏は、「あきらかにエリオットは、ロンドンからもう一つ別の叱責を受ける危険を犯す意図(外務大臣パーマストンの意志に逆らって、日本貿易を計画すること—筆者註)はなかった。またアメリカ人をして、日本における貿易の特権を獲得させることをも欲しなかった」と述べている。しかし、エリオットが主席通訳官のギュツラフに賜暇をとらせてまで、モリソン号に同乗させ、その上、航行中、かれの注意をひいた、いかなる事柄についても、帰還後、報告することを指令している以上(Beasley, ibid., pp. 25–6)、もともと日本貿易を欲していたかれは、モリソン号の日本渡航をもって、英国のために他日利用せんとの意図を有していた、と解すべきではなかろうか。

（7） Beasley, ibid., pp. 26–7. 田保橋、前掲書、三一〇—一頁。

（8）『蠹余一得』、一集、五、「浦賀奉行太田運八郎上申書」(六月廿八日付)。太田運八郎・秋田兵部「異国渡来打払始末之儀申上候書」(酉七月)。『通航一覧』、続輯、巻之百四、北亜墨利加部一、渡来制禁。『薩藩海軍史』、上巻、三七四—五頁。田保橋、前掲書、三二一—二頁。

（9） 田保橋、前掲書、三一九頁。

（10） 相原良一『天保八年米船モリソン号渡来の研究』、八四—五頁。

（11） 前掲、浦賀奉行太田・秋田両者連署の報告書によれば、後詰の川越・小田原両藩の中、川越藩では、藩兵の一部がその領地相州浦之郷村に駐屯していたので、これが浦賀奉行の指揮下に入ったものの、小田原藩の援兵はついに間に合わなかった。

（12） 江川文書、鳥居耀蔵「天保十年相州御備場見分復命書」。

（13） 田保橋潔氏は、この機密情報をもたらしたのが、新任のオランダ商館長エドアルド・フランデソン(Edouard Grandisson)であるとされ、井野辺茂雄博士および相原良一氏もまた、これに同調しておられる(田保橋、前掲書、三二二頁。井野辺茂雄『新訂維新前史の研究』、三九七頁。相原、前掲書、一七四頁)。しかし、これは誤りで、フランデソンがニーマンと交代して商館長となったのは、天保十年であり、天保九年当時、フランデソンは荷倉役兼筆者として、出島に在留していた(村上直次郎、訂正増補『日蘭三百年』、附録五号。板沢武雄『日蘭文化交渉史の研究』、一一五—六頁)。

（14）『蠹余一得』、二集、巻八。モリソン号をイギリス船と誤り伝えたのは、商館長がシンガポール発行の新聞の誤報をそのまま信じたためで、格別他意があったとは思われない。

(15) 同、巻二。

(16) 田保橋、前掲書、三八四―七頁。井野辺、前掲書、三九七―四〇四頁。等参照。なお幕府の諮問と、これに対する諸有司の答申の順序を、参考までに記すと、左の通りである。すなわち、閣老水野忠邦は、まず勘定奉行内藤・明楽および、勘定吟味役・勘定方、儒役林大学頭、大小目付にそれぞれ意見をただし、勘定奉行らおよび林大学頭は七月に、大小目付が八月に答申書を差し出している。ついで水野は、勘定奉行らおよび大小目付の答申書を林大学頭に下して、再び審議させ、これに対する答申が九月に行われた。水野は、これらの答申書をさらに十月五日に、評定所一座に下して審議させた。その理由は、評定所一座の答申の前文に、「文化度松前表へヲロシャ船渡来之節、被仰渡候御書付之趣意、今般評議方之様に付而は、不分明に有之哉、取調可申上旨」云々とあるから、文化四年、閣老土井利厚が箱館奉行に下した書付の解釈について、念のため審議させようとするものであった、と思われる。なお右の書付は、勘定奉行らが漂流民をオランダ船に託して送還させるよう、答申した際、その法的根拠として挙げた、「文化度箱館奉行え土井大炊頭殿御渡被成候御趣意書」に比定されるものであり、したがって、水野としては、勘定奉行らと同様、これを根拠として、問題の解決を図ろうとしたことが推定される。しかるに、評定所一座はこの点に触れず、専ら文政打払令の趣旨に従って、処置すべきであるという強硬意見を答申した。なおこの答申は十月に行われている。そこで、水野は、前記閣老土井の書付について審議すべき旨を再度申し渡した。これに対する答申が何時行われたか、不明であるが、しかし、その前文に、「去ル三日、評議仕申上候、久世伊勢守相伺候漂流日本人為乗組候異国船、渡来可致哉之風説書、阿蘭陀かひたん差出候ニ付、取計方之儀、今般評議之趣ニ而は、文化度おろしや船之義ニ付、土井大炊頭殿箱館奉行え御渡被成候御書取之御趣意不取用方ニ候哉、右御書取写其外御書抜等御添、取調可申上旨、被仰聞候」とあり、これだけでは、冒頭の「去ル三日」は、つぎの「評議仕申上候」に掛ると解釈するのが、自然のようにみえるが、第一回の評議を命ぜられたのは、十月五日のことであるから、そうすれば、これは末尾の「取調可申上旨被仰聞候」に掛る、とみなければならぬ。したがって、評定所一座が再審議を命ぜられたのは、十一月三日ということになる。なおこの度の答申の結論は、「前書おろしや船最初渡来之節之振合等最早可論筋合ニハ無之候間、先般申上候通、(中略)向後ヱケレス其外都而異国船渡来致し候節、無二念打払候は勿論ニ御座候」というものであった。しかるに、水野は、これを再び勘定奉行らに評議させた上で、本文で示したような指示を長崎奉行に下している(以上は、『蠹余一得』二集、巻二、所収の文書による。ただし、評定所一座の第一回の答申は、その前文が右所収のものに欠けているので、これにかぎり、高野長運『高野長英伝』、所収の答申書によった)。

なお田保橋氏は、水野が林大学頭の意見に従って、長崎奉行に指示を下したと解釈しているが、上述のごとく、水野は勘定奉行らの挙げた土井利厚の書付を法的根拠として処理しようとしており、しかも、最後に再び勘定奉行らの意見を聴取しているのであるから、それは誤解で、私見のごとく解すべきだと思う。

(17)　Beasley, ibid., p. 26.

(18)　崋山文庫所蔵、「渡海願書」。註(21)参照。

(19)　田保橋、前掲書、三八七頁。

(20)　付章、所収、『外国事情書』、第五条。なお『西洋事情書』にも「オルフと申蘭人の申候は、イギリス日本地方の島々を取候間、御用心可被成」云々とみえている(崋山全集、四五頁)。

(21)　前掲、「渡海願書」。右願書の日付は(天保八年)十二月二十五日となっている。しかるに、『徳川十五代史』の天保九年二月三十日の条に、「羽倉外記ニ命シテ伊豆国島々ヲ巡回セシム」とある。しかし、これはおそらく羽倉の巡見に出発した日のことを誤り伝えたもので、崋山の願書に、「此度羽黒《(ママ)》外記様地図御改ニ而、豆州島々より八丈青島、其外無人島へ御渡海被仰付候」とある以上、右願書の日付から推して、羽倉が、官命を受けたのが、天保八年の暮、おそらく十二月と推定してよかろう。

(22)　『蛮社遭厄小記』、高野長英全集、第四巻、二五―六頁。

(23)　評定所一座が二度にわたって行なった答申のうち、第一回目のものは十月に、第二回の答申は十一月になされているが(註(16)参照)、『遭厄小記』によれば、尚歯会の例会のあったのは、戊戌初冬、すなわち、天保九年十月であり、なおまた長英が『戊戌夢物語』を著わしたのは、十月二十一日のことであるから、芳賀市三郎の漏らした評定所一座の答申案は、第一回のものであることが知られよう。なお『慊堂日歴』、天保九年十月二十六日の条に「遠藤勝助　尚歯会、在ニ本月十五ニ」とあるから、この例会は、おそらく、十月十五日のことであろう。

(24)　『甕余一得』、二集、巻二。

(25)　椿椿山あて獄中書簡、崋山全集、一〇〇頁。

(26) 江川文書、崋山書簡(写)、天保九年十月二十五日付。
(27) 『蛮社遭厄小記』、長英全集、第四巻、二八頁。
(28) 「戊九月付第二回答申書」。
(29) 田保橋、前掲書、三八六頁。
(30) 「第二回答申書」。
(31) 高野長英全集、第四巻、六頁。
(32) 崋山全集、八—九頁。
(33) 同、一一頁。なおチャールス・キングも、同様の見地から「日本は海岸線が長く、首都は外部に曝されて居て、無防備状態であること、封建制度の弱点を持ち、事実上ただ合衆国その他の諸国の控え目な態度と善意に依存して僅かに安全を保ちながら、しかも過去に於てはこの事実を否定して我々を撃退し、諸外国を排斥してきたのである」と、わが国防の欠陥を指摘している(相原、前掲書、一四五頁)。
(34) 日本海防史料叢書、第三巻、二二七頁。
(35) 相原、前掲書、一四六頁。
〔補註1〕 イギリス東インド会社の中国貿易独占廃止は、ここにはじめて極東市場が、イギリス資本主義の下に解放されるにいたった、という意味で、中国にとってはもとより、わが国際関係史上からみても、とくに注意すべきである。いまこれをわが国に限ってみれば、鎖国後における対外問題は、まずロシアとの関係にはじまるが、その場合、ロシアの極東進出は、露米会社を中心とする商業資本のそれであった。これについでおこるのは、対英関係であるが、しかし、一八〇八年のフェートン号事件といい、また一八一三年から一四年にかけての、ラッフルズの長崎出島占領計画といい、ナポレオン戦争に付随した偶発的な事件であって、いずれも本国政府の対日政策なり、あるいはまた、極東貿易を独占していた東インド会社の意図なりを反映したものではない。当時東インド会社は、平戸時代のにがい経験にかんがみ、日本の市場価値を過小に評価しており、また政府も日本貿易について、ほとんど関心を示さなかった。これが一八三〇年ごろまでの実情であった(Beasley, ibid., pp. 1-4)。しかるに、一八三四年にいたり、新市場の獲得と拡大を求める産業資本の圧力が、東インド会社の中国貿易独占を廃止させることに成功したが、その場合、かれらのめざしたのは、単に中国市場の解放にのみとどまらなかった。すなわち、政府が東インド会社の独占廃止に伴い、在清商人の保護・監督と貿易拡大のために、あらたに貿易監督官を派遣するにあたって、外相パーマストンは主席監督官ネーピア卿に対する第二回の訓令の中で、中国貿易の拡大について言及したのち、「同様の注意と警戒を払いながら（中略）、貴下は日本およびその近隣の国々と商業上の関係を設定する可能性がないかどうかを確かめるため、現存するあらゆる機会を利用し、貴下が観察し、探究した結果について、その都度報告することを望む」と述べている(ibid., p. 15)。イギリスの貿易監督官を中心とする無人島占領計画やモリソン号事件、さらに後述するアヘン戦争直後におけるイギリス遣支艦隊の日本渡来計画等は、いずれも右の訓令の趣旨に添うものであった。すなわち、これらは、イギリス産業資本の極東進出を意味する点で、従来の対露ないし対英関係とは、質を異にするとみなければならぬ。のみならず、国際関係が真に危機化するのが、欧米資本主義の極東進出による、という観点にたつならば、まさにその時点は、天保期に求められねばならぬ。このようにみるならば、明治維新の起点とされる天保期の意義について、より広い視界から、あらためて検討を要するように思われる。

〔補註2〕　島津家文書（史料編纂所蔵）、薩藩史料稿本、第九冊、天保九年閏四月十七日の条に、「異国船届ニ係ル通知ノ謝状」として、左の文書が掲載されている。

去歳六月那覇沖え異国船二艘漂着、言語不相通、小薪等相渡為致出帆候段御届申上候処、被聞召達公辺御届相済候旨被仰下趣、承知仕被入御念御儀奉存候、恐々謹言。

閏四月十七日　　兼城親方

島津但馬様
島津伊勢様
菱刈安房様

これによれば、天保八年六月、モリソン号およびロウレー号が那覇沖に投錨したことを、沖縄の官憲が島津藩を通じて、幕府に通報した事実が確かめられるものの、「言語不相通」云々とあるから、沖縄の官憲側では、両船の船籍や渡航の目的については、全く知るところがなかったように解せられる。

第三節　浦賀測量事件

閣老水野忠邦が、モリソン号事件を契機として、江戸湾防備体制強化の必要を認め、天保九年十二月、目付鳥居耀蔵および代官江川英竜に対して同湾の備場巡見を命じたことは、前節において述べた。本節では、両者が巡見中、浦賀海岸の測量をめぐって衝突したといわれる、いわゆる浦賀測量事件をとり上げ、その真相について考察を加えることにしたい。なお通説では、長英の『蛮社遭厄小記』に拠って、この事件を説明し、これをもって蛮社の獄の弾圧を直接誘発したもの、とみなしている。そこではじめに、『遭厄小記』の記載するところを紹介しておこう。

長英によれば、幕府は、江戸湾防備の現状調査のため、はじめ目付鳥居耀蔵に見分を命じたところ、伊豆、浦賀方面が代官江川の支配地に属していたため、江川がみずから申請して、「差副巡見ノ儀請ハレケレバ、官鳥居殿ト共ニ巡見被仰付」れたという。しかも、長英は、「儒家ニ出身シテ文人ナル故、蛮学ヲ嫌忌」する鳥居が、そのゆえに、「蛮学ヲ尊信シ、崋山ナド、親シク来往シ、外藩ノ事情ヲ探索シ、国家ノ不虞ニ備フルノ志」をもつ江川と、兼々反目していたことを挙げ、これを伏線としつつ、巡見中における両者の衝突の真相を左のごとく伝えている。

(前略)然ルニ(両者)同行纔ニ一日ニシテ早ヤ藤沢駅ノアタリヨリ事起リ、言語応答ノ間互ニ不和、然レドモ各相慎テ色ヲ起サズ浦賀ニ至リシニ、鳥居殿下官ニ御小人目付小笠原貢蔵ト云モノ有ケルガ、文化ノ初年松前奉行ニ従テ蝦夷地方ニ至リ、将外国ノコト伝聞シ少シク検地測量ノコトヲ窺ヒ知ケルユヘ、今度鳥居殿官ニ請テ浦賀ノ諸所、港辺ノ地形、海岸ノ出没、海底ノ浅深等測量セシメシニ、其所為皆法ニ合ハズ頗ル鹵莽ノコト而已ナレバ、江川氏見ルニ不忍病ト称シテ会セズ、其内急ニ検地ノコト江戸ェ願書出サレ、瑞皐門人内田弥太郎ヲ手代ニ請ハレケリ然ルニ内田算学ニ高シトイヘドモ測量ノコト未ダ熟セズ、加フルニ眼疾ニシテ遠視ニ窮シケル故ニ、同門奥村喜三郎ヲ進メテ同行ヲ請ケル故、江川氏是モ請テ手代トシ、両人同ク正月下旬発足シテ浦賀エ赴キケリ、然ルニ小笠原貢蔵己カ功ノ立サルヲ憤リ竊ニ鳥居ニ、讒シケレバ、鳥居・江川ト和セズ且蛮学ヲ嫌忌セラレシ故、其言ニ随ヒ喜三郎ハ元ヨリ浮屠氏ノ下官ナレバ、国家ノ御用ニ任ズル例ナシトテ退ケラレ、内田生ノ手足ヲ失ハシメヌ、ナレドモ弥太郎身骨ヲ砕キ勉強シテ終ニ検地ヲ倣シケルニ、二月下旬帰府ス。[1]

要するに、長英説は、㈠江川と鳥居が思想的立場の相違により、かねてから反目していた、ということを前提とし、㈡鳥居が官命により江戸湾備場見分に赴くことを知って、江川がみずから申請して、鳥居に同行したこと、㈢江川が、鳥居の輩下小笠原貢蔵の浦賀海岸の測量を不満とし、幕府に申請して、長英の門人内田弥太郎および奥村喜三郎を招いて、測量をなさしめんとしたところ、これが鳥居の怨みをかい、両者の反目が表面化したこと、の三点に要約できよう。

本節では、主として江川文書所収の関係史料[2]に拠って、右の長英説の真実性を吟味しつつ、事件の真相を究明するとともに、見分の経過を説明し、最後にその意義を検討したいと思う。

さて、鳥居および江川が正式に江戸湾備場見分を命ぜられたのは、天保九年十二月四日のことであった。当時韮山に在った江川が、勘定所からの通達でこれを知ったのは、同七日のことである。[3]しかしながら、かれは、これより先、十二月三日付の勘定吟味役川路聖謨の書簡により、このことをすでに予期していた。つぎに掲げるのが、その書簡である。

甚寒之節起居御多祥奉賀候、然ハ内々申上候ハ、近日ノ内御勘定奉行ヨリ貴兄エ御用ノ筋有之候ニ付、御出府ノ義可有之哉ト奉存候、右ハ内実房相御備場之義、万一異国船渡来等有之候節、御備ノ次第御行届御手当有之候哉、近年右ノ場所ヱ度々異船渡来イタシ候ニ付、御備ノ様子御取調トシテ、貴兄幷御目付衆ノ内壱人被差遣候御含ト奉存候、右ハ西城下（水野忠邦―筆者註）ニテ格別ノ御見込ニテ、貴兄ヲ被遣候歟ニ風聞有之候ニ付、若御用ニ付御出府之義達有之候トモ、不及御心配、右ノ御含ニテ早々御出府ノ方ト奉存候、此段御心得ニモ可相成哉ト、兼テ御別懇ノ辺ニテ極御内々申上候間、左様御承知可被下候、右用事斗如此御座候、イツレ近々御出府モ可有之候ニ付、其節万縷可申上候、以上。[4]

十二月三日夜　　三左衛門

太郎左衛門様[5]

これによれば、江川が備場見分を命ぜられたのは、かれみずからの申請によるのではなく、鳥居とともに、幕議において選抜されたものであることが、まず知られる。したがって、この点に関する長英の説は、明らかに誤りである。つぎに知られるのは、江川の選抜が閣老水野忠邦の特別の推薦によるものであった、ということである。水野がこの時、とくに江川を推挙した理由については、かならずしも明らかではない。しかし、江川は、この前年、伊豆国の防備について建議し[6]、またこの年二月には、浦賀番所修復の見分を命ぜられているから[7]、海防官僚としての手腕が、ようやく水野の注目するところとなったためであろう。

勘定所からの通達に接した江川は、翌八日、韮山をたち、十日に出府した。そして、翌十一日に登城、勘定奉行内藤隼人正（矩佳）から左の通り、閣老水野忠邦の申渡しの伝達を受けた。

右相州御備場為見分被差遣候間、其段可被申渡候。御目付鳥居燿蔵も被遣候間、申談見分可致旨可被申渡候。[8]

御代官　江川太郎左衛門

翌十二日には、鳥居から来状あり、この日鳥居を訪問、これ以後、両者はしばしば会合し、あるいは書状によって、見分についての協議を重ねた。

長英は、鳥居と江川がこれより以前、すでに反目していた、と伝えているが、これを裏付ける史料が見あたらない。のみならず、前章で明らかにしたごとく、すくなくとも天保八年当時にあっては、両者は昵懇の間柄であった。もっとも、江川が崋山らに接近するに伴って、鳥居側にようやく隔意の念が生じたことは、当然想像されるところである。

上掲の江川に対する申渡しから知られるように、当初、幕府は、鳥居および江川に対し相州備場に限って、見分を命じたのであった。しかるに、その後鳥居は、独断で、相州のほか安房・上総ならびに伊豆下田辺まで巡見する必要のあることを進言し、内許を得た。江川は、十二月二十日にいたり、はじめてこの事実を知って、憤然として勘定所に対し、「御目付鳥居燿蔵書取一覧仕候処、伊豆相模安房上総辺御備場見分之趣ニ有之、私儀は相州御備場見分被仰付候儀ニ付、同国而已見分仕候心得ニ御座候間、此段兼而申上置候」[9]と申入れている。もっとも、かれは、勘定所側の慰撫にあい、この申入れを撤回して、あらためて鳥居と同様の伺書を差出すことにしたが、しかるに、その中で、かれもまた独断で、伊豆大島の渡海その他について申請した[10]。つぎに掲げるのは、これを知った鳥居が、江川にあてた書簡である。

（前略）然者此度房総渡海及豆州下田辺迄罷越候儀、伺之通被仰渡候ニ付、過日伺書案差上置候、公よりも同様御伺置被成御差出之後ニ御伺済、外ニ大嶋渡海幷浦賀奉行組之者火術御見分之儀も被仰立候由ニ承知仕候、且亦前書伺済之箇所は、小子より伺済候ニ付、御打合御同様御見分被成趣ニ而可然、其外大嶋渡海砲術御見分之義者、小子ハ不相伺候間、公御独談之趣ニ被仰立候方ニ存候、今日川路とも噺合いたし候ニ付、一寸御内々得御意候、官途之儀は兎角面倒のものにて、毎々困入候事多く、余は拝眉可尽候（後略）[11]。

これらによれば、すでにこのころから、江戸湾備場見分をめぐって、両者の間に溝ができつつあったことがうかがわれよう。

この度の見分において、最も重要な任務の一つとされたのは、後述する両者の見分復命書から知られる通り、備場の新設とこれに伴う位置の撰定であった。そのため、当然ながら、海岸の測量が必要とされたのである。そこで江川は、出府するとともに、手代の斎藤弥九郎をひそかに崋山方に遣わし、測量技術者の推薦を請うた。崋山は、十二月二十三日にいたり、書簡をもってつぎの通り、奥村喜三郎と内田弥太郎の両者を推薦した。

斎藤弥九郎様　　渡辺　登

高書拝見仕候、此間者御来駕被下奉拝謝候。然は、測量家友人の内甚解候得共《(ママ)》、

増上寺
御霊屋付、御代官、これは測量を心掛候ものに御座候。　　奥村喜三郎

伊賀組同心、これは測量は奥村に譲可申候得共、算術は余程相すぐれ申候。　　内田弥太郎

其外にも可有之候得共、手前へ折々参候ものはこの両人にて御座候。

右御受のみ如此御座候、頓首。

十二月廿三日(12)

ここで見分の行程をあらかじめ略述しておこう。まず武州本牧辺から見分をはじめ、浦賀到着とともに、ここに旅宿を設け、浦賀、三崎方面の海岸調査を行なう。ついで安房・上総に渡海し、東南浦を調査したのち、ふたたび浦賀にもどり、これより伊豆国根府川を経て、陸路下田に至り、同海岸の調査を行ない、その後江川は大島に渡海し、島

居は三島から箱根を経て帰府する。なお両者は、天保十年一月九日に出立し、見分の期間は、約二ヵ月の予定であった。

あけて天保十年一月二日、江川の手代斎藤弥九郎および北武兵衛が、下調査のため、それぞれ房州および相州に出立した。この日、内田弥太郎が江川方を訪れ、測量の件で懇談した模様である。江川は、その翌日、内田の支配筋にあたる留守居松平内匠頭（乗譲）と、用人を通じて、内田の借受けに関し交渉をはじめ、六日、松平と城中で面談の上、内諾を得た。[13] そこで、江川方では勘定所に対し、内田の随行について申入れをしたところ、「御目付方ニ而故障有之候而は不宜、いつれにも御目付方え打合、御目付方より御申立ニ相成候ハヽ、都合宜旨」の内沙汰があった。これにより、江川方では鳥居の意向をただしたが、その解答は、「右弥太郎召連候儀、御故障無之候間、存寄無之趣之書面御差出可有之、尤御目付方より申立候儀は難出来」というものであった。[14] 江川はこれをもって、目付方の承認を得たものとみなし、同七日、勘定奉行にあてて、内田の随行につき、正式の願書を差出した。[15] しかるに、翌八日にいたり、「御備場御見分ニ付、測量相心得候内田弥太郎御付添之儀、御差掛ニ付、御差止メ」という、勘定奉行の内意が伝えられ、願書はその儘差戻しとなった。[16] それは、出立の前日のことであり、しかも、江川としては当然許可されるものと信じていただけに、かれの落胆の程を察するに難くはない。

翌一月九日早朝、鳥居および江川は、見分先にむかって出立した。鳥居の供人数は三十七人、これに対して、江川の随行者は、さきに相州に派遣されて、のち報告のため戻った北武兵衛ほか十三人で、房州調査中の斎藤弥九郎を加えれば、総人数十五人である。なおこの中に、蛮社社中の本岐道平の名がみえることに、とくに注意しておきたい。[17]

江川は出立直前に、崋山に直書を送り、写真鏡の借用、ならびに内田に代るべき測量家の推薦について依頼した。崋山は、ただちに江川の見分先に写真鏡を送るとともに、その送り状の中で、測量家の件について、測量家ノ義、迚モ早速ニハ無覚束、タトヘ有之モ弥太郎ノ如□□□（出食イ）兎モ角モアラカシメ申上カタク候間、探索次第相談可致候、急ニ無之トモ別段御断ハ不申上候間、兼テナキ者ニ被思奉願候。[18]

と答えている。崋山としては、ここに至っては無許可の儀、ひそかに内田を現地に派遣するという、非常手段をとるほかないと考えたもののようである。かれは、十二日、内田をたずねて説得につとめたが、さすがに内田も、これには同意しなかった。[19]

他方、江川もまた見分先から、江戸の江川役所に再願書を送り、内田と相談の上、かれが「不表立出立し候様之儀」に不同意の場合、これを勘定所に差出すよう指令した。[20]手附新見健三郎は、右の指令に従い、内田に交渉したが、やはり同意を得られなかったため、十四日朝、勘定所に再願書を提出した。しかるに、勘定所側では、これを受領したものの、「右は奉行衆ニも御不承知之趣ニ相見候間、如何可有之哉、乍去折角御差越ニ付、今日出役を以可差出、今明日は（奉行衆）宅調ニ而登城不致」と答え、この問題には、きわめて消極的な態度しか示さなかった。[21]

『遭厄小記』に、鳥居ら一行が浦賀到着後、鳥居の輩下小人目付小笠原貢蔵が海岸の測量を行なったところ、これがきわめて杜撰なため、「江川氏見ルニ不忍病ト称シテ会セズ、其内急ニ検地ノコト江戸ェ願書出サレ、瑞皐門人内田弥太郎ヲ手代ニ請ハレケリ」とあるのは、右に述べた再願書一件を誤伝したものと思われる。すなわち、江川役所の見分用留によれば、一月十七日付の見分先からの来状には、「此方様御儀少々御風気ニ而、平根山・観音崎御台場未御見分無之、併全御当分之儀ニ候間、一両日中之内御見分之積」[22]とあり、また一月十五日付の江川あて鳥居書簡にも、

御感冒如何被為在候哉、折角御保護専一存候、扨今日は平根山・観音崎両御台場見分仕候、天気合故見通しの処何分黯湛と致し不分明ニ候、且御場所も何れ議論可有之と存候、明日回霽候ハ、、先平根山之方斗へ罷越、測量等いたし可申候、尤至而程近ニ付、早メ昼飯相用出宅可仕存候、平根之方論定リ候上、観音崎之方可相定存候、

御違例御快和ニ候ハヽ、御同伴可仕候(下略)(23)。

とあり、江川が浦賀に到着すると間もなく、病んで見分に参加しなかったことがわかる。しかも、江川に随行した手代松岡正平の江戸役所あての書状によれば、「内田弥太郎取人御願之儀、済不済之処、御内々村井栄之進(御殿詰勘定組頭)様え御聞合、弥不相済候ハヽ、其段早速弥太郎え御知らせ可被成候」とあって、江川が内田の到着を待ちわびて、焦慮していた様子がうかがわれる。してみれば、かれの「風気」は、平根山・観音崎方面の測量を延期するための口実であった、とも考えられないわけではない。ただし、上掲の鳥居書簡によれば、十五日に平根山・観音崎の台場を見分し、十六日に測量を実施する手筈になっていたのであるから、当時病床にあった江川は、小笠原貢蔵の測量に立ち合わなかったはずであり、したがって、小笠原の測量技術の巧拙と江川の再願書とは、何らの関係をもつものではない。

それはさておき、再願書一件は、その後においても、容易に結着をみなかった。江川は、留守居松平内匠頭に見分先から再三内田の派遣について協力を懇請し、また崋山にも繰り返し依頼している。しかるに、十九日にいたり、江川の手附新見が勘定所に赴いて、内意を伺ったところ、「奉行衆より御留守居衆に御掛合之処、存寄之儀も無之旨挨拶ニ付、奉行衆より両三日中(閣老へ)進達被成候積、済不済之処ハ其上之儀、併厚く心得取斗候旨、新例之儀ニ付、何共御挨拶及兼候旨(24)」の返事があり、二十一日にいたって、内田の随行が、閣老水野忠邦の名において、つぎの通り許可された。

明屋敷番伊賀者
内田弥太郎

右相州御備場為見分、御代官江川太郎左衛門被差遣候間、御用中同人手ニ付、彼地え罷越候様可申渡旨、水野越前守殿以御書付被仰渡候ニ付、依之申渡。

正月廿一日[25]

おもうに、内田随行の問題がこのようにこじれたのは、それが「新例之儀」であるため、勘定奉行ないし勘定所の属吏が、旧例墨守の建前から判断に迷って、これを容易に幕閣に進達しようとしなかったことが、理由の一つに数えられよう。しかし、おそらくそれだけではあるまい。はじめ江川が内田の随行を申請するや、御殿詰勘定組頭村井栄之進は、「御奉行方此節御揃無之、誠ニ差掛候儀、其上他向之もの御取人之儀ニ付、御進達ニ相成候事ニ付、御出立之御間ニ者勿論、五七日之内ニも可相済哉之御見当も無之」[26]と、暗にその認可の困難なことを諷し、また勘定奉行も、上述のごとく、「御差掛ニ付」という理由で、江川の願書を幕閣に進達せず、これを却下している。また江川の再願書に対しては、村井は「右は奉行衆ニも御不承知之趣ニ相見候間、如何可有之哉」と、奉行の意向を伝え、あるいは「新例之儀ニ付、何共御挨拶及兼候」と答えている。しかも、これが上司の勝手方老中水野忠邦に進達されるや、日ならずして、許可されているのである。このようにみるならば、単に「新例之儀」のみが理由であったとは思われない。上述のごとく、江川が勘定所の指示により、内田の随行について鳥居の意向をただした際、鳥居は「御故障無之」と答えながら、この旨を勘定所に「申立候儀は難出来」と、江川の要請を拒絶しているのであり、ここに鳥居が内心内田の随行を快からず思っていたことが示されている。そうだとすれば、かかる事情を察知した勘定所側では、すでに出立前からそのきざしがみえていた、鳥居と江川との確執が、内田の随行により表面化し、その結果、勘定所がこれにまきこまれて、目付方との間に紛争の生ずることをおそれたため、江川の願書を容易に幕閣に進達しようとしなかった、というのがその真相ではなかろうか。

内田は、上記の申渡しのあった翌日、明屋敷番伊賀者世話役和田兵次郎差添えで、江川方に引渡しとなった。この日、内田は奥村喜三郎について、「増上寺代官奥村喜三郎儀、測量相心得、道具類も所持いたし居候間、同道いたし度、兼而打合申約束いたし有之」と申し出、そのため増上寺と交渉することを求めた。[27] なおこのことは、すでに江川の諒解済みであった。そこで、江川方では、増上寺地方役人に奥村の借受けについて懇請し、二十六日にその承諾を得た。[28]

これよりさき、江川は見分先の浦賀から書面をもって、風順次第、上総国竹ヶ岡に渡海する旨を伝え、「右ニ付、内田弥太郎儀竹ヶ岡え向け遣可然存候」と指令した。[29] 内田らは、この指令に従って、二十九日早朝、現地にむかった。内田の資格は普請役格であり、奥村の場合は、江川の雇手代という名目であった。なお崋山は、この時、同藩の上田喜作を内田の従僕として同行させることにした。すなわち、江川に随行中の斎藤弥九郎にあてた崋山の書簡には「（前略）藩人上田喜作と申もの、内田弥太郎、奥村喜三郎門人にて、一両年測量稽古為致、町間位は一通出来候様に相成候に付、可相成は此度内田従僕と相願御地へ極内差向候、尤御用先の義に付、前広御内々相願候上、内田へも相頼可申候処、何を申も差掛候事に付、差付奉願候」[30] とあるから、上田の派遣は、全く崋山の独断によるものであったことがわかる。

鳥居・江川の一行は、順風を待って、二十八日、浦賀から竹ヶ岡に渡り、翌二十九日、富津にいたって、備場の調査を終えたのち、再び竹ヶ岡にもどり、それより海岸通りを経て、安房国白子辺までいたり、東浦海岸を視察する予定であった。[31]

内田、奥村らが一行に合体したのは、二月三日、安房国平郡本郷村（現千葉県保田）においてであった。その後かれらは、同行して、同七日、房州洲之崎にいたったところ、増上寺御霊屋付地方役人という奥村の素姓を探知した鳥居は、江川に異議を申し立てたため、この日、奥村は帰府を命ぜられた。すなわち、二月八日付江川役所あての用状には、左の通り記されている。

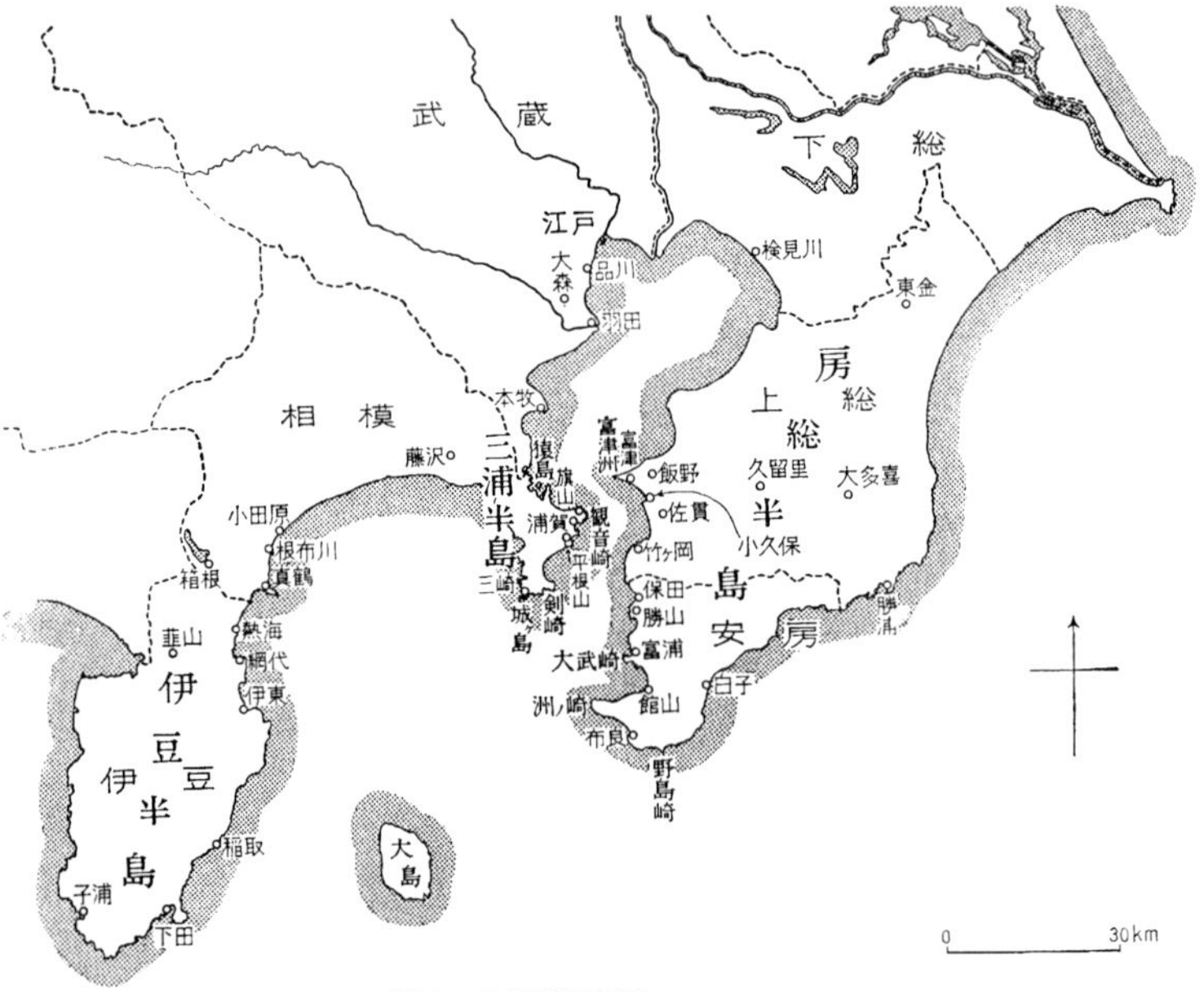

図1　江戸沿海図

一、奥村喜三郎儀増上寺御霊屋附地方取調役ニ付、御用向為取扱候而ハ不宜旨、鳥居耀蔵殿承御申聞候間、昨七日洲崎村出立帰府被仰付候、委細喜三郎より御承知可被成候。[32]

ここにおいて、勘定所側の危惧した両者の確執が、ついに表面化するにいたった、とみることができよう。すなわち、八王子同心頭松本斗機蔵が斎藤弥九郎にあてた二月十九日付の書簡によれば、松本は、二月十六日に崋山宅を訪れ、ここで奥村喜三郎から当時の事情をきき、「扨々例の奸物ニハ御当惑之御事と崋山抔と御噂申上候」と憤慨している。[33]なお崋山がのちに獄中書簡の中で、「過日江川太郎左衛門、御目付鳥井(ママ)要蔵殿と浦賀御改の節、殊の外かくしつ有之由」[34]と述べているのは、この折のことを指すものと思われる。長英もまた、『遭厄小記』の中で、鳥居の奥村忌避の事実を伝えているが、ただし、かれが述べているように、果して小笠原貢蔵の讒訴によるものかどうかについては明証がなく、またこれを浦賀における出来事としているのは、あきらかに誤りである。

もっとも、崋山が前記獄中書簡の中で、「其後鳥井家より江川へ取入無二の懇意に持掛け候由、此節は表面甚和親之体也」と述べている通り、両者は間もなく和解している。すなわち、二月十六日付の江川あて鳥居書簡によれば、

唯今は御来訪被下恭奉存候、其儘益御安健奉賀候、然者鰈□(不明)魚一尾到来仕候ニ付進呈仕候、是者私養母里より被相贈候品ニ而、不正之贈物ニハ無之候、御安心可被下候、余は拝□(脱字)可尽候、草々不備。(35)

とあって、すでにこのころ和解していることがわかる。のみならず、両者は帰府後もしばしば書簡の往復、ないし面談をしており、また江川は林述斎をも訪問しているから、(36)すくなくとも表面上、鳥居のみならず林家とも従来通りの関係にあった、とみてよかろう。

ここでかれら一行の、その後の行程を述べると、房総備場および海岸通りの見分を終えて、竹ヶ岡に戻ったのは、二月十五日のことである。かれらは翌十六および十七日の両日、同地に滞在し、十八日に浦賀に渡海、ここに数日滞在して、三崎・城ヶ島方面の調査を行なったのち、藤沢駅にいたり、海岸通りに沿うて小田原から根布川を経て、伊豆東海岸を見分しつつ、二月末に下田に到着した。それより鳥居は、三月一日、西海岸調査のため、子浦方面にむかい、その儘帰府した。これに対して、江川は、順風を待って、三月六日、伊豆大島に渡り、同九日帰帆、鳥居に遅れて、三月十五日に帰府した。(37)なお内田弥太郎は、浦賀にとどまって、海岸の測量に従事し、四月一日にいたって、帰府している。(38)したがって、『遭厄小記』に、「弥太郎身骨ヲ砕キ勉強シテ終ニ検地ヲ做シケルニ二月下旬帰府ス」とあるのは、これまた誤りである。

以上において、われわれは『蛮社遭厄小記』の所伝を批判的に検討しつつ、いわゆる浦賀測量事件の真相を明らかにし、かつ鳥居・江川の一行の見分の経過について述べた。そこで最後に、浦賀測量事件のもつ意義について、いさ

さか検討を加えておきたい。

われわれははじめに、江川が崋山に接近するにつれて、鳥居側に隔意の念が生じたであろうことを推測し、ことに鳥居が江川と見分について協議中、江川に無断で、見分範囲の拡大について幕府に建議したことが、はからずも契機となって、両者の間にようやく不和のきざしが生じたことを指摘した。ところで鳥居の敵意は、江川そのひとよりも、むしろ江川の見分ないし測量実施を蔭ながら支援した、崋山にむけられたものとみるべきである。すなわち、上述のごとく、崋山は江川の依頼により、測量家として内田・奥村の両者を推薦したほか、同藩の上田喜作を内田の従僕として派遣し、あるいはまた、かれは、江川の求めに応じて、私蔵の写真鏡をはじめ(前出)、遠目鏡・測量器具等を貸与している。のみならず、江川は見分中、内田随行一件その他について、崋山としばしば書簡を往復している。しかも、右の事実こそ、江川・鳥居の確執の根本原因となったものと推定されるのである。すなわち、この推定を裏付けるのは、崋山がかれの逮捕の原因について述べた、獄中書簡のつぎの記事である。

(江川)当春御用旅中、私所持之目かね・測量器等、途中より御借用被成度とて、度度往復之御手書有之、御帰府後は御用多にて左程御目にかゝらず候。右之通往復書と申、且上田喜作と申藩人、其師内田弥太郎に従ひ、測量手伝致候事に付、多分それらより此禍(蛮社の獄—筆者註)起り候事と被察候。(39)

上述のように、江川・鳥居の確執が表面化したのは、鳥居による奥村忌避にあった。ところで、内田とともに奥村を推薦したのは、ほかならぬ崋山であった。このことを前提として右の書簡を吟味するならば、崋山の述べるように、江川に対するかれの支援が、直接獄の原因となったかどうかはともかくとして、両者の確執が崋山の支援に基因するという認識に立って、はじめてかかる推測が可能となることが知られよう。しかも、他方、鳥居は、見分先から書簡をもって、目付佐々木三蔵と絶えず連絡をとっているから、(40)崋山が江川を支援した事実を、鳥居側が熟知していたことは、想像に難くないのである。

ただし、右の推定が正しいとしても、これが直接蛮社の獄の原因となったかどうかについては、改めて後節において検討することにしたいと思う。

（1）高野長英全集、第四巻、二八—三〇頁。

（2）江川文書は、その大部分が文部省史料館に寄託されているが、なお一部は、韮山の江川邸に蔵されている。本節で使用したのは、江川邸所蔵のものが大部分であるが、ただし、ここではとくに註記しない。

（3）江川文書、『天保九年相州御備場御見分御用留』、天保九年十二月七日付御殿詰勘定組頭村井栄之進あて江川英竜書状。

（4）老中は江戸城付近に役屋敷を与えられるのを常例としたが（松平太郎『江戸時代制度の研究』、上巻、七二四頁）、天保九年当時、老中で西丸下に役屋敷のあったのは、水野と脇坂安董の二人である。しかも、かれらのうち、水野は当時勝手掛りであったから、勘定吟味役川路および代官江川にとって、直属の上司にあたる。それゆえ、この書簡に見える「西城下」とは、水野を指すものと推定される。

（5）江川文書、川路聖謨書簡（写）。

（6）「伊豆国御備之儀に付存付申上候書付」、海舟全集、第六巻、『陸軍歴史』上、三五八頁。

（7）江川文書、『天保九年御用留』。

（8）前掲、『相州御備場御見分御用留』、天保九年十二月十一日の条。

（9）同、「相州御備場見分之儀ニ付申上候書付」（戌十二月廿日付）。

（10）同、「相州御備場見分之儀ニ付取斗方伺書」（天保九年十二月付）。

（11）同、鳥居耀蔵書簡（極月廿三日付）。

（12）崋山全集、五四頁。

（13）前掲、『見分用留』、松平内匠頭宛江川英竜書状（天保十年一月四日付）。江川家中宛松平内匠頭用人書状（同年一月四日付）。江川手代松岡正平報告（同年一月六日付）。

（14）同、手代松岡正平報告。

(15) 同、「御備場見分ニ付測量仕候もの付添之儀奉願候書付」(亥正月七日)。
(16) 同、天保十年一月八日書留。
(17) 同、天保九年十二月二十七日、天保十年一月九日の条、参照。
(18) 江川文書、渡辺崋山書簡(写)。
(19) 前掲、『見分用留』、江川手附新見健三郎宛内田弥太郎書状(正月十三日付)。
(20) 新見宛松岡正平宿継用状(亥正月十二日付)。
(21) 前掲、内田書状。松岡正平宛新見健三郎用状(正月十四日付)。
(22) 松岡正平用状。
(23) 江川文書、鳥居耀蔵書簡(写)。
(24) 松岡正平宛用状(正月十九日付)。
(25) 松岡宛用状(正月廿一日付)。
(26) 新見健三郎報告(正月七日付)。
(27) 松岡正平宛新見健三郎用状(正月廿二日付)。
(28) 御霊屋地方調役城戸佐助・蒲生勘九郎書状。
(29) 松岡正平用状(正月廿四日付)。
(30) 崋山全集、五六頁。
(31) 松岡正平用状(正月廿九日付)。
(32) 同(二月八日付)。
(33) 江川文書、松本斗機蔵書簡(写)。
(34) 崋山全集、六四頁。
(35) 江川文書、鳥居耀蔵書簡(写)。
(36) 前掲、『見分用留』、天保十年三月二十日の条。
(37) 「伊豆国附大島渡海御届書」。「伊豆国附大島より帰帆御届書」(亥三月)。御殿詰勘定組頭中島平四郎宛江川英竜書状(三月十五日付)。
(38)「御備場見分御用先ぇ内田弥太郎相残置候儀申上候書付」(亥三月)。「明屋鋪番伊賀者内田弥太郎帰府仕候ニ付申上候書付」(四月朔日)。
(39) 崋山全集、一〇〇頁。
(40) 前掲、『見分用留』の随所に、両者の書状の往復の記事がみえている。

第四節　二つの江戸湾防備改革案

さて、江戸湾備場見分を終えて帰府した鳥居および江川にとって、残された任務は、見分に基づき、あらたに江戸湾防備改革策を立案、報告することであった。江川はそのため、ひそかに崋山を招いて、意見を徴し、さらに復命書に添える予定の、外国事情に関する書付の執筆をも、あわせて依頼した。よって、崋山は三月二十二日にいたり、『諸国建地草図』一冊、『西洋事情書』二冊、ほか一冊、合計四冊からなる稿本類を、江川に送っている。そのうち、『諸国建地草図』は、崋山が江戸湾防備について私案を述べたもので、絵図十面と本文からなる。『西洋事情書』は、江川のために、ヨーロッパならびに、世界の現状を述べたものであるが、ただし、これは初稿ではない。初稿は、崋山が獄中から江川に寄せた密書の中で、

私宅より出候書物は、三月中半紙に認上候事情某と申書初稿にて、あまり過激に付恐入不差上候物に御座候。(1)

と述べている通り、内容が過激にわたったため、江川に送ることを見合わせたもので、崋山全集所収の『西洋事情御答書』が、これに比定される。つぎに、いま一冊は、江川に送った、再稿『西洋事情書』の中に、「英吉利之大凡は別帳之趣云々」とあるから、とくにイギリスについて記した草稿であろう。(2)

これらの稿本を送られた江川は、そのうち、『諸国建地草図』を参照しつつ、江戸湾防備改革に関する復命書を執筆し、四月十九日にいたり、これを勘定所に提出した。なお内田弥太郎作成の絵図面、ならびに外国事情に関する書付は、これより遅れて提出されるはずであった。(3) これに対して、鳥居は三月中に復命書を上申している。

本節では、両者の復命書、ならびに崋山の『諸国建地草図』によって、かれらの江戸湾防備改革案を検討し、鳥居と江川・崋山との間の、論点の相違を明らかにすることにより、蛮社の獄の真相を知る一助としたいと思う。

(一) 鳥居の改革案(4)

鳥居は江戸湾周辺地域の大部分が軍事的に無力な直轄地および小給地からなり、かつまた、非常の際、防備に任ずべき川越藩、小田原藩および、佐倉藩が海岸から、はるかに隔たっているところに、現防備体制の不備を認めた。もっとも、かれはこれをもって、常時幕臣に防備を委ねるという文政度の改革そのものを、否定したのではない。すなわち、

畢竟非常之節、他領他支配之人夫斗にては、指揮行届間敷との厚き御含みも有之哉に候。右に準じ与力同心迄、高或は御扶持増之上、炮術心懸宜敷者新規御抱入有之、以前より格別御手厚ニ相成候。

と、これを基本的に承認した。ただし、右の改革は打払令発布以前のことであり、「其後厳重打払之儀被仰出、無油断様精々御世話も有之候上ハ、当時之人数ニ而防禦行届可申哉否之儀ハ、前以見定め可相立を、前々之風習ニ染込、左迄も不心附、其上数年乗寄候儀無之故、俗情益々安心仕、御備向は御趣意斗り之様相心得、今日之仕業而已屈託仕、平日炮術修業怠慢罷在候」と、それゆえ、かれにとって、江戸湾防備の強化とは、現体制の改革ではなく、もっぱらその充実を、意味したのである。

つぎにかかる立場からする、かれの強化策を、具体的にみよう。まず相模国については、平根山および、観音崎の備場を適地に移すほか、あらたに走水村旗山に備場を設け、かつまた、城ヶ島の備場を復活する。つぎに走水に陣屋

を設け、五千石以上のものを走水奉行に任ずるとともに、小普請組から上番二十人、下番三十人を選び、組頭二人を付して防備にあたらせる。さらに小田原藩主大久保仙丸(忠愨)、川越藩主松平大和守(斉典)に対して、それぞれ沿海地に三万石の替地を与え、これに相当の兵力を、浦賀奉行および、走水奉行の指揮下におく。つぎに上総・安房については、まず富津・竹ヶ岡の備場の中間、小久保に新規に備場を設けるほか、安房国洲之崎の備場を復活する。そして、代官森覚蔵をして洲之崎・竹ヶ岡の備場を管掌させ、また富津に走水と同様、五千石級以上の奉行をおき、上番二十人、下番三十人、組頭二人を配属し、富津・小久保の両備場を預ける。援兵は、従前通り佐倉藩主堀田備中守(正篤)および、久留里藩主黒田豊前守(直静)の手勢をもってし、前者に三万石、後者に一万石の替地を命じ、後詰の兵をそれぞれ富津奉行および代官森覚蔵の指揮下におく。なおこれらの幕臣諸士はすべて土着とする。このほか、安房の海岸については、近隣の大名をもって防備にあてる、というのが鳥居の構想である。

㈡　江川の改革案(5)

江川もまた備場の実地見分の結果にしたがって、相模国平根山、観音崎および上総国竹ヶ岡、富津の備場について、現位置を不適当とし、それぞれ適地に移すべきことを主張したほか、相州鴨居村三軒屋岬、走水村十石崎、同旗山岬の各所に備場の新設を建議した。しかしながら、かれにあっては、いかに備場を充実して、現存の防衛体制の強化につとめても、外敵の上陸は阻止しがたいとされた。なぜならば、

> 都て岸深之海岸に候共、大船より直に上陸仕候事先は不相成、何れ艀にて乗附候得は、遠浅に候迚、左のみ頼みには相成間敷、相模・伊豆・上総国は海中へ張出し居、何れへ上陸可仕も難斗、殊に海辺場広之義、一切上陸不為致様には相成間敷。

がゆえである。しかも、現状にあっては、「相模国三浦鎌倉郡之内、幷安房国には城持大名壱人も無之、上総国大多喜・久留里・佐貫に小家之大名居城有之のみ、其余は陣屋幷出張陣屋迄にて、誠に空疎之形」であり、とうてい外敵

の上陸をはばむことは不可能である。そこで江川はその対策として、相房総三ヵ国に、十万石以上の譜代諸侯を三侯、移封せしむべきことを提案した。すなわち、一人は相模国三浦郡に居城を命じ、三浦・鎌倉郡の防備にあたらせ、その余の同国海岸は大久保仙丸の任とする。つぎに一人は上総国周准郡飯野辺に居城を命じ、富津の備場はもちろん、房州外浦白子までをその防衛区域と定める。最後に、いま一人は上総国東金付近に居城させ、白子より下総国犬吠崎までの防備に任ずるというのである。

以上、鳥居および江川の、防備改革の構想について述べた。要するに、鳥居の場合は、幕兵を主体とする文政度の改革を是認するとともに、その充実強化にあたって、奉行所の増設ならびに幕臣諸士の土着を説くものであり、その限りにおいて、定信の防備計画の系譜につらなるとみることができよう。これに対して、諸侯を移封して防衛を分担せしめるという江川の構想は、白河・会津両藩に替地を与えて、防備に任じた文化度の改革をより徹底させたものにほかならない。ところで、つぎに注意しなければならないのは、右の二系列の防備構想は、それぞれ異なった政治理念を、発想の場としていることである。

このことを、まず鳥居についてみよう。鳥居の政治的立場を、もっとも明白に示しているのは、天保十一年(一八四〇年)九月、長崎町年寄高島四郎大夫(秋帆)が、アヘン戦争の報を伝えて、西洋砲術の採用を建議した際、かれが目付一同を代表して、上申した答申書である。(6) すなわち、鳥居はその中で、西洋砲術が、「中りを専一」とするわが国の砲術とは異なり、「接戦之節に臨み多人数群集の所え猛烈之火薬を打込候斗りを主」とする点に、特色を認めながら、

西洋諸国習俗は礼儀之国と違ひ、只厚利を謀り、互に勇力を闘し候迄にて、和漢之智略を以て勝利を取候軍法とは大に相違仕居候哉に付、西洋にて専ら利用有之候迚一概に信用も難成。

として、これを斥けるとともに、西洋砲術に加担する一部の動きをもって、新奇を好む蘭学者の流弊になじむものと

見、その極まるところ、「行軍布陣の法より平日之風俗教習迄も」洋化するおそれのあることを指摘した。のみならず、「唐国広東之地騒乱之次第も畢竟唐国も二百余年之泰平にて、文華のみに流れ、武備廃弛之処イギリス国は常々争戦に練熟仕居候哉に付唐国敗亡之事にて可有之哉、敢て火砲之利鈍による斗りとも不被存候」と、このように、唐国の敗北がかならずしも、火器の優劣のみによるものではないとした鳥居は、「護国御備は平生文武之道厚く御世話被成、軽薄之士風一変、節義を専らと仕候処に可有之」と、要するに、儒学的理想政治の実現においてのみ、海防の完璧を期し得るとした。けだし、それは林家一門の徒として、朱子学を信奉する鳥居にとって、当然の帰結であったといえよう。

しかしながら、鳥居は西洋砲術そのものを、かならずしも無視したのではない。すなわち、かれが斥けたのは、海防技術としての西洋砲術であり、これに対して、国内諸侯の統御という、内政的視点に立つ限り、問題はおのずから異ならざるを得ない。鳥居は高島の関知しない、かかる側面から、ふたたびこれを採り上げた。そして、

乍去火砲は元来蛮国伝来之器に候得は、追々発明之術有之哉も難斗候に付、万一諸家々来えのみ伝法相成候様にても、如何御座候。

と、諸侯が幕府にさきんじて、西洋砲術を採用することをおそれて、これを鉄砲方井上左大夫・田付四郎兵衛らの砲術家に見分させた上で、採否を決定すべし、という答申をしているのである。

これから知られるように、鳥居の立場を根本的に規定したものは、封建的割拠意識にほかならない。しかも、諸侯に対し、かかる排他、不信の念が存する以上、海防よりも内政が重視され、したがって、諸侯に江戸湾防備を、もっぱら委任するがごとき措置は、それが諸侯統制のための、配置の原則をみだすがゆえに、当然しりぞけられねばならぬ。のみならず、幕軍を主体とする文政度の改革こそ、その意味では、理想的な防備体制でなければならぬ。かれが文政度の改革をもって、「畢竟非常之節、他領他支配之人夫斗にては、指揮行届間敷との厚き御含も有之」と理解し

て、これを支持し、あるいはまた、諸侯に替地を与えて、後詰の兵を駐屯さすことを提案しながら、これをいずれも幕府直属の奉行ないし代官の指揮下におくべし、と主張した理由は、ここにあったと考えられる。いいかえれば、海防の危機にのぞんで、なおかつ、諸侯割拠を前提とする、幕府独裁制を貫こうとするのが、かれの政治的立場であったのである。

しかも、いま一つ注意すべきは、鳥居の対外観である。鳥居と同じく、幕臣諸士の土着策を立案した松平定信の場合、その背後に、

（異国船）此港口へ来るべき時は、極めて数十艘はいふに及ばず、必ず百艘以上も来るべしと思ふなり。（中略）必ず来るべきならば、軍艦をも備へて威を示して後に事をはからんと思ふは必定なり。いかで一二艘、かの蝦夷辺鄙の地へ働きし如くにすべけんや。

という認識があった。(7) これに対して、鳥居は復命書の中で、わが海域を侵す異国船について、

近年、時々乗寄候異国船、多くはアメリカ国より往来之船、又漁猟船等ニ而、多人数乗組居候儀も無之哉ニ相聞へ候。彼国ニ而も相応ニ名義ハ正しく、漫りに事かましく軍船等差向け候儀も仕間敷。

という、きわめて楽観的な観測を下している。したがって、かれにとって、海防は「全不虞之御備而已」という、二義的意味しかもたなかった。その限りにおいて、かれが定信と同様、土着策を主張したといっても、それはかつて定信のそれを流産させた、保守的勢力と多分に妥協の余地を残していたとみなければならぬ。

のみならず、かかる安易な対外観は、かれの父林述斎のそれにも、通ずるものであったことに、注意すべきである。すなわち、先に明らかにしたように、(8) 天保八年、「英船」モリソン号渡来の風説が伝えられた際、その取扱いについて、審議に与った林述斎(当時、大学頭)は、もっぱら儒学的な仁政論の立場から、打払いを否としたものの、当時の

緊迫した国際関係に何ら触れるところがなかった。しかるに、鳥居の場合もまた、文政初年ごろの情勢を念頭におきつつ、「近年、時々乗寄候異国船、多くはアメリカ国より往来之船、又漁猟船等ニ而、多人数乗組居候儀も無之哉ニ相聞へ候」といい、さらに儒学的観念を国際関係に及ぼして、「彼国ニ而も相応ニ名儀ハ正しく、漫りに事かましく軍船等差向け候儀も仕間敷」と論じているのである。このような国際関係の理解の仕方こそ、林家一門によって代表される、幕府内部の守旧的勢力のそれを、代弁するものにほかならなかった、と考えられる。

それならば、江川の場合はどうか。江川の復命書はこの問題について、触れるところがすくない。そこで、かれが復命書の執筆にあたって参照した、崋山の『諸国建地草図』を手掛りとしながら、この点を検討してみよう。〔補註〕

崋山は右の『諸国建地草図』において、まず江戸湾防備の構想を述べるにさきだち、英・仏・蘭等八カ国の首都の位置を国防的観点から考察した。そして、

按スルニ、万国建都形勢皆山水利ニ依ルト雖、唯大洋ヨリ大湾ニ達スルモノ、控扼ノ要地アラサレハ、注海大川ノ便ヲ考、必奥地ニ都ヲ建ルモノト見ヘタリ。

と結論づけた。しかるに、江戸の場合、江戸湾を囲む房総相豆四カ国のうち、要地を遠く離れた佐倉(十一万石)および小田原(十一万石)を除けば、上総の佐貫(一万六千石)、久留里(三万石)および大多喜(二万石)に小城地があるのみで、まさに「空曠之至」というべきである。かれはかかる現状をもって「内患ヲ専トシテ外患ヲ慮ルモノニアラサ」るものと評した。いうまでもなく、それは江戸湾において、もっとも集中的に現われた、内政と海防との矛盾を、かれが指摘したものにほかならない。かくて崋山は、かかる矛盾の打開策として、江川の構想におけると同様に、十万石以上の譜代諸侯の江戸湾配置を説いたのであった。ところで、かれは右の構想について、

右建置国体外防ヲ専ニシテ、内防ヲ不顧ニ似タリト雖、外防ニ応スル勢ヲ考、又内地ノ便モ次テ考フヘシ。

といっている。これはまさに、鳥居とは反対に、「外防」優先の論理に立つことを示すものである。しかも、かかる論理の支えとなったのは、『西洋事情書』の初稿の中で、ヨーロッパの世界征服を論じて、「唯其国を古来より不レ失ものは百爾西亜と我国のみに御座候。存出し候得ば、誠に心細き事に御座候。然るに不レ知者は井蛙も安じ、鷦鷯も一枝を頼候心持に御座候」(9)とした深刻な対外認識であった。いいかえれば、かれの防備構想を根本的に規定し、方向づけたのは、外圧に媒介された「国民主義」的自覚にほかならなかったのである。

ところで、海防のために、譜代有力諸侯を四侯、江戸湾周辺の地に集中することは、諸侯の配置が、国内統制のための布石である以上、幕府の全国支配を、動揺させる危険をはらむとみなければならぬ。しかるに、崋山はつぎのように弁じている。

十万石以上国替四侯アリテ、内三侯新ニ築城ヲナセハ、誠ニ容易ナラサルヿニテ、海内十万石以上ノ城地三所空トナル。然レトモ、海内城地大小高ニ応スルモノ、有モ有リ、無キモアリテ措雑スレハ、其場所ニヨリ二三万石ノ諸侯モ移スヘシ。外様ハ論セス、御普代之中、二三万石ノ城主格アレハ、如何様ニモ操合ハ出来可申候。タトヘハ、勢州亀山一万石ノ城ナリシカ、今ハ六万石、岸和田ハ二万石ノ城ナリシカ、今ハ五万石ノ類必多カルヘシ。

このように、かれの構想がかならずしも、現体制を動揺せしめるものではない、と強弁しているのは、逆に封建的割拠を本質とする幕藩体制が、海防と矛盾することを、崋山みずから自覚していたことを示すものにほかならない。したがって、前記の防備構想は、現体制との、可能なかぎりの、妥協の上にたてられたものであった。かれが同書の末尾において、「此論国体七分実地三分アリナシ也」とし、また「実地ノ論ニヨレハ存外ノ便ヲ得ヘシ、一概ニ国体ノミニハ泥ミカタシ」と、結んでいるのは、このことを示すもの、と考えられる。いいかえれば、崋山がそれを欲したか否かはともかく、国防の完璧を期するためには、封建的割拠支配の変革を不可避とするというのが、かれの海防論の、当然いたるべき帰結であった、といわれよう。われわれは崋山の、したがってまた、江川の防備構想の背後にある思想が、鳥居のそれと、根本的に異なる所以を、この点において、容易に見出すことができるであろう。

（1）崋山全集、一〇六頁。江川文書、崋山書簡(写)。
（2）以上については、付章、一、の解説を参照されたい。
（3）『相州御備場御見分御用留』、天保十年四月十九日の条に、

一、此方様御平服ニ而明五時頃御出宅、御登城被成、御備場之儀ニ付御書上、村井栄之進様へ御差出被成候事。

とあり、また同じ条に、御殿詰勘定組頭村井栄之進・同中島平四郎の、つぎのような江川宛用状が載せられている。

以手紙致啓上候、然者御備場御見分書、今朝御差出御座候処、外国之事情幷絵図面共未御差出無御座候間、御書面江下ケ札いたし候間、右ニ而御存知も無御座候ハヽ、明日別紙御書面御返却可被成候、右可得御意如斯御座候。

四月十九日　（下略）

（4）江川文書、鳥居耀蔵「海防見込書」。
（5）江川英竜「相州御備場其外見分見込之趣中上候書付」、海舟全集、第六巻、『陸軍歴史』上、三七五頁。
（6）『陸軍歴史』上、三—四頁。
（7）「海岸御備大意」、渋沢栄一『楽翁公伝』、三五四頁。
（8）本章、第二節、参照。
（9）崋山全集、四一頁。
〔補註〕『諸国建地草図』の全文は、拙稿「渡辺崋山『諸国建地草図』について」(東北大教養部文科紀要、三)に紹介してある。

第五節　蛮社の獄の真相

前節のはじめに述べたように、江川は見分復命書を執筆するにあたって、崋山の意見を求め、崋山は三月二十二日

に、『諸国建地草図』一冊、『西洋事情書』(再稿本)二冊、ほか一冊からなる稿本類を江川に送った。江川は、これらのうち、『諸国建地草図』を参照して、復命書の執筆を終えたものの、これに添えて上申するため、崋山に執筆を依頼した『西洋事情書』には、すくなからぬ不満を覚えたもののようである。というのは、それは、崋山みずからその内容が「あまり過激」なことを認めた初稿を書き改めたものであるといっても、これには初稿と同様、幕府の対外政策をかなり激しい調子で批判し、あるいは揶揄した部分が、すくなからず含まれていたからである。(1)江川はその後、崋山を三月二十九日および四月三日の二度にわたって訪問しているが、おそらくこの点について談ずるところがあったものと思われる。ついで江川は、斎藤弥九郎を崋山のもとに遣わし、あらためて起稿を依頼した。すなわち、『客坐掌記』の天保十年四月十日の条に、

〇韮山県令使斎藤弥九郎乞言(下略)。
〇終日無功夜為県令立言。

とあり、また同十一日の条に、

〇為県令立言、致書斎藤弥九郎。

とみえている。(2)この時、崋山が執筆したのが、現江川家所蔵の崋山自筆『外国事情書』であった、と推定される。なお崋山は、同書を脱稿して江川に送ったのち、その理解を助けるため、付図の添付を思い立ち、四月二十三日にその草案を送っている。

右の崋山自筆『外国事情書』に接した江川は、これを下僚に浄書させて崋山に送り、さらに加筆を請うた。同書は、『西洋事情書』と異なり、もっぱら客観的に外国の現状を叙したものであったから、江川はこれをそのまかれの名で見分復命書に添えて、上申することとし、あらかじめ崋山の了解を得ていたものと思われる。ただし、復命書は四

月十九日に勘定所に提出されているが、同書は、蛮社の獄のおこった五月十四日当時においても、なお上申のはこびに至っていない。それは、おそらく上述のような事情で、完成が遅れたためであろう。(3)

ところで、先に江戸湾備場見分の際、崋山が江川を支援した事実を知って、ことさらかれに敵意を懐くにいたった鳥居は、さらに江川が、見分復命書を執筆するにあたって、崋山の助言を求めたことを、ある程度、探知したもののようである。そこでかれは、江川が復命書を上申した四月十九日に、殿中において、輩下の小人目付小笠原貢蔵ならびに大橋元六に対し、閣老水野忠邦の内命と偽って、英人「モリソン」の経歴および『夢物語』の著者について、探索を命じた。〔補註1〕すなわち、小笠原貢蔵の手控え(4)には、つぎのように記されている。

天保十亥年四月十九日於殿中鳥居耀蔵殿自分元六え左之通被仰渡候。

一、イキリス国人モリソンの事。

一、夢物語と申、異国を称美し、我国を譏りし書物、著述いたし候者。

薩摩　正庵か
町医師　玄海
三宅土佐守家来　渡辺　登

右取調可申聞事、越前守殿より。(5)

小笠原らは、右の密命に従い、ただちに調査をはじめ、同二十九日にいたって、鳥居に探索復命書を提出した。つぎにその下書きと推定される小笠原の手控えによって、復命書の内容を紹介すると、左の通りである。

まず小笠原は、『夢物語』を所持するものとして、和田(佐藤)泰然の名を挙げたのち、英人「モリソン」について、天保九年に参府した蘭人使節ニーマンからの伝聞に基づき、「印度亜地方の島国を十八島支配する総奉行モリソンといふもの、当時の英雄にて、漢字も出来候もの、我国人漂流之者七人浦賀へ連来て、貢物を定て交易願を申立、若不叶時は海辺の官舎民屋共に焼打、海上之船々え妨可申とのよし」と報告している。なお鳥居がとくに「モリソン」の調査を命じたのは、周知の通り、崋山・長英らが「英船」モリソン号をもって、著名なシナ学者ロバート・モリソン(Robert Morrison, 1782-1834)の指揮する船と誤解していたのであって、そのため、『夢物語』を読んだ鳥居が、同書にみえる「モリソン」の記述に疑念をいだいたからであろう。

これについで小笠原は、『夢物語』の著者について、まず長英の名を挙げて、左の通り記している。

一、仙台出生之者、蘭学も能出来、医術相応に出来候者。

麹町　高野長英《瑞皐》

○ アールド。レイキス。キュンデ。ウヲールテン。ブック。(6)

是は蛮国の地理政事人情をしるしたる書を和解し、其内に蛮国と我国との政事人情等を取交ひ、善悪を評したる物にて、夢物語と号し候ものゝ由、長英の解に渡辺登執筆いたし候由。

これによれば、『夢物語』は、世評では、長英が蘭書を翻訳し、これに基づいて、崋山が執筆したものと信じられていたことがわかる。つぎに小笠原は、幡崎鼎の略歴を記したのち、使番松平伊勢守、勘定吟味役川路聖謨、代官羽倉用九、同江川英竜および内田弥太郎、奥村喜三郎の名を挙げ、「右は鼎を尊信し、蘭学の講釈承候人々の由、鼎御預に相成候後は、長英并三宅土佐守家来にて家老渡辺登と懇意いたし候由」と述べ、ついで崋山について、つぎのように記している。

三宅土佐守家来にて
家老　渡辺登

四十四五歳

此者文武相応出来、書画もまた不拙、平常麁服を着、長剣を帯し、逢対静にして、一度逢候もの親み深く相成、近年蘭学を以世に名をしられ、幡崎鼎高野長英を友とし、蘭学の徒多親み、〔土佐守隠居へも相進め、隠居も蘭学好みに相成、登儀〕当今御政事向を誹謗し、剰蛮船交易之義に付ては、浦賀洋中にて江戸廻船に妨なさは、自ら江戸中困窮して交易の道も開け可申抔、其徒に語候事度々御座候由、且又奥州金華山洋中纔の離島有之、蛮船繫居て、海浜の漁師に金壱分を遣せは、通路自在の事とも申談居候由。

一、夢物語は高野長英作、または登の作とも風聞いたし候。

一、去戌年（天保九年）参向之甲比丹ニイマン滞府中、岡部美濃守方の蘭学医小関三英対話の始末、登に申聞候処、
鸚鴃舌小記と申書を作り、蘭人の執政家幷御政事向等密々難し候事を述作せしものにて、其徒密に書写せし由。

一、魯西亜イキリス船印旗印の類、蔵板にいたし罷在候由、其徒に送りし由。

これに続いて、小笠原は崋山の近況につき「前書之通御座候処、当三月上旬頃より夢物語の義に付、如何取沙汰有之候哉、総て其徒にも蛮国の事語り不申、問合候ても程能申断り、病気と唱ひ外出も不致、格別懇意の者逢候ても、何となく気欝之体相見へ候由」と伝え、最後に、崋山と懇意なものとして、薩摩藩士小林専次郎、古河藩士鷹見泉石および松江藩士望月兎毛の名を挙げている。

以上は、『夢物語』の著者に関連した事項であるが、小笠原の手控えには、これについで鳥居の指令にみえない、僧侶順宣・順道父子、公事宿山口屋彦兵衛（実は後見金次郎）、水戸領内豪商大内五右衛門（実は清右衛門）、および元徒士斎藤次郎兵衛、同本岐道平らの無人島渡航計画について記している。つぎにこの部分を紹介する。

常州鹿島郡鳥栖村

坪内久四郎知行所
一向宗
無量寿寺
父 順 宣
忰 順 道
三十四五歳
公事宿
山口屋彦兵衛焼失跡
本石町三丁目土蔵住居罷在候。

此順宣儀兼而無人島え渡海いたし度心掛深く、忰順道義西本願寺用事ニ事寄、出府(いたし)序に渡海仕度と申、其徒を相集、右島の図を専ら穿鑿いたし罷在、鉄砲火薬之用意可致抔物語候由。

本石町三丁目類焼後材木町住居
寺社奉行公事宿
山 口 屋 彦 兵 衛

此者順道に同意いたし、食物其外手当世話いたし、同船にて渡海可致旨申候由。

元御徒相勤候
青柳伴蔵事
福原内匠家来にて、当時隠居
斎 藤 次 郎 兵 衛
七十歳位

此者義兼而無人島へ渡海可致心掛に候処、無量寿寺之心底承り、五月節句後同意之者も有之は同道いたし、順宜と申合、支度用意として、発足いたし候旨申候由。

水戸殿領分
水戸中湊
鳥栖村より六り
大内五右衛門

此者兼而無量寿寺同意ニ而、八百石五百石持船ニ而、渡海可致用意罷在、尤水戸殿領分ニ同意之もの名前不申聞、多御座候由。

御徒
元木英作父隠居
本役　元木道平

此者去三月中御代官羽倉外記伊豆七島巡見之節、用人いたし罷越候者にて、兼而蘭学好故、外記方へ平常立入、来子年又候手附手代計七島え伺済之上、差遣候節は、必道案内として罷越候(を経候)□□(不明)申繕ひ、粮米丈夫にいたし、同志之者申合、漂流に事寄、アメリカ辺へ直々罷越候方ハ、無人島罷越候より心易く抔申居候由。

以上の情報の大部分を小笠原に提供したのは、小人頭柳田勝太郎組納戸口番花井虎一であった、と想像される。花井は宇田川榕庵の門下で蘭学界の事情に通じ[7]、また崋山宅に出入し、『鴃舌或問』および同小記を閲覧したことがある。前掲小笠原の手控えのうち、崋山に関する条に『鸚鴃舌小記』とあるのは、同書の名を誤り伝えたものである。なお崋山の口書に、「鴃舌或問、同小記も同様、人には為見不申候処、花井虎一罷越候砌、私家食事致し候内、為待置候も無手持に相見へ、同人に為見候外、余人に為見候儀一切無御座[8]」とあるから、同書に関する情報は、花井が漏らしたものであることは、ほぼ疑いない。その上、花井は一時、順宣父子らの無人島渡航計画にも加わったことがある。[9]『遭厄小記』によれば、「其内（無人島渡航計画者一味―筆者註）ニ御本丸御中ノ口番ヲ勤メケル花井虎一ト云者加ワリケレバ小笠原貢蔵此事ヲ聞出シ、蛮学者流ヲ圧倒センコト此一挙ニ在ト雀躍シ、虎一ハ元ハ御小人ヨリ出身シ、同僚ニテ兼テ相識ナリケルユヘ、是ヲ招キ甘言好語ヲ以テ欺キ、此度無人島行ヲ催シ候モノ共ノ儀、巨大ニ訴ヘ出デ、山ノ手蛮学者流ノ過失ヲ糺シ、夢物語・鴃舌小記、抔ノ作者ヲ内奏セバ、其身タトヘ無人島行ノ社ニ入トイヘドモ、是ヨリ出身シ重職ニ擢テラルベシト頻リニ慫慂シケレバ、（中略）此事実事ト心得速ニ支配頭鳥居氏ヘ訴出ケル」[10]とあるが、花井が直接鳥居に訴えたというのは、後述するごとく、あきらかに誤りであり、また右の記述の中にはすくなからぬ誇張と想像が含まれているにしろ、おそらく長英のいうごとく、小笠原が花井を威嚇し、あるいは甘言をもってさそい、かれから情報を聴取したのは事実であろう。こうした事情で、モリソンおよび『夢物語』の著者に関する件のほか、鳥居の指令にない無人島渡航計画者一味についても、報告がなされるにいたったものと信ぜられる。

小笠原の復命書に接した鳥居は、翌五月一日、殿中においてさらに小笠原および大橋元六から情報を聴取し、翌二日、両者に対し順宣父子の調査を命じた。

小笠原らは、五月三日、江戸を出立して、常州鳥栖村の無量寿寺に赴いた。しかるに、同寺は、かれらの予想に反して、甚しい貧寺であった。すなわち、小笠原の手控えには、

一、寺中広く最寄民家少く、山寺にて男女弐人も召仕、右は平生耕作為致、順宣・順道夫婦も農業手伝いたし、
　此節蚕を飼ひ寺中の桑を取、蚕を養ひ、日々打寄世話いたし、本堂庫裏屋敷、其外も大破之様子ニ御座候。

と記されている。

おそらく小笠原は、ここで順宣父子から直接聴取したものと思われる。調査の結果、つぎの事実が判明した。すな

わち、無人島渡航計画の主唱者は順宣であり、かれは「老来世事に馴染して、奇才の者又は山師等に相親み、無人島には奇石異草多く有之趣承伝、両三年以前より存立、右島へ渡海之上大材奇石異草等取得候はゝ、格別利徳に可相成と一図に存込候得共、不容易義且亦地理等も不弁、折々寺用に付出府の節々、蘭学者又は山師等に出会、存意申述候処、同意の者追々出来候」と、小笠原は伝えている。これによれば、かれの計画は、元来投機的なもので、これには何ら政治的な意図が含まれていたのではない。またこれに同意した人々の場合も、同様であった。のみならず、順宣は、水戸藩士額田久兵衛を通じて、同藩に無人島渡航の内願書を提出したものの、「公儀にて思召も有之島故、水戸殿より申立は難相成」という理由で、却下されたため、当時公儀に願書を上申すべく奔走中であった、という。したがって、順宣は、この計画を合法的に実施しようとしたまでであって、密航を企てたのではない。

つぎに公事宿山口屋彦兵衛(金次郎)については、同家が順宣父子の江戸常宿であった関係から、かれらと懇意となり、無人島渡航計画に賛成して、渡辺崋山、斎藤次郎兵衛、蒔絵師山崎金三郎(実は秀三郎)らを紹介した、と小笠原は述べている。

また斎藤次郎兵衛の場合、かれは蘭学にもいささか通じ、また蔵書家としても名の通った人物であるが、しかるに、「順宣は貧寺と不存、常州にて一寺住職いたし、山林境内の容子、且水戸中湊にて富家の聞へ候大内五郎《(ママ)》右衛門方より船為差出候抔」の噂を耳にし、一旦順宣の計画に同意したものの、同志の者が近く順宣方に集合するという噂を知って、「未願済は勿論、手当等も不行届已前、参候ても無益の義と甚迷惑」がり、また順宣が無人島関係の書物類の借用を申し入れたところ、「出船の節、逸々為見可申」と答えて、謝絶したという。これによれば、斎藤は順宣の計画にかならずしも積極的ではなかったことがわかる。

さらに大内五右衛門(清右衛門)にいたっては、この計画と全く無関係であったことも、かれらの調査によって、明らかにされた。すなわち、小笠原の手控えによれば、大内は松前交易に従事し、水戸家より「格式を被下、苗字帯刀いたし候者」で、順宣とは懇意であったが、しかし、「同意の者相極り、公儀え願書差出、御聞済の上は前書五郎（ママ）右衛門へ申談、船為出積心得候趣にて、未願済不相成、同意之者取極も無之間、不申出由」とある。したがって、大内は、順宣の計画を聞知しなかったわけである。

ところで、小笠原の手控えには、無人島渡航計画者一味について、以上の事実を明らかにしたのち、崋山について、つぎのような注目すべき記述を載せている。

三宅土佐守家来にて
家老　渡　辺　登
四十四五歳

此者蘭学は勿論、古事目前に見候様諸人え物語いたし、思慮少き者に候処、無量寿寺方へは秀才英雄蛮学功者の由に山口屋彦兵衛と申者申触し、無人島え渡海船井手当出来候はゝ、海路功者なる船頭土佐守領分内に有之候間、差図いたし、間欠不申様可取計旨、申候義も有之候由御座候。

以上が、小笠原の第二回の調査報告の概要である。そのうち、順宣ら無人島渡航計画者に関する情報は、ほぼ正確に事実を伝えている。しかるに、崋山に関する限り、かれが順宣らの計画に参加したというのは、全く事実に反している（後述）。ただし、それが順宣ないし花井の漏らした情報であるか、あるいはもっぱら小笠原の捏造によるものか、その辺のところは不明である。

これらの探索書を手に入れた鳥居は、これに基づき、崋山らおよび無人島渡航計画者一味に関する告発状を作成する一方、かれの隠謀を偽装するため、花井虎一を巧みに籠絡し、かれの密訴によるものとして、右の告発状を閣老水野忠邦に上申した。(11)鳥居の告発状は、井野辺茂雄博士によれば、前後二回にわたって上申されているといわれるが、そのうち、初回のものは、付章において全文を紹介するはずなので、ここでは、その要点を記すにとどめる。すなわち、これによれば、つぎの通りである。

(一)　僧侶順宣・順道父子が無人島に渡航し、同島に寄港する異国船を通じて、外国の事情を探索せんと企て、同意のものを集めて、種々相談におよんだ。なおこれに参加したものは、公事宿山口屋彦兵衛(実は金次郎)、元徒士斎藤次郎兵衛、水戸領内郷士大内五右衛門(実は清右衛門)、印籠蒔絵師山崎金三郎(実は秀三郎)らであり、使番松平伊勢守および田原藩士渡辺登(崋山)もこれに関与した形跡が認められる。〔補註2〕

(二)　崋山が蘭学を好み、主人三宅土佐守(康直)にも蘭学を勧め、かつ好事のものを集めて蘭書を講じ、あるいは幡崎鼎、高野長英らをはじめ蘭学者を集めて、外国事情を穿鑿し、当今の政事向を批判し、あるいはまた、奥州金華山沖の離島に外国船が渡来することを知り、同地の漁夫を利用すれば、これと自由に往来できると公言した事実がある。

(三)　かれはまた、順宣らとは別に、無人島への渡航を計画しているが、その本心は、漂流に名を託して、アメリカ辺へ赴こうとするものである。

(四)　さらに崋山は『鴃鴂舌小記』を著わし、その中で、蘭人の幕政批判を紹介し、また外国の船印旗印を造板し、これを所持している。

(五)　高野長英が蘭書を和解し、これに基づき日本と外国との政治人情の善悪を評した著書を著わし、『夢物語』と題して、これを公けにした。

(六)　使番松平伊勢守、代官羽倉外記、同江川英竜、小姓組下曾根信敦、伊賀者内田弥太郎、増上寺代官奥村喜三郎

らが、崋山・長英に師事し、外国の事情を探索、かつ外国を尊信した形跡がある。

㈦　徒士本岐栄作の養父本岐道平が、同志のものと申合わせ、無人島に渡航し、さらにアメリカ辺に渡らんと計画している。

つぎに第二回の告発状には、井野辺博士の伝えるところによれば、崋山が大塩平八郎と通信した形跡のあること、および普請役大塚政右衛門の兄大塚庵に不審の点があることの二ヵ条が記されていたという。

さて、以上においてとくに注意を要するのは、崋山に関する容疑事項が大部分を占め、しかも、かれがアメリカ辺に密航を企てたというがごとき、小笠原の探索書に見えない事項が新たに加えられていることで、ここに、何よりもまず崋山を陥れようとした鳥居の意図が、露骨に示されている。つぎに崋山・長英に師事したものとして、松平、羽倉、江川、下曾根、奥村、内田らの幕臣の名が挙げられている反面、小笠原が探索書の中で挙げた鷹見泉石や望月兎毛らのごとき諸藩士の名が見えないのは、これが幕府官僚間の対立と関係あることを暗示するものである。しかも、他方、本岐道平にしろ、大塚庵にしろ、いずれも「蛮社」関係者であり、とくに本岐は内田、奥村とともに、江戸湾備場見分の際、江川に随行している(前出)。これからみて、鳥居の隠謀が、いわゆる浦賀測量事件と関係を有することが推測されよう。第三に順宣らの無人島渡航計画が、小笠原の第二回の調査により、合法的なものであることが判明したにもかかわらず、ことさら小笠原の第一回の報告書に基づき、しかも、これをかなり誇張して、かれらを告発しているのは、いかなる意図によるか明白ではない。しかし、鳥居が崋山もまたこれに関与したとしていることから、崋山を陥れるためであったと解して、大過あるまい。

右の告発状に接した閣老水野は、ひそかに輩下のものに再調査を命じた。水野がそうしたのは、おそらくその中に、羽倉、江川らの幕臣の名が挙げられていたためであろう。しかるに、その結果、羽倉らに対する上述の嫌疑が晴れた。

すなわち、右の調査報告によれば、羽倉および江川については、

一、御代官羽倉外記江川太郎左衛門儀は蘭学ニ志有之候へ共、差当り蛮国ニ通し前書之始末柄は無之哉ニ相聞申候。

とあり、また松平伊勢守および下曾根については、

一、御使番松平伊勢守御小姓組秋田淡路守組下曾根金三郎儀は、何れも好事之性質ニは候へ共、聊取留候儀、差当り相聞不申候。

と記されている。なお内田、奥村については、江川の江戸湾備場見分にあたり、かれに随行して測量に従事したことを挙げるにとどまり、上述の容疑事項については、何ら触れていない。(12) ここにおいて水野は、北町奉行大草安房守(高好)に命じて、前記の幕臣を除く、容疑者全員の逮捕と取調べをなさしめることにした。

崋山が北町奉行所に召喚されたのは、五月十四日のことで、この日、かれは奉行大草の取調べを受けて、揚屋入りを命ぜられ、また同じ日、順宣・順道父子、斎藤次郎兵衛、山口屋彦兵衛後見金次郎、蒔絵師秀三郎および本岐道平の六人が逮捕され、十七日には、小関三英が司直の手の及ぶことをおそれて自殺した。なお長英は、崋山の逮捕を知って、いち早く遁走したが、十八日の夜にいたり、北町奉行所に自首した。

これら容疑者の逮捕に伴い、目付佐々木三蔵の立ち合いの下で、町奉行大草および吟味掛り与力中島嘉右衛門らにより、ただちにかれらの取調べが開始された。とくに崋山については、十四日の吟味に続いて、十五日には順宣らとの突き合わせ吟味が行われ、その結果、かれらと無関係なことが立証され、また他の容疑事項に関しても、おおむねかれの弁明が容れられた。とくに十四日の吟味の際、大草が「其方意趣遺恨ニテモ受候者有之哉」と問うていることから、これらが、かれを陥れるために、鳥居が捏造したものであることを、大草もほぼ推察していた、と思われる。(13)

しかるに、二十二日にいたり、再吟味が行われた際、崋山の容疑事項のうち、とくに政治私議に関して、あらたな証拠書類が提出された。それは、幕吏が崋山宅で押収した夥しい反故の中から、たまたま発見された自筆の草稿類である。そのうち、一応成稿とみなし得るものは、鳥居の告発状に『鸜鵒舌小記』と誤記された『鴃舌小記』のみで、他は未成稿、ないし書き損じの草稿であった。つぎにこれらの名を、崋山の獄中書簡に拠って挙げれば、

㈠「慎機論ト申モノ」浄書一枚。

㈡「『モリソン』ノ事ヲ認メカケ候モノ」乱稿十三枚。

㈢「西洋事情答書ト認ムルモノ」または「(西洋)事情書」八枚。

の三種である。[14]ただし、㈠は吟味掛りが、他の二草稿の浄書とみなして、これを採用したにすぎないから、実際に問題とされたのは、㈡および㈢の草稿であった。しかも、この日の吟味により、鳥居の挙げた容疑事項のうち、政治私議を除けば、すべて無根であることが明白となったため、[15]これ以後崋山は、二十四日、三十日および六月十四日、の三度にわたり、上記の草稿を中心に、もっぱらこの点について吟味掛りの厳しい追究を受けるにいたっている。なおこれら二種の草稿のうち、㈡の「『モリソン』ノ事ヲ認メカケ候モノ」とあるのは、全集本『慎機論』に比定され、㈢の「西洋事情答書ト認ムルモノ」「(西洋)事情書」とは、同じく全集本『西洋事情御答書』がこれに該当することを、ここで指摘しておこう。[16]

ところで、注意を要するのは、崋山がこれらの草稿に関する吟味掛りの尋問に対して、つとめて回避するがごとき態度をとり、ときには虚偽の証言さえ行っている、という事実が認められることである。すなわち、たとえば、かれは獄中から同志にあてた書簡の中で、上記の三稿のうち、「(西洋)事情書」㈢が、「慎機論」㈠および「モリソン」に関する草稿㈡と「全ク別物」であると明言しているにもかかわらず、[17]吟味掛り与力中島嘉右衛門の「此慎機㈠

ハ右二書㈡および㈢ト見ユル左様カ」という尋問や、あるいは町奉行大草の、「一体事情書㈢ト云フハ『モリソン』ノ事ヲ認候草稿㈡原本ト見エ全ク八枚有之、慎機論㈠ト申モノ浄書見エル如何」という尋問に対して、一様にこれを肯定している。(18)のみならず、かれはそれらの執筆事情についても、

右草稿ハ一々覚不申候得共、去冬当春外患ニ付、憤激ノアマリ存寄候事認候得共、余リ狂言同様次第故、其訳半ニテ取捨申候。尤モ言語不慎ハ、草稿ノ事故、心外ノ事ノミニ御座候。(19)

と、きわめて曖昧な証言をしているにすぎない。しかも、かれは、かれの救援に奔走した椿椿山らの盟友にさえ、これについては、ことさら口を緘して、語ることを避けているのである。

ではそれは何故であったか。これらの草稿によって、崋山の有罪がほぼ確定したのは、七月の末である。しかるに、崋山は、その後八・九月の交にいたり、獄中から江川英竜にあてて、つぎのような密書を送っている。

憚多候得共、内密呈書仕候。此度奇禍兼々御心配も被下置候義、深難有奉感謝候。其始誣訴に陥候て、宅よりつまらぬ反故出、右御疑の一ヶ条に付き合候より、終には実禍と相成申候。其始同敷讒言を蒙候御方々、実に戦々競々の至、依之、五月中拝顔の時も御案事申上候。何事も御延引に相成居候事、未御皆納に不及内に此大変出来、定て万事齟齬逆行奉拝察候、然は御案事中昼夜不安候得共、其節に耳目一段隆起仕、憂つゝ黙止仕居候。偖其節御調之通仔(マヽ)事も無御滞被為済候也、其の□(欠)痛却罷在候。私宅より出候書物は、三月中半紙に認上候事情某と申書初稿にて、あまり過激に付恐入不差上候物に御座候、尤も此過激の文にて大罪を得候得共、例の書とは大に違ひ候故、決て御案事被下間敷候。右申上度、且例の書図とも無滞御納相成候哉、御見合に相成候哉、誠小人の讒、天を烘候勢、天命致方なく、先御案否窺如此候、拝首。(20)

崋山は、この中で、江川に三月中半紙に認めて送った『事情某』なる書物の、初稿によって大罪を得るにいたった

ことを明らかにしているが、その再稿である『事情某』とは、三月二十二日に江川に送った『西洋事情書』（現韮山江川家蔵）であり、その初稿が、崋山の有罪を決定した草稿類のうち、㈢の「西洋事情答書ト認ムルモノ」（全集本『西洋事情御答書』）に該当する（付章、一、参照）。つぎに「例の書図とも無滞御納相成候哉」云々とある、「例の書図」とは、本節の最初に述べたところから容易に推察されるように、崋山が執筆した『外国事情書』およびその付図を指す（同上）。してみれば、「何事も御延引に相成居候事、未御皆納に不及内に此大変出来、定て万事齟齬逆行奉拝察候、然は御案事中昼夜不安候得共、其節に耳目一段隆起仕、憂つゝ黙止仕居候」と案じ、あるいはまた「偖其節御調之通仔事も無御滞被為済候也」、「且例の書図とも無滞御納相成候哉、御見合に相成候哉」と、繰返し問うているのは、かれの逮捕によって、江川を通じてかれの執筆した『外国事情書』を、幕府に上申するという当初の計画が、挫折することを崋山が最も憂慮していたことを示すもの、と解せられる。したがって、崋山が、初稿『（西洋）事情書』を含む、前記の草稿類に関する吟味掛りの尋問を故意にそらし、あるいはまたそれらの執筆事情について、同志に対してさえ敢えて漏らさなかったというのは、右の江川の計画が漏洩することをはばかったためにほかならない。

　しかしながら、崋山は、この当時すでに、『外国事情書』の上申についてはほとんど絶望していたように思われる。すなわち、かれは、前記江川あての密書について、江川の手代斎藤弥九郎に書を寄せ、

　恐多憚多候得共、又思立候間別紙申上候。新書并図御見合御不用に相成候はゞ、誠に以恐入候得共頂戴仕度、極内先生へ御相談申上候。一は公の志は不及ながら私も御同志に御座候、何より達候ても宜敷かと奉存候事。

一、私反故を以罪印に処し候も、固天命覚悟に候へ共、人為を尽さゞるは又本意にも無之、又反故の内には不遜の語多候間、誹謗の罪に落とも申訳無之、新書出候はゞ、反故は反故にならずとも申訳は立可申歟。

一、右万々一御不用に相成候はゞ、武四（金子武四郎―筆者註）へは私御貸申上候趣にて御渡、其より下は武と共に

御謀可被下候。
（下略）[21]。

と述べ、先に江川に送った「新書幷図」が、万一不用の場合、これを崋山の門人金子武四郎を通じて、返却して欲しいと依頼している。なおここでいう「新書幷図」とは、崋山が誹謗の罪を免れるために、その返却を求めている以上、これが自筆『外国事情書』およびその付図であることは、疑う余地があるまい（付章、一、参照）。しかも、斎藤は、当時韮山にあった江川にこれらの書簡を送るにあたり、その送り状の中で、

然ハ崋山方ヨリ別紙之通リ申越候。右書類図共一切見合、不残不用ニ相成居候得共、帰国之節持参不致候間、御書取之趣早々相廻シ、沙汰次第貴様可及旨返書遣シ申候[22]。

と述べているから、江川の計画が、崋山の逮捕によって、完全に挫折し、『外国事情書』が上申されなかったことが知られる。

では江川の計画が挫折したのは、崋山の逮捕に伴う、偶然の結果にすぎなかったのであろうか。この疑問に解答を与えるのは、崋山が逮捕されてからまもなく、五月十七日に、鳥居耀蔵が江川に送った右の書簡である。

爾来は久々不得拝顔候。両三日は燃暑酷烈之処、愈御清適拝賀候。然者海防御見込書先達而御上りに相成、引続絵図幷外国事情書とも御進達相成候事と存罷在候処、未タ御上ケ無之趣ニ承知候、元より御急キノ訳ニは有之間敷候得共、一埒片付不申候内ハ、いつ迄もくぎり附不申、何か引懸り居候様ニも存候、且者余り余り（マヽ）御濡滞之様にも響キ可申哉とも存候まゝ、不遠御上ケニ相成候方と存候、近頃失礼尊慮ニ背キ可申哉ニ候得共、同御用相勤候而已ならす、旧来之御懇思無覆蔵申上候、不悪御判覧奉希候、草々拝具。

中夏後二日

尚々時下折角御自重専一存候、本文外国事情書は、何卒御下書拝覧所乞ニ候。扨又昨日承り候へは、渡辺花山揚屋入之よし何之罪ニ候哉、御懇思之者之事、定メテ御聞及モ候哉、驚愕之至ニ候。

耀　蔵[23]

太郎左衛門様

鳥居は、右の書簡の追て書きの中で、崋山の逮捕を昨日はじめて知ったかのように記している。しかし、すでに明らかにしたように、崋山らを告発したのは、鳥居そのひとであった。したがって、かれがかかる虚言を弄している以上、本文の中で、『外国事情書』の上申を懇切に言を尽して督促している鳥居の真意は、当然その言とは逆に解釈しなければならぬ。すなわち、さきに江戸湾備場見分の折、江川の測量調査を崋山が援助したことを知って、かれに怨みをいだいた鳥居が、江川の見分復命書の作成に崋山が再び関与している事実を探知し、とくに崋山の手になると想像された『外国事情書』の上申をはばみ、さらにあわよくは、対外政策においてかれと立場を異にする江川ら幕臣をも陥れんとして、輩下の小笠原貢蔵らに命じて、崋山らの身辺を探索させ、その報告に基づいて崋山らを告発した。しかも、閣老水野の配慮によって、江川らが罪を免れたことを知った鳥居は、崋山が逮捕されるとともに、江川に前掲の書簡を送って、暗に江川を脅迫して、『外国事情書』の上申を断念させようとしたものと判断される。[24]すなわち、鳥居の隠謀については、すでに事前に噂されており、とくに崋山は五月六日に閣老水野忠邦の用人小田切要助からそれとなく忠告を受け、[25]崋山また逮捕の直前に、江川に告げてその身辺を気遣っていたことが、前掲の江川宛密書にもみえている。それゆえ、右の鳥居の書簡に接した江川は、鳥居の意図を感知して、ついに『外国事情書』の上申を中止するのやむなきにいたったもの、と推定されるのである。

もっとも、江川は、崋山執筆の『外国事情書』の上申を断念したものの、勘定所側からの再三の督促により、これに代るべきものとして、五月二十五日に『外国之事情申上候書付』一冊を提出している。その趣旨は、崋山の『外国事情書』および再稿『西洋事情書』を参照しつつ、ヨーロッパ諸国の海外貿易の発展とその拠って来たるゆえんを説いたものであるが、崋山の前記両著に比較すると、きわめて短文、かつ概念的であり、またこれに引用されているのは、清人の論著にすぎない。(26) このことは、当時の江川がいかに鳥居をはばかっていたかを示すとともに、われわれの上記の推定の傍証ともなるであろう。

(1) 付章、一、渡辺崋山自筆稿本『外国事情書』その他について、参照。
(2) 崋山全集、六七八頁。
(3) 付章、一、参照。
(4) 高橋磌一「小笠原貢蔵の手控」、蘭学資料研究会研究報告、五十三。なお本篇、第一章、第二節、註(1)、参照のこと。
(5) この中に「町医師　玄海」とあるのは、佐藤信淵(元海)のことであろう。なお「薩摩　正庵」については、不明であるが、小笠原の手控えには、左の通り報告されている。

一、正庵と申は、

元松平大隅守家来医師

河　村　正　庵

此者蘭学好候処、如何之訳か当時暇ニ相成、住所難相分由。

(6) アールド。レイキス。キュンデ。ウヲールテン。ブックとあるのは、J.van Wijk Roelandszoon, Algemeen aardrijkskundig woordenboek, 1820-23. で、崋山の口書によれば、崋山が小関三英を介して同書を買取り、長英に解釈させたもので、『夢物語』にみえるイギリスの知識は、これに拠ったものであるという。
(7) 付章、二、参照。
(8) 崋山全集、一二三頁。
(9) 付章、二、参照。
(10) 高野長英全集、第四巻、三〇頁。

(11) 鳥居の告発状(付章、二、掲載)には、花井虎一の密訴を上申した旨が明記されている。しかし、これを本節および本篇、第一章、第二節に引用した小笠原貢蔵の手控えと比較すれば、鳥居の告発状が、実は小笠原の復命書に基づいて作成されたものであることが、容易に判明する。

(12) 井野辺茂雄博士は、上記の報告書をもって、鳥居の告発状の一部とみなしているが、しかし、これは誤りである(付章、二、参照)。

(13) 渡辺華《ママ》山獄中書札、『文明東漸史』、外篇、三二七―三一頁。

(14) 同、三三三―四頁。

(15) 同、三三四―五頁。

(16) 五月二十二日の取調べにおいて、吟味掛りの幕吏が、これら二種の草稿のうち、㈡について、「其方御政事ヲ議論不致ト申トモ、其方カ自筆ノ『モリソン』ノ事ヲ書ケル草稿ニ、明末ノ士風儇薄、辺陲事蔇セドモ、詩歌管舞セシ如ク云々、当路大臣ハ紈袴子弟、在位権官ハ賄賂倖臣、モトヨリ咎ムルニ足ラサルナリ、唯夫道ヲ知ルモノ、儒臣ニアリ、而シテ、儒臣ノ望浅ク行汚云々、コレ何等ノ誹謗ニヤ」と崋山を詰問しているが(『文明東漸史』外篇、三三二頁)、右に該当する記事が、全集本『慎機論』の末尾にみえている。試みに示せば、左の通りである。「維昔唐山滉洋恣肆の風転伝して、高明空虚の学盛なるより、終に光明蔽障せられ、自から井蛙の管見に落るを不知也。況んや明末典雅風流を尚び、兵戈日に警むと云へども、苟も酣歌鼓舞して、士気益々儇薄に陥り、終に国を亡ぼせるが如し。嗚呼今夫れ是を在上の大臣に責めんと欲すれども、固より紈袴子弟、要路の権臣を責めんと欲すれども、賄賂の倖臣、唯是有《レル》ㇾ心者は儒臣、儒臣亦望浅ふして大を措き小を取り、一々皆不痛不癢の世界と成れり。今夫如ㇾ此束手して寇を待たんか」(崋山全集、一一―二頁)。これに対して、㈢が全集本西洋事情御答書に当ることは、付章、一、の第一節において、論証したから、右を参照されたい。

(17) 前掲、渡辺崋山獄中書札、三三三頁。

(18) 同、三三三頁および三三四頁。

(19) 同、三三二頁。

(20)(21) 江川文書、渡辺崋山書簡。崋山全集、一〇六―七頁。

(22) 江川文書、〔天保十年〕九月七日付、斎藤弥九郎書簡(写)。

(23)　江川文書、鳥居耀蔵書簡(写)。なお文中、「絵図幷外国事情書」とあるうちの「絵図」とは、内田弥太郎の作成になる測量絵図を指すものと思われるが、内田は天保十年六月十八日に任を解かれている(天保九年相州御備場御見分御用留)。したがって、このころ完成して、上申されたものであろう。

(24)　鳥居は内田をも告発している点からみて、かれの測量絵図の上申をも阻もうとしたということも考えられるが、しかし、上記の書簡を送った当時、内田が逮捕を免れたことは明らかになっていたのであるから、本文のごとく、もっぱら崋山の『外国事情書』の上申を阻止しようとした、と解すべきであろう。

(25)　『客坐掌記』、崋山全集、六七八頁。

(26)　海舟全集、第六巻、『陸軍歴史』上、三七八頁。なお付章、一、の第三節を参照のこと。

〔補註1〕　小笠原の手控えには、「右取調可申聞事、越前守殿より」とあって、鳥居の指令が、実は閣老水野忠邦の内命によるものであることが示されている。しかるに、鳥居は小笠原らの探索書に基づいて、崋山らの告発状を草しながら(後述)、その末尾に、「右者柳田勝太郎組御小人御納戸口番花井虎一と申者、年来蘭学心懸罷在、其筋之者熟懇仕候処、無人島渡海之儀も内実は名目ニ而、異国へ漂着仕度心組ニも相聞、其外平日難心得咄多く、不容易事ニ心附申立候段、奇特ニ奉存候。(中略)虎一申立候儘認取、此段奉申上候」と、納戸口番花井虎一の密告をその儘取次いで、上申したかのように記しており、その上、告発の内容も、水野の内命と称する二ヵ条のうち、モリソンの箇条には少しも触れておらず、ことさら順宣ら無人島渡航計画者一味のことを最初に挙げている。これらによって、鳥居が小笠原らを利用するため、閣老水野の内命と偽って、指令を下したことは明らかであろう。

〔補註2〕　鳥居の告発状には、崋山が順宣らの計画に加わったことは、明記していないが、しかし、これには崋山が羽倉用九の手附手代らの無人島渡航に加わる計画をたて、そのため、「此節順宣初渡海之連中ニは加り不申候由」とあり、崋山もまた最初、順宣らの計画に参加したことを暗に認めている。のみならず崋山の獄中書札(『文明東漸史』外篇)によれば、かれを奉行所側では、無人島渡航計画者一味の同類とみなして、尋問している。このことも右の傍証となろう。

第六節　蛮社の獄と幕府権力

以上においてわれわれは、崋山に師事した江川英竜が、江戸湾備場見分の際、崋山に援助を請うたことから、鳥居耀蔵の激怒を招き、さらに江川が見分復命書を上申するにあたって、崋山に助言を求めたことが、鳥居側の探知するところとなり、とくに崋山の執筆になる『外国事情書』の上申を阻止するために、鳥居が策をもって、崋山らを陥れんとした、これがいわゆる蛮社の獄の真相にほかならない、ということを明らかにした。

しかしながら、これのみが、蛮社の獄のすべてを意味するのではない。すなわち、崋山の獄中書簡に、

外夷の事は、当路御掛り方へは度々御話に及候事も有之、己書物も差出候事も有之、昨年十月頃申上候事も有之、此節に及少しは内扶も有之哉。此義を一々申上候得者、私実情は忽相分り候得共、御名前を申上るを恐入慎み候事故、椽下の力に相成候。(1)

とあって、かれはその名を秘しているが、幕府の海防担当官僚に入説ないし献策を行なって来た事実を明らかにしているのであり、これによれば、江川に対する上述の支援は、その一例にほかならない、と解せられる。しかも、他方、すでに明らかにしたごとく、洋学的知識を踏まえたかれの思想の中には、現体制に対する変革的な契機がはらまれていた。このことが当然、幕藩制のイデオローグたる林家一門およびかれらによって代表される幕府内部の守旧的勢力の、崋山およびかれの傘下に集まった江川ら開明的分子に対する嫌忌を不可避なものとしたのである。かくて鳥居は、『外国事情書』の上申計画その他に示された、崋山の幕政介入を封ずるために、かれの弾圧を策するとともに、他方では、江川、羽倉らの失脚をも図って、崋山とともにかれらをも告発したのであった。

それならば、この時点における幕府権力が、蛮社の獄に対して、いかなる反応を示したであろうか。崋山らが逮捕されたのち、天保十年七月に、鳥居の腹心天文方見習渋川六蔵が、十カ条からなる蘭学取締りに関する意見書を幕府に上申している。(2) その内容を要約すれば、左の通りである

㈠ 蘭人に対して、以来入津の都度、海外情勢に関する詳細な風説書を封印の上提出させ、故意の抄訳ないし改訳を防ぐため、これを江戸において翻訳させる。これとならんで、風説書の流布を厳に取締る。

㈡ 和蘭通詞に対して、通訳のみならず、書籍翻訳をもなし得るように指導する。

㈢ 蘭書の輸入には、検閲制度を設ける。

㈣ 諸侯召抱えの医師を除き、家臣の蘭学研究は、これを厳禁する。

㈤ 蘭人持ち渡りの品々のうち、無用な器具や絵画類の印刷物は、輸入を禁止する。

㈥ 蘭学は、これを全面的に禁止することが事実上不可能なばかりでなく、それが外国事情を探知する手段として有効であるから、その禁止には反対である。

㈦ 蘭学者ならざるものが、蘭学者を招いてその説をきき、これを附会し、あるいは儀器類を製作することを取締る。

㈧ 洋風の銅版画を製作、販売し、あるいは売薬の名を蘭字で認め、看板に掲げ、あるいはまた衣類調度に蘭字を用いる等の行為は、一切禁止する。

㈨ 翻訳書を世上に流布することを禁ずる。

㈩ 天文方訳員に対して、文化五年の達書の通り、蘭学に精励するよう、とくに沙汰する。

以上のうち、直接ないし間接に、蛮社、または蛮社の獄と関係をもつと思われるものは、㈠・㈢・㈣・㈤・㈦・

(八)・(九)の七ヵ条にのぼるが、その中でも、とくに重要なのは、(四)および(七)の二ヵ条である。すなわち、渋川は、前者において、

近年は諸大名之内、家来之ものえ蘭学為仕、砲術書其外蛮書類等追々和解為仕候由、就ては蘭書類をも数多く所蔵いたし候に付、終には公辺御備御手薄之趣取沙汰いたし候様相成、尤不可然哉に奉存候。

といい、後者においては、

近年は自身蘭学を不仕候者にても、蘭学者を相招き、其説を承り、彼是附会いたし、或は儀器類を製作いたし、工夫新案と申成候類多御座候、是等も追々増長仕候はゞ、難被捨置儀も出来可仕候。

と述べている。いうまでもなくこれらは、崋山ら「蛮社」において集約的な表現をみたところの、ようやく武士層に重点を移すにいたった、洋学の動向を指摘したものであり、しかも、渋川は、これに対して、禁圧的な統制を要望しているのである。のみならず、渋川は蘭学そのものの禁止に反対し、天文方訳員の蘭学精励を要望しながら、その反面、翻訳書の流布を禁じ、あるいは風説書による海外知識の外部漏洩の防止を建議していることから、かれの意見は、要するに、蘭学的知識の幕府独占をめざすものであった、と考えられる。してみれば、それは、高島四郎大夫が西洋砲術の採用を建議した際、諸侯に先んじられることをおそれて、これを鉄砲方に見分させた上で採用すべしとした、鳥居耀蔵の見解と立場を異にするものでなかったことが、容易に理解されるであろう。(3)

それならば、渋川にとって、蘭学は本来いかにあるべきであったか。かれは右の意見書の前文において、つぎのように述べている。

蘭学之儀は、享保年中有徳院様御開き被遊候より以来、追々天文地理医術等迄、古今未発之事迄相開ヶ、御国益と相成候儀は全御深慮故と、常々私共難有奉存罷在候、然処近来浮薄之徒多御座候て、名聞之蘭学仕、実用之儀

を心掛ヶ不申、只管奇説をのみ穿鑿附会仕、各相誇候様成行、御深慮と齟齬仕候のみならす、反て世を惑し候媒と相成申候。其儘に差置候はヽ、往々御政事之害とも相成可申候間、急度此節御取締御座候て、学術衰廃不仕候様奉存候。

これによれば、渋川にとって、蘭学は本来、「天文地理医術」に重点をおくところの、民生的知識・技術であるべきであって、これこそ、蘭学の基を開いた有徳院＝八代将軍吉宗の遺志にそうものにほかならない、しかるに、これに対して、崋山ら「蛮社」によって代表される蘭学の動向は、「実用之儀を心掛ヶ不申、只管奇説をのみ穿鑿附会する「名聞之蘭学」であって、将軍吉宗の「御深慮と齟齬」するものである、とされている。すなわち、この点においても、渋川は、天保十四年に蘭方医学書の出版請願がなされた際、当時町奉行であった鳥居耀蔵が、「天文暦数、医術書、蛮夷之書とても、専ら御採用相成、既に官医にも蘭科専門之者も御座候上は」、これを許可すべしと主張したのと、同一の観点に立つものであることがわかる。(4)

ところで、幕府は、右の渋川の建議のうち、どの箇条をどの程度まで採用したか、つぎにこの点について検討してみよう。

幕府は、天保十一年五月、長崎奉行に対して、つぎのような通達を下している。(5)

(a)　阿蘭陀人差出候風説書、以来は翻訳原文相添可被差出候。

(b)　紅毛人持渡候書籍、当地より誂遣候分は(勿論、脱カ)、自分所持之書籍にても、相改候様可被致候。

右取計方勘弁致可被申聞候。

(c)　通詞共通弁心掛候而已に無之、書籍之上之取廻出来候様可致出精旨、世話有之可然候。

これらのうち、(a)および(b)は、長崎奉行の意見を徴したものであるが、それらはそれぞれ、渋川の意見書のうち、

(一)および(三)に対応する。またこれに対して、(c)は(二)に拠ったものであることは、疑う余地があるまい。

さらに幕府は、同年同月、天文方に対しても、つぎのように通達している。(6)

(d) 蛮書翻訳致候品、暦書天文等を始究理之類、其筋取扱候者之外、猥に世上流布不致心得に取扱可申候。

(e) 蘭学心掛之者之義、文化之度相達候趣も有之候間、何れも始手附等可心掛儀とは存候得共、年数も相立候故、猶又申達候、弥翻訳無差支様相励可申候。

このうち、(d)は、渋川の意見書中、(九)に、また(c)は(十)に相当するから、これらの箇条が採用になったことが知られる。しかるに、幕府は、渋川の意見書の中で、蛮社の獄との関連からみて、最も重要だと思われる、前掲の(四)および(七)の諸箇条を採用していない。この事実は、崋山ら蛮社に対する鳥居ら守旧派の隠謀と、これによる幕府官僚内部の開明的分子の排斥を、幕府権力がその背後にあって、かならずしも支持していなかったこと、いいかえれば、この時点にあっては、守旧派が幕府権力の主体的勢力を占めていなかったことを示すものである、と考えられる。さらに前述のごとく、江川らが崋山とともに鳥居の告発を受けながらも、閣老水野の配慮によって、弾圧を免れ得たのも、右の推測を裏付けるものとみることができよう。次章では、かかる観点から、アヘン戦争を契機とする幕府の対外政策の進展を考察の対象にとり上げ、これを通じて、蛮社の獄の歴史的意義について、さらに検討を加えたいと思う。

（1） 崋山全集、一〇〇頁。
（2） 渋川六蔵「蘭学蘭書類御取締方之儀申上候書付」、海舟全集、第二巻、開国起源下、一七〇―二頁。
（3） 本章、第四節、参照。
（4） 本篇、第一章、第五節、参照。
（5）（6） 海舟全集、第二巻、一六九―七〇頁。なお本書では、これを天保十年五月の通達としているのは天保十一年の誤りである。

第三章　蛮社の獄の歴史的意義

――アヘン戦争と幕府の対策をめぐって――

はしがき

前章においてわれわれは、蛮社の獄の真相について考察を加え、それが江戸湾防備問題をめぐる幕府官僚間の対立に派生した政治疑獄にほかならぬことを明らかにするとともに、この当時、幕府の主導権がかならずしも崋山らを陥れた守旧派の手に委ねられていたのではない、という事実を指摘した。このことは、蛮社の獄の弾圧にもかかわらず、林家一門およびこれに連なる守旧派官僚と蛮社系官僚との対立が、その後においてもなお存続したことを意味する。本章では、かかる見地から、アヘン戦争を契機とする幕府の対外施策の進展をとりあげ、これを通じて、蛮社の獄の歴史的意義について考察を加えたいと思う。

さて、アヘン戦争がわが国に及ぼした影響については、古くは中山久四郎氏の諸研究があり、また戦後のものでは小西四郎氏の史料紹介を主とする研究がある(1)。しかしながら、これらの研究は、オランダ船ないし唐船がもたらした風説書や中国人の論著が民間にひろく流布するにいたった弘化以後について詳しく、これに対して、アヘン戦争が直接当時のわが政局に及ぼした影響について、説くところはきわめてすくない。とくに最も基本的な研究というべきアヘン戦争関係情報の蒐集・調査にいたっては、まったく未開拓といってよく、さらにこれに対する幕府の対策にしても、極言すれば、『陸軍歴史』の関係記事がほとんど唯一の拠り所とされている、という現状である。

アヘン戦争が勃発したのが一八四〇年といえば、蛮社の獄の翌年、すなわち、天保十一年にあたり、それが終結をみたのは、一八四二年のことであるから、その時期は、幕府のいわゆる天保改革とほぼ重なり合っている。その限りにおいて、アヘン戦争のもたらした対外的危機こそ、国内における封建的矛盾の危機化とともに、天保改革の重要なモメントとなったとみなければならぬ。事実、そのような見解は、すくなくとも明治期には一般化していたように思う。(2) それにもかかわらず、アヘン戦争の天保期の政局に及ぼした影響について、いまなお研究が未開拓であるというのは、その後の社会経済史学の発達に伴い、天保改革のもつかかる側面が捨象され、研究の視野が、国内的危機の打開策としての財政改革ないし農政改革に限定されるにいたったからにほかならない。しかしながら、対外的危機への対抗面を示す軍事改革にしろ、その他の海防施策にしろ、それらは、当然財政的措置を伴わざるを得ない以上、かかる側面を無視して内政改革を評価することは、果して妥当であろうか。

もっとも、それは本章の主題をはずれる問題なので、暫く措くとして、上述のように基礎的研究が未開拓であるという関係から、本章ではまず、アヘン戦争関係情報の伝達経路・時期および内容について検討を加えることからはじめ、ついで、これへの対抗策たる幕府の海防施策、なかんずく西洋砲術の採用と軍事改革について考察するとともに、これを通じて、蛮社系官僚江川英竜がそこで果した役割、および渡辺崋山の海防施策の影響を明らかにしたのち、右の改革をめぐる幕府官僚間の政争に眼を転じ、これを検討した上で、結論をだしたいと思う。

(1) 中山久四郎「近世支那の日本文化に及ぼした影響」、史学雑誌、二十六ノ一。同「近世支那より維新前後の日本に及ぼしたる諸種の影響」、史学会編『明治維新史研究』。小西四郎「阿片戦争の我が国に及ぼせる影響」、駒沢史学、創刊号。
(2) 角田音松『水野越前守』(明治二六年/一八九三年)、工藤武重『水野越前』(明治三〇年/一八九七年)、中村一葉『水野越州』(明治三二年/一八九九年)等参照のこと。

第一節　アヘン戦争と幕府の対策

アヘン戦争(一八四〇―一八四二年)は、わが国でいえば、天保十一年から天保十三年までつづき、その間、オランダ船および唐船(清国船)によって、すくなからぬ情報が伝えられている。そのうち、オランダ船の情報は、いわゆる別段風説書の体裁をもつもので、天保十一年、および十三・十四年の三回にわたり、四通提出されている。(1) それらはいずれも、シンガポール発行の英字新聞に拠り、大部分がその抜萃であった、と推定される。これには、アヘン貿易をめぐる英・清間の紛争の発端から、南京条約締結にいたるまでの、戦争の経過が詳細に記され、とくに清国側の連戦敗北の模様が露骨なまでに明らかにされているのは、ニュースの出所が、英国側のものに拠ったからであろう。(2)

これに対して、唐船側の情報は、数からいえば、オランダ側のそれをはるかに凌駕している。管見に入ったものだけで、原文十一通、訳文十六通、そのうち同種のものを除けば、およそ十九通である。(3) 当時わが国に渡来した唐船は、浙江省乍浦を基地としていた。(4) その関係で、唐船の情報は、内容が多分に地方的であり、かつまた流説や希望的観測がすくなからず混入していたから、オランダ船情報にくらべると、客観性がかなり乏しい。しかし、他方、乍浦は前後二回にわたって英国艦隊の攻撃にあい、一時占拠されたこともある。それだけに、唐船情報には、オランダ風説書にみられぬ、生々しい戦争の印象が綴られている。

つぎにこれらの情報の内容を紹介しつつ、幕府がアヘン戦争に示した反応と、その対策について、検討を加えることにしたい。

さて、アヘン戦争の情報を最初にわが国にもたらしたのは、天保十一年六月、長崎に入港したオランダ船であった。

もっとも、それは、バタビアで入手した一八四〇年四月(天保十一年三月)までの情報で、普通信じられているように、清国側の全面的敗北を告げたものではない。すなわち、英・清両国が、事実上、交戦状態に入ったのは、一八三九年十一月三日(天保十年九月二十八日)の広東港外川鼻沖海戦以来のことといわれているが、(5)この海戦そのものは、偶発的な小ぜり合いにすぎない。(6)英国議会が対清出兵を正式に決議したのは、翌一八四〇年二月のことであり、六月末には、英艦隊および輸送船が続々と香港に集結、広東港の封鎖を断行するとともに、北方作戦を展開して、七月六日に舟山列島を占領、これについで対岸の乍浦・寧波を攻撃し、揚子江口を封鎖したのち、さらに北上して、白河河口にいたり、天津・太沽に迫らんとする形勢を示すにおよび、ここに清国側の敗勢は歴然となった。(7)しかるに、オランダ船のもたらした別段風説書は、イギリスの正式出兵までの経過を報道したものにすぎなかったのである。

それにもかかわらず、極東におけるイギリス側の動静に、すくなからぬ注意を払っていた幕府としては、もちろんこの報道を無視することができず、長崎在留の唐人に命じて、これに関する情報の提供をなさしめた。上述のごとく、唐船は、当時浙江省乍浦を発航地としていた。しかるに、同地は、六月二十四日(新暦七月二十二日)、英艦隊の砲撃にあい、その上、海上を封鎖されたため、この夏には、欠航を余儀なくされた。(8)そのため、同年七月に唐風説書が上申されたものの、それは在留唐人周藹亭らが前年の十一月、本国を出帆するまでに伝聞した情報を記したものにすぎなかった。(9)したがって、幕府は、この当時、なお両国の開戦を知ったにとどまり、勝敗の帰趨については、全く不明であった。

ところが、その後同年九月にいたり、長崎町年寄高島四郎大夫(秋帆)が、幕府に上書して、広東方面の戦闘における清側の敗北に言及するとともに、その理由を論じて、「(イギリス)右様大胆に襲来、唐国大に敗亡に及ひ、イギリス方には、一人も死亡も無之趣は、全く平生所持之武備に由り候儀と愚按仕候」と、これをもっぱら武器の相違に帰し、西洋砲術の採用による武備の強化について進言した[10]。高島の挙げた清側の敗北というのは、右の上書の冒頭に、「当子(天保十一年—筆者註)紅毛船入津之上内風説に申上候、エゲレス人於唐国広東之地及騒擾候由、猶当方在留船主周藹亭唐国出帆前及承候大略申上候次第、全相違無之事に奉存候」とある通り、新事実を指すものではない[11]。おそらくそれは、オランダおよび唐風説書にみえる、前記川鼻沖海戦の記事に拠ったものであろう。それはともかく、右の建議書に接した幕閣では、これを目付一同に下して、評議させることにした[12]。

これよりさき清国側では、戦況の非なるを悟って、英軍と交渉をすすめ、十月十三日(陽暦十一月六日)にいたり休戦が成立した。その結果、英軍による海上封鎖が解除され、同年十二月に、唐船三隻が長崎港に来着した。幕府では、これら唐船の船主に命じて風説書を提出させ、ここにはじめて英軍による舟山列島の占拠、乍浦・寧波の攻撃および海上封鎖等、清国の全面的敗北を物語る事実を知ったのである[13]。

いうまでもなく清国の敗北は、これと唇歯の関係にあるわが国防の危機を意味しただけに、この報道に接した幕府首脳部の狼狽は覆うべくもなかった。当時幕閣にあって海防問題に深い関心と憂慮をいだいていたのは、水野忠邦であった。すでに明らかにしたごとく、水野はモリソン号事件を契機として江戸湾防備体制の強化を図り、目付鳥居耀蔵とともに、とくに幕府内部の開明的分子と目された江川英竜を起用して同湾の状況を調査させ、かつまたこれに基づいて、防備計画の立案をなさしめた。しかるに、両者の防備計画案は上申されたものの、有司の大勢を制した保守的空気にはばまれて、水野の企図した防備体制の改革は、容易に進捗をみなかった。それだけに、上記の清国敗退の報に接した水野が、いかに苦慮したかは、容易に察せられるであろう。すなわち、その直後に、腹心の川路聖謨(当時、佐渡奉行)にあてたつぎの書簡が、このことを明瞭に示している。

清国、阿片通商厳禁之不取計より、イキリス人抱不平、軍艦四拾艘計、寧波府に仕寄戦争、寧波県一部被奪取候

由、此度来船人より申出候。違国之儀に候得共、則自国之戒に可相成事と存候。浦賀防禦之建議未定、不束之事ともに候。(14)

かくて水野は、その対策のため、西洋砲術の採用を図って、閣議を動かし、高島四郎大夫を上府せしめることとした。

時たまたま、天保十二年閏正月晦日に前将軍家斉が薨じ、水野は首座老中として、幕政改革に関する多年の宿望を果すべき機会に恵まれた。水野は、高島が上府するや、かれを諸組与力格に任じ、(15)ついで四月朔日には将軍に参謁を許すという格外の殊遇を与え、(16)これとともに、ひそかに腹心の用人秋元宰介を入門させた。(17)そして、五月九日には武州徳丸原において、高島が所持したモルチール筒(臼砲、mortier)およびホーイッスル筒(曲射砲、houwitser)等の実射、ならびに操練をなさしめ、これを鉄砲方井上左大夫・田付四郎兵衛の両者に見分させて、その意見を徴した。しかるに、これに対する井上左大夫の答申は、きわめて悪意に満ちたものであった。しかし、モルチール筒およびホーイッスル筒については、さすがに旧式砲術を墨守した井上といえども、その威力を認めざるを得ず、「モルチール筒丼ホーイッスル筒、此度上納等被仰付候はゝ、(中略)御用にも相立可申候、其外之筒丼同人業前とも、一切御用に立申間敷奉存候」と結論を下し、モルチール・ホーイッスルの二筒に限って、採用あらんことを進言した。(18)

水野が右の井上の答申をさまで重視しなかったことは、高島所持の右両筒のほかに、車付野戦砲二挺を買上げた上、高島に対して、「其方伝来罷在候火術伝来之秘事迄、不残於当地御直参之内執心之者壱人え致伝授、右名前等届可申候。且又右之外諸家え相伝候義は仕間敷候」(19)と申し渡していることから明らかである。しかも、この沙汰を受けた高島は、小姓組下曾根金三郎(信敦)を選んで答申したが、これに対して水野は、とくに書付を下して、

其方心得罷在候火術伝来之秘事迄、不残下曾根金三郎へは伝授不仕、御代官江川太郎左衛門へ伝授可仕候。(20)

と、江川英竜を指名したのは、水野が蛮社の獄後においても、いたずらに蛮社系官僚を忌避することなく、なかでも江川の海防官僚としての才腕にすくなからぬ期待を寄せていたことを示すものとして、とくに注目すべきである。

さて、江川英竜が高島から砲術の皆伝を許されたのは、七月十一日のことで、その翌日、高島は帰国の途についた。(21)その後九月二十二日にいたり、江川は、「砲術之義は平常打様不仕候ては、御用にも難相立奉存、別て大筒の儀は試置度奉存候」という理由で、幕府がさきに高島から買上げた大筒類四挺の五ヵ年間拝借を願い出た。また同時にかれは、調練用として、高島流備打小筒弐拾四挺の買入れ方についても、許可を申請した。(22)しかるに、大筒のうち、モルチール・ホーイッスルの両筒は、すでに鉄砲方井上左大夫および田付四郎兵衛の願いにより、両家の預かるところとなっていたから、その拝借には当然困難が予想された。それにもかかわらず、十二月二十九日にいたり、水野は井上らの反対を押しきって、備打小筒の買入れはもちろん、これらの拝借についても、すべて許可した。(23)さらに江川は十一月十日にいたり、高島流大筒および小筒鋳立ての許可を申請した。(24)しかし、これは容易に許可されなかった。その理由については、水野の用人秋元宰介が江川に対して水野の意向をつぎのように伝えていることから、容易に察せられよう。

此節主人申聞候者、兎も角も公辺御秘事之大筒ぅかと鋳造いたし、所々ニ而鋳立候而者、対公儀え恐入候次第、水戸様ニても鋳造沙汰も有之、存柄之義も候間、得と熟慮之上可鋳立旨ニ而、当時沙汰止申候、其内右等之処決心被致候上者、幸之義ニ付、可被相頼哉ニ候。(25)

いうまでもなく、ここに示された封建的割拠意識は、さきに高島に対して、直参のもの一人に限り砲術の伝授を命じ、「右之外諸家え相伝候義は仕間敷候」とした思想と相通ずるものであり、また高島の建議に対して、既述のごとく、もっぱら内政的見地から諸家に先んじて、西洋砲術を採用すべしとした鳥居耀蔵の答申の精神と相反するものではない。[26]しかしながら、かかる見解が、当時幕府内部において支配的であったにしても、これが水野個人の意向をそのまま示すものであるかどうかについては、なお検討が必要である（後述）。のみならず、高島流砲術の伝授に関する限り、幕府は天保十三年六月九日にいたり、さきの制限を解除して、「御直参は勿論、諸家執心之者えは勝手次第伝授可仕」と、高島に申し渡している。[27]

ところで、その後のアヘン戦争に関する情報については、天保十二年にオランダ船が欠航したため、これからの情報はなく、また唐船のもたらした情報は、かならずしも信をおきうるものではなかった。[28]しかるに、翌十三年六月にいたり、長崎に入港したオランダ船が、その後の戦況を詳細に報じた別段風説書とともに、イギリス艦隊の日本渡来計画を伝えた秘密情報をもたらした。[29]なおこの秘密情報は、これまで知られなかったものなので、いささか説明を加えておこう。

これよりさき天保十二年六月、オランダ船が日本にむかって航行中、台湾沖で遭難して、マカオに寄港するの止むなきにいたった。しかるに、その折、新任の甲比丹ビック(Pieter Albert Bik)をはじめ五人の商館員が、同地において、イギリスの武官から、アヘン戦争終結後、イギリス側で日本に艦隊を派遣して、開港をせまる計画のあることを聞いた。ビックらは、翌十三年六月二十一日、長崎に入港するや、その翌日、オランダ通詞中山作三郎・楢林鉄之助および石橋助十郎の三人をひそかに出島に招いて、右の情報を口頭で伝えた。中山らはことの重大なのに驚き、これを文書にして提出するよう要求した。ビックは、右が単なる噂にすぎないことを弁じて、容易に応じようとしなかったが、重ねての要求により止むを得ず、中山ら通詞あての文書を作成して、これをかれらに与えた。つぎに掲げるのがそれである。

私共心覚えのため差出候横文字和解

昨年御当地え仕出候船、及難船候ニ付、唐国之内マカヲニ乗入、阿蘭陀八月より十月迄滞留仕候節、私其外之者エケレス武方の者え致出合、唐国取合之儀物語之内、殊ニ寄日本之港ニも参り、自然不都合之取扱も有之候ハヽ、可致一戦由も有之由、此も不取留儀ニ候へ共、当節相考候儀は、御当地ニ而随分大切なる儀哉ニ存候間、御奉行所御含ニも可被成存候ニ付、各迄相咄申候。

新かひたん
ぴいとる　あるへると　ひっき

ではこの報道は、どの程度まで真実性を含んでいたであろうか。ビーズリイ氏によれば、当時イギリス政府は、日本の開国にはほとんど関心を示さず、また他方、在清貿易商人も、とくに戦後は中国貿易に対して注意を集中した結果、日本の開国を獲得するために、武力を行使するという可能性は、むしろ減少したとみるべきであるとし、さらに政府が、たとい日本に対して武力を行使しようとしても、国内の自由貿易業者や宗教的道徳的な立場にたつ人々の世論が、これを許さなかったであろうことを指摘している(30)。しかし、このことは、上記の秘密情報にみえる計画の存在まで抹殺するものでないことはいうまでもあるまい。

われわれはここで、つぎの事実に注目したいと思う。すなわち、これよりさきモリソン号に同乗して、江戸湾で砲撃にあったギュツラフおよび医師パーカーは、マカオに帰帆後、日本の不法砲撃に抗議して、武力による報復を説いた(31)。しかも、これが在清貿易商人の世論を喚起したばかりでなく、その影響は本国にもおよび、その結果、外務省に対し、アヘン戦争終結後、遣支艦隊を日本に派遣すべきことを提案するものさえ現われている(32)。もっとも、この提案に対して、外務省はなんらの反応をも示さなかったといわれるが、しかし、前記秘密情報に付された通詞の添え書によれば、甲比丹ビックは右の外に口頭をもって、モリソン号撃攘事件につきイギリス側が、「去ル酉年(天保八年)江戸近海幷薩州え日本之漂流民召連罷越、其外薪水乏敷、右願之ため日本地方え罷越候節、理不尽ニ石火矢等被打掛甚難渋仕リ、意恨にも相含ミ居候哉ニ候」という噂をバタビア在任中に聞いた、と告げている。これらからみて、秘密情報に記されたごとき計画が、すくなくとも一部駐清イギリス官憲の間で考慮されていたことは、否定できないように思われる。

さらにいま一つ、これに関連して、つぎの事実を指摘しておきたい。当時ヨーロッパにおいて、イギリスの日本攻撃に関する風説がひろく流布していた(33)。しかも、この流説は、さきの秘密情報とともに、ビックらを通じて、日本にも伝えられている。すなわち、かつて出島に次席館員として在勤したフィッセル(van Overmeer Fisscher)が、本国から前任の商館長フランデソン(Edouard Grandisson)にあてた書簡を、ビックらがもたらしたが、その中には、右の流説が記されていたため、これを知った通詞中山作三郎らは、この書簡の一部を和解し、原文を添えて奉行所に提出した。試みに訳文を示せば、左の通りである。

先年御当地え渡来へとる(次席館員—筆者註)相勤候ひっするより古かひたんえ差越候書翰之内抜書幷和解
此節唐国とエゲレスと其騒動は究て日本ニもおよほし候様成行候哉も難斗候得は、於日本も安心之場合ニは有之間敷之風聞専ら有之候。
右之趣ニ御座候、此段御内密奉入御聴置候、以上。
寅六月
中山作三郎
楢林鉄之助
石橋助十郎

このように、イギリス艦隊の日本渡来に関する秘密情報が、これを裏付けるがごとき情報を伴って伝えられた以上、それがイギリス政府ないし世論の動向からみて、客観的には実現の可能性をもたなかったにしろ、幕府がこの報道を信じたのは、けだし当然であったといえよう。

それならば、この情報に接した幕府は、いかなる対策をもって、これに対処しようとしたであろうか。幕府がこの情報を信ずる限り、対外政策の転換は不可避であった。まずさしあたって、その影響を示すものは、文政打払令の緩和である。周知の通り、幕府は天保十三年七月二十三日にいたり、外国船打払令を撤回して、渡来の異国船に対し食料薪水等を給し「帰帆可致旨申諭」すという文化三年度の異国船取扱令に復帰することを宣言している(34)。これが、いわゆる天保薪水令である。ところで、従来その動機について、当時マカオに滞在中のわが漂流民寿三郎および庄蔵がオランダ船に託した書簡によるとされ、あるいは、漠然とアヘン戦争のもたらした国際的緊張が指摘されているにすぎない(35)。しかしながら、上掲の秘密情報には、「殊ニ寄日本之港ニも参り、自然不都合之取扱も有之候ハヽ、可致一戦由も有之由」と明記されている。のみならず、上述のごとく、甲比丹ビックは、通詞に対し口頭をもって、天保八年のモリソン号撃攘事件がイギリス側の憤激をかったことを告げ、これがイギリス艦隊日本派遣計画の動機の一つであることをほのめかしているのである。してみれば、打払令の撤回が、上記の秘密情報を直接の動機としていたことは、ほぼ疑う余地がないものと思う。

これについで幕府は、懸案の江戸湾防備体制の改革をも急速に実施に移した。すなわち、同年八月三日にいたり、幕府は、川越藩主松平大和守(斉典)および忍藩主松平駿河守(忠国)に対して、それぞれ相州および房総二カ国の海岸防備を命じた。そして、相州に関しては、城ヶ島遠見番所から走水猿島までを川越藩の持場とし、既設の観音崎台場のほか、走水村十石崎、同旗山の二カ所に台場の新設を命じ、浦賀平根山備場のみを浦賀奉行の掌るところとした。また安房・上総については、これまで代官の持場とされた上総国富津・竹ヶ岡の備場のほかに、安房国州之崎の備場を復活し、また同国白子に遠見番所を設け、これら一切を忍藩の持場として、房総海岸一帯の防備にあたらせることとした[36]。さらに十二月二十四日には下田奉行所の復活を令するとともに、あらたに羽田に奉行所を設けて、田中一郎右衛門(勝行)を奉行に任じ、江戸近郊の海岸防備を幕府が直轄するという体制に踏み切った[37]。なお以上の改革が、前章において検討した鳥居耀蔵および江川英竜の改革案と、どのような関係をもつかについては、のちに考察することにしたい。

さらにこれとならんで、幕府は八月九日に、万石以上以下の海岸に知行地をもつ面々に対して、「異国船渡来之節、取計方之儀、此度御改正之御趣意ヲ以、被仰出候処、警衛向之儀ハ弥厳重ニ致シ、人数幷武器之手当等、是迄ヨリハ一段手厚ニ可相心得」と達し、現有の兵力および火器の員数を報告させ、ついで九月十九日にいたり、「深山幽陰山国之領知ト雖、是又時宜ニ寄リ、援兵等之儀被仰出候儀モ可有之候間、何レ之場所ニテモ、異国戦闘之制度ヲ相考、防禦之利器等大砲之類分限ニ応シ製作イタシ置、非常之備手厚ク行届候様、可被申付候」と命じた。のみならず、幕府は、これと同時に、対内的な江戸防衛の見地から「入り鉄砲」をとくに警戒した従来の政策を放棄して、参勤の諸侯に対し、江戸近海の防衛のため、「平常大砲等之用意可被申付置候」と達した。しかも、右の布告に、

蛮夷之諸国戦闘之仕組、和漢之制度トハ相違ニ付、利方之軍器別段用意モ可有之候間、参勤之面々其覚悟ニテ、防禦之仕方兼テ心懸ケ置可被申候。

とあるのは、海防の危機に直面した幕府が、これに対処するため、諸侯に対して西洋砲術の採用を積極的に奨励したことを示すものとして、とくに注意すべきである[38]。いいかえれば、それは、幕府がさきに高島流砲術の採用にあたって、「御直参之内執心之者壱人」に限り、砲術の伝授を命じ、「右之外諸家え相伝候義は仕間敷」とし、あるいはまた、江川の西洋大筒鋳立ての許可申請に対して、「公辺御秘事之大筒うかと鋳造いたし、所々ニ而鋳立候而者、対公儀え

恐入候次第」としたところの従来の方針、すなわち、幕藩制本来の割拠的立場を乗り越え、「挙国」的な軍事力の充実を図ろうとしたことを意味した。われわれは、これらを通じて、アヘン戦争のもたらした国防の危機に対処するため、幕府が崋山の提唱する「外防」優先の論理に従わざるを得なかったこと、いいかえれば、蛮社的思想がようやく幕府権力内部に浸透しつつあった事実を窺うことができるであろう。

なおここで、以上に関連して、江戸におけるその後の高島流砲術の普及状況を概観しておきたい。すでに高島が滞府中すくなからざる入門者があった。その主なものは、幕臣では江川英竜・下曾根金三郎、諸藩士では浜松藩士秋元宰介、佐倉藩士兼松繁蔵、田原藩士村上定平らである。なお徳丸原の演練に参加したもの九十九人のうち、江戸での門人は五十名余りに上っている。(39) ただし、これらのうち、砲術の皆伝を許されたのは、前記のごとく、江川英竜のみであった。しかるに、幕府は、その後天保十三年六月九日に高島に対して、砲術伝授の制限を解除したが、ついで八月九日にいたり、参府中の江川が、これを理由に、砲術の指南について、「已来砲術執心之者指南請度旨申込候向も御座候はゝ、稽古為仕候ても不苦義に可有御座候哉」との伺書を出し、これが九月六日に許可された。(40) かくて翌七日には老中真田信濃守(幸貫)家来佐久間修理(象山)が、また八日には幕臣川路聖謨が入門したのをはじめ、江川が帰国した十月二日までの間に、留守居松平内匠頭家来十人、明屋敷番伊賀者三十五人、若年寄堀田摂津守(正衡)家来五人、老中土井大炊頭(利位)家来二人、津軽大隅守(順承)家来二人等、入門者の数は九十八人におよんでいる。(41)

なおまた、江川は九月二十四日に、「高島流鉄砲鋳立之義に付伺書」を勘定所に差出し、ふたたび鉄砲鋳造について申請したが、十月二十三日にいたり、これが許可されている。(42) この事実は、前記の海防強化令が単なる空文ではなかったことを証拠づけるものである。しかも、これと同時に、水野をはじめ、土井大炊頭、堀田備中守(正篤)、真田信濃守の四閣老が、江川に大筒鋳造を依頼している。ちなみに、この時、江川が幕府に提出した鉄砲鋳造届書を左に掲げる。

覚

一、ハントモルチール　弐挺

是者越前守殿御頼之分

一、モルチール　壱挺

一、ホーイツスル　壱挺

一、五百目カノン　壱挺

是者大炊頭殿御頼之分

一、ホーイツスル　弐挺

一、モルチール　弐挺

一、五百目カノン　壱挺

一、三百目カノン　壱挺

是者堀備中守殿御頼之分

一、ホーイツスル　壱挺

一、モルチール　壱挺

是者真信濃守殿御頼之分

右者御頼ニ付私豆州韮山屋敷ニおゐて、私差図仕鋳造仕候、依之御届申上候、以上。

寅十一月

江川太郎左衛門(43)

右のように、閣老がこぞって江川に大筒鋳造を依頼しているという事実は、西洋砲術の摂取に関する幕府の最高方針を明示したものにほかならない。

ここでふたたび、その後のアヘン戦争情報について説明を加えることにしよう。天保十三年六月、オランダ船が、前記のごとく、これに関する詳報をもたらしたものの、唐船は、当夏欠航したため、中国側の情報を知るすべがなかった。

これよりさき、英国政府は、戦争の早期終結を決意し、一八四一年(天保十二年)九月、インド政府に対して、陸海軍部隊の派遣を訓令した。そして、来援軍の到着をまって、英軍は、一八四二年五月七日(天保十三年三月二十七日)、軍艦二十六隻、汽船十四隻、運送船約六十隻、その他からなる大部隊を編制して、寧波を進発、五月十八日(四月九日)、乍浦を攻撃して、これを占領した。(44) そのため、当時日本渡航準備のため同港に停泊中の王局所有船、日新・全勝両船は焼き払われ、さらに六月上旬(四月下旬)、公局所有の源宝・太平両船が、日本にむかい航行中、英軍の襲撃をうけ、そのうち、源宝船は英軍に拿捕され、太平船はかろうじて乍浦に帰帆した。このようにして唐船は、英軍にはばまれ、日本渡航の中止を余儀なくされたのである。(45) しかも、他方、英軍はその後、呉淞・上海を占拠、ついで七月には鎮江を攻略して、これを占領し、このため、南北をつなぐ大運河が完全に封鎖された。英軍は、これよりさらに南京にむかって進撃を開始し、八月十四日、南京攻撃の命令が発せられた。しかるに、この日、南京城壁に白旗が掲げられ、八月二十九日、英艦コーンウォリス号の甲板において、中国の将来を決定づけたいわゆる南京条約が調印され、ここにほぼ三年におよぶ戦争が終結をみた。(46)

これらの情報は、まずこの年の十二月に渡来した四隻の唐船によってもたらされた。もっとも、唐船の風説書は、英軍の乍浦攻撃、鎮江の占領等を伝え、平和の到来について述べているが、しかし、清側の屈辱的な降伏の事情につ

いては、敢えて触れることを避けている。のみならず、その中で、香港、厦門等の開港を告げながら、

然則英夷不レ知《ラ》二兵法《ヲ》一、徒《ニ》用《フ》二火攻《ヲ》一、一弱也。不レ諳《ンゼ》二疆圉《ヲ》一、僅《ニ》識《ル》二海道《ヲ》一、一弱也。雖レ有《リト》二火輪船隻一、而内河支港浅擱難《シ》レ行《ニ》、一弱也。怒発《セバ》二天兵《ヲ》一、何難《カラン》二(47)掃蕩一。

と、英軍の弱点をあげつらい、近くかれらが掃蕩されるであろうとの希望的観測を述べて、事実の隠蔽につとめている。

しかるに、翌十四年六月にいたり、オランダ船が、これに関するほぼ正確な情報をもたらした。つぎに南京攻略から清国側の降伏までの記事を紹介すると、左の通りである。

一、ヱケレス人の働、格別にて、既に揚子江を登り、途中にて数度勝利を得、且は城市辺夥敷ヱケレス軍船有之候を以て、唐方甚恐怖の様子にて候得は、事落着の為、実意の和談可致宜き時節と、国帝も所存を不変候ては、不相成事に候。

一、ヱケレス軍勢南京前に着船致候処、始て唐人共(中略)降参致さんより、城市の外構に身体を葬に不如と可申勢に見へ申候。

一、漸城市の向、宜敷場所に船繋し、戦の用意を致し、炮術之方其外軍勢一同上陸し、備の手配致候処、直に唐方の様子変り、ヱケレス方に申遣候ハ、「プレニポテンチャリス」官名(plenipotentiay)に談判致度、国帝より差遣候「マンダレイン」官名(mandarin)、未た到着致さゝる趣に候。

これについでその翌日から、英艦コーンウォリス号上で、両国代表による和睦交渉が開始されたことを記したのち、「扨八月二十五日に欽差大臣耆英および伊里布が同艦におもむき、講和条約について取極めがなされたことにつき、同人等(者英・伊里布)、国帝の為上使和談に取掛り、久敷相談致候上、和蘭八月廿五日寅七月廿七日『コルンワルリス』と申、

軍船に於て、『プレニポテンチャリス』右唐方高官之者共、談合取極申候、右ヶ条左之通」として、香港の割譲および五港の開港を含む条約の内容を紹介し、ついでつぎのような、注目すべき記事を載せている。

一、ヱケレス方には誠に大利と相成候取極を存し、和睦相整候事故、唐方に罷出候ヱケレス勢は、一統満足致候。其故は、右取極の通相成候ハヽ、ヱケレス商売此辺の国□□(虫喰)弘可申と、前見致し候故の儀に候。（傍点筆者）

右の記載が、前年六月のイギリス艦隊渡来の秘密情報を裏付けるものとの印象を、日本側に与えたであろうことは、当然考えられるところである。

この情報によって、清国の屈辱的降伏とこれに伴う領土の割譲、ならびに開港の事実を知った幕府は、同年七月にいたり、在留唐人ならびに蘭人に対し、英軍の兵力、装備、戦術等に関する十四ヵ条からなる質問書を下した。(48) いまその解答について、二、三を例示すると、第一条の「遣支英軍の総数は如何」という質問に対し、オランダ側の解答書には、つぎのように記されている。

第一、和蘭暦数千八百四十二年（天保十二、十三年之間）之春に、ヱゲレス人之陸兵船兵唐国に趣(ママ)きしは、広東河口え、

石火矢七拾二挺備之船　壱艘
同　拾八挺　弐艘
同　拾挺　壱艘
武器を備候火船　弐艘
アモイえ
石火矢拾四挺備之船　壱艘
同　拾八挺　壱艘

同　拾挺　壱艘
同　六挺　壱艘
舟山え
石火矢七十二挺備之船　壱艘
同　拾六挺　壱艘
テインハイ并ネンポーえ
石火矢四十四挺備之船　壱艘
同　拾八挺　四艘
同　拾挺　壱艘
武器を備候火船　四艘

陸兵小筒大筒方共、欧羅巴人、榜葛利（ベンガル―筆者註）人ニ而、四千人。

この記載は大体において、事実に近い[49]。しかるに、唐人の答申には、「英虜之兵数大船にて往返いたし、殊夥敷軍船故、数万之員数等聢と見聞不仕趣ニ御座候」とあり、きわめて漠然としている。また「韃靼人は勇敢との定評をもつにもかかわらず、かれらが敗北を喫した理由如何」という第四条の質問に対して、オランダ側では、

第四、勇猛ニ而万事ニ事足るといふにハあらす、合戦をするも、一の術なり、欧羅巴勢ニハ外国之人ハ敵する事甚難し、此事彼唐之大国を僅四千人位ニ而平降させし事にて明なり。

と答え、勝敗を武器の優劣に帰している。これに対して、唐人の解答は、「韃靼兵は強勇候得共、火攻之烈勢ニ当兼敗北いたし候哉、尤備兵別段被差向候儀は承及不申、何れも所々沿海警固之備営より出張有之候趣ニ御座候」という

もので、韃靼兵が火器の劣勢により敗北した事実を認めながら、それが一部の沿海警備兵にすぎないとして、全面的な敗北を故意に隠蔽するかのように記している。さらにまた、第九条および第十条の、「蒸気船は、火砲により爆破されても航行を継続しうるか」、「檣は砲弾によって破砕されるか、また綱具は焼失するか、これらに対する防禦法如何」という質問に対し、オランダ側の解答には、

第九、火船之中央にある蒸気倉を銃丸にて打つ時ハ、進む事不叶、夫故に如斯時之用心ニ兼て貯置し帆を用ふ。

第十、船之檣諸道具等打破らる事、間々あり、依之兼て用意のため綱具檣木等を貯へ置、其難を凌く。

とあり、これらによって、蘭人が蒸気船についてすくなからぬ知識を有していたことが知られる。しかるに、唐人側では、「火船を上海之地方ニ而打壊候儀有之由、尤風之如く速往返いたし候故、容易見当り候儀出来兼候趣御座候」、「蛮舶之船具大銃等ニ而焼候儀有之候由、併其節如何様之防致し候哉、承居不申由、烙丸等ニ当リ候而は、防方無之様子承及候趣御座候」と、もっぱら巷間の噂に拠り、しかも、蒸気船の威力をなるべく減殺するように配慮して、答えている。

ところで、以上において指摘した、蘭人側と唐人側との答申にみられる相違は、ひとりこれらの解答書にのみ限られたものではない。それはまた、アヘン戦争に関する和蘭風説書と唐風説書の全般に通ずる特色でもあった。[50] しかも、後述するごとく、閣老水野の対外施策をめぐる幕府官僚間の政争は、これら両風説書のうち、いずれに信を置くかを争点としてあらそわれたのであった。その意味において、両風説書の性格と内容の相違に対し、われわれは充分注意を払う心要があろう。

(1)　これらは『阿片招禍録』(内閣文庫)および『阿片事件記事』(静嘉堂文庫)に収録されている。

(2)　和蘭別段風説書、第三報の末尾に、「右等の便宜三月十五日出の由ニ而、唐国よりシンガポール各地に参り候を伝聞仕」

云々、また第二報末尾に、「右者ヱケレス人の日記を其儘阿蘭陀語ニ云取候書面に御座候得は、通例の和解物とは違ひ(中略)何分捗取兼」云々とあるから、風説書の内容が、シンガポールの「ヱケレス人の日記」、すなわち英字新聞記事に拠り、しかも、その直訳であったことが推定される。

(3) 以上は、『鴉片類集』、『阿片一件』、『阿芙蓉彙聞』(以上東大付属図書館)、『天保雑記』(内閣文庫)、『英夷侵犯始末』(東教大付属図書館)、『有所不為斎雑記』(刊本)、および江川文書所収の唐風説書によって、集計したものである。

(4) 当時唐船の発航地が浙江省乍浦に限られていたことについて、明記したものがないが、唐風説書が乍浦発の唐船からのみ提出されていること、および右の風説書によって推定される唐船の数が、『長崎銅売渡記録』(史料編纂所蔵本)に記入されたそれと一致していることからわかる。

(5) H・Bモース・H・Fマクネーヤ『極東国際関係史』、上巻(喜入虎太郎・浅野晃共訳)、一三六頁。

(6) 川鼻沖海戦は、英艦二隻と清国兵船(ジャンク)二十九隻とによるもので、清船四隻が撃破または撃沈され、英艦も多少の損傷をうけた。Naval battle of Nov. 3d at Chuenpe described, in a communication written by an eye-witness. Extracted from the Singapore Free Press, Nov. 28th, 1839. (Chinese Repository, Vol. VIII, pp. 489–93.)

(7) 世界歴史大系、第八巻、浦廉一『東洋近世史』第一篇、二一一―三頁。岩井大慧監修『支那叢報解説』、第九巻、一六頁以下。

(8) この年、夏船が欠航した事情については、天保十一年十二月付唐風説書「唐国表イキリス人取騒候哉之風聞有之御尋之趣奉畏候去る十一月乍浦出船迄之大略左ニ申上候」(『阿片一件』、所収)および「王氏十二家惣商王元珍楊嗣亭上書」(江川文書)を参照のこと。

(9) 唐風説書「天保十一子年七月三番船之唐人ヨリ申上候口上書之趣」、「天保十一庚子年七月第三度目ノ唐船来テ日本国へ注進シタル書面左ノ如シ」(『鴉片類集』、所収)。これら二通のうち、前者は差出人の名を欠き、後者の差出人は周藹亭となっている。なおこれらは、右のような表題にもかかわらず、いずれも、前年十一月、唐船が乍浦を発航するまでの情報を記したもので、内容と表題とが一致していない。

(10) 『陸軍歴史』上、海舟全集、第六巻、一―三頁。

(11) 周藹亭の風説書にみえる戦争記事は、川鼻沖海戦に関するもののみで、また和蘭別段風説書の場合、これ以外の戦争記事はきわめて断片的なものである。なお右の戦争について、周藹亭の風説書には「敵身方共死傷有之、唐国之兵卒数百人打殺サレ申候」とあり、和蘭風説書には、「エケレス人も夥しき災害にあひ、殊に疵請たる者一人あり、併唐国方の怪我は四五百人の間なり」(右は『阿芙蓉彙聞』所収のものによる)と記されている。

(12) 前掲、『陸軍歴史』上、鳥居耀蔵答申書、三頁。
(13) 『支那叢報解説』、第九巻、二七―九頁、一一五―六頁。前掲、天保十一年十二月付、唐風説書。
(14) 川路寛堂『川路聖謨之生涯』、五九―六〇頁。
(15) 長崎県立図書館所蔵、水野越前守書付。
(16) 新訂増補国史大系、第四十九巻、『続徳川実記』、第二篇、四二九頁。
(17) 「武州西台於徳丸原高島流砲術稽古業書」(有馬成甫氏所蔵)。「徳丸原銃隊調練人名」(『新撰洋学年表』、一二六頁)。
(18) 「高島四郎太夫火業打試之儀に付申上候書付」、『陸軍歴史』上、一六―八頁。
(19) 『陸軍歴史』上、二三頁。なお江川文書、「砲術一件」、参照。
(20) 江川文書、「天保十二丑年高島流砲術御用留」。なお、『陸軍歴史』上、二三―四頁所引「江川氏秘記」参照。
(21) 大槻盤渓『始有廬日記』(宮城図書館所蔵)。
(22) 前掲、「高島流砲術御用留」。
(23) 江川文書、「砲術一件」。
(24) 「高島流砲術御用留」。
(25) 「砲術一件」、所引、斎藤左馬之助出役日記、天保十三年五月十二日の条。
(26) 前章、第四節、参照。
(27) 「高島流砲術御用留」および、『陸軍歴史』上、三二頁。
(28) その後の唐風説書を挙げると、天保十二年三月、同年六月、同年十二月および天保十三年一月付のものが、『阿片一件』、『阿芙蓉彙聞』等に収録されている。ただし、それらはいずれも、乍浦での伝聞によるもので、そのため、視野が限られ、その上、誤伝や希望的観測が多分に含まれ、また清側の徹底的な敗北を故意に糊塗した形跡さえ窺われる。つぎに一、二の例を挙げると、天保十一年十二月の唐風説書には、この年九月、余姚県方面に赴こうとして、途中で遭難した英艦の乗客、ノーブル夫人ら男女二十九人が、清側の捕虜となった事実を以て、「イキリス国王第三ノ御女」が余姚県の海岸を砲撃せんとして、その乗艦が自爆したため、右王女らを生捕りにしたものと誤伝し、さらに天保十二年六月の唐風説書には、「寧波府定海県ニ罷在イキリス人共、王女を被捕候後は只管和睦を乞候故、当三月頃欽差伊里布指図にて、王女幷虜之兵卒弐拾余人差返し候処、イキリス人も定海之地を差戻し和睦相整出船いたし」云々と、いかにもこのため、イキリス側が懇請して和睦したかのように記している。なおこれは、いわゆる川鼻仮条約(一八四一年一月二十日)を指すものであろう。また同十三年正月の風説書によれば、「当時イキリス船広東沖香港等の小島へ滞船仕居、鎮海寧波定海辺之海上弐三百里之間、折々通行致し候得共、唐国商船なとに手出し等仕候儀も無御座」と、当時海上航行の自由が確保されていたかのように記している。

(29) 長崎市立博物館蔵、「寛政十年午四月十一日就御用樅林重兵衛江府え被為召候諸書留」、同綴文書。

(30) W. G. Beasley, Great Britain and the opening of Japan, pp. 42-50.

(31) G. Lauts, Japan in zijne staatkundige en burgerlijke inrigtingen en het verkeer met Europesche Natiën, 1847, p. 338.

(32) W. G. Beasley, ibid., p. 42.

(33) G. Lauts, ibid., pp. 339-40. W. G. Beasley, ibid., p. 42.

(34) 『開国起源』下、海舟全集、第二巻、一八八—九頁。

(35) 田保橋潔『近代日本外国関係史』、三八九—九一頁。井野辺茂雄『新訂維新前史の研究』、四五三—八頁。なおこの秘密情報が、果して幕府に伝達されたかどうかについて、疑いをはさむ余地がないわけではない。しかし、第四節に引用した長崎奉行伊沢美作守が鳥居耀蔵にあてた書信(天保十三年十月六日付)の中に、「広東争戦次第ニヱゲレス之方勢猛烈ニは相違無之様子、尤日本えも押寄候哉否之義、蘭人申候儀ハ何らも真偽難相分」とあるから、これが幕府当局に伝達され、関係者が英艦隊渡来の風説を知っていたことは明らかである。のみならず、これが民間にも漏洩していたことは、天保十三年十一月、佐久間象山が藩主真田幸貫に奉った上書に、「又阿蘭陀下輩の者申洩し候義を承り伝へ候得ば、唐山の騒乱方付次第、長崎薩摩江戸三ヶ所へ兵艦を差向け候様、イギリス人申居候よし」(象山全集、第二、二七頁)とあることからわかる。

(36) 『通航一覧』、続輯、附録十二、海防御備場、浦賀、安房、上総(内閣文庫蔵)。

(37) 同、附録十四、同断、羽田。

(38) 徳川十五代史、第十一篇、二二八—三〇頁。

(39)　前掲、「武州西台於徳丸原高島流砲術稽古業書」。
(40)(41)(42)(43)　前掲、「高島流砲術御用留」。
(44)　モース・マクネーヤ、前掲書、一五九―六〇頁。
(45)　天保十三年十二月付唐風説書「具呈王局総商王元珍」、『有所不為斎雑録』、第二集、第十八。
(46)　モース・マクネーヤ、前掲書、一六〇―一頁。
(47)　「壬寅十二月清商口単」、『阿芙蓉彙聞』、巻三。
(48)　右の質問書の原文は所在が不明であるが、ボクサー博士がその蘭訳文を英訳して紹介している。C. R. Boxer, Jan Compagnie in Japan, 1600-1850(The Hague, 1950), pp. 185-7.
なおその答申書は、向山誠斎の『蠹余一得』、二集に「英夷戦略」と題して所収されている。
(49)　開戦当時の英軍の総兵力は、軍艦十五隻、汽船四隻、輸送船二十五隻、陸軍約四千人であった(Chinese Repository, Vol. IX, p. 112.)。これと蘭人の答申と比較すると、陸軍の兵力については完全に一致し、汽船は後者が六隻、軍艦が十六隻で、それぞれ二隻ないし一隻多く記されているが、これによって、大体事実に近い報告をなしているとみてよいであろう。
(50)　これについては、本文においても例示したが、なお註(28)にも、とくに唐風説書について、二、三の例を挙げておいた。これらをあわせて参照されたい。

第二節　幕府ならびに浜松藩の軍事改革

アヘン戦争のもたらした対外的危機に対し、前記のような方針をもって臨んだ幕府は、みずからもまたこの線に沿うて、これ以来本格的な西洋砲術の摂取と、これにともなう軍事改革に着手した。それは、直接には、江戸湾防備体制の改革にあたり、とくに羽田奉行を新設して、江戸内海を幕兵をもって固めようとする構想に応ずる措置であった。すなわち、そのために、まずとり上げたのは、鉄砲方の強化と整備である。

鉄砲方は若年寄支配に属して、砲術ならびに鉄砲のことを掌り、当時は井上・田付両家の下にそれぞれ与力五騎、同心二十人が配属されていた。しかるに、幕府は天保十四年五月十八日にいたり、代官江川英竜に鉄砲方を兼帯せしめることとし、与力十五騎、同心五十人を配属して、「西洋流師範儀別而精入、組之者共を始門人共をも専ら教授いたし、追々成熟之者出来之上、早速御用立候様引立可被申候」と命じた。そして、翌十九日には、鉄砲方井上左大夫、田付四郎兵衛に対し、組のものをおのおの与力二十人、同心七十人に増員せしめ、越えて八月六日には、先手組与力・同心に対し、これまでその人員が一定していなかったことを理由に、本丸・西丸の惣組について、おのおの与力六騎、同心三十人をもって定員と定め、その剰員をことごとく鉄砲方に配置転換せしめることとした(1)。

すでに述べたように、幕府がはじめ高島流砲術を採用するにあたり、とくにこれを代官江川英竜に伝授せしめたのは、もっぱら閣老水野の意向によるものであった。したがって、この度江川が起用されたのについても、同様に水野の意向が働いていたとみなければならぬ。おそらく水野としては、江川を鉄砲方に起用することにより、かれを通じて、西洋砲術ならびに軍事技術を組織的に摂取し、これとともに、より大規模な軍事改革の計画を有していたように思われる。そしてまた、江川もこれを期待していた。すなわち、江川は、鉄砲方兼帯を命ぜられたのちまもなく、つぎのような意見を幕府に具陳している。

私儀今般御鉄砲方之御用被仰付、精入師範仕早速御用達候様被仰渡候処、凡西洋銃陣之義は四十八人を一ペロトン、九十六人をジヒシー、四百三十二人をバタイロン、八百六十四人をレギメントと申、夫々支配仕候ものも御座候内、右レギメントを都括候ものをコローネルと唱申候。右之者にても、又は夫等不拘軍術堪能之者にても、長崎表迄御呼寄御座候て、私儀同所え被差遣、面会之義御許被下置候はゝ、是迄文字上にて捜索仕候とは事替り、其人に親炙仕相尋候事ゆへ、行軍守城其外共委細に相分可申、然る上は、一廉之御備にも可相成奉存候(下略)(2)。

右の意見が果して幕府の採用するところとなったかどうかは、明らかではない。しかし、それはともかく、江川はオランダ人の軍事専門家を長崎に招いて、「行軍守城其外共委細」に学ぼうというのであり、ここには単なる砲術にとどまらず、洋式軍事組織および戦術を全面的に摂取しようとする意欲が、明らかに示されている。ただし、水野が鉄砲方の改革について、上記の措置を講じたのちまもなく、閏九月十三日にいたり、上知問題のために失脚するので、かれが企図した軍事改革の内容については、これ以上、具体的なことを知ることができない。しかしながら、これを推測する有力な手掛りとなるのは、水野が老中辞職後、浜松藩において実施した軍事改革である。

さきに高島四郎大夫が幕命により上府するや、水野が腹心の用人秋元宰介をひそかに入門させたことは、すでに述べた。その後水野は、高島が帰国するにあたり、藩士二名を長崎に派遣して、西洋砲術を学ばせることとし、またこれとならんで、江戸青山の藩邸において西洋砲術の操練を行なう計画を立てて、高島に年間六挺の鉄砲買入れ方について、調査を依頼した。(3) のみならず、水野は、江川が砲術指南を許可されるや、藩士を韮山に派遣して入門させ、かつまた江戸において、江川の技術的援助の下に、みずからホーイッスル筒の試作を行なっている。すなわち、秋元宰介が江川にあてた天保十三年十月十六日付の書簡に、「其後ホーイツスル筒鋳造捗取不申、当節専ラ用意中、月末ニハ鋳造仕度奉存候」とあり、また翌十四年正月二十三日付の書簡に、「扨ホーイツスル砲も逐々出来仕候」とあるから、天保十三年十月ごろ、その鋳造にかかり、翌年正月末には、完成に近づきつつあったことがわかる。(4) さらに水野は、このころから青山の藩邸において、本格的な大筒鋳造の計画を立て、幕府に許可を申請するとともに、これに関する諸経費の見積りを江川に依頼し、その後も秋元を介して、江川からモルチール居基図、五百目筒車台図等を借り受け、あるいは火薬の製法等を問うている。(5) なおまた水野は、従来の槍隊に代るに、西洋式装備をもつ銃隊の創設を思い立ち、歩兵用の軽量剣付銃の試作を江川に依頼している。(6) すなわち、これらによれば、さきに幕府が高島に対し、直参のもの一人にかぎり、砲術の伝授を命ずるとともに、諸家に伝えることを禁じ、あるいはまた、江川が銃砲鋳立について申請した際、「公辺御秘事之大筒ゟかと鋳造いたし、所々ニ而鋳立候而者、対公儀え恐入候次第」として、容易にこれを許可しなかったのは、水野が幕府内部の保守的空気におされたためで、かれ自身の意向を示すものでなかったことが明らかであろう。なお最後に、弘化二年(一八四五年)二月の記録によれば、江戸で鋳造済みの大筒は、六貫目ホーイッスル筒三挺、五百目筒弐挺、百五拾目筒三挺となっているが、(7)すくなくともその一部は、ここで鋳造されたもの、と考えられる。

以上において明らかにした、水野の高島流砲術の採用といい、また大筒の鋳造といい、それらは、いうまでもなく、軍事改革を前提とするものであった。かれが浜松藩の軍事改革を計画した時期は、明らかではないが、いずれにしろ、それが天保十三年八月および九月に布告された海防強化令と関係を有していたことは、疑いない。かれはこれを実施するに先立ち、まず藩内の軍法を一定する必要を認めて、長沼流兵学者野傭斎(本姓、小野寺)を浜松に招き、(8)古市四郎右衛門、大道寺源内、石原兵衛、大久保鐶蔵、中村源太郎の五人に同流兵学を伝授させるとともに、出講日を定めて、物頭以上に講ぜしめた。(9)

長沼流兵学は、長沼澹斎(寛永十一年—元禄三年 一六三四年—一六九〇年)の開くところで、旧式の兵学ながら、銃砲の戦術的価値を重視したところに特色がある、といわれる。(10)なかでも、同流佐枝派に属する清水赤城は、西洋砲術を積極的に採り入れようとしたことで知られているが、野傭斎はこの清水赤城の門下であった。

傭斎の銃砲観を最もよく示しているのは、後述する浜松藩の海防備組編制にあたって、水野の諮問に答えたつぎの言である。

備御組操練仕、武備相整候ニハ、何ニ技芸モ同意ニ御座候得共、別而銃砲之師範ト兵学者ハ、相互ニ親ク其流法之教ヲ相談仕候而、先ツ兵法ヲ体ニ仕、銃砲ハ用ニ仕候而、其備之本相立候事ニ御坐候。(11)かれは、かかる見地から、高島流砲術について、「蘭伝之銃砲ハ良法ニ御坐候ニ付、長沼流ニ御組入御坐候而、至極宜敷御坐候」と、これをきわめて高く評価した。(12)当時浜松には、水野がさきに長崎に派遣して、高島流砲術を学ばせた藩士の一人と思われる山田丘(岳)馬がおり、かれが同流砲術の指導にあたっていた。慊斎は「御上之思召次第ニ山田丘馬ト相談之上ハ組入候様ニ可仕候」とし、みずから山田の門に入って、高島流砲術を修めようとさえしている。(13)おそらく、野慊斎を招いた水野の真意も、ここにあったと思われる。

しかしながら、慊斎をむかえた藩内の空気は、意外に冷たかった。水野の軍事改革に対する守旧派の反対もさることながら、なかでも、露骨な敵意を示したのは、山田丘馬について高島流砲術を学んだ一派であった。その中には、譜代重職であり、家老拝郷縫殿の縁辺にあたって、藩内に隠然たる勢力をもつ二本松内膳や、水野が監察として江戸から派遣した司馬騰太郎があった。かれらは慊斎にむかって、「長沼流兵学ハ全ク御用ニ相成候事ニハ無御坐候旨申聞」かせ、あるいはまた、「骨折候而兵学教授仕候ハ無益成事迚モ不被相行候由」を公然と語り、さらにかれらはその地位を利用して、受講者の出席をはばみさえした。また慊斎が、高島流砲術を自己の兵学に組み入れようとして、いったん、山田丘馬の門に入ったものの、「私(慊斎)心底之程ヲ不相心得候者共、猥リニ秘候而、私エハ相教不申様ニ相計置」き、そのため、かれは、ついに山田と不和になっている。のみならず、慊斎の告げるところによれば、かれらは、高島流砲術をもって、「本朝之戦法備組等ニ相当候」ものと解し、「其者共別ニ御備組仕候而御軍事相計名誉相求度様子モ御坐候」と、つまり、これに基づいて、備組の編制＝軍制改革を計画したというのである。(14)それは、「先ツ兵法ヲ体ニ仕、銃砲ハ用ニ仕候而其備之本相立候事ニ御坐候」という見解に立つ慊斎にとって、当然ながら、許し難いものであった。

しかも、他方、水野は慊斎を浜松に招いたものの、かれ自身幕政改革に追われて、藩政を顧みるいとまがなかった。このことが慊斎の立場を一層不利にした。そのため焦慮した慊斎は、水野の側近熊倉万平に書簡を送り、「御人選ニ而兵学修行仕候五人之衆、免許相伝済候後ハ、御軍法被遊御定候思召ニ御座候哉、又ハ御藩中ニ長沼流兵学教授仕候御人御坐候迄ニ而、宜敷被遊御座候哉、此段御内々御上之思召御伺被成下置度、奉願候」と、水野の意向をただすとともに、「今日迄之様子之通ニ御座候而ハ、幾年相掛候而モ、御軍法之相立候気色ハ無御座候」として、かれの決断をうながした。[15] しかるに、水野は、これからまもなく天保十四年閏九月に、老中を罷めたため、しばらく謹慎の意を表していたが、十一月十五日にいたり、慊斎に直書を送り、左のごとく長沼流兵学による軍事改革を行なう意志のあることを明らかにした。

(前略) 抑拙藩軍法訂定之義、曩時熊倉万平迄来示候趣一覧、其比は取分官務冗紛指揮等閑候処、到閏月罷相之事起、家政向万般擲却謹慎罷在候故、益々及遅延候、扨軍法之事当家一定無之候間、其流義可行用素意ニ而、老師も相迎候得共、最初より申付万一藩中不奉教候而ハ、不成之兆ニ付見合居候得者、至此節在江とも老師碩学之程無不感服者、最早其機会ニ存候間、此度当家軍法其流ニ更革可申付と存候。[16]

ついで翌十五年正月三十日に、国家老水野平馬に書を下して、軍法改革の実施を宣言し、かれを軍事取調掛りに任ずるとともに、慊斎を軍事顧問とし、さきに長沼流の伝授を受けた、前記古市以下五人の藩士の協力の下に、この改革に基づく軍事組織＝備組の再編強化について、調査と企画を命じた。[17]

しかしながら、右の改革が、高島流砲術をいたずらに排除するものでなかったことは、もちろんである。もともとそれは、直接には、前記の海防強化令に基づき、国際情勢の急変に対処せんとするものであった。したがって、当面の仮想敵とされたのは、イギリスであった。しかも、イギリスは、「清朝ヲ攻破ルニ、大銃ボンベン等ノ火器ヲ専ラニ打発シテ其形勢ノ猛烈ナルト、又彼レカ巨艦ノ堅固ナルト櫓楫ヲ旋転スルニ其形勢ノ自在ヲ為」すという、すぐれた軍事力を有している。それゆえ、これに対抗するためには、「大銃ヲ以テ、彼レノ大銃ヲ防ン、ボンベンヲ以テ彼レノボンベンヲ防クベシ」と、これが軍事改革にあたっての水野の最高方針であった。[18]いいかえれば、それは、軍事組織の再編にあたり、長沼流の編制方式によりながら、その中に、可能なかぎり、新式の銃砲を採用することを意味した。こうみるならば、前記の江戸青山藩邸における大筒鋳造といい、長崎からの銃砲買入れといい、いずれもこれに応ずる措置であったことが理解できるであろう。しかも、その結果として、旧来の槍隊、弓手隊等が、すべて小銃隊に切り換えられねばならない。すなわち、水野は、これについてひそかに慊斎の意見を求めたが、慊斎は弓手隊について、

先般奉蒙尊命候通、諸家之備ニ軽卒之弓隊御座候得共、後世ハ銃砲之業相開候而以来ハ、足軽之弓隊ハ多分利用無御座候様ニ奉存候。私流儀之教ハ多分銃砲隊而已ニ而、敵前ヲ相詰寄候事ニ御座候。

とこたえ、また槍隊(長柄組)については、「長柄備ト申候モ、弓手隊同様ニ実用ニ少キ備ニ御坐候而、諸家種々之教御座候得共、信用相成兼候」「私流儀ニ而相教候ニハ、(中略)長柄之足軽ハ銃手ニ仕、銃砲隊之数ヲ相増候事ニ御坐候、是故ニ長柄奉行モ銃隊操練ヲ相心掛候事ニ御座候」と答申して、右の切り換えを全面的に支持している。[19]

他方、備組の編制案は古市以下五人によって起草され、天保十五年(弘化元年、一八四四年)十一月に完成をみた。[20]そして、軍事取調掛り水野平馬および拝郷縫殿を経て、在府中の藩主水野に上申された。[21]その構想は、およそつぎの通りである。すなわち、在藩の兵力を三分して、留守居・先手・二ノ手とする。そのうち、留守居は城内の守備にあたり、先手および二ノ手が領内海岸の防衛を担当する。先手の持場は天竜川東方、二ノ手の持場は天竜川西方である。先手・二ノ手ともに本隊(先手三六九人、二ノ手三七七人)、大砲隊(各一八六人)および輜重隊(各一三七人)をもって

編制される。本隊は歩兵部隊であるが、その主力をなすのは、戦士隊、鉄砲足軽隊および長柄隊で、そのうち、鉄砲足軽隊は、その前身が弓手隊であり、長柄隊とともに、銃隊を構成する。また戦士隊は士分からなる抜刀突撃隊であるが、これに対しても、助銃を装備するように配慮されている。このように、本隊そのものが、小銃隊としての装備と機能をもつものとされているのである。

つぎに大砲隊についてみると、先手・二ノ手ともに大砲四挺、砲烙筒三挺、および助銃三十挺の装備をもつ。大砲は百目筒から三百目筒までのもので、車台付き野戦砲である。助銃は二十匁から三十匁とする。[22]右の備組案に接した水野は、そのうち、野戦砲について、すでに高島流車台付の百五十目および五百目筒が鋳造済みであることを告げて、「右ニ而割付有之候而も差支無之哉」と問い、これに対して古市らは、「百目ヨリ三百目と御座候は御在合之筒ニて相調差上候得共、御新造ニ相成上ハ高島流車台（マヽ）野戦を最も良法と仕候」と答申している。また砲烙筒についても、水野はこれを六貫目ホーイッスル筒に改めるべきであるとの意見を述べ、「西洋ニ而者、ホウイースル壱挺ニ、モルチル壱挺つゝ組合候事之由、左すれハ、一隊三挺へ相加へ、都合モルチル共六挺ニいたし可然歟、又ハ炮烙二挺モルチル二挺合て四挺宛ニて可然歟」と問うているが、古市らは砲手の不足を理由に、「御沙汰之通り、西洋之法ニ依てホウイースル弐挺、モルチル弐挺、都合一隊毎ニ四挺御備ニて可然奉存候」と答申している。[23]すなわち、これからみても、水野が、上記の「大銃ヲ以テ、彼レノ大銃ヲ防ン、ボンベンヲ以テ彼レノボンベンヲ防クベシ」という方針を貫こうとしていたことが知られよう。

なお最後に、以上の軍事改革がどの程度まで実現されたかの問題が残されているが、これについては明らかなことはわからない。水野は、周知の通り、天保十五年六月二十一日に老中に再任され、翌弘化二年二月二十二日に職を免ぜられるが、その後においても銃砲の充実につとめていることが、用人秋元宰介が江川に送った書簡からうかがわれる。(24)しかし、同年九月二日に蟄居謹慎を命ぜられて以来、この計画は放棄されたものと思われる。

以上、水野忠邦による浜松藩の軍事改革について述べた。もちろん、右の改革をもって、ただちに水野の企図した幕府の軍事改革と同一視することは軽率のそしりを免れまい。しかしながら、それは、水野が幕府の軍事改革に着手しながら、初度の老中罷免により、これが挫折の止むなきにいたった直後に計画されたものであった。このような両者の時間的先後関係に着目するならば、水野が幕府において果し得なかったところを、自藩において試みたとも想像されるのであり、その限りにおいて、これから幕府の軍事改革の規模と内容、また方針等について推測することは、かならずしも誤りではないであろう。

かかる見地にたつとき、まず帰結されるのは、幕府の軍事改革が、単に鉄砲方のそれに止まるものではなく、より大規模な、おそらくは全般に及ぶ改革であり、しかも、それは、浜松藩の場合と同様、最新の西洋銃砲を中核としたものであった、ということである。このことは、前記の海防強化令の趣旨からみても、当然うなずけるところであろう。のみならず、右の傍証の一つとして、挙げられるのは、つぎの事実である。すなわち、江川が鉄砲方兼帯を命ぜられるや、これからまもなく、砲術指南を理由として、西洋銃砲の買入れ方について、つぎのような伺書を提出している。

西洋砲并諸道具御買上御渡方申上候書付

私儀此度御鉄砲方之御用被仰付、師範之儀別而組之もの共をはしめ、門人共をも専ら教授致し、追々成熟之もの出来之上、早速御用立候様引立可申旨被仰渡候ニ付、備打西洋小筒百挺、腰差鉄砲六拾五挺、ヤーゲル筒弐拾挺、ミュスケット弐挺、右諸道具并ニドンメカラグト五挺、シュンドロス入并雨除共壱ツ、ボール壱挺、早々御買上御渡被下候様仕度、依之申上候、以上。

卯六月　　江川太郎左衛門[25]

ここにみえる備打小筒およびヤーゲル筒、ミュスケットは、いずれも燧石式小銃であり、腰差鉄砲とは短銃を意味する。[補註] しかも、これらは、総計一八七挺に上る。さらに江川は、これとともに、西洋砲の付属品買上げ方についても申請しているが、その中には、燧石数拾万と記されている。しかも、これらがすべて、翌七月に許可されているのである。[26] これをもってしても、水野が、浜松藩の場合と同様、幕軍の装備を火砲中心に切り換えようと企図していたことが窺がわれよう。

第二に、浜松藩の場合、再編された備組が「海防備組」と名づけられたごとく、もっぱら海防を目標とする軍事改革であり、その直接の任務は領内の海岸防備に置かれていた。これと同様に、幕府の軍事改革も、羽田奉行設置によってその意図が示された、江戸内海の防衛を目標としたものであった、と考えられる。もしそうであるとすれば、ここで上知令が問題とされねばならない。いま上知令の意義について立ち入って論ずることは避けるが、『徳川実紀』天保十四年九月十四日の条に、

警衛として江戸大坂城辺の私領を換へて、こと〴〵く公料となる。よて令せらるゝむねあり。[27]

とあって、これには海防が有力な動機の一つとなっていたことが知られるのである。ところで、上知の範囲とされたのは、普通江戸・大阪十里四方であるといわれるが、これを江戸湾についてみれば、相州走水および上総国富津がほぼその限界となる。しかるに、前記天保十三年の江戸湾防備改革によれば、川越藩の防備区域は相州三浦郡城ヶ島から走水猿島までで、平根山台場のみは浦賀奉行の預りとし、これに対して、忍藩の場合は、富津備場を限りとして、上総・安房の海岸の防備に当ることとされている。しかも、他方、幕府は右の改革とならんで、羽田奉行を新設しているが、この事実は、江戸内海の防衛を幕府が直轄することの意志表示にほかならない。とすれば、上知令は、走水・

富津以北の江戸内海を幕府の直轄防衛地区たらしめんとするものであったことが想像されるのである。

最後にいま一つとりあげたいのは、水野の軍事改革の性格である。浜松藩における軍事改革が、長沼流兵学者野慵斎の「先ッ兵法ヲ体ニ仕、銃砲ハ用ニ仕候」という方針に従ったことはすでに明らかにしたが、ここに水野の古さを指摘することは容易である。しかしながら、近代的な三兵戦術を最初に紹介したといわれる、鈴木春山の『兵学小識』が訳了したのは、天保十年ごろといわれるが、[28] これがひろく世に知られるのは、周知の通り、高野長英の『三兵答古知幾』(安政三年一八五六年刊)が現われて以来のことである。のみならず、二本松内膳らが「本朝之戦法備組等ニ相当候」とした高島流砲術の場合、砲兵との共同による小規模な歩兵部隊の操練を行なった程度にすぎない。[29] しかも、他方、用人秋元宰介の伝えるところによれば、水野は、牧穆中らの蘭学者に命じて、『歩騎調練之蘭書』、『船砲新篇』等を翻訳させており、[30] あるいはまた天文台訳員に命じて、オランダの政書とともに、『海上砲術書』を翻訳なさしめている事実や、[31] 後述するごとく、江川を通じて、三宅友信が所蔵するオランダの築城書を借用している事実等が伝えられている。さらに用人秋元宰介が、江川英竜の所持する『三銃用兵論』や『行軍図詳之訳書』等の兵書を借用しているが、[32] これもまた水野の意向を体したもの、と考えられる。すなわち、これらから知られる限りでは、水野はかならずしも旧兵学を墨守して、事足れりとしていたのではない。もしそうだとすれば、水野が浜松藩の軍事改革を実施するにあたって、長沼流に拠ったというのも、三兵戦術がなお未紹介に等しい状態にあった当時として、止むを得ぬ措置であった、と解すべきではなかろうか。

(1) 江川文書、「天保十四年御鉄砲方御用留」。なお先手組は本丸・西丸におかれ、本丸は弓八組、鉄砲二十組、西丸は弓二組、鉄砲四組、各組の定員は不定であるが、与力十騎、同心五十人を限度としていた(『古事類苑』官位部三、先手頭)。

(2) 「存付候義申上候」(卯六月)、『陸軍歴史』上、一〇七頁。

(3) 江川文書、高島四郎大夫書簡(写)。
(4) 同、秋元宰介書簡(写)。
(5) 秋元書簡、〔天保十四年〕二月十日付、〔天保十四年〕九月十五日付、〔弘化元年〕十二月廿九日付。
(6) 秋元書簡、〔年次不明〕十二月三十日付。これには「剣銃より玉遠丁ニ至リ候筒、いよいよ製作可然哉、十匁を長筒ニ張立仕候而も斤量相募候間、迚モ銃陣に終日相用候義参間敷、尤銃隊之軽卒老若強弱も有之義、とても二十目前後之筒、取扱訳ニハ参間敷、如何様之筒相用可然哉、御工風相願候様、越前守申付候」とあって、水野が実戦を念頭において、軽量の剣銃の使用を企画していたことが知られる。
(7) 水野家文書(都立大学付属図書館所蔵)、「鉄砲硝々車等充鉄物(中略)御入用書」(巳二月)。
(8) 野慵斎の略伝については、佐藤堅司『日本武学史』、第三十四章、を参照されたい。
(9) 水野家文書、野慵斎書簡、日付欠、熊倉万平宛。なおこの書簡には、日付が欠けているが、同じく熊倉万平あての〔天保十四年〕八月十七日付書簡と比較すると、前者に「小子義此節ハ病中ニ御坐候而」云々、後者に「病中略書乱文」云々とあるほか、内容的にみても、ほぼ同時期のものと推定される。
(10) 佐藤、前掲書、第十一章、参照。
(11) 野慵斎上書、〔天保十四年〕十二月十七日付。
(12)(13)(15) 前掲、野慵斎書簡。
(14) 前掲、野慵斎上書。
(16) 水野家文書、水野忠邦自筆書状(中冬初五)。
(17) 同、水野平馬上書、〔天保十四年〕二月十四日付。
(18) 同、野慵斎『海防策階』。
(19) 同、野慵斎上書、〔天保十五年〕七月七日付。
(20) 同、「海防御備組書」。
(21) 拝郷縫殿は天保十五年六月に、水野平馬について、軍事取調掛に任じられている(庶士譜略一)。
(22) 以上は、「海防御備組書」による。

(23)　水野家文書、海防御備組之義ニ付御尋之廉評議仕申上候書付(巳正月)。
(24)　江川文書、秋元宰介書簡、〔弘化二年〕三月廿二日付。
(25)(26)　江川文書、「天保十四年御鉄砲方御用留」。
(27)　新訂増補 国史大系、第四十九巻、五〇五頁。
(28)　佐藤、前掲書、第三十章、参照。
(29)　有馬成甫『高島秋帆』、一四九頁、一一九頁。
(30)　秋元宰介書簡、〔年次不明〕七月十一日付、〔弘化元年〕四月八日付。
(31)　『新撰洋学年表』、一二六頁、一二八頁。
(32)　秋元書簡、〔天保十五年〕十一月付。
〔補註〕　備打西洋小筒は歩兵銃、ヤーゲル筒(jogt geweer)は狙撃銃、ミュスケット(musket)は陣地用小銃で、いずれも燧石式である。なお右は有馬成甫氏の示教によった。

第三節　水野政権と「蛮社」

ここで眼を転じて、閣老水野忠邦が企図した対外施策に対し、「蛮社」社中の果した役割、ないしその影響について、検討を加えておきたい。

われわれはすでに、以上の叙述を通じて、閣老水野がアヘン戦争のもたらした国防の危機に対処するため、幕藩制本来の封建割拠的な立場を捨てて、「挙国」的な軍事力の充実を図ろうとしたこと、しかも、かれが企図した幕府ならびに浜松藩における軍事改革は、かかる線に沿うものであったとともに、それはまた、崋山の提唱した海防優先の論理をかれみずからが是認したことを意味したこと、さらにまたかれが起用した蛮社系官僚江川英竜が、いわばかれの軍事顧問として、これらの改革にあたり、とくに技術的側面において指導的役割を果していること、これらの事実を明らかにした。

しかしながら、「蛮社」、なかんずく、その指導者たる渡辺崋山の影響を最も具体的に示していると思われるのは、すでに述べた天保十三年の江戸湾防備改革である。すなわち、右の改革によれば、幕府はあらたに川越藩および忍藩に命じて、それぞれ相州および房総二ヵ国の海岸防備をなさしめ、とくに相州に関しては、城ヶ島遠見番所から走水猿島までを川越藩の持場とし、浦賀平根山台場のみを浦賀奉行の管轄下におく、これに対して、安房・上総については、これまで代官の持場とされた上総国富津・竹ヶ岡の備場のほかに、安房国洲之崎の備場を復活するとともに、さらに同国白子に遠見番所を設け、これら一切を忍藩の持場として、房総海岸一帯の防備にあたらせる、またこれとならんで、あらたに羽田奉行を設け、江戸近海の防衛を幕府が直轄するというものであり、とくに最後の点については、それが幕府の軍事改革ならびに上知令と密接な関係を有するであろうことを、前節において指摘した。

ところで、以上の改革は、羽田奉行の設置という点を除けば、おおむね文化度の改革の線に沿うたものであり、それは、さきに検討した鳥居耀蔵および江川英竜の改革案のいずれとも異なっている。ただし、われわれが検討したのは、かれらの改革案のうち、とくに「上分之見込」＝理想案として説かれたものであって、これに対して、江川は「中分之見込」として、

文化度之御振合に御復し、十万石以上大名之内心得宜敷者御撰、四万石程つゝ領地替之上、相州え壱人、房総之方へ壱人、双方共御備向都て大名持に被仰付、時々水陸之調練等仕候様罷成候はゝ、可成にも可有御座哉と奉存候。(1)

と述べている。また鳥居にあっても、「手軽(下分)之見込」として、これをとり上げ、

文化度之御振合に御復し、十万石以上ニ而関東最寄ニ相応之者無御座候得ハ、遠国領分之者ニ而も両人三万石宛領地替、諸御備場御固被仰付、旗山富津を浦賀奉行森覚蔵持ニ被仰付候得ハ、全く御膝元御固御旗本ニ而相勤、自然御警衛も備候御儀。[2]

と述べている。このように両者は、それぞれ視点を異にしながらも、一応文化度の改革への復帰を是認しているのである。したがって、右の改革は、相州および房総海岸の防備に関するかぎり、両者にとって、かならずしも意表にでるものではなかったといえよう。のみならず、かれらが、見分復命書の中で、江戸内海の防備に関して何ら言及していないのは、その任務が相房総豆四ヵ国の海岸調査におかれていたことを想起すれば、容易に諒解できるであろう。

しかしながら、問題はまさにこの点にかかっている。すなわち、幕府が相房総の海岸防備を川越および忍藩に委ねるとともに、とくに内海防衛のため、羽田奉行を新設し、さらにこれに伴い、軍事改革を急速に実施せんとしたのは、前記両藩による防衛をもってしても、内海への異国船の侵入を阻止し得ない、という深刻な現状認識を前提としての措置であった、とみなければならない。しかるに、鳥居にあっては、上記の「手軽之見込」をもってしても、「若異国船数ヶ所の御備を乗抜颯入候共、富津旗山二ヶ所御固之者死力を以防戦仕、外御備場ヨリも砲船を以追駈、前後左右より烈敷打払候得は、迚も江戸海え乗入候儀相成間敷」と、容易に異国船を阻止し得るという、きわめて安易な見通しを述べている。[3] 他方、江川はこれについてとくに言及していないが、崋山の『諸国建地草図』には、鳥居とは逆に、きわめて悲観的な見通しが示されている。[4] すなわち、崋山は、前章において紹介した諸侯の江戸湾配置というかれの構想をもってしても、彼我の軍事力の懸絶した相違によって、江戸湾の関門たる大房(武)崎(安房国)・剣崎(相模国)の防禦線を維持することが、不可能であるとした(図1、2参照)。

大房・剣崎之防禦、実ニ其控扼ヲ得カタシ。如何トナレハ、異船之堅固壮大之モノヲ防クニ、両岸四里半モ相隔ル故ニ、船ナラテハ防カタシ。然ル上ハ、如何ニ大船ヲ製造致タリトモ、本邦之製ノ如キニテハ、一発微塵ニ相成候事必定ナリ。又小船ニテハ猶更ニ御座候。其上闇夜ニテモ逆風ニテモ烈風ニテモ進退自在之船ナルニ、若逆風大風ノ時ハ更ニ乗出スヿモ叶フマジ。

そこで崋山は、その対策として、相模国浦賀、およびその対岸の上総国竹ヶ岡以下の江戸内海に、幕兵を配置して、防禦にあたらせるという構想をえがいて、つぎのように要点を記している。

竹ヶ岡ニて富津ヲ持　一屯戍
浦賀　一屯戍
　これヨリ親兵ニ入ル

親兵の筋
江戸入海場相応之場所　御役所
奉行　炮術方師範仕候モノ
江戸町ハツレ沿海之地ニ　組屋敷弐ケ所
番頭引移、平生ハ御番方平之通心得、番頭ハ兵学武芸ヲ以御取用イ。
○或ハ佃島モ考ヘシ。□御舟手も考ヘシ。

陣地町ハツレ　組屋敷弐ケ所
右御馬屋之通、又火消役之通可心得候。

われわれはさきに、水野の企図した浜松藩の軍事改革から推して、幕府のそれが、羽田奉行の新設に伴う江戸内海の防衛を目標とするものであり、かつまたこれが上知令と関係づけられるとすれば、その防備区域が走水・富津を限りとする江戸内海である、と推定した。しかるに、上掲の崋山の構想は、浦賀および富津の南方、竹ヶ岡以北の内海防備を幕府の直轄とし、江戸近郊の要地に奉行を新設することを提案しており、これと前者とを比較すると、走水・富津に対する浦賀・竹ヶ岡のごとき、多少の相違はあるものの、両者は基本的に一致していることが知られる。

もちろん、『諸国建地草図』そのものは、崋山が江川のために執筆した非公開の草稿にすぎないのであり、その上、これに拠った江川の復命書には、右の構想についてすこしも触れていないのであるから、これだけで両者の関係を速断するのは危険であろう。しかしながら、これについては、つぎの事実に注意すべきである。

水野が幕政改革にあたり、守旧派の鳥居耀蔵を町奉行に起用して、その爪牙としたことは、周知の事実に属する。しかしながら、他方、天保十二年七月、水戸藩士藤田東湖が藩主徳川斉昭に送った書状によれば、当時幕府内部において、水野の改革を積極的に支持したものとして、羽倉用九・川路聖謨・岡本忠次郎・江川英竜ら勘定所系官僚の名が挙げられている。すなわち、かれらは斉昭の水野排斥運動を阻止しようとして、

何を申すも浜松抔の人材当時は無之、同人はあらごなしは得手に御座候間、両三年之所は存分為働、其上にて大害を振候はゞ、たとひ水戸様御建議無御座候迚も、有志之者一同建白も可仕、何卒今之内は助け置度。

と、内々で東湖に働きかけたというのである(5)。ところで、かれらのうち、江川はもとより、羽倉といい、川路といい、いずれも崋山と親交を結んだ「蛮社」社中にほかならなかった。しかも、水野が幕政改革を実施するにあたって、羽倉は勘定吟味役に抜擢され、また江川は鉄砲方を兼帯し、川路は小普請奉行として、これに協力している。とくに羽倉は上知令の推進者の一人と伝えられ(6)、また江川の場合、すでに明らかにしたように、かれは水野の信任がとくに厚く、幕府ならびに浜松藩の軍事改革に関与し、そこで指導的な役割を演じているのである。これらの点からみて、水野の江戸内海防衛計画が、『諸国建地草図』における崋山の構想ときわめて近似している事実をもって、単なる偶然にすぎない、とみなすことができないように思われる。

さらにいま一つ、水野の印旛沼開鑿事業をとり上げてみよう。周知の通り、印旛沼開鑿は、八代将軍吉宗の享保九年(一七二四年)に着手したのが最初であり、それは、下総国平戸から江戸湾の検見川まで、全長四里十二町余を開鑿し、よって水害の防止と新田の開発を図らんとするものであった。その後田沼時代にいたり、天明三年(一七八三年)以来、ほぼ三ヵ年にわたってこれを行なったが、天明六年八月、田沼の失脚とともに中止された。しかるに、水野は天保十二年(一八四一年)三月にこの計画の復興を図り、天保十四年六月、鳥取藩、庄内藩等五諸侯に課役して、これをふたたび実施に移した。(7)

ところで、水野の計画は、享保時代や田沼時代のそれのごとく、単に経済政策の一環として、立案されたものではない。すでに明らかにしたごとく、天保九年、モリソン号渡来の風説が伝えられるや、八王子同心組頭松本斗機蔵が上書して、異国船による江戸湾封鎖の危険を指摘し、また小笠原貢蔵の手控えによれば、崋山がその同志に対し、「剰蛮船交易之義に付ては、浦賀洋中にて江戸廻船に妨なさは、自ら江戸中困窮して交易の道も開け可申」と度々語ったと記されている。しかも、他方、幕閣において、水野もまたこの問題を重視していたのであって、英人の無人島占拠の噂を知るや、羽倉用九に同島の実状調査を命じ、あるいはまた、鳥居・江川の両者に命じて、江戸湾備場を見分させ、同湾の防備体制の改革を図ったのも、これとは無関係でなかった、と信ぜられる。ところで、ここで注意すべきは、佐藤信淵の『内洋経緯記』(天保四年一八三三年稿)の所論である。すなわち、信淵はこの中で、印旛沼の開鑿と海防問題とを結びつけて、つぎのように論じている。

偖又下総は元来凹陥りの地多く、水利宜しからざる国にして、大なる泥沼数ヶ所に在るが故に、年々水災に困める村落少からず、然るに其近傍の河川を深くして満水を落すが故に、其沼は皆自ら乾きて肥良なる土地となり、下総一国のみにても凡十万石有余の新田起るべきのみならず、全州の人民水損の患難を免るべし、又其中に於て最大なるものは印旛沼なり、爰をば同国の西浜なる検見川村の辺より漸々掘上りて彼沼に至るにあらざれば成就し難し、且此沼より利根川に通ずる所をも広げて、其幅三十間以上なる一条の大河となし、内洋より直に東海に水路を通ぜしめ、以て奥羽及び諸州より廻船運送の便利を専主と為し、国家和平なる時は能く海舶風波の患難を保護し、不虞なる時は軍用及び都下人民の穀米に欠乏なからしむべし。(8)（傍点、筆者）

もっとも、水野が同書を通じて、信淵のかかる見解の影響を直接受けたかどうかは、明らかではない。しかし、江戸湾封鎖の危険性については、崋山が幕吏の尋問に答えて、「江戸廻船等之事ハ古人モ論有之事ニテ候」(9)と述べているように、以前から識者の間で論ぜられていた問題であった。なお信淵もまた、同書の中で、封鎖のもたらす結果について「（前略）都下の人民此の如く莫大なる故に、今や関東諸州より出る所の米穀を以て都下の人民半年の食料に充るに足らず、塩も亦然り、是故に若し海上に事ありて、西国及び奥州等より米穀及び塩を船運せざればたらず、若し船運一年も滞る時は、人民忽ち鼎沸譟擾して、如何様なる大変を生ぜんも量るべからず」(10)と指摘している。しかも、信淵が崋山や江川と知己であったことからして、異国船による江戸湾封鎖の対策として、印旛沼の開鑿が、崋山およびその同志の間で論議されたであろうことは、当然考えられるところである。このようにみるならば、江戸湾封鎖問題に深い関心を有していたと信ぜられる水野が、その対策として、信淵によって提示され、あるいはまた崋山らの間で論議された印旛沼の開鑿をとり上げ、これを有司に審議させるとともに、ついで英艦隊の日本渡来の秘密情報が伝えられるや、これに対する対策の一環として、前記の江戸湾防備体制の改革とともに、印旛沼開鑿事業を実施に移したと解することは、あながち無理な推測ではあるまい。(11)

なおこのほかにも、水野と崋山ら「蛮社」との関係を示す事例がすくなからず存在する。つぎにこれを二、三例示して、参考に供したいと思う。

三河国田原藩は、崋山が軍事改革の基礎をきずいて以来、村上定平や鈴木春山らにより、西洋砲術ならびに兵学の研究が著しくすすんだ。のみならず、同藩は、他藩に先んじて、いち早く軍事改革を実施している。ところで、浜松藩における水野の軍事顧問野慵斎が、側近の熊倉万平を通じて、水野に軍事改革の実施をうながした際、その書簡の中で、田原藩を例に挙げて、つぎのように論じている。

田原之三宅侯ニ而ハ、長沼流兵学之意ニ而御軍法御坐候而、蘭伝之銃砲組入操練御座候趣ニ風聞モ御座候、(中略)三宅侯之兵学ハ村上貞(定)平ト申候者ニ而清水俊蔵門人ニ御坐候、兵学ハ格別之者ニ無御坐候、高島流銃砲ハ出来候由ニ御坐候、彼如何程之事ニ可有御坐候、程之知候者ニ御坐候得共、只々御主君之御用ニ有之、御藩中一統ト和合仕候故ニ、操練モ可成御出来候事ト奉存候。[12]

しかも、すでに明らかにしたように、天保十五年一月にはじまる浜松藩の軍事改革は、田原藩のそれと同様、長沼流兵学を骨子とし、これに高島流の砲術ならびに操練法をとり入れたものであった。

さらにまた、いま一つ注目されるのは、鈴木春山が村上定平にあてた天保十三年、または十四年のものと推定される、つぎの書簡である。

(前略)然者韮山江川県令急信にて被申越候、当御家城砦扞禦等之御書有之由、拝借仕度候、尤方今為天下国家御座候間、何卒御勉力所レ希也と申口上に御座候、右書は先年御購求相成候フルステケンキユンデ之事に御座候、之は此度武江近海禦戎に付、其実は征夷府よりの密旨と奉伺察候、日本百世之計御座候故、右書は一度韮山君へ御貸之程可然御周旋奉頼候、勿論右様国利之書、今夏之和蘭船に申遣候旨、西下に於て話も有之候得共、方今辺警難計時節、何分来年迄は捨置兼候気味と推量仕候、是事為同憂人可言、足下独御対任可被下候、謹言。

四月二十四日

春　山
定平賢兄
巣君へ別段陋書不奉呈候、万事宜敷御取計奉希候、以上。[13]

ここに「征夷府よりの密旨」とあるのは、江川との関係から推して、水野のそれを意味するものと思われ、また「西下」云々も同様に、水野を指すものと推定される。[14] なお追て書に「巣君」とみえているのは、巣鴨別邸に住む三宅友信のことである。したがって、この書信は、江川が水野の密命により、江戸湾防備のために、三宅友信所蔵の蘭書『フルステケンキュンデ』(versterkingskunde、築城学書)の借用を鈴木春山を通じて、申し入れたことを示すものである。すなわち、これによれば、水野が三宅友信所蔵の蘭書に注目していたことがわかる。しかも、いうまでもないことながら、友信が蘭書の購入につとめたのは、崋山の勧めによるものであった。[15]

つぎに内政的側面についてみれば、水野は閣老再任後、弘化元年(一八四四年)の暮に、用人秋元宰介を通じて佐藤信淵に経済策について下問し、これに応えて信淵が、『復古法概言』を著わした、という事実が伝えられている。[16] 信淵は、崋山のみならず江川とも交渉をもち、また鳥居耀蔵が、小笠原貢蔵に命じて崋山らの身辺を探索させた際、かれの名をも挙げている(既述)。なおまた、崋山が田原藩に招聘して、殖産興業技術の移植にあたらせた農学者大蔵永常は、崋山が蟄居を命ぜられるとともに同藩を辞したが、その後まもなく浜松藩に招聘されている。[17] これらの事実からみて、閣老水野が、崋山およびその同志と、基本的に、志向を共にしていたことは、疑う余地がないように思われる。

(1)　海舟全集、第六巻、三七八頁。
(2)(3)　江川文書、鳥居耀蔵「海防見込書」。
(4)　拙稿「渡辺崋山『諸国建地草図』について」(東北大教養部文科紀要、三)参照。
(5)　東湖全集(旧版)、七五五頁。

（6）徳富猪一郎『近世日本国民史』、天保改革篇、三六六頁。
（7）織田完之『印旛沼経緯記』外篇、八頁、一〇七―九頁、一二九―六七頁。
（8）佐藤信淵家学全集、中巻、六五〇―五一頁。
（9）『文明東漸史』、外篇、三二七頁。
（10）佐藤信淵家学全集、中巻、六四六頁。
（11）なお工藤武重博士も、水野の印旛沼開鑿事業をもって、「越州亦印旛沼開鑿に意あり、而して、其趣意とする所、敢て独り民政に考ふるのみにあらず、亦深く外寇に慮る所あり」として、これを内政のみならず、国防的視点からも論じている（工藤『水野越前』一〇八頁）。
（12）水野家文書、野慵斎書簡、熊倉万平あて、日付欠。
（13）崋山全集、五六一頁。
（14）本篇、第二章、第三節、註（4）、参照。天保十四年の武鑑によれば、西丸下に役屋敷をもつ老中は、水野のほか土井利位があるが、土井が江川とつながりを有していたことを示す史料がないので、右の書簡にみえる「西下」は、当然水野を指すものと解せられる。
（15）三宅友信「崋山先生略伝」、崋山全集、三二〇頁。
（16）北島正元「幕末における徳川幕府の産業統制」人文学報、十七。
（17）早川孝太郎『大蔵永常』、二一八頁以下。

第四節　守旧派の反改革運動

ところで、以上のような西洋砲術の採用から鉄砲方の改革にいたるまでの水野、ないしかれを首班とする幕府の海防施策は、なんらの反対をもみずして、スムースに遂行されたのではない。なかでも、これに対して、頑強な抵抗を試みたのは、崋山らを陥れた守旧派官僚鳥居耀蔵らの一派であった。

すでに指摘したごとく、鳥居ら守旧派官僚の立場を明示しているのは、さきに高島四郎大夫が西洋砲術について建議した際、鳥居が幕府の諮問に対し、目付一同を代表して行なった答申である。すなわち、鳥居は、その中で、清国の敗北が火器の優劣にのみ帰し難いとして、その採用に反対したのち、あらためて、これを内政的見地からとり上げ、「乍去火砲は元来蛮国伝来之器に候得は、追々発明之術有之哉も難斗候に付、万一諸家々来えのみ伝法相成候様にても、如何御座候」と、諸侯が幕府に先んじて、西洋砲術を採用することをおそれて、見分の上で、採否を決定すべし、と結論づけた。(1)これから知られるように、鳥居にあっては、海防の危機に直面しながら、なおかつ、諸侯割拠を前提とする幕藩的秩序の維持が、何よりもまず問題とされたのである。

しかるに、閣老水野忠邦の場合は、そうではなかった。水野は、アヘン戦争における清国の敗北という事実に、従来の割拠的体制をもってしては対処できない海防の危機を認めたのである。すなわち、前記のごとく、かれが唐船の報告によって、清国の敗北を知った直後、「違国之義に候得共、則自国之戒に可相成事と存候。浦賀防禦之建議未定、不束之事ともに候」と、腹心の川路聖謨に内面の苦悩を漏らしているのは、このことを明白に物語っている。その限りにおいて、かれが高島を江戸に招き、西洋砲術の演練をなさしめたのは、鳥居とはまったく異なる見地からであった、とみなければならぬ。なるほど、その後水野を首班とする幕府が、西洋砲術を採用するにあたって、「御直参之内執心之者壱人」に限り、これを伝授せしめることとし、「右之外諸家え相伝候儀は仕間敷候」とした。しかしながら、前述のごとく、水野は高島が上府するや、腹心の秋元宰介を入門させたのをはじめ、その後も引き続き自藩のために、西洋砲術の摂取を試みている以上、これをもって、水野が鳥居ら守旧派官僚に同調した、とみることができない。すなわち、この時点にあっては、なお水野が鳥居ら守旧派勢力の反対をおし切って、本格的な西洋砲術の採用と、これによる軍事改革を断行するだけの条件が整わず、ためにかれらとの妥協を余儀なくされたもの、と解すべきであろう。それゆえ、天保十三年にいたり、海防の指針がほぼ確立した六月には、「御直参は勿論諸家執心之者えは勝手次第伝授可仕」として、西洋砲術を諸家に開放し、ついでイギリス艦隊の渡来が報ぜられるや、これを契機として、「挙国」的海防体制への方向を明確に打ち出したのである。しかも、それは、かつて鳥居が隠謀をもって陥れた崋山ら「蛮社」と、同一の立場に立つことを意味していた。

いうまでもなく、このような水野政権の海防施策は、鳥居ら守旧派の意向とまったく相容れぬものであった。そこで鳥居が、これを阻止せんとして、まず画策したのは、ほかならぬ高島四郎大夫の弾圧であった。すなわち、鳥居は、天保十三年のはじめ、元長崎会所下役人で、当時江戸に出奔中の本庄茂平次(辰輔)を自己の家臣に任用し、かれおよびその女婿峯村幸輔、ならびに元唐通詞河間八平次(八兵衛)の三人から、ひそかに高島の行状について聴取するとともに、新任の長崎奉行伊沢美作守(政義)と語らって、高島の逮捕をはかり、かつまた、かれがかねがね疑いをいだいていたアヘン戦争の実情について、伊沢に調査を依頼した。(2)

当時幕府は、長崎奉行所の改革を図り、あらたに組与力七騎、同心十五人を長崎奉行の手附として、公事吟味その他の事務を管掌せしめることとした。(3) 鳥居はこれを好機として、伊沢と図って、腹心の小笠原貢蔵および花井虎一らを組与力に任用させ、かれに随行させた。(4)

伊沢ら一行が江戸を発って、長崎に着いたのは、九月五日のことである。伊沢は鳥居の依頼に従って、ただちにアヘン戦争の実情を調査するとともに、高島の身辺を探索して、九月二十九日に唐通詞神代徳次郎を、ついで十月二日に高島を、抜荷その他の嫌疑で逮捕した。そして、十月六日に鳥居に書簡を送り、アヘン戦争の実情について、

広東争戦次第ニエゲレス之方勢猛烈ニは相違無之様子、尤日本えも押寄候哉否之儀、蘭人申候儀ハ何らも真偽難

相分、彼国と蘭人らは兼々相通居候事は相違も有之間敷、さすれは彼等之全威を示さんか為の対策ニも可有之哉。

と、イギリス側の優勢を認めながらも、イギリス艦隊が勢に乗じて、日本にせまるという蘭人側の報道をもって、かれらと英人との共謀によるものかと疑い、「紅毛人之情態初而目撃仕候処、実に可悪様子ニ御座候」と、蘭人について露骨な憎悪の念をこめて語っている。[5] ついで伊沢は、十月十六日付の第二信において、この年唐船の入港が杜絶したため、長崎市民が困窮していることを告げて、

唐船近来不進之儀ハ、全く争戦一条ニは有之間敷、実ニ皆当方之悪計ニ而、唐国ニ而モ参り候而も、損失多く引合兼候故何となく不進に相成候哉ニ相聞、当節四郎大夫、徳次郎儀召捕ニ相成候事、在留唐人共承知仕、雀躍仕候而、日本追々晴天ニ相成、商法も明らかに相成、通商向後無差支相成可申と歓喜仕候由、皆々四郎大夫、徳次郎共、外同類のもの呑食被致候故ニ御座候。

と、その理由は、高島および神代徳次郎が唐船に対し、莫大な世話料を要求したためであるとして、罪をことごとく高島らに帰して、アヘン戦争の影響を全く無視している。のみならず、十一月十五日付の第三信において、伊沢は、

広東騒乱一条ハ得と探索可仕旨、先便も被仰下種々相探候得共、当表ニ而も紛々トシテ不取留諸説而已、一体四郎大夫儀蘭気之僻スル処より追々申触、今ニも日本え責入候抔と嘘説申触候哉ニ無相違相聞候、蘭人は思壷と而我国之人気動揺致させ候工夫而已仕居候事ゆへ、四郎大夫え付候而嘘談も可申、且当年入津之カヒタンより申出候漂流人寿三郎外壱人、ヱケレスより書面差越候次第ハ全嘘説とも可有之、四郎大夫之手談に可有之。

と、アヘン戦争が誇大に報道されているのは、蘭人がわが人心を動揺させんとする謀略によるものであり、しかも、高島が、「蘭気之僻スル処」から蘭人の嘘説を信じ、これをいい触らしたためであるとし、さらに漂流人寿三郎らが、この年、オランダ船に託した書簡をも、高島の捏造に帰している。しかも、他方、かれは、右の書簡の中で、当年入

港の蘭船が唐砂糖を輸入していること、また唐向けの煎海鼠を積荷していることを挙げて、「是又唐国騒乱甚敷無之証とスルノ一ツニ御座候」と、アヘン戦争が巷間に伝えられるがごとき、大乱ではないことを強調している。

おもうに、伊沢が右のごとく、アヘン戦争に関するオランダ側の報道をすべて虚説とみなし、この戦争をことさら過小に評価したのは、かれがもっぱら唐人を通じて情報を集め、これに信を置いたからにほかならない。しかも、このことは、鳥居の場合も同様であった。すなわち、伊沢は長崎在留の唐人周藹亭をとくに信頼し、鳥居にあてて、

周藹　儀老年之上多病ニ相成候得共、随分相分り候ものニ而、此度之改革難有由申出、何れ唐船入津之上ハ、船数追々相増、唐商も復古可仕旨申居候。[6]

と報じているが、周藹亭は、天保十一年七月以来、唐風説書の執筆に関与し、これにその名を連ねているから、鳥居にとっても馴染みの人物であった。したがって、これによれば、鳥居がオランダ側の情報を疑惑視して、伊沢にアヘン戦争の実情について調査を依頼したのは、唐風説書を信頼したためであったということが、当然想像されよう。

それゆえにまた、かかる立場にたつかれらにとって、オランダ側の情報を信じて、アヘン戦争をもって、わが国防の危機とみなし、西洋砲術の大規模な採用により、幕藩制本来の理念とは相容れぬ「挙国」的な海防力の充実を図らんとした閣老水野こそ、高島と同様、「蘭気之僻スル処」にほかならなかった。それゆえ、伊沢は鳥居にあてて、「乍去兎角格老はしめ、追々剣付筒御入用被遣候、これは小子ニ於歎泣仕候」と、かかる政策を非難し、結論として、「長崎丈ケノ蘭気ハ次第ニ圧倒仕候、何卒都下蘭気ハ公御圧も可被下候」と、鳥居に対し、江戸における蘭学者とその同調者の徹底的な弾圧を説いているのである。[7]

それならば高島四郎大夫の弾圧は、水野政権の施策にどのような影響を及ぼしたであろうか。高島逮捕の報が代官江川英竜の江戸役所に伝えられたのは、十月二十七日のことであった。当時江川は在国中のため、江戸役所から急使

をもってこれを報じ、砲術稽古を一時中止するや否やについて、指令をあおいだ。(8)これに対して江川は、さらに真相の調査を命ずるとともに、(9)さきに買入れを許可された高島流備打小筒二十四挺その他を長崎から輸送することに、支障が生ずることをおそれて、勘定所にあてて引渡し方の促進を願い出た。(10)しかるに、十一月十一日にいたり、

燧石切方幷異国筒取寄方之儀ニ付、伺書差出有之候処、右者奉行衆御含之儀も御座候間、右取寄方之儀ニ付、高島四郎大夫え懸合は見合候様可仕。

という指令が、勘定所から伝えられた。(11)これによって、江川のみならず、勘定所がいかに動揺したかをみるべきである。

しかし、それにもかかわらず、高島の逮捕は、一見、水野の施策そのものにはほとんど影響を及ぼすことがなかったようにみえる。すなわち、備打小筒の引取り方は、その後、天保十四年の春に完了しており、(12)また砲術稽古についても、これを中止することがなかった。のみならず、入門者が相変らず絶えなかったため、江川は「(高島流砲術)稽古ニ罷出候ものも多分に相成、流儀相開ヶ御為ニも可相成」という理由で、下曾根金三郎にも高島流砲術指南を許可されたき旨を願い出、(13)これとともに、秋元宰介を通じて、水野の内意を問うた。しかるに、秋元は江川に書簡を送り、「兼而申上候下曾根様一件之義、尚又越前守へも申聞候処、左様六ヶ敷事ハ有之間敷、是よりいかにも可申聞間、近々相分り候義と奉存候」と答えている。(14)しかも、下曾根の指南の件は、これから間もなく許可されているから、それが水野の意向によったものであることは、ほぼ疑いない。すなわち、これらによれば、水野が、高島逮捕ののちといえども、西洋砲術摂取の方針を堅持していたことがわかる。のみならず、すでに明らかにしたように、その後水野は江川を起用して、鉄砲方兼帯とし、鉄砲方の改革を通じて、本格的な西洋砲術の摂取を試みているのである。

これに対して、鳥居が水野のかかる政策を阻止せんがために、どのような策謀をつづけたかについては、遺憾なが

ら、いまのところこれを明らかにすることができない。のみならず、他方、内政改革に関する限り、かれは水野の忠実な走狗となって、これに協力したといわれている。しかしながら、水野が上知問題で失脚した際、はじめ水野に加担しながら、最後にかれを裏切って失脚させたのは、鳥居であった。(15) しかも、次節で述べるように、水野が失脚したのち、かれが企図した軍事改革が中止されたのをはじめ、対外政策が著しく反動化するのであり、この事実は、海防問題をめぐる幕府官僚間の抗争が、究極において、鳥居によって代表される守旧的勢力の勝利に帰したことを明白にもの語っている。(16)

(1) 海舟全集、第六巻、『陸軍歴史』上、三—四頁。前章、第四節、参照。

(2) 有馬成甫『高島秋帆』。同氏所蔵、『長崎一件』、三、伊沢美作守書類。なお有馬氏は『高島秋帆』の中で、本庄茂平次らの密訴に接した鳥居耀蔵が、これを閣老水野に告発したと述べておられるが、これが福地源一郎の同名書に拠ったものであることを、有馬氏より直接御教示を得た。しかし、福地の右の説は典拠が明らかではない。のみならず、高島の逮捕について、水野の腹心秋元宰介や江川英竜が、事後にこれを知ったことは、秋元書簡や江川家の「高島流砲術御用留」から推測されるのであり、これからみて、福地のいうような事実があったとは信じられない。よって私は本文のごとく解すべきものと思う。

(3) 『蠹余一得』、二集、巻四、崎陽改革。

(4) 有馬氏所蔵、『長崎一件』(勝海舟旧蔵)、三、伊沢美作守書類。同書は、弘化二年、高島事件について、再調査が行われたさいの一件書類の写しである。以下本節引用の伊沢書簡は、すべてこれに拠る。

(5) 前掲、伊沢書簡、第一信、天保十三年十月六日付。

(6)(7) 伊沢書簡、第三信、十一月十五日付。

(8) 江川文書、「天保十三年江戸内状綴」、江戸役所手代山田文蔵書状、十月二十七日付。

(9) 同、山田文蔵書状、十一月五日付。

(10) 「高島流砲術御用留」、高島流備打小筒取寄方長崎奉行え差図之義奉願候書付(寅十一月)。

(11) 同、御殿勘定組頭中島平四郎・小田又蔵宛江川英竜書状。

(12)　同、勘定所宛江川英竜請書(卯四月)。
(13)　同、高島流砲術稽古之儀ニ付奉願候書付(寅十二月)。
(14)　江川文書、秋元宰介書簡、(天保十四年)正月二十三日。
(15)　徳富蘇峰『近世国民史』、天保改革篇、三九二―三頁。
(16)　鳥居が水野の内政改革にくみしながら、海防施策に反対している事実は、一見奇異な印象を与えるかも知れない。しかし、内政改革そのものが、海防のための諸改革に比して、反動的性格の色濃いものであった点に着目するならば、この疑念は解消するはずである。なおまた鳥居が、海防的意義をもつはずの上知令を支持している点についても、同令の公式の布告には、「御料之内薄地多く、御収納免合相劣」云々と、もっぱら財政上の理由を挙げて「江戸大坂最寄為御取締上知被仰付候」とあるのであり、海防については何ら言及していない。しかも、同令が結果として、幕府権力の集中強化をもたらす以上、鳥居がこれを支持したのは、当然といえるであろう。ただし、以上は一応の解釈であって、右の疑念を解くためには、水野政権の権力構成について、改めて省察する必要があるように思う。

第五節　水野忠邦失脚後における海防施策の推移

最後に閣老水野が天保十四年閏九月十三日に、上知問題で退任を余儀なくされたのち、幕府の海防施策がどのように変化したかを概観しておきたい。

まず水野がその海防施策の中で、最も力を注いだ江戸湾防備計画についていえば、それは著しく縮小を見るにいたっている。すなわち、幕府は弘化元年(天保十五年)五月に、水野の復活した下田奉行を廃止したのをはじめ、同じく五月に羽田奉行を廃し(1)、また水野のかねての懸案であった伊豆大島の防備計画も、かれの失脚とともに中止となった(2)。つぎにこれとならんで、鉄砲方の改革も中止され、旧状に復することとなった。すなわち、水野の辞職した直後の天保十四年閏九月二十一日に、幕府は鉄砲方の井上左大夫・田付四郎兵衛および江川英竜に命を下して、先手組与力・同心の定員を定めて、その剰員をもって鉄砲方の増員を図るという、さきの水野の計画を撤回した。(3) ついで十月には、江川の預組与力十五騎、および同心五十人を与力五騎、同心二十五人に減じ、また井上および田付に対しても、さきの増員を取り消し与力十騎同心五十人あてとした。(4) のみならず、その後弘化元年十月二十六日にいたり、江川に出府を命じ、かれの鉄砲方兼帯を解いた。なおこれを申し渡したのが、同年六月に老中に復した水野忠邦であったことはいかにも皮肉であるが、この事実は再任後の水野の施政一般を考える上で注目に値しよう。(5)

このようにして、江川の鉄砲方を解任した幕府は、軍事改革の企図を放棄したばかりでなく、同時に、西洋砲術の摂取についても、著しく消極的な態度を示すにいたっている。このことはその後における江川英竜の処遇から、容易に察することができる。

幕府は江川の鉄砲方解任後といえども、西洋砲術の指南および銃砲の鋳造について、何らの制限をも加えなかった。したがって、その後もひきつづき江川は砲術指南を行ない、かつまた、諸家の依頼に応じて銃砲の鋳造をも行なっている。いま弘化元年から嘉永六年六月、すなわち、ペリー来航までの間に、諸家から依頼を受けた大筒の数を挙げれば、およそ二十七挺である。(6) これに対して、幕府自身も銃砲の鋳造についてかならずしも無関心であったのではない。『通航一覧』続輯に記されたところによれば、弘化元年三月二十一日に伊豆国下田備場の大筒鋳造につき、鉄砲方井上左大夫・田付主計に賞賜を下しているのをはじめ、同三年三月および翌四年三月には大筒新規鋳立につき、同じく両者に賞賜を下す等のことあり、さらに嘉永三年には、麻布三軒の井上の組屋敷および牛込の宗参寺の境内に、大筒鋳造場を新規に設け、井上および田付の指導の下に、大筒の鋳造をなさしめた。嘉永三年十二月より同六年四月の間に、同所において鋳造された大筒の数は、井上流、田付流ともに二十七挺の多数に上っている。(7) なお田付流大筒の中に、モルチール筒三挺、ホーイッスル筒四挺が含まれているのは、鉄砲方ないし幕府がもはや新式の火砲に無関心であり得なかったことを示している。それにもかかわらず、幕府はこの間、江川に大筒鋳造のことを命じていないのであり、ここに幕府の西洋砲術に対する消極的な態度と、その採用の限界が見出される。

なおこれに関連して、いま一つ、つぎのことをも挙げておこう。幕府が高島四郎大夫から買い上げたホーイッスル筒・モルチール筒および野戦砲を、はじめ鉄砲方の井上・田付らに預けながら、江川の願い出により、五カ年の期限をもって、かれに拝借を許可したことは、さきに述べた。しかるに、その年限の達した弘化三年三月にいたり、井上・田付に命じて鎌倉町打場で町打をなさしめたのを機会に、ホーイッスルおよびモルチールを井上らに引き渡すよう命じた。(8) そのため、いったん引き渡しに応じた江川は、さらに「前書御筒銘々流儀之御筒にも無之、於私方ハ流法之御筒ニも御座候間、常に稽古も仕度」との理由で、改めて五カ年間の拝借延期を願い出た。(9) しかるに、翌年三月にいたり、「異国製野戦筒之儀は当年より五ヶ年之間拝借被仰付、其外御筒拝借之儀は難被及御沙汰」との通達が勘定所から下された。(10) 前記のように、田付方でモルチールおよびホーイッスルを鋳造しているのは、右の大筒を模したものと想像される。それはともかくとして、水野の失脚後、江川がきわめて不遇であったことは、これからも窺うことができよう。

いうまでもなく、アヘン戦争の終結以来、国際的危機がかならずしも消滅ないし緩和されたのではなかった。すでに水野が再度の老中を辞任した直後、すなわち、弘化二年三月に、アメリカ捕鯨船マンハタン号が、漂流民送還を口実に、浦賀に渡来し、翌年には、アメリカ特派使節ビッドルが軍艦二隻を伴って、同じく浦賀に渡来。また同じころ、英・仏両国が琉球に開港を強要する、という事件がおこっている。それにもかかわらず、阿部正弘を首班とする幕閣は、積極的な外交転換を試みようとはしていない。のみならず、このころにはその対策として、打払令を復活せんとする反動的な気運が有司間に生じ、そのため、これにおされた幕府は、嘉永二年十二月にいたり、布告を発して「(異国船)近来漂流にも無之度々渡来、(中略)追々横行之振舞相長し候を、其儘被差置候ては御国威にも拘り不容易事に付、此節にも厳重之御取計方可被仰付哉に候得共、右様被仰出候上は、何方にて何様之儀出来可致哉難計候に付ては、前以防禦手当実用之処厚可被申付候」と、天保十三年の緩和令を修正する意志あることを告げるにいたっている。(11) これはいうまでもなく、かつての水野政権下における海外認識と、これに伴う深刻な危機意識が、いかに後退したかをもの語るものである。なおまた、このことは、翌三年、江戸湾防備施設の見分に赴いた勘定奉行石河土佐守(政平)、西丸留守居筒井紀伊守(政憲)らの復命書によっても、明白である。すなわち、石河らはその中で、相州浦賀およびその対岸の上総富津の備場のうち、とくに前者に台場を増設強化することによって「一二艘の異船渡来候共、容易に内海え為乗入候様之義は仕間敷」とし、また「若万々一多勢数艘にて渡来も致し候節は、(中略)其沙汰次第、近海人数出之面々は勿論御府内群参之大小名を始、闔国一定之衆心を以、御警衛被立候義に付、台場ヶ所等之義は、其変に応じ、土俵を以間配り、如何様厳重之御守衛にても速に相整、御間に合兼候と申義は有御座間敷哉」と、万一浦賀・富津の防禦線が突破されても、内海防禦は現状をもって充分である、と答申している。(12) かかる楽観的な観測を、大規模な軍事改革と内海周辺地区の上知をもって、防禦の強化を図ろうとした、水野政権下におけるそれと較べるならば、驚くべき退嬰振りだといわねばならぬ。してみれば、水野忠邦の退任後、幕府が西洋砲術の採用に消極的態度を示し、これに伴い、江川が不遇をかこたなければならなかった理由が、かかる幕府内部の反動的傾向にあったことは明らかである。

それならば、幕府がふたたび西洋砲術の積極的な移植を試みるようになるのは何時か。いうまでもなく、それは嘉永六年六月、米国使節ペリーの浦賀来航により、海防体制の根本的な変革を余儀なくされて以来のことである。すなわち、幕府はペリー来航の直後、六月十九日にいたり、江川英竜を勘定吟味役格に取りたて、ついで七月二十三日に勘定奉行松平河内守(近直)、同川路左衛門尉(聖謨)、勘定吟味役竹内清太郎(保徳)らとともに、内海警衛のため台場普請ならびに大砲鋳立等について立案せしめ、[13] 八月二十八日にはお茶ノ水桜之馬場に鋳立場を新設して、ここで江川の指導の下に西洋大筒の鋳造をなさしめた。[14] そして、九月二十八日にいたって、幕府は書付を下して「今般内海御警衛西洋法ニより御台場御取建相成候ハヽ、其法術をも手広ニ可被成置御趣意ニ候間、其心得を以西洋打方習熟之ものへ申談、諸流同様稽古可致候」と、すなわち、江戸湾防備に関しては、すべて西洋法によることに定め、西洋砲術操練について積極的にこれを奨励している。[15] その限りにおいて、水野政権が意図して、中途で挫折した計画が、ふたたび復活を見るにいたったといえるであろう。

(1) 『通航一覧』、続輯、附録十三、海防御備場、伊豆下田、十四、同、羽田。
(2) 「高島流砲術御用留」、伊豆国大島御国筋見込之趣申上候書付(卯四月)。
(3) 江川文書、「鉄砲方御用留」、当番御目付中達書(閏九月二十一日)。
(4) 同、達書(十月二日)。
(5) 同、越前守申渡(十一月二日)。鉄砲方の減員および江川の鉄砲方兼帯解任は、上知令が廃案となった結果、江戸近海防衛のための軍事改革がもはや無意味と化したことを意味するものであろう。
(6) 右は「高島流砲術御用留」に記載された「大砲鋳造届書」によって算出した。なお届出を要したのは百目以上の大筒に限られていたから(『砲術一件』)、これ以下のものはこの中に含まれていない。
(7) 『通航一覧』、続輯、附録二十四、海防砲礟部、鋳立。
(8) 「鉄砲方御用留」、井上左大夫宛江川英竜書状(午三月)。
(9) 「高島流砲術御用留」、大筒拝借継承之義奉願候書付(午三月)。
(10) 同、後藤一兵衛・内藤茂之助宛江川英竜書状(未三月)。
(11) 海舟全集、第二巻、『開国起源』下、一一四五頁。なお田保橋潔『近代日本外国関係史』、四〇二頁以下参照。

(12) 海舟全集、第六巻、『陸軍歴史』上、四三七頁。
(13) 『通航一覧』、続輯、附録十五、海防御備場、内海、嘉永六年七月廿三日阿部伊勢守於新部屋渡す書付。
(14) 同、附録二十四、海防砲礮部、鋳立、嘉永六年八月二十八日書付。
(15) 同、同、稽古、嘉永六年九月二十八日書付。

第六節 結 語

われわれは、以上において、アヘン戦争のもたらした対外的危機に対処するため、幕府が企図した軍事改革、その他の施策をとり上げ、そこにおいて、とくに蛮社系官僚江川英竜が果した役割を明らかにするとともに、これらに間接ながら、弾圧された渡辺崋山の影響が指摘されること、のみならず、当時幕政を指導した閣老水野忠邦の施策が、基本的には、崋山ら「蛮社」と志向を共にしていたとみられるふしがあることをも、あわせて論証した。これらは、崋山によって指導された「蛮社」の思想と洋学が、在野的な存在から転じて、ようやく幕府権力内部に深く浸透するにいたった事実を示すものにほかならない。のみならず、幕末開港後にいたり、内外の政治的危機が急迫を告げるや、周知の通り、幕府・諸藩では、これに対処するため、蕃書調所や洋書習学所のごとき洋学研究機関を設け、ヨーロッパ最新の知識・技術の吸収につとめ、軍事力の強化と軍費調達のための殖産興業策をもってした。しかも、かかる幕藩内部の改革とならんで、崋山が「内患ヲ専トシテ外患ヲ慮ルモノニアラサ」(諸国建地草図)るものと評した、幕藩的割拠体制の修正・変革もまた日程に上るにいたっている。たとえば、橋本左内が雄藩諸侯を中央政治に参加させ、人材を広く登用し、露米両国から「諸芸術之師範役」を招き、諸国に「学術稽古所」を設け、産業をおこし、蝦夷地を開発するという構想をえがいているのが、それである(1)。

このようにみるならば、蛮社の獄の歴史的意義について、これまで最も支配的であったというべき、高橋碩一氏や遠山茂樹氏らによって代表される見解、すなわち、この弾圧を境として、洋学の批判的性格がつまみとられ、しかも、その後の政治的危機の進行にともなって、洋学はもっぱら封建権力の補強修正のための富国強兵技術として、方向づけられるにいたったとする評価が、誤りであることは明瞭であろう。いいかえれば、「蛮社」の洋学は、富国強兵のための知識・技術と規定される「幕末洋学」の反対物なのではなく、その先駆たる意義を担うものであった。

さらにここで注意すべきは、蛮社の獄的なものが、幕末的危機の進行にともない、幕府権力内部に崋山的知見ないし洋学が浸透する過程において、絶えず拡大再生産されていったという事実である。すなわち、高島四郎大夫の弾圧事件は、水野政権の開明的施策に反対する鳥居耀蔵ら守旧派の隠謀であったという点で、まさに蛮社の獄の再版にほかならない。のみならず、水野の失脚後、幕府は一旦反動化したものの、ペリー来航を契機とする政治的危機に対処して、阿部正弘政権が水野政権の開明的側面をあらたに継承しつつ、蛮社系官僚江川英竜・川路聖謨らをはじめとする人材の登用をはかり、あるいは蕃書調所を創設して、洋学的知識の移植につとめるとともに、幕藩制本来の性格の変革をも辞せざるがごとき、幕政改革を企図した。しかも、かれの死後、その遺志を継承した一橋派と、これに反対する紀伊派との対立が激化し、ついに後者を支持する大老井伊直弼によって、安政の大獄の弾圧がなされ、橋本左内をはじめとする開明的分子の徹底的な検挙と処刑が行われている(2)。さらに井伊大老が暗殺されたのち、これについで幕政を担当した閣老安藤正睦および久世広周は、再び開明的な諸政策をうちだし、とくに安藤は、遣欧使節の派遣にあたって、ヨーロッパの諸制度の調査を命じ、あるいは大規模な軍制改革を企図し、さらに佐藤信淵が水野のために執筆したといわれる『復古法概言』に拠って、全国的な経済統制を企画する等、諸改革に着手したが、しかし、かれもまた尊攘派の要撃をうけて、その企図は挫折を余儀なくされている(3)。それにもかかわらず、これらの過程を通じて、崋山の思想の中で、すでに予見された封建的割拠制の克服と近代化の方向が、幾多の屈折をみながら、漸次推し進められ、ついに明治絶対主義政権の樹立となるのである。

以上のような見地にたつとき、われわれは蛮社の獄の歴史的意義について、つぎのように結論を下すことができるであろう。

いうまでもなく天保期は、封建社会の諸矛盾が危機にまで成熟した時期であり、しかも、他方、アヘン戦争は嘉永・安政期以降の国際的危機を予見させるに足るものであった。しかも、まさにこの時点において、崋山が洋学研究を行ない、またかれの傘下に、江川英竜・羽倉用九・川路聖謨のごとき幕府官僚中の開明的分子や諸藩の有志が集まったのは、旧学問や知識をもっては対処し難い、現状の危機を認めたからにほかならなかった。このようにして洋学が、「蛮社」を通じて、政治的危機打開の知識・技術として、幕藩権力内部にようやく深く浸透しつつあった時点において、これを阻止せんとした鳥居耀蔵ら守旧派官僚の策謀が、蛮社の獄の弾圧をひき起したのである。しかも、それにもかかわらず、結局これを阻止し得ずして、洋学が崋山らの予見に従いつつ、その後の幕末的危機の深化にともない、幕藩体制の補強・修正のために、本格的に動員されて行くとともに、純粋封建制の維持にあくまで固執する鳥居ら守旧派および、これとイデオロギーを共にする反動的勢力により、その過程を通じて、幾多の弾圧ないし阻止運動が繰返されたのであった。蛮社の獄は、かかる幕末的政争の端緒的形態にほかならない。ここにその本来の歴史的意義があったと考えられる。

（1）石井孝『明治維新の国際的環境』、一五頁。
（2）石井孝『学説批判 明治維新論』、一三九—四五頁、参照。
（3）同、二五三—六〇頁。北島正元「幕末における徳川幕府の産業統制」、人文学報、十七。

付章　基礎史料の解説ならびに紹介

一　渡辺崋山自筆稿本『外国事情書』その他について

まえがき

藤田茂吉の『文明東漸史』（明治十七年一八八四年刊）の外篇に、渡辺崋山の『西洋事情答書』と題する一書が収められている。それは、表題といい、内容といい、崋山全集所収の『西洋事情御答書』と一見きわめて類似しており、かつまた、いずれも、崋山が韮山代官江川英竜の問いに答えたものとの所伝をもつところから、全集本答書と混同されて、これまでほとんど注意を惹かなかったものである。しかしながら、両書の細部には、つぎのような重大な相違が存在している。すなわち、崋山は、獄中書簡の中で、かれが筆禍を招いた草稿として、㈠「慎機論ト申モノ」浄書一枚、㈡「『モリソン』ノ事ヲ認メカケ候モノ」乱稿十三枚、㈢「西洋事情答書ト認ムルモノ」または「（西洋）事情書」八枚、の三種を挙げている[1]。ところで、全集本『答書』は、これらのうち、㈢の『（西洋）事情書』に比定されるもので、事実、幕府の忌諱に触れた同書の記事が、ことごとく全集本『答書』に見えている。しかるに、東漸史本『答書』には、この記事の大半が欠けているのである。

ではこの事実をどのように解すべきであろうか。崋山が獄中から江川英竜に寄せた密書によれば、私宅より出候書物は、三月中半紙に認上候事情某と申書、初稿にてあまり過激に付、恐入不差出物に御座候、尤此過激の文にて大罪を得候へども、例の書とは大に違ひ候故、決して御案事被下間敷候。(2)

とあるから、これによって、崋山の自宅から押収された草稿の中に、かれが逮捕される直前の天保十年三月に、半紙に認めて江川に送った『事情某』なる書の初稿が混っており、これが、かれの筆禍を招いた『(西洋)事情書』であった、との想像がなり立つ。してみれば、前記の点で、全集本『答書』と異なる東漸史本『答書』の原本こそ、右の再稿に当るものではなかろうか。

筆者は、かねてから、右のような疑問を懐いていたのであるが、戦後、江川英文氏の御好意により、伊豆韮山の同氏邸において、崋山自筆稿本その他を閲覧する機会を得、筆者の想像通り、東漸史本『答書』が、『(西洋)事情書』の再稿に当る、同家所蔵の崋山自筆稿本に拠ったものであることを確認することができた。(3) ところで、その際、図らずも東漸史本『答書』の原本のほか、なお未紹介の崋山自筆稿本類の存することを知った。つぎに、これに関する同家の所蔵目録を掲げる。

一㈠、渡辺華(ママ)山ノ書状　半紙一枚
一㈡、同　自書外国事情書　表紙共三十九枚
一㈢、同　加筆　同　表紙共三十七枚
一㈣、同　自書西洋事情之儀御尋云々　表紙共七枚
一㈤、同　同西洋ハ果断之処有之云々　七枚　但シ表紙ナシ
一㈥、同　同諸国建地草図　表紙共十三枚

右のうち、㈣、㈤の二稿本が、東漸史本『答書』の原本に当る。㈡の『自書外国事情書』および㈥の『諸国建地草

図』は、これまで未紹介の崋山自筆稿本である。㈢の『加筆外国事情書』は、江川英竜が㈡を下僚に浄書させたもので、これに崋山が極く小部分ながら、加筆している。なお㈠の書状については、後述する。

本節では、これら稿本類の執筆事情を考察するとともに、『外国事情書』に限って、その全文を紹介することにしたい。

(1)『文明東漸史』、外篇、三二三―四頁。

(2) 崋山全集、一〇六頁。

(3) ただし、『文明東漸史』所収のものは、誤植や誤読と思われる箇所がすくなくない。

一

さて、筆者の推定によれば、以上の崋山自筆稿本はいずれも、天保十年春、幕命によって総房豆相四ヵ国の備場を巡見した江川英竜が、復命書を作成するにあたり、崋山の意見を徴したものにほかならない。すなわち、江川が目付鳥居耀蔵とともに、右の備場巡見を命ぜられたのは、天保九年十二月四日のことで、かれらは翌十年一月九日に江戸を出立し、相房総三ヵ国の海岸を巡見したのち、陸路伊豆下田に出、ここで江川のみが伊豆大島に渡海し、調査を終えて帰府したのは、三月十五日のことである(1)。江川は、ただちに渡辺崋山を招いて、復命書執筆のために意見を求めた。よって、崋山は同二十二日にいたり、江川に四冊の稿本を送った。前掲目録中、㈠の崋山の書状が、その送り状にあたる。つぎに掲げるのがそれである。

誠恐入候得共、佳紙無之ニ付、麁紙ヲ以奉申上候、被仰付候条、漸今日偸閑一気ニ認取候処、別ニ浄書も仕かね、不文極リ候得共、先其まゝ差上候、終気合粘着仕、不入無益之箇条入交、猶更恐入候、呉々も粗紙御高免御願可被下候、頓首謹言。

尚々先日不心長坐仕候上、頂戴物仕、難有仕合、御礼御取成、被仰聞可被下候。

三月廿二日　　　　　　　　　　　　　　　登

御侍者

書二、帳面様のもの二

右の末尾にある「書二、帳面様のもの二」の意味は、かならずしも明瞭ではないが、ともかくもこの時、崋山が稿本四冊を江川に送ったもの、と解してよかろう。

さて、前掲目録にみえる崋山自筆稿本のうち、右に比定されるのは、東漸史本『答書』の原本に当る㈣、㈤の二稿本、および㈥の『諸国建地草図』の三冊である。なお残る一冊であるが、東漸史本『答書』の原本に「英吉利ノ大凡ハ別帳之趣」(2)云々とあるから、同書に添えられたイギリスに関する一書(但し、現在所在不明)が、これに該当するものと想像される。つぎにその理由を述べる。

まず東漸史本『答書』の原本について。前述のように、崋山の獄中書簡によれば、かれは、天保十年三月に、かれが筆禍をかった『(西洋)事情書』の再稿で、半紙に認めた『事情某』なる書を江川に送っている。したがって右は、前記の送り状にみえる稿本四冊の一部をなすことが、当然想像されよう。ところで、東漸史本『答書』の原本である前記二稿本は、半紙に行書をもって整然と認められている。しかも、それは再稿たるに相応しく、訂正加筆の跡がすくない。つぎにその内容についてみると、同書には、全集本『答書』の第九条の大部分、および第十六条(末文)が欠けている。試みに、全集本の右の部分を示すと、左の通りである。

一(第九条)、凡右事変に従ひ政を立候儀は、古今の通義に御座候。天地古今変ぜざれば不レ止、太古の世は日本僅に大八洲に限り、奥州は未レ開候処、追々地方を弁へ、熊襲征伐の後、皇后自ら新羅を征し、其後越の津軽の地、陸奥地、次第ニ相開き、終に後世松前蝦夷に及、皆大抵事生じ、憂勤の所レ及、威力共に挙り、終に大閤(マヽ)の征戦と相成候。中葉耶蘇の邪教に懲り、規模狭小と相成唯一国を治る意なる故、終に海外の侮を受候にて、已後の変如何を不存候。是は如何にと云に昔一室を治候者、志僅に鐘釜妻妾に有之、偶大盗至れば門を堅め、墻を高ふして内妻妾に驕る、大盗圧来候共門墻は越ざれども、一村焼打候て、終に延焼に及候、所謂荘子の譬の如く御座候。抑西洋の可レ恐は雷を聞て耳を塞ぎ、電を忌で目を塞ぎ候事を第一の悪と仕候。唯万物計窮理仕候には無之、万事議論皆理を窮るを専務と仕候(下略)(3)。

一(第十六条)、右の通権地球に及候洋人は、実に大敵と申も余り有之候事にて、何卒此上は御政庁の御規模の広大を祈る所也。(4)

ところで、崋山の獄中書簡によれば、吟味掛り町奉行大草好高は、崋山に対して、つぎのような詰問をしている。

其方外国ノ事ヲ推量不致段申候得共、其方自筆ノ西洋事情答書ト認ムルモノ、中、国治ノ模様大小アリ、其小ナルモノ一室ヲ治ムル人ノ如ク門戸ヲ固ク致シ、屏墻ヲ高ク致シ、苟モ泰山ノ安カ如ク相安ンシ候テ、内妻妾奴婢ニ傲リ、門外ハ一卿党(マヽ)ト雖トモ一切一面ヲ交ヘサルモノアランニ、若シ郷党火ヲ失スル時ハ、延焼烏有ニ属セザルヲ得ス、墻ノ高キ門ノ堅キ恃ム可ラス。況ンヤ大盗アリテ来ルモノヲヤ。是レ其識明ナラサルニテ、唯忌悪ヲ以テ守ルモノ、カノ雷ヲ懼レテ耳ヲ塞キ、電ヲ忌ンテ目ヲ閉ルカ如シ。嗚呼井蛙管見与ニ談ス可ラサルナリ云々。又西洋四学アリテ、其学校ノ盛、唐土ノ及フ所ニアラス云々。コレ何等ノ推尊ニヤ。(5)

これによれば、幕吏の忌諱に触れたのは、全集本『答書』にみえる、前記第九条の大部分であったことがわかる。しかも、この箇条が江川家本から削除されているのであるから、崋山が、前記江川あての密書の中で、同書をもって、

「あまり過激に付、恐入不差出物に御座候」と述べているのは、主としてこの部分を指したものと考えて、大過あるまい。[6]

しかしながら、これを別とすれば、両書は記述の順序に多少の相違があるものの、内容はほぼ完全に一致している。さらに東漸史本『答書』の原本である江川家本には、表題は欠けているが、その冒頭に「西洋事情之儀御尋云々」とあるから、崋山が前記江川あての密書の中で、これを『事情某』とよんだことには、別に問題はあるまい。よって、同書が、崋山が筆禍を招いた『(西洋)事情書』(全集本『答書』)の再稿であることには、疑いの余地がないものと思う。

そこで、つぎに問題となるのは、江川が同書の執筆を崋山に依頼した目的である。江川は、同年四月に『相州御備場其外見分見込之趣申上候書付』[7]と題する、巡見復命書を幕府に上申している。ところで、その末尾には、「別紙外国之事情申上候書付壱冊絵図四枚相添此段申上候」とあるから、江川は、復命書に添える予定の外国事情に関する書付執筆のため、同書を崋山に依頼したもの、と想像される。ただし、これについては、つぎに述べる『諸国建地草図』の執筆事情に関連して、確認することにしたい。

『諸国建地草図』は、江戸湾防備について、崋山が私案を述べたもので、絵図十面とその解説からなる。いまその概要を示せば、それは、まずはじめに、フランス、イギリス、ロシア、トルコ、プロシャ、オランダ、清、ポルトガル、以上八カ国の主都の地形図八面を載せて、「按スルニ、万国建都形勢、皆山水利ニ依ルト雖、唯大洋ヨリ大湾ニ達スルモノハ、控扼ノ要地アラサレハ、注海大川ノ便ヲ考、必奥地ニ都ヲ建ルモノト見ヘタリ」と述べ、ついでわが主都たる江戸の位置を批判して、

今総房豆相ノ地勢建置ヲ考ルニ、内患ヲ専トシテ、外患ヲ慮ルモノニアラサレハ、其空曠如左。

として、江戸湾の絵図を示すとともに、「有モ無カ如」き江戸湾防備の現状に言及し、ついで江戸湾の防備に関する構

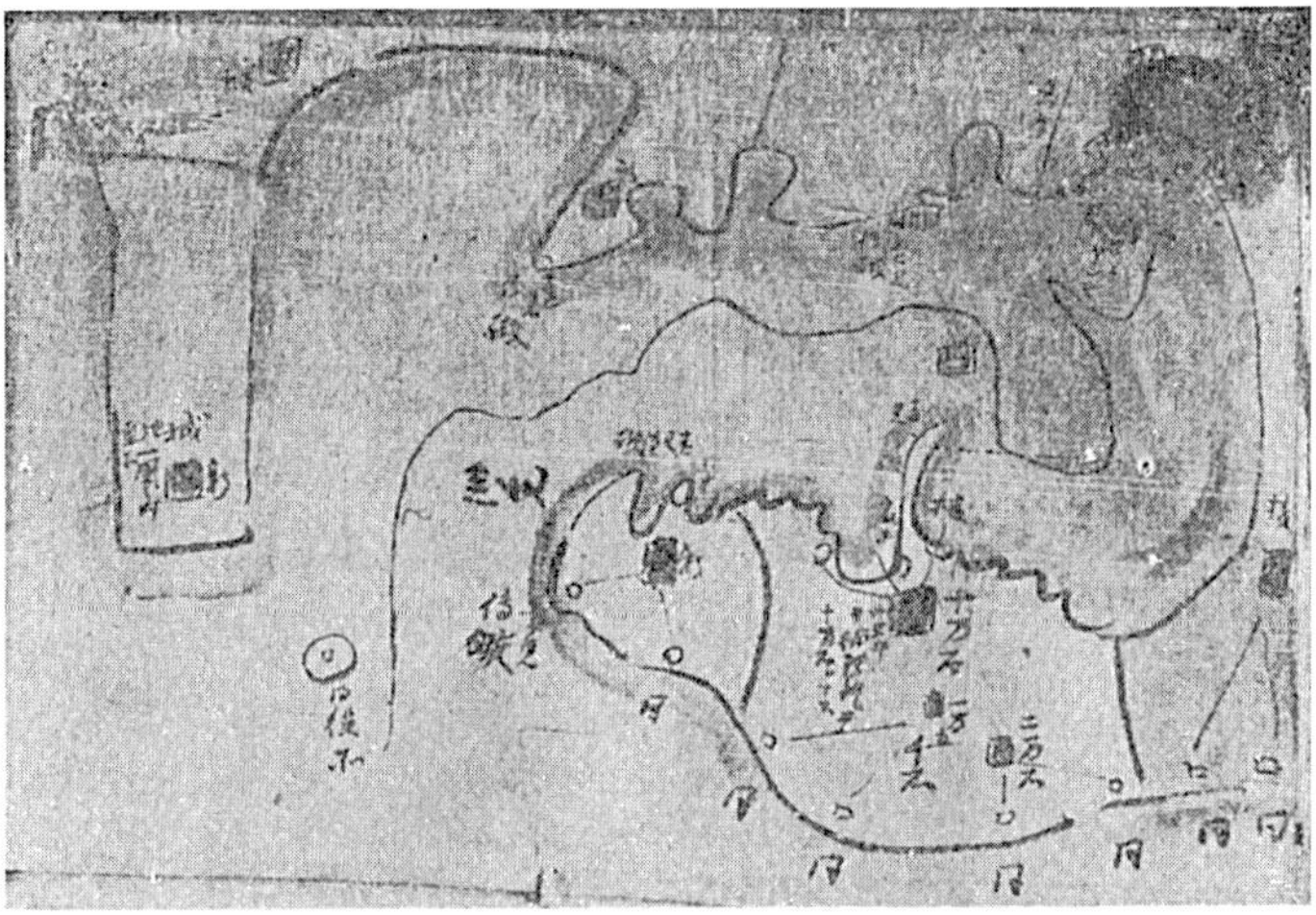

図2　崋山自筆江戸湾防備構想図

想図を掲げ、以下八枚におよぶ解説をもって終っている。

　ところで、これについてとくに注意を要するのは、前記江川の巡見復命書に、本書の影響が歴然と見られることである。すなわち、崋山は、同書において、江戸湾の現状を図示したのち、「右四ケ国(総房豆相)ノ内、佐倉・小田原ハ十万石ト雖、要地ニ隔リ、急ニ応スル不能、豆房ハ空曠ニシテ、下総(上総ノ誤カ)ハ三城合シテ、五万石ニ足サルヘシ」と、その防備体制の欠陥を指摘し、これを補強するために、十万石以上の譜代大名四侯をこの地に移すべきことを提案している。しかるに、これに対して、江川もまた、巡見復命書の中で、江戸湾防備体制の強化を建議するにあたって、同様の意見を陳べている。とくに江川は、国替大名の城地および防衛地域について、

　十万石以上御譜代大名三人程も、相模・安房・上総国え国替被仰付、(中略)右国替之大名一人は、相模国三浦郡之内に居城被仰付、同国御備場は勿論、三崎町へ陣屋補理、人数差置、三浦・鎌倉郡之海岸御固相心得、其余同国海岸は大久保仙丸相心得、一人は上総国周准郡飯野村辺へ居城被仰付、富津之御備場は不及申、房州船形郡那古村辺え出張陣屋補理、同州

外浦通白子迄相心得、一人は上総国東金辺へ居城被仰付、右白子辺より海岸通、下総国犬吠崎迄相心得、且右東金より江戸迄、道法纔十六里ならては無之、御程近之場所にも候間、若異人上陸仕候節之御手当に被成置候はゝ、海陸共御固行届可申哉に奉存候。(8)

と具体的に構想を展開しているが、これを崋山の防備構想図に図示されたところと比較すると、江川が十万石以上の譜代諸侯の一人を上総国東金付近に居城させるべしとするのに対し、崋山は安房国に一城を設けることを提案している点で、両者は意見を異にするものの、他はおおむね一致している。〔補註〕これによって、右の『諸国建地草図』は、江川が巡見復命書を作成するにあたって、崋山の意見を徴したものであることが、想像されよう。

ところで、同書は、美濃判紙に記された八面四枚の「諸国建都図」を除けば、他はすべて、前記の西洋事情に関する二稿本と、同質同形の紙が使用されている。しかも、江川は、右の二稿本その他を三月に依頼したのち、次節で述べるように、四月十日にいたって、再び崋山に起稿を依頼しているが、巡見復命書は、ほぼこの頃までに一応脱稿しているのである(後述)。これによって、その素材となった『諸国建地草図』は、三月二十二日に、西洋事情に関する二稿本外一冊とともに、江川に送られたもの、と推定される。なおまた、右の推定に誤りがないとすれば、前記二稿本が、復命書に添える予定の「外国之事情申上候書付」執筆のため、江川が崋山に依頼したものであることも、これによって、確認することができよう。

(1) 江川文書、「天保九年相州御備場御見分御用留」。
(2) 再稿『西洋事情書』(江川家本)、第九条。
(3) 崋山全集、四二―三頁。
(4) 同、四六頁。

(5)『文明東漸史』、外篇、三三一―二頁。

(6) なお全集本、第九条に比定される部分のほか、「嗚呼井蛙管見与ニ談ス可ラサルナリ云々」とあるのは、全集本の前文に見える「大凡人の安ずる所、其知ると不レ知とに係り、井蛙管見、固より論ずるに足らず候」云々を、また「又西洋四学アリテ、其学校ノ盛、唐土ノ及フ所ニアラス云々」は、第五条に西洋の学問を論じて「其物理の精明確実なる事は申迄も無之、其上大かた教、政、医を補ひ候事にて、第一天文、地理、物産等以下諸術の元を開き、術芸も亦上の四学を補ひ申候。如此互に相資け、年々歳々に造士の道盛に相成候。唐土などの文弊は更にこれなく候」とあるのを指したものであろう。ただし、これらと同様な文辞は、江川家本『西洋事情書』の前文ならびに第五条に、それぞれ見えている。もっとも、江川家本の第五条には、「唐土などの文弊は更にこれなく候」に相当する文辞が欠けている。崋山は、これをも「過激」として削除したものと思われる。

(7)「相州御備場其外見分見込之趣申上候書付」、海舟全集、第六巻、『陸軍歴史』上、三七五頁以下。

(8) 同、三七六頁。なお崋山が十万石以上の四侯の転封を説くのに対し、江川は三侯の転封を説くのみであるが、後者が相総房三ヵ国を対象としているのに対し、前者の場合は、さらに伊豆国をも含めている。しかも、江川は同年五月に、これとは別に、『伊豆国御備場之義に付申上候書付』を上申、伊豆国防備のため、諸侯一人の転封を主張している(『陸軍歴史』上、三八〇頁)。だから、両者の見解はこの点に関するかぎり、完全に一致しているといえよう。

〔補註〕 諸侯の一人を相模国三浦郡に配置するという点では、両者は完全に一致しているが、上総国飯野付近に居城を設けるべしとする江川の構想に対し、崋山の防備構想図には、佐貫の城地を補強し、ここに十万石以上の諸侯を移封させるべきことが図示されている。ただし、佐貫と飯野とは隣接地であるから、両者の見解は、この地についても、基本的に一致しているとみてよかろう(図1参照)。なお安房国に城地を設けるという崋山の構想に、江川が従わなかったのは、現地調査の結果、それが事実上不可能、ないし不適当と考えられたものと想像される。それはともかく、具体的な防備構想の点で、両者の間に多少の差が認められるにしろ、十万石以上の譜代諸侯を江戸湾周辺地区に配置するという、最も基本的な点で一致している以上、江川の復命書が、崋山の『諸国建地草図』に拠って執筆されたことは、否定できないものと思う。

二

つぎに前掲目録中、残る一書の、『自書外国事情書』について考察する。同書は、東漸史本答書の原本(以下『西洋事情書』または再稿『西洋事情書』とよぶ)と同様、西洋事情について記したものであるが、半紙を使用した後者と異なり、これには美濃判紙が使用され、その上、加筆訂正の跡が著しい点で、外形上、『西洋事情書』と異なっている。なおまた、『西洋事情書』が、稿本二冊合せて十四枚にすぎないのに対し、同書は、三十九枚からなり、それだけに、前者に比べて知識内容がはるかに豊富であるばかりでなく、いわば崋山の世界知識の集大成たる観さえある。しかしながら、両書の相違はこれのみではない。

江川家所蔵の『西洋事情書』が、その初稿の過激な箇所を修正したものであるといっても、それは、初稿と同様、その主題を西洋事情の紹介に置くかにみせながら、実は論点をもっぱら封建的為政者の対外観批判に集中しているのであって、その限りにおいて、両者は本質的に異なるものではない。のみならず、江川家所蔵の再稿には、

> 古を以テ今ヲ見候而者、所謂杓子条規と申ものニ御座候。況や唐土一国ヲ中華と相定候国之古記録ニ眼ヲサラシ候とも、鄒衍駕造説・山海妄誕之論誠ニ夢ニ夢ル如くニ御座候。[1]
>
> 一地球之内、唐土之如きハ一国を天下と存、印度之如きハ地球之外三千世界ありとし、必竟は皆空疎無稽之識、唯上古聖人之徳ニ眩燿致、古今変化を不存。[2]

のごとき、初稿にない封建批判的言辞が、新たに加えられさえしているのである。

しかるに、『外国事情書』は、つぎの点で、『西洋事情書』と根本的に性格を異にしている。まず同書にあっては、西洋事情の客観的叙述に重点がおかれている。このことを端的に示しているのは、同書に盛られた豊富な世界知識に

出典が明記されているという事実である。参考までに同書に引用された諸書の名を列挙すれば、環海異聞、地学示蒙、経世文編、モール陳情表、クルーゼンシュテルンの日本紀行等、在来の文献のほか、『署史』(原本不明、文中に「千八百二十四年の署史」ともあり)、『ニューエンボイス』(Nieuenhuis, Gt., Algemeen woordenboek van kunsten en wetenschappen, 1820–1829)、『ブーランゾゾン』(J. van Wijk Roelandszoon, Algemeen aardrijkskundig woordenboek, 1820–1823.)、『カルテン・アールトキュンデ』(不明)、『ソンメル』(J. G. Sommer, Tafereel van het heel-al of beschouwing van het uitspansel en den aardbol, 1829–1834.)、『カラメロス地志』(W. S. Cramerus, の地理書か、原本不明)等の新資料があり、これによって、同書の世界知識が、当時としては、最も斬新、かつ水準の高いものであったことがわかる。(3)

しかしながら、その反面、同書にあっては、『西洋事情書』に見られた溌剌たる批判精神が影をひそめ、時には為政者の対外観に対して、妥協の跡さえ窺われるのである。いまこの点について、二、三例示すれば、まず同書から、「井蛙管見」その他の比喩を羅列して、為政者の対外観を揶揄した初稿および再稿『西洋事情書』の前文が削除されている。(4) さらに両者とも、ヨーロッパの世界征服を論じながら、その結論において、『西洋事情書』(再稿本)では、

　乍恐、我邦ハ途上遺肉之如く、狼虎之顧ミサルヲ得ンヤ。然ルニ、不知ハ井蛙も安シ小鷃モ大鳥ヲ笑ふ譬の通、誠ニ杞憂ニ不堪事ニ御座候。(5)

としているのに対して、同書では、

　唯皇国ノミ万邦顚覆ノ中ニ独立仕、最古ヨリ一毫ノ汚瀆ヲ受ケサルモノ、一地球中媲耦可仕者更ニ無之、誠ニ難有儀ト奉存候。(6)

と、もっぱら俗論と妥協している。なおまた、『西洋事情書』では、初稿・再稿ともに古代文明の発祥地をおおむね

アジアの三十度以南とし、印度、百児西亜《ペルシア》、那杜利亜《ナトリア》、阨入多《エジプト》、唐土等の諸地を挙げているが、(7) しかるに、同書では、「亜細亜四十度以南ノ地」としているのは、「右ハ皇国・唐土・天竺・百児爾亜・亜刺皮亜・如徳亜等ノ国々ニ御坐候」と、とくにわが国をも古代文明の発祥地の中に含めようとした作為によるもの、と解せられる。(8) そのほか、『西洋事情書』における「西洋」「洋人」「我邦」等の用語が、同書において、「西夷」「欧邏巴夷人」「皇国」等、儒教的華夷観に基づく用語に改められ、あるいはまた、

欧邏巴人ハ表面ハ謙遜礼譲有之候得共、内裏ハ誇大ニ御座候。本体功利ヲ基ト仕候故、礼譲モ礼譲トハ申カタク、傲漫《ママ》モ傲漫ニ相立不申、唐土ノ人ノ申コトク、喜ハ人也、怒レハ獣也ト申通ニ可有之。(9)

(欧邏巴夷人)仁ハ姑息ニ可有之、智ハ黠ニ可有之、義ハ利ニ可有之、依之、信スレハ牢絡ヲ受ケ、礼アレハ阿諛ヲ容レ、其為ス所真偽百出、人ヲシテ眩惑致サセ候モノ皆呰《堅カ》忍ノ性。(10)

のごとき、『西洋事情書』には、例外的にしかみられぬ夷狄観を反映させた西洋批評が、まま散見するのも、同書の特徴である。

もっとも、同書がまったく批判的性格を欠いている、というのではない。たとえば、

新疆ヲ開キ候モ、有レ人此有レ出ノ道理ニ心附候哉、人ヲ重シ候事金石ノ如クニ候間、漫ニ使令不仕、国王大臣ト雖、平常従者ハ誠ニ省略仕(割註略)、惣テ謂レナキ雑費ハ倹節ヲ用候旨ニ御座候。(11)

と、ヨーロッパの世界征覇の原因の一つを、人を重んじ、浪費をなさざる点に認め、これによって、いたずらに儀礼・格式を尊重し、無用な浪費をこととするわが封建社会を諷刺する、といった箇所も乏しくない。それにもかかわらず、それらは、『西洋事情書』の場合と異なり、あくまで婉曲な形で表現されているにすぎないのである。

(1) 再稿『西洋事情書』、第一条。

(2) 同、第十条。
(3) 右に挙げた原典は、すべて岩崎克己氏の考証に拠ったものである(岩崎克己「崋山と洋学」、書物展望、十二ノ一―六)。
なお岩崎氏によれば、『ニューエンボイス』には補遺が九冊(一八三三―四四年)、『ブーランヅソン』には四冊(一八三六―四二年)あるというが、『外国事情書』には、いずれも利用されている。
(4) 次節、註(6)参照。
(5) 再稿『西洋事情書』、第七条。なお崋山全集、四一頁、参照。
(6) 『外国事情書』、第一条。
(7) 再稿『西洋事情書』、第二条。崋山全集、三七頁。
(8) 『外国事情書』、第一条。
(9) 同、第三条。
(10) 同、第五条。
(11) 同、第四条。

三

では『外国事情書』の執筆事情についてはどうか。江川が巡見復命書の上申にあたって、外国事情に関する書付を添える予定であったことは、すでに述べた。ところで、巡見復命書は、すでに四月十日ころには、一応脱稿していたものと見える。江川は同十三日に、これを鳥居耀蔵に送って、意見を求めている。ただし、四月十四日付の鳥居の返書によれば、「(前略)然者、御備場見分御書上御出来ニ付、一覧仕候様被仰下、夜来得小暇熟読仕候。小子申上大同小異ニ付、別段可議事無之、至極可然奉存候。外国事情書は未た御脱稿に無之間、不日に御廻之趣承知仕候(傍点、筆者)。兼而御穿鑿届き居候事故、別而相楽しみ拝覧待居候[1]」とあるから、外国事情に関する書付は、この時、まだ完成していなかったことがわかる。なおまた、他方、崋山は、江川に送った外国事情に関する稿本の理解を助けるために、付図を添えることを思い立ち、四月二十三日にその草稿を送っている。もっとも、同図の所在は、現在不明であるが、その送り状に、

慰相認候絵図入御覧候、コレハ静書仕候ニハ手間モ取レ可□□(欠字)御一覧被遊候上、可然候ハヽ直静書被仰付、二十五日頃御人ニ一寸拝見奉願候。尤可相成ハ古代ノ地勢モ認申度、サスレハ一目ニテ古今鮮明ニ相成候、依之モシ其思召モ御坐候ハヽ、文字ハ認メ不申、アジヤ、ヲ(ママ)ーロッパ計ノ一面地ノ輪廓バカリ、御写サセ被下候ヘハ、忽字認入、色サシ致シ差上可申。[2]

とあるから、これにより、崋山の意図ならびに付図の内容を察することができよう。

それはともかく、復命書は、これから間もなく上申されたが、外国事情に関する書付は、崋山が逮捕された五月十四日の当時においても、まだ上申のはこびにいたらなかった模様である。すなわち、五月十七日に鳥居が江川に対して、同書の上申を催促していることが、その書簡にみえている。[3]しかし、『陸軍歴史』に、亥(天保十年)五月の日付をもつ、江川の『外国之事情申上候書付』なるものが収められているので、[4]ともかくもそれが五月中に提出されたことは、疑いない。

ところで、右の『外国之事情申上候書付』であるが、その大部分は、崋山の『外国事情書』に拠って記されており、とくに全文の三分の一以上を占める、経世文編、海防之条の張甄陶の上書および趙翼の説を引用したくだりは、『外国事情書』、第三条の割註にほとんどそのまま見えている。すなわち、これによって、同書も、『西洋事情書』と同様、巡見復命書に添える予定の外国事情に関する書付執筆のため、江川が崋山に依頼したものであることが、まず推定されよう。しかしながら、これについては、さらに検討が必要である。

上述のように、『外国之事情申上候書付』が上申されたのは、崋山の逮捕後のことであった。ところで、崋山は、獄中から前掲の江川に寄せた密書について、江川の手代斎藤弥九郎にあてて、江川に送った論稿の返却を求め、つぎのような書簡を送っている。

恐多憚多候得共、又思立候間別紙申上候。新書幷図御見合御不用に相成候はゞ、誠に以恐入候得共頂戴仕度、極内先生へ御相談申上候、一は公の御志は不及ながら私も御同志に御座候、何より達候ても宜敷かと奉存候事。

一、私反故を以罪印に処し候も、固天命覚悟に候へ共、人為を尽さゞるは又本意にも無之、又反故の内には、不遜の語多候間、誹謗の罪に落とも申訳無之、新書出候はゞ、反故は反故にならずとも申訳は立可申歟(下略)。(5)

崋山は、この中で、自宅から押収された反故(『西洋事情書』の初稿)による誹謗の罪を免れるため、「新書幷図」の返却を求めているのであるから、ここでいう「新書」とは、『西洋事情書』および『外国事情書』の、いずれかであろう。しかも、誹謗の罪を免れるためである以上、その初稿と本質において異なるところのない『西洋事情書』が、これに該当するとは考えられない。したがって、それは、『外国事情書』でなければならぬ。(6)のみならず、「新書幷図」と記されている以上、『外国事情書』が『西洋事情書』より遅れて執筆されたものであること、さらに上述の四月二十三日付の崋山書簡にみえる付図が、『外国事情書』のためのものであったことが、これから、当然推定されよう。

ところで、右の書簡によれば、「新書幷図御見合御不用に相成候はゞ云々」とあり、又さきの江川あての密書にも、「例の書図とも無滞御納相成候哉、御見合相成候哉云々」とあるのであるから、これによれば、江川の当初の計画では、『外国事情書』をもって、たんに参考資料に資するにとどまらず、これをかれの名において、その儘幕府に上申するはずであった、と解せられる。しかも、斎藤弥九郎は、前掲の崋山の書簡に対し、「右書類図共一切見合不残不用ニ相成居候」(7)との返書を送っているのであるから、崋山の逮捕によって、江川の計画が挫折したとみるべきである。

なおまた、右の傍証となるのは、『加筆外国事情書』である。同書は、すでに述べたように、『自書外国事情書』の浄書本に、崋山が加筆した、いわば同書の再稿というべきものであるが、江川が、『自書外国事情書』をはじめから、たんなる資料として利用する目的であったとすれば、かかる手数を加えた意味を了解することができない。のみならず、『自書外国事情書』には表題がなく、『加筆』にのみ、『外国事情書』なる表題が付けられているが、鳥居耀蔵が江川にあてた前掲書簡によれば、鳥居もまた、江川が復命書に添えるはずの外国事情に関する書付を、かかる名でよんでいるのである。これらによってみるも、右の推定は誤りないものと思う。もしそうであるとすれば、さきの『西洋事情書』の執筆事情も、これと同様に解すべきであろう。

最後に、同書の執筆時期について一言する。『客坐掌記』によれば、江川は、天保十年四月十日、手代の斎藤弥九郎をして崋山に言を請わしめ、崋山は、これをその夜から翌日にかけて執筆している。[8] これが、『外国事情書』であった、と推定される。すなわち、前述のように、崋山が『諸国建地草図』とともに、『西洋事情書』を江川に送ったのは、三月二十二日のことであるが、同書の性格から推して、江川がこれに不満をもったであろうことは、想像に難くはない。しかも、江川が『諸国建地草図』を参考にして、巡見復命書を一応脱稿したのは、四月十日のころであるから、右を脱稿した江川が、この日崋山に改めて、『西洋事情書』に代るべき一書を依頼したもの、と解せられるのである。

(1) 江川文書、四月十四日付鳥居耀蔵書簡(写)。
(2) 同、四月二十三日付渡辺崋山書簡(写)。
(3) 同、五月十七日付鳥居耀蔵書簡(写)。
(4) 海舟全集、第六巻、三七八頁以下。
(5) 崋山全集、一〇七頁。江川文書、崋山書簡(写)。

（6）　崋山の判決文（申渡之書）によれば、「慎機論幷に海外事情等を請答の趣きに書き綴り有之、其中に井蛙鷦鷯或は盲瞽相象等、其外比論之語を以て御政治を批判致し候段（中略）、別而不届」と、かれは有罪の宣告を受けているが、ここに指摘された「井蛙鷦鷯」や「盲瞽相象」等の比喩は、初稿『西洋事情書』（全集本答書）の前文、および第六条、第八条等に見えているばかりでなく、再稿（江川家本）の前文に「井蛙管見」云々とあり、また第七条に「不知ハ井蛙も安シ、小鷦も大鳥ヲ笑ふの譬」、第九条に「夷狄なとゝ軽し候てハ、誠に安人之想象にて御座候」とある。しかるに、『外国事情書』には、こういう類の比喩がほとんど見あたらない。これによっても、崋山が罪を免れるために返却を求めたのが、『外国事情書』でなければならぬことが知られよう。

（7）　江川文書、斎藤弥九郎書簡（江川英竜宛）。

（8）　崋山全集、六七八頁。

外国事情書

一、外国之事情ヲ捜索仕候処、外国ノ義ハ一地球中ニ相拘リ候事ニ付、一地球諸国変革ヨリ荒々奉申上候。古ハ一地球ヲ四分仕、亜細亜《アジヤ》・欧邏巴《ヨウロツパ》・亜弗利加《アフリカ》・亜墨利加《アメリカ》ト定候処、又亜墨利加ヲ南北ニ分チ五大洲ト仕、其後見出之諸地多ク相成、四方無レ残《クリ》審明仕候ニ付、近来南北亜墨利加ヲ一洲ト仕、大平海諸島ヲ取集メ、是ヲ烏烏斯答刺利《アウスタラリー》ト称シ、五大洲ト致候。右五大洲ノ内、亜細亜・欧邏巴ハ山ト湖ヲ隔テタルノミニテ候得者、一洲ト定メ候テモ可然地勢ニ御坐候。此二洲ハ人民諸洲ニ相勝レ候得共、亜細亜四十度以南ノ地ハ又々相勝レ候テ、最古ヨリ教化開ケ、文物盛ニ御坐候。右ハ　皇国・唐土・天竺・百爾西亜《ベルシヤ》・亜刺皮亜《アラビヤ》・如徳亜《シユーデヤ》等ノ国々ニ御坐候。四十度以北ノ地ハ、肉ヲ食ヒ皮ヲ着シ、此方夷蝦（マヽ）ノ如ク、唐山ニテ北狄ト鄙シメ候通ニ御坐候。右ハ唯今ノ独立韃旦・蒙古・満州古ハ北(ママ)高海以東満州迄ヲ韃靼ト称シ候得共、其間数十部落有之候処、右三部ハ後来顕名罷成候ニ付、今時ノ勢ヲ以テ認候テ、惣称ハ認不申候。等、及欧邏巴諸国ニ御坐候。抑高北海以東ノ人種ハ洋人共コレヲ「モンコル」ノ種トモ、「ダルダリ」種トモ称シ、皇国・唐土迄其種ニ入申候。黒髪黒眼ニテ勇力有之、車馬ヲ以テ水草ヲ逐ヒ移住仕、高北海以西ノ人種ハ洋人コレヲ「エチヲピヤ」種ト称シ、欧邏巴諸国ハ此種ニ入リ申候。紅毛碧眼ニテ機智有之、舟楫ヲ操リ、魚介ヲ猟シ、生活仕候。皆深雪重氷ノ地故、飢寒ヲ忍ヒ、身命ヲ軽シ候処ハ、同様ニ御坐候。右故、古代南方ハ尊ク北方ハ卑ク候処、後来南方ノ教化次第ニ北方ニ広リ、唐土ノ教ハ満州・蒙古等諸国ニ入リ、即チ元ノ如ク、清ノ如クニ御坐候。如徳亜ノ教ハ欧邏巴ニ入リ、即邪宗ニ御坐候。亜剌皮亜・印度ノ教ハ韃靼ニ入、即チ回々宗マホメット教・喇嘛宗仏道ノ一派ニ御坐候由。依之、慓悍詭黠ノ俗ハ強勇深智ノ国ト相変シ、高明文華ノ地ハ疎大浮弱ノ風ト相成候故カ、東部ノ蒙古・満州ハ唐土ヲ併セ、西部ノ韃ハ亜剌皮亜・那多利亜《ナトリヤ》・如徳亜・欧邏巴ノ厄勒祭亜《ゲロジヤ》古全盛ノ地・亜弗利加ノ厄日多《エジット》古教化ノ地ヲ併セ、是ヲ杜爾格《トルコ》国ト申候。蒙古ノ一部南韃サマルカン、元史ニ撒馬児罕ニ作リ申候。ニ移リ候者ハ、五印度ヲ併セ、是ヲ大莫臥児《モンゴル》ト称シ申候。「モンゴル」ハ、即蒙古ノ由ニ御坐候。唯今ハ此「大モンゴル」モ英吉利亜《イキリス》・払郎察《フランス》・仏郎機《ホルトガル》ニ拠ラレ候而、北ノ方山附ニ移住仕候由。又欧邏巴諸国ハ海外至ラサル隅《クマ》モ無之、四大州諸国ヲ押領候得ハ、天地ノ間韃靼諸部ノ国ニ無之ハ、大低(ママ)欧邏巴洋夷之腥穢ヲ披ラザルモノ無之、唯
皇国ノミ万邦顚覆ノ中ニ独立仕、最古ヨリ一毫ノ汚瀆ヲ受サルモノ、一地球中媲耦可仕者更無之、誠ニ難有義ト奉存候。右之通天下古今之変ニテ、古ノ夷狄ハ古ノ夷狄、今ノ夷狄ハ今ノ夷狄ニテ、古ノ夷狄ヲ以テ、今ノ夷狄ハ難制奉存候。

一、右之通古今大変仕候得共、大道ハ何レノ国々迚モ今ハ古ニ及ハズ候得共、物理ノ学ハ古ハ今ニ及ハズ候テ 按スルニ、夷人共大道ヲゴットレイキト申、神ノ学ト仕候、神ハ心ニテ心ヲ修ルハ身ヲ修ルニテ、身ヲ修ルハタヽチニ神也ト申心ニテ、ゴットレイキト称シ、則古ヘハ徳ヲ以テ王ト相成候。後世人智相開ケ、素朴ノ風却テ衰ヘ、事モ益煩多ニ罷成、一人ヲ以テ兼治メカタク、又従テ、神人モ世出不致、終ニ教政二道相分レ、コレヲレクツゲレールドヘイトト称シ申候。周礼ニ師儒ヲ分チ候趣ニ御座候。乍去、教政二道立候テモ、人生ノ急ナルモノ、医ニアラサレハ救フヿ能ス。右故、古ヘノ神人ハ呪禱療治ヲモ兼備仕候。是以後、世兼治ルヿ能ハザル故、医道専門ノ学興リ、コレヲゲネースキュンデト称シ申候。右三道ニテ人間治生ノ道相調ヒ候得共、僅ニ国ヲ治ルノミニテ一地球ヲ済度致ノ楷梯無

之、依之、物理ノ学相興リ、気類ハ濛気風雲ヨリ、下諸物発生ノ理、形類ハ日月星辰ヨリ、下草木昆虫ノ理ヲ発明仕候学ヲウエースベゲールデト称申候。右四学互ニ相資リ、其帰ハ皆大道ノゴットレーキノ意ニ御座候間、此ヲテイケンキュウンデト申候。依之、唐土ノ人ノ其国善世王アリ、治世王アリ、僧王ノ勢ヒ民王ノ上ニアリト申趣ニ御座候。乍去、国々其通ニモ不参候共、筋ハ右之趣ニ御座候。已ニ魯西亜《ロシヤ》ハ北ノ又北ナル国ニ御座候処、「ペートル」ト申英主出候テ、西ハ蘇亦斉亜《スーウエシヤ》ノ一部ヨリ、東夷蝦ノ界止伯里亜《シベリヤ》地方迄、其長サ三千里日本里、幅七八百里併呑仕、右ノ地ヘ道路ヲ開キ、宿駅ヲ建テ、大河ヲ鑿シ、海舶ヲ通シ、産物ヲ考ヘ、交易ヲ初メ、林野ヲ拓キ、新都ヲ建テ、教院ヲ開キ、民ヲ教ヘ、諸国ヨリ帰化致候モノ二十万千三百五十七人、文武学場ヲ建テ、、士ヲ造リ、数十度ノ大戦ニ勝利仕、世界第一ノ大帝国ト相成事、僅ニ「ペートル」一代ノ内ニ成就仕候。ペートル殂シ候ハ千七百二十五年、即享保十年ノ事ニ御坐候。又近頃北亜墨利加ノ内ニ、「レピュフレーキ」又名ハ「フルエーニグテ　スターデン」ト称シ候国有之、今ヨリ二百年已前荒漠ノ地ニ御座候処、和蘭陀・英吉利亜・払郎察ヨリ民ヲ移シ、教ヲ設ケ、土地ヲ拓キ、耕ヲ教ヘ候処、英吉利亜兼併多ク相成、大低（ママ）同国ノ領地ト相成候。然ルニ、政事過刻ニテ、土着ノ者堪カネ、兵ヲ起シ、英吉利亜ニ背キ、自立ノ国ト相成候。是ハ千七百七十六年安永六年ノ義ニ御座候。是ヨリ土人相談仕、別ニ君長ヲ相立不申、賢才ヲ推テ官長ト致シ、百官ヲ設フケ、会議共治ト仕候。「フルエーニグテ　スターデン」ト申ハ、即コノ義ニ御座候。此国俄ニ強大ニ相成、元来十三州ノ処、唯今二十四州ト罷成、経度二百廿五度ヨリ三百五十八度ニ及、緯度二十四度ヨリ五十四度ニ相亘リ、地ノ方積十一万二千百四十六「メイレン」メイレンハ一時程皇国ノ二里弱、大低唐土西域ヲ合シ候程之大国ニ御座候。人口一書ニ、一億四百二十四万ト有之、即千八百二十年、十七国ノ時ノ総計〔略志〕、一ニ千零二十万〔ブーランツソン〕、右之通ニ付未考不申。ハ、諸地志区々ニテ審ナラス候得共、欧邏巴人計モ七百八十五万人、内七百万人ハ英吉利亜人ノヨシ。寒暖相半ハ致シ候土地ニ付、五穀ヲ始メ諸産物多ク、金銀銅鉄亜鉛ノ類尤夥敷亜墨利加ハ金銀多ク出候由ハ、諸地志ニ載セ有之候。何一ツ他国ヲ相待候事無之、依之、教政物理ノ学盛ニ行ワレ、外国ノ諸書ヲ飜訳仕、又「ダグエンウェーキギブラーデン」（ママ）ト申、風説記録ノ類板行仕候場三百六十四所、書籍梓行ノ場六百所有之、軍官ハ海陸相分ケ候得共、陸軍尤多ク、十六歳ヨリ四十歳迄ノ強力ノ士卒八十万人、軍艦ハ僅ニ大船十二艘、中船二艘、小船五十艘、常ハ陸軍一万ヲ備ヘ、毎澳「ストームボート」ト申、守備ノ船ヲ設ケ置候。右之通、世界第一ノ殷富ノ国ト相成候事僅ニ五十年ノ間ノ由、洋書フランツソント申書名ニ相見ヘ候。是必古ヘ教化広カラズ、物理審ナラサルノ世ニ決テ無之事ニテ、晩出ノ国ノ相開ケ候事、実ニ意料ノ外ニ出候義ニ御座候。

一、西夷共物理ノ学ヲ専ニ仕候故、天地四方益審ニ相成、一国ヲ以テ天下ト不仕、天下ヲ以テ天下ト仕候義、頗規模ヲ広張仕候風有之候。其国帝王ノ位ニ即キ候得者、宇内御撫ノ印ヲ帯ヒ、又老婦ノ五児ヲ撫育致候絵板ヲ座右ニ掛ケ候由。五子ハ五大洲ノ譬ニ御座候。已ニ英吉利亜国王、千六百五十五年寛文五年「メダイリ」ト申賞金ヘ我四海ヲ統轄セント鋳サセ、諸臣ニ賜リ、気勢ヲ励シ候義有之候。尤国ヲ有チ、民ヲ保チ候得者、自張可致ハ自然ノ理ニ可有之候得共、亜細亜諸国ハ人性善良温雅ニ御坐候得者、視聴ヲ誇飾仕候而已ニ御座候得共清張甄陶カ上ル二広督一制ニ馭澳夷一状ニ、蓋澳夷惟利是知。別ニ無ニ瞻顧一。商人ノ服飾麗都銭射充レ可ヨ以取ニ重ヲ於夷人ニ云々。此広東府ノ澳門ト申島ハ、明ノ初暹羅・占城・爪哇・琉球・浡泥ノ諸国ヘ広東ニテ互市ヲ許サレ、正徳中ハ高州ニテ致シ、嘉靖中ヨリ澳門ニ相成候。然ルニ仏郎機、暹羅・占城・満剌加等ノ国々ヲ恣ニ致候様相成、右ノ国々ト一同澳門ヘ参リ、交易仕、唐土ニテハ大様ナル国故、初ハ心附不申カ、後ニ仏郎機ト心附候得共、是又印度近辺ノ国ト存、其儘制シモ不致事ト相見、後追々仏郎機交易場ノ司ト相成候ニ及、初テ心附候得共致方ナキ様ニ被察候。清ノ趙翼カ外蕃借地互市ノ説ニ、仏郎機人因テ得ヨ混入ニ其中一。後仏郎機併ニ満剌加呂宋二国ヲ一。勢力独強。諸国人之在ニ濠鏡一。皆畏レ之。遂為ニ専拠ヲ一云々。右之通島中ヲ専ラニ仕、城ヲ築キ、寺ヲ建テ、妻子ヲ帯ヒ、大凡二万口斗、其中南番(ママ)人及唐土ノ人ノ邪教ニ入候モノ多ク御座候由。張甄陶ガ隠如ニ敵国一ト申候通ニ御座候。依之、唯今ニテハ清朝ニテモ困リ候由ニ候得共、事ノ生スルヲ恐レ、且広東地方瘠地ニ候間、此交易ニテ立行候場モ有之、旁忍ヒ居候様子ニ相聞ヘ候。右ハ経世文編海防ノ条ニ相見ヘ候。是ヲ西書ニ照シ考ヘ候得者、澳門ハ仏郎機ノ全ク領分ニ認有之。又唐土之人ハ交易船数昔ハ二十五艘之定額之処、今ハ衰ヘ、十艘有之ト認有之候得共、洋書ニハ英吉利亜船八十九艘、亜墨利加船三十艘、弟涅満爾加ノ船八艘ト有之、其交易ノ品々幷利潤迄委敷記シ有之、右洋人共ハ奸黠故、八幡同様之義仕候カ、兎ニ角右之場所甚不取締ノ様ニ相見候。必竟ハ唐土人之心附不申ニモ可有之候。又張甄陶カ申所ヲ考候ニ、其陽為ニ桀驁不馴ヲ一。逆知ヨ国家懐柔天覆。必不ルヲ軽加誅戮一。因有レ恃ムヿ而不レ恐。非ニ真ニ能不レ顧ニ死命ヲ一。而敢悍然無レ忌也云々。此語ナトニテモ手余リ候義モ相見ヘ、又西夷共ノ事情ヲ審ニ不致処モ相見ヘ、又無レ拠敦大ヲ示シ候処モ相見ヘ申候。洋書(ヲロシヤ人北京紀行。又モール陳情表ニモ此趣ニ認有之候。)ヲ考候得ハ唐土ノ人ハ他国ノ人ヲハ獣畜ノ様ニ申、悪口ヲ申掛ル也。又魯西亜人「クルウンセン」ト申者、「レサノット」ニ従ヒ日本ニ来リシ日記ノ中ニ(第十二篇ノ日本逗留ノ条)、日本人ノ異国人ヲ取扱フハ、人ニ疵ツクル用意也トハ、兼テ聞シヿナレハ、他邦ノ人ヨリモ能取扱レントハ思サレトモ、今度我船ハ、大国ノ主ヨリ隣国ヘノ好ミノ為ニ、送リ候使節ヲ載セ来ル(略(原註))。我等長崎ニ来リテハ日本人ノ阿蘭陀人ヲ扱フヨリハ寛裕ナラント思ヒシニ、自ラ欺カレタル心地ナリ云々。乍去、洋人共他国ヲ論シ候事先言カ、リノ如キモノニテ、強テ論スルニ、足ラス候。欧邏巴人ハ表面ハ謙遜礼譲有之候得共、内裏ハ誇大ニ御座候。本体功利ヲ基ト仕候故、礼譲モ礼譲トハ申カタク、傲漫(ママ)モ傲漫ニ相立不申、唐土ノ人ノ申コトク、喜ハ人也、怒レハ獣也ト申通ニ可有之。乍去、四方ヲ審ニ致候者共故、了簡ハ小々ナラズ奉存候。

一、右之通欧邏巴諸国相互ニ自張仕候間、八面皆敵国ニテ、盟会ヲ以テ合従連衡仕候趣、殆春秋戦国ノ如クニ御座候。右故国政ニ憂勤仕、内外慎密ニ致候事、諸州ニ相勝レ申候。大抵治体三道有之、一ハ独立ノ国洋名「ヲンベパールデ・モナルカール」ト申、血脈相伝ヘ男女ニ限ラス位ニ即キ、其内一君権ヲ専ニ仕候国、王家ト政府ト権ヲ合シ候国有之候。一ハ守盟ノ国「ベパルーデモナルカール」ト申、先ハ附庸ノ如キモノ。、共治国「ゲメーネベストゲシンド」ト申、賢才豪傑ヲ推テ、君長ト致、一国ヲ公ニ仕候政度。、右之国々ヲ帝国ケイズル、王国コーニング、上公国アールツヘルトーゲン、大公国コロートヘルトーゲン侯国ヘルトーゲンナト称シ、其国ニ位階有之、頗名教モ行ハレ申候。宗門ハ区々ニ候得共、帰スル所、三宗ニ不過候。一ハヨーデン宗其元祖ハ亜弗利加ヨリ起リ最古キ宗門ニ御座候。、一ハキリステン宗即、邪宗ノ派ニ御座候。、一ハマホメット宗唐土ニテ回々ト申候宗派ノ由。欧邏巴ノ内杜爾格国斗行レ申候。其政事ハ養才造士ヲ先ニ仕、其次第ハ、第一教道ゴットゲレールドヘード、第二政道レクツゲレールドヘイド、第三医学ゲネースキュンデ、第四物理学ウェースベゲールデ、右ヲ四学ト称シ申候四学ハ明徳治民摂生格智。次ヲ芸術「キュンステン」心智四体ニ応スルノ学、画学舞楽ノ類。、次ニ手職「ハンドウェルケン」一偏ノ智ヲ以テ百工ニ趨クモノ。以上皆学校学場有之、学校ハ大学校「ユニフルシテイテン」ト名ケ、教政医物理ノ四科ヲ分チ、教申候。此学ハ諸学ヲ経テ撰挙セラレ候テ、入学致候事ニ候得者、皆英俊ノ者斗相集リ候ヨシ。和蘭小国ナレトモ、学徒数千人有之、又一国中大学校四ケ所御坐候由。此学四学ノ内モ専門数科有之、大抵教学ハ、三科、政学モ又三科、医学二科、物理学五科、又此科ノ中ニモ次第有之候由。此四学ノ備用ニ芸術工職ノ類モ場ヲ設フケ有之候由。、羅甸学「コルレギーン」ト申、「ラテン」「キリッシア」ト申、古語及ヒ諸国ノ語ヲ学ヒ候。其学凡六科有之由。、小学校「ヒュルゲレ」又「コストスコーレン」道教ノ初学、詩文・音学・算術ノ初学、地理歴史ノ学、自然窮理学、又払郎察・英吉利亜・独逸・意太里亜等ノ語、又志ニヨリ音律、画学等ヲ教ヘ候由。此学校ハ郷学故、所々ニ有之候。、幼学院「ケレーネキンデレスコーレン」書学読書ヲ始トシテ、通俗礼法一切ノ幼学備リ不申ハ無之。、義学「マートシカッヘイ」是又郷学ニ御座候。近来州閭ノ間専ラ行レ候テ、学則甚能相備リ、古ノ幼学法再興仕候由。。右成才成徳ノ後、政府ニ入リ、教院ニ入、学師ト相成、学ヒ得候所ヲ施行仕候。右之外、庸劣ノモノハ力役《アンバクテン》ノ業ヲ教ヘ、無志ノ者ハ商估コープハンデル、芸儈「ハブリーケン」商ハ諸物ノ有無ヲ通。此芸儈ト申ハ諸芸ノ有無ヲ通候、商人ニ御座候。、商会「タライイーゲン」コレハ又商人ノ有無ヲ通シ候モノニシテ、此方之市儈之類ニ御坐候。ニ相成、皆商館有之候テ、商法ヲ定、官許ヲ得申候。無告之者ハ貧子院ニ入、病院ニ入、国ニヨリ女学院ヲ別ニ設ケ申候扨又一種ノ奇ナル風ノ有之ハ、「リットル」ト申義会(職方外記(ママ)ニ義会ト有之ハ即是ニ而候」有リテ一国之大事ヲ建議仕、国ト死生存亡ヲ同シク仕候俠者ノ会ニ御座候。コレニハ貴賤之別ナク会ノ法ニ従ヒ候由。私ニ会ニ入候得共、許シハ国王ヨリ賜リ候。長崎へ参リ候甲比丹ニモ往々有之由。。教主ト申ハ、此方ノ儒道ヲ尊奉仕候通、邪教ニ候得共、別ニ大道無之間、貴キヿハ国王ト位ヲ同シク仕、唐土ノ人ノ其国善政王アリ、治世王アリ、法王ノ勢民王ノ上ニ有リト申候如ク候得共、国ニヨリ左迄ノ事ニモ無之由。法王ノ与リ候儀ハ、上ミ国王ヨリ、下モ庶民ニ至リ候迄、人倫五常之様ナルヿヲ教ヘ、戒ヲ授ケ、又君ノ君タル所以ヲ失シ候得ハ、コレヲ正シ、民ノ人倫ニ背キ候事ハ暁誨反覆仕、若悟ラサルモノ有之候得ハ、教主ノ恥ト仕候。其為ス所ハ此方一向宗ノ如ク仕候。又婚礼、喪祭等ヲ司リ、又死罪ハ官府ヨリ決断ヲ求メ候由。官府ハ内治外交ノ務ヲ精勤仕候事、学校ノ学士ト相変リ候義無之、大功大勲ヲ立候モノハ万世旌表仕、其像ヲ鋳、又表ヲ立候テ祭リヲ致、学士ノ著書ハ名ヲ以テ題ト仕、奇工ノモノハ其名ヲ以テ器ニ銘シ申候。武術ハ武術学場有之、無事ノ時ハ毎日操練仕、其外夜戌ノ勤番、王宮内外ノ衛護、海岸防禦等、申サハ此方火消役ノ如ク除キ切ニ御坐候由。払郎察国ハ「ボナパルテ」敗亡ノ後、国郡減シ、軍官モ寡少ニ相成候得共、海軍ノ船数大小二百十九艘、内六十艘ハ大礮二千八百七十坐ヲ備ヘ、兵士二万五千百九十人、常ニ軍装ヲ致、海陸警衛仕、其余ノ船ハ他ニ用ヒ不申、空船ニ仕、不虞ニ相備候由。コレヲ以テ西洋諸国ノ風推テ相分リ可申候。右之趣ニ実政ヲ相勤候義ハ、歳増ニ新疆属領ヲ互ニ相競ヒ候故、外患モ又随テ相生シ候間、世々権略ノ政多ク、新法日出仕候故、時勢ノ枢機ヲ執リ候事モ又相長シ候由。英吉利亜先祖ノ遺法ヲ増益致、制度機密ノ政典夥有之旨、洋書ニユエーンボイスニ相見へ候。右之通、新疆ヲ開キ候モ、有レ人此有レ出ノ道理ニ心附候哉、人ヲ重シ候事金石ノ如クニ候間、漫ニ使令不仕、国王大臣ト雖、平常従者ハ誠ニ省略仕近年払郎察国王父子通行ノ路次楼上ヨリ反逆ノ者鉄砲ヲ打カケ候義有之、其節父子ノ供僮ニ二十四五人ニ過不申旨、両三年前風説ニモ相見候。先年仙台ノ船頭津太夫等十数人魯西亜へ漂流仕候節、其都「ペートルスヒュルグ」へ召サレ候ニ付、迎ヒトシテ貴官ノモノ唯一人、三千里ノ間ヲ連レ参リ候。其都へ罷越、執政ノ朝参ヲ見シニ、車ニ乗リ、導騎歩従共僅ニ五六人ノヨシ。環海異聞ニ相見へ候。外国へ罷越候属領ノ太守ハ随分見聞ヲ飾リ候旨ニ候得共、平生重モ立候節ノ従者十二人、爪哇「セネラル」ノ官ナトモ右之通ニ御坐候由。惣テ謂レナキ雑費ハ倹節ヲ用候旨ニ御座候。右之趣ニ一事ノ備ラサルヲ憂ヒ、一隙ノ乗シ不申様ニ心掛候モノ、全ク外患多キ故ノ義ト奉存候。外国ヲ押領仕、境土ヲ斥、大ニ仕、肉ヲ見テ必争フ如キハ、全ク犬戎ノ性有之而已ニハアラテ、必各立自張仕候故、終ニ分ヲ不知ノ大志ヲ激成仕候ニテ可有之候。然レハ万国ノ害ヲ受候義ハ、万国ノ慎ヲ加ヘ不申ノミニハ無之候テ、欧邏巴諸国ノ呑啄ニ奔競仕候故之義ト奉存候。

一、欧邏巴夷人ノ埊（堅カ）忍ハ其性ニ可有御座候。仁ハ姑息ニ可有之、智ハ黠ニ可有之、義ハ利ニ可有之、依之、信スレハ牢絡ヲ受ケ、礼アレハ阿諛ヲ容レ、其為ス所真偽百出、人ヲシテ眩惑致サセ候モノ、皆埊忍之性其基本ニ可有之候。

惣テ其規画仕候義、必成ヲ期シ申候故、奇技淫巧ノ器、二三世ヲ経テ成就仕モノ少カラス。事ヲ謀リ候モ皆其趣ニ御座候。英吉利亜ノ則狼《セイロン》・印度ヲ押領仕候モ一朝一夕ノ義ニ無之、和蘭陀ノ爪哇ニ拠リ候義モ、百数年ノ力ヲ極メ、終ニ一国ヲ併呑仕候ノミナラス、馬路古《モリユツク》諸島ヲ統轄致候事、是又坒忍積慮ノ為ス所ニ可有之候。右之通、西夷共深忍積思ヲ以テ種々様々ノ規画ヲ致候事、筆紙難尽、其一班ヲ奉申上候。前書ノ通、欧邏巴諸国一地球中ニ押領ノ地有之、其諸地ニ皆風説板行署ヲ設フケ「コーラント」、七日メニ発行仕、コレヲ「ダグヱーンウェーキブラーデン」ト申候。「ダグヱーンウェーキ」ハ一七曜日ト申事、「ブラーデン」ハ一片紙ト申事、即日々ノ風説書ニ御座候。右一地球中ノ風説書相互ニ取替セ、諸領役所、諸商館ヨリ本国ニ相達候間、天地人事ノ変替居ナカラニシテ相分リ右風説書ハ機密ノ府、歴史ノ局ニ入候由。カノ国々ノ歴史ト申ハ一地球中ノ史ニ御座候。、又「ナチールレイケヲンドルスークル」ト申、物理学吟味トシテ一地球ヲ航海仕此航海ニハ海峡守備ノ地ト雖、別ニ路引ヲ用ヒ不申由。、或ハ教主教導ノ渡海等ニテ、天地山川風土ノ理ヲ明ニ仕候事故ニ、諸国地形ヲ始、追々審詳ニ相成、又ハ商船交易ノ往来、猟漁ノ序等ニ他国ノ気息ヲ窺候故、彼レ我ヲ審ニ仕候事、　皇国ノ地志斗モ十一種書名承リ候「ヤンホイケンス」「リンスコテン」「モンタニュス」支那志附二巻渡リ有之、「ヱソイトマルチュース」「マルチュス」以上二部恐クハ同本、「カンペル」「ケンフル」渡有之、「トインベルグ」「メイラン日本風俗志」一冊渡有之、「シーホルト日本人種考」渡有之、「シーボルト産物考」。右之外、万国史、地理志、紀行類勝テ数カタク候。其内　皇国関係スルモノ少カラス。ニューヱンホイス日本ノ条ニハ、和蘭陀人日本交易利多キヲ以、魯西亜・英吉利亜ノ流涎セルコト久シ云々。「カルテン　アールトキュンテ」日本ノ条ニ、人ノ性ハ外国ノ人ニ交リ、或ハ一地球ヲ逍遙シ、規模ヲ大ニスルヲ楽シミトスルナルニ、外洋ヲ閉テ他国ニ交ラス、我欧邏巴人ニハ安カラヌ事ナレトモ、二百年戦争ノナキト釣合イカニゾヤ云々。魯西亜人「レサノー」ニ従ヒ来レル「クルウンセン」カ紀行ニ、夷蝦ノ北隅ソーヤ岬リーシリ島ヲ検査セシ条ニ、「アニワ」按スルニ、ヱトロフ歟。ヲ取テ、之ニ拠ランヿハ、少シモ難キヿアルヘカラズ。此処ノ日本人ハ兵器ノ用意モナク、防守ノ慮ハナシト見タレハナリ。又此処ヲ人ニ奪ワレタリトモ、日本ノ政家ノ之ヲ取返ス手配ハ容易ニ仕難カルヘシ。何者トナレハ、彼之ヲ取返スニ必勝ノ計ヲ施シ難キ事アリ。若返テ戦ヒ負ル時ハ、其国ノ威光ヲヲトシ、其国民ニ危懼ノ心ヲ生シ、管内ノ騒動ヲ起スヘケレハ、政家ニ於テハタトヒ全ク蝦夷ヲ失フヨリモ、大ナル危難ヲ此一挙ニ生スル憂アルヘシ。若又必之ヲ取返サントシテ大軍ヲ起サンニモ、軍船ノ備ナク、熕炮ナク、海軍ノ備ナキナレハ、タトヘ防備ノ法ナキアイノナイホウ歟ナリトモ、之ヲ拒バ、其一寸ノ地ヲモ彼ニ取得ヘキニ非ス。若十六口ノ炮ヲ備ルコツテルス船ノ名ノ二艘ニ兵卒六十ヲ載、風ニ乗シ、之ヲ打シメハ、日本大船許多ニ一万ノ兵ヲ備タリ共、一旦ニシテ打崩スヘキナリ。如此「アニワ」ヲ取ランハ、〔字不審（原註）〕ヨリモ易カルヘシ。予之ヲ計ルニ、之ヲ取ルニ一滴ノ血ヲ費スニモ及ハス。又之ヲ守ルニモ、少シモ危難ナルヿナカルヘシ。蝦夷ノ北辺ニハ、元ヨリ日本ノ兵士ナク、唯南側ニ少シノ兵アリト見ユ。然レトモ、此島ノ多分ハ曠荒ニシテ、人居ナク、且雪山相連リ、南北相阻絶ス。故ニ松前ヨリ一隊ノ軍此北辺ニ送、其艱難甚シキヿ知ルヘシ。若其国主ノ勢ニテ其艱難ヲ憚ラスシテ此ニ致スモ、是其軍兵ヲ「アニワ」ニ贄《ニエ》トスルニテ、其兵器糧用ハ尽ク海ニ沈ムヘシ。何トナレハ、欧邏巴ノ一小軍船ニテ、日本ノ大軍ヲ殲ニスルニ足レリ。又陸ニハ唯十二門ノ砲台ニ銃士百人ヲ備ヘハ、彼兵ノ「アニワ」ニ上陸スルモノヲ破ニ足ルヘシ。曰、如此横シマニ此地ヲ奪フトモ、反テ後難ヲ起スヿアラズヤ。「サカリン」カラフト島人ハ他一二ノ欧邏巴人ニ於テヨリモ、能ク日本人ニ服従セスヤ。此難シハ然リトス。此地ヲ取ハ、「サカリン」本土ノ人ニ与フルナク、主トシテ「アイノ」ヲ服従スヘキヤ否ヲ疑ヘリ。予思フニ、日本人ノ「アイノ」ニ遇スル、甚仁愛ヲ以テ扱フト見ユ。是故ニ、此地ヲ治ルハ「アイノ」ニ恩ヲ施シ、彼ヲシテ地主ノ変革スルヲ愬訴セシメヌヤウニシ、恩愛モ政法モ怠リナクシテ治ムヘキナリ。又云、欧邏巴人ノ商館ヲ「サカリン」カラフト島ニ置キ、日本人ト交易ヲナスヘキ、捷法ニシテ広ク之ヲ説ニ及ハス。唯其要ヲ云ハンニ、此地ハ諳厄利亜イキリス人ハ東印度ヨリ即天竺ノ属領ヲ申候。、伊斯把你亜人ハ非利皮那諸島即日本南海ノ無人島ヨリ続キ候島ニテ御坐候。ヨリ容易ニ来ルヘシ。其中ニモ最近キハ魯西亜人、「カムシヤツカ」或ハ止白里《シベリー》カムシヤツカ西北諸地ヨリ此ニ到ル、殊ニ速ナリ。如此キ便宜アレトモ、今ニ於テ其事ヲ起サヽルハ、欧邏巴ト魯西亜領北部亜細亜ノ諸地ハ唯海上ノ交リナルト、特ニカムサツカ及止白里ハ甚人民ノ不足ナルヲ以テ、其障モスル故ナリ。註ニ曰、予此行ヨリ欧邏巴ニ帰リ聞クニ、「カーメルベル、レツワソコヂアカ」ニ逗留ノ中ニ一隊ノ軍ヲ遣リテ、日本ノ北辺ヲ侵シタリト。然レトモ、其兵保続ノ企ナク、唯「アニワ」湾ノ日本会所及蝦夷島ノ北隅ヲ剽シタル而已（是即文化中「ヱトロフ」ノフレーヘ。ツ御番所ヲ焼キタル事ニ御座候。）又魯西亜人モール陳情表ニ、夷蝦地ハ産物無之、カムシヤツカ同様ノ瘠地ニ付、縦合戦仕候トモ、諸軍用ニ引合不申、〔中略(原註)〕唐山ト合戦仕候事ハ幸福ニモ相成、且ハ難事ニモ無之云々（此唐山ニ流涎仕候義、往々蘭人トモ申候ヨシ、乍去、此陳情表ハ権便多ク候間、尽クハ信シカタク候。）且又慥ナル義ハ無之候得共、「シーボルト」帰国ノ上、物理学ノ「ホーグレーラール」（学頭ト申事ニ御座候。）ト相成、魯西亜ヘ貰ハレ、引移リ候ヨシ、風説承リ候。又英吉利亜人日本近キ海島ヲ見出仕、コレニ拠リ候由。一昨年中参リ候蘭人ヲルフト申者話仕旨、風説承リ候。右之通諸国ノ気息ヲ窺ヒ地理ヲ審明仕欧邏巴諸国盟会ヲ以声気ヲ通、天下ヲ牢絡仕候故、本国ノ離合ニ因テ、害万国ニ及候事不少。「ホナパルテ」大乱之節、亜墨利加・諸印度、并ニ亜細亜諸島戦争ニ及候義、文化度之風説ニモ有之通ニ御坐候。

一、欧邏巴諸国ノ内、　皇国ニ関係仕候ハ、英吉利亜魯西亜二国ニ付、肝要ノ条ハカリ箇条ニ認奉差上候。

英吉利亜一ハ大貌利太尼亜《コロートフリタニヤ》ト称ス。英吉利亜ハ本地ノ名ニテ、接壌ノ国思可斉亜《スコシヤ》ヲ併セ、コレヲ大貌利太尼亜ト名ケ、其後海ヲ隔テタル依而蘭土《イールランド》ト申国ヲ併セ候。故ニ大貌利太尼亜及依而蘭土合国ノ王ト称シ申候。東経八度ヨリ十九度ニ亘リ、北緯五十度ヨリ六十度ニ亘ル。英吉利亜ハ方積二千四百四十八里（独逸里法下同シ。）、思可斉亜ハ千六百三十四里、依而蘭土ハ千五百十三里、大低　皇国ノ大ニ比シ可申候。其国ハ　皇国ヲ去ルヿ、直経ニ仕、大凡五千里（皇国ノ里数）モ相隔リ、合蹄ノ国ニ御座候。緯度ハ夷蝦地ヨリ一度北ノ方ニ御座候得共、夷蝦地ヨリ春色早ク催シ候由。乍去、秋冬長ク、春夏短ク、　皇国ニ比スレハ極寒ノ地ニ候得共、気候順道ニテ、金銀葡萄酒塩ノ外、生産ノ物尽生セサルモノナシ。良馬銅錫ヲ出シ、羢毛世ニ貴重ス 按スルニ、大小麦尤多、麦酒林檎酒梨酒最好シ。又「カラメルス」ニ云、此地多霧ナルヲ以テ、終日太陽ヲ見ザルヿアリ。牧野終歳青緑也。銀銅鉄ニ乏シ。「ブーランズソン」ニ云、此国属領ノ地多キヲ以テ、豊饒ノ地ニマサル。

属領ノ地ハ、欧邏巴洲ニ在テハ、ギブラルタル城、ヘルゴランド島、マルタ島、ゴッソ島、コミノ島 按スル、独逸国ノ王国「ハノーフル」モ又英吉利亜ニ属ス。、亜細亜洲ニ在テハ「ベンガレン」、「バハル」、「ヲリッサ」、「ボムバイ」、「コロマンテル」ノ一部、「マラバル」ノ一部、「セイロン」ノ一部、「シュマダラ」ノ一部、「ホルネヲ」ノ一部、「プリンスワーレン島」、亜弗利加ニアリテ「セネガムビヤ」、ビュラム島、「ゴウト」島及スラーヘン島ノ諸地、「シントヘレナ」島、喜望峰、マスカレニ諸島、「イスレデ、フランセ」、「マーヘ」ノ諸島也。亜墨利加ニ在テハ「ヒュットソンス」、「ラブラートル」諸島、「ニーウワーレス」ノ諸島、「テルレネウフ」、「ニーウスコットラント」、「ブレトン」、「ニーウフリュンスウェイキ」、「カナータ」ノ一部、「ニーウアルビヲン」ノ新国、「デメラリ」、「エッセクエボ」、「ベルビセ」、又「ヤマイカ島」、「バルバドス島」、ラトリニダド島、「クレナダ島」、「ヒンセント島」、「ドミンカ島」、「アンチグア」島、シントリュシー島、タバコ島、「バナマ」、又名「リュカイ」諸島、「ベルミュト」諸島、亜烏斯答剌利《アウスタラリー》ニ在テハ、英吉利亜人検出ノ諸島尤多、中就ク(ママ)新和蘭陀東浜広大ニ御座候 千八百二十四年ノ略史。是ハ大概ヲ記タルノミニテ、其上近来ハ益多相成候由、其中北亜墨利加ノ領地ハ大低清国ノ大ニ比シ、新和蘭ハ此節民ヲ移シ、開拓中ニ可有之。

一書ニ 地学示蒙千八百二十年(ママ)ノ刻文政三年 「シドネイ」府ニーウソイトワリュス好港、学館及風説書ノ板工アリ。一書ニ 千八百二十四年ノ史 シドネイ英吉利斯亜(ママ)新植民ノ惣府、人口二万六百アリ。千八百十五年南北一路ヲ開通シ、其間六ケ月ヲ経ル。奥地人蹟ナク、唯鳥獣アリ云々。又東印度領最広シテ殷富ノ地、英吉利亜ノ外府ニ御座候。

千八百二十六年ノ史ニハ、本国人口千七百七十万六千人 ブーランツソン千八百二十六年文政九年、千八百三十四年ノ史ニハ千七百十七万六千人 ニューエンホイス、年々他国ニ人民ヲ移シ、千八百二十五年ニハ一万四千八百人ヲ計フ云々。右之通本国ノ人別減シ候ハ、全ク民ヲ移シ候事ト相見、千八百三十五六年ノ頃、新和蘭ヘ罪人千人相移候処、五百人程難風ニ遭ヒ、行方不相分義モ有之候。属領ノ人口ハ七千四百二十四万人フランズソン、一億零三千一百四十人ニューエンホイス、此ヲ以テ考候得ハ、属領ノ数益増多ニ相成候千八百二十四年ノ略史ニ一億五百五十八万人ト数ヘ候ハ、全ク属領ヲ合算致候ニ候得共、審ナラス候ニ付、本文ニ認不申候。風俗ハ最機巧ニ長シ、工芸ヲ勉ム。製造スル所ノ奇器又ハ産物万国ニ輸送シテ、本国乏シキニ到ラス。コレヲ以テ年々移民アレトモ、蓄息スルヿ多シ。又商賈ヲ専ト致、其上文学ヲ勤メ、静謐ヲ楽ム。下賤ノ人ハ闘争ヲ好ミ、外国ノ人ヲ蔑如ス千八百二十四年略史。工技ニ敏巧ニ、記誦ヲ勤メ、道理ヲ研窮ス。然トモ、其庸俗ハ軽躁ニシテ、他邦ノ人ヲ卑視スルノ失アリ地学。示蒙按スル、北方思可斉亜ノ人ハ強壮、依而蘭土人ハ容貌尤美ニシテ、強壮敏健ナレトモ、獰悪。奸邪ノモノ間々コレアリ。又一書ニコレヲ御スルノ宜キヲ失スル、仇ヲナシ易シ〔諸志同シ〕。宗門ハヒスコッフ宗地学示蒙、ゲレホルメールデ宗略史按ズル、「ヒスコッフ」ハ教官ノ名、地学示蒙ノ誤リニテ可有之候。邏瑪宗ハ依而蘭土ニ多シ略史。二宗共皆邪宗ノ一派ニ御座候。寺院ハ千二百五十ケ所アリニューエンボイス。治道ハ「ペパールデモナルカール」、独立ノ国ニシテ、血統世伝ス。若王子無之時ハ、王女位ニ即キ申候。政事ハ王ノ権ト政府ノ権ト相分レ、国王ノ常典トスルハ外国ノ盟会軍旅賞罰黜陟ヲ専トス。新法ヲ創立シ租税ニ与《アツカ》ルノ両事ハ、政府ニ任ス。是国王ノ威福ヲ過ラサル為也カラメロス地志。各政事ノ次第ハ諸地志ノ書法一定不仕候得共、大低君臣権ヲ分チ、議ヲ合シ相治メ候由。政府上下ニ相分チ、上庁ハ教官ノ議廷、下庁ハ世族の議廷同書ニ御座候由。学政ハ大抵欧邏巴諸国同様ニテ、大小学校、語学院、幼学院ノ外、教主ノ義学、貴族ノ義学、学匠ノ義学、庶人ノ義学、芸術ノ義学有之、多寡ハ有之候得共、諸州皆無之所ハ無之候由。

国ヲ分チ八王国ト致エッセキス、ヲースタンゲレン、メルシヤ、ノールチュムベルランド、ケント、シュツセキス、ウェストセキス、コルンワリス、フリンストワリス、州ヲ四五十ニ相分ケ候。都府九百三十一、王都ヲ竜動《ロントン》ト申、兵卒船夫ノ外、人口八十六万四千八百四十五千八百零二年ノ記享和二年、百十万千八百二十四年ノ記文政七年。思可斉亜ノ惣都エンジンビュルグト云、口数十万三千。依而蘭土ノ総都チュブリントト云、下王ノ治城アリ。口数十八万略史。

邦賦ハ最夥敷農工商ヨリ収ルノ外、山賦屋租等六千六百八十三万八千零五十六ホントステルリング金貨ノ名未考、一地球中諸属領ヨリ収ル所、四十四億三千十八ホンドステルリング、官債九億六千万キュルデンキュルデンハ此方ノ金両ニ当ルト云、此負債ハ国賦ノ半ヨリ多シニューエンホイス。是皆軍旅ノ費、新疆ノ費等、不虞ト興利トニ係リ候由其債ハ皆下ヨリ取、或ハ商館諸商ヨリ取ル所ノモノト云。其説然ルヤ否ヲ存不申候。又竜動ノ港ヨリ出入スル所ノ貨ヲ計ルニ、六十億零五十万ステルリング同上ナリ云々略史。

商船二万千二百四十二艘、積荷ノ数二百五十八万九百六十四桶、水主百万五千四百四十四人ニューエンボイス又ブランズゾンニ二万五千八百六十四艘ト有之。兵備ハ海陸ヲ分チ、陸軍他国ニ比スレハ甚寡少ナリ。千八百三十二年天保三年ノ調ヘニ、歩騎両兵合シテ十万人、海備ノ兵三万人、礮手四千人、海軍ハ皆外国属領ノ為ニシテ、此国尤多トナス。然レトモ治乱ニヨリ多少有リテ、千八百十三年文化十年欧邏巴大乱ニハ、軍船大小一千二百六十六艘、今時三分ノ一ヲ減ス。右ノ外東印度領ハ百二十二艘印度領大船ハ無之ヨシ、大船ニハ大礮百二十坐ヲ備ヘ、小船ハ五十坐ヨリ三十八坐ヲ備フニューエンホイス。右大艦古ヘハ礮九十坐ヲ懸ル処、後年追々雄大ニ罷成候得共、百二十坐ヨリ大ナルハ未承リ不申、尤中軍左右翼ニテ大小有之由ニ御座候。右之外印度領陸軍ハ歩兵六十一部、騎兵十六部、欧邏巴歩兵三部ココニ欧邏巴歩兵ト別ニ認有之候得者、余皆印度人ト相見候。、竜動夜戍一万二千所此夜戍ト申ハ、ヘイナクトト申、夜ヲ守リ候役ニテ兵士ヨリ出候哉未審候。諸商館ニモ尽ク有之。印度領ナトハ七十一所有之由ニ御座候。右ハニューエンホイス幷略史。

一、魯西亜ハ原《モト》一州ノ名ニ御座候テ、コレヲ三部ニ分チ、赤魯西亜、白魯西亜、黒魯西亜ト仕、莫斯哥《モスカー》ト申処ニ都有之ニ付、又莫斯哥未亜《モスコビヤ》国ト称シ候処按スルニ、ロシヤト申ハ、古昔スラボニヤ国「今ノ翁加利亜(ヲンカリヤー原ルビ)ノ地」ノ諸侯ロシスト云モノ都シタル地ナル故ニ、コレヲロシヤ又リュスト申シ、皆音ノ転シタルニテ候。此ロシス今ノ波魯尼亜(ホロニヤー原ルビ)ノ一部、波赤米亜(ボヘーメヤー原ルビ)ノ一部ヲ領シ、合テコレヲロシヤト申候。本国ハ即黒ロシヤニテ、赤白ハ即右ノ二国ニ御坐候。、唐土ニテ俄羅斯《ガラシ》、羅叉《ラシャ》、羅刹《ラサツ》、老鎗《ロウサウ》、老羌《ロウキヨウ》等、数名有之、和蘭陀ニテ、リュスランド等相称シ候モ、皆本国ニテヲロシイスコイ、又リュッシヤト申音ノ転訛ニ御座候。ペートル以来俄ニ大国ト相成、今時ハ益新疆相開ケ、コレヲ自称致シ、大帝爵魯西亜国コロートケイズルレイキリュツスランドト申候欧邏巴中帝国ト称シ候モノ、独逸都国、杜爾格国ニ御座候。杜爾格ハ教道別ニ相成リ、自ラシュルタント称シ候得共、洋人共矢張コレヲ帝ト申候。右諸国割拠仕ナガラ、名教モ自然ニ相行ワレ、漫ニ潜立ハ仕カタク候。古ヘ教道広カラス、物理審ナラサルノ世ハ、見ル所ヲ以テ大小仕候得共、今時四方已ニ明カニ相成候上ハ、誰カ此地球ノ主ニ相成ヘク哉。夷主ノ志ヲ励シ、洋人ノ規模ヲ広メ、

憂勤ヲ以内ヲ修メ外ヲ制シ。候事全クココニ可有之候

此国五大洲ノ内今時三大洲ノ北部ニ相亘リ、西ハ独逸《ドイツ》都、孛漏生《フロイセン》、蘇亦斉亜《スウェシャ》ノ界ヨリ南ハ杜爾格《トルコ》、百爾西亜《ペルシャ》、黒海高北海ニ界シ、東ハ独立韃旦、唐土、　皇国諸島ニ界シ、東ハ北亜墨利加ノ西部アリヤスカ半島ヨリ奥地ノ多分ヲ領シ、東経三十五度四十度ヨリ 按スル、三十五度ト云モノハ、近来尚西方ヲ併呑仕候歟。 二百二十度ニ相亘リ、北緯三十九度 図ヲ按スル、三十九度ニ至ル地無之。或ハ近来南部ヲ併呑仕候歟。 ヨリ七十八度ニ亘リ、其縦《ナガサ》三千七百里 皇国ノ里法ニテ、八大凡六千里 横六百里 大凡千里、地ノ方平積ニ仕、三十四万五千二百三十里 同上ノ割合、地球全面八九分ノ一ヲ領シ申候 ブーランツゾン。 人口四億百万 略史、千八百二十四年 文政七年 十一月六日人籍ノ惣計ニ、五千三百七十六万八千、又一方ノ勘定ニ 一方ト申ハ両所ヘ命シ相改候処相違有之ニ付、両計トモ取用ヒ候旨ニ候ヤ、其書ノマヽニ認申候。 五千九百万人、此国人ヲ蕃息セシムルヿ年々五十万人ヲ増益ス ブーランツゾン。人別ハスベテ古書ヲ用ヒ不申、略史ハ千八百二十四年文政七年ニテ、ブーランズゾンハ千八百二十六年文政九年ニ御座候。人別抜群ノ相違ニテ、ブーランツゾンハ欧邏巴領ノミノ人籍ニテ候ヤ、略史ハ属領ヲ合セ惣計仕候哉、未考ヘ不申。又人別惣計ノ法ニ、軍官船師等ハ除キ候事モ有之、又庶民ノミノ計モ有之、皆考不申候。

此国広大ニ候得共、極寒不毛ノ地多ク、就中東方最甚シ。新都ペートルスビュルグハ第九月 我七月 末ヨリ翌年第五月 三月 迄冬ニシテ、北及東方ニ至ルニ随ヒ冬時愈長シ。依之、夏期尤短ケレトモ、暑気ハ酷シク ソンムル。寒暖計表ヲ考ルニ我五月ノ度ニ当リ申候。、キリム熱ト申病行ワレ候由。其地大抵高山雄岳相連リ、湖水大河漫流致シ、南方耕スベキ地荒漠ニシテ、唯百卉繁茂ス。ウクラニーノ地ハ豊饒ニ御坐候。北緯五十八度以上ノ地ハ絶テ林野無之、只散木ベシーン 県枸子ノ類 蘚苔玉石鳥獣ヲ産ス。アルカンゲル 四十度 ノ地ハ大小麦蔬菜ヲ生シ、北海ハ鯨及諸魚油等ヲ出ス。南地沃土ニシテ、菓穀ヲ収ル多ク、牛馬家猪夥ク、梳帚ヲ作リ、大利ヲ得ル。蜂密（ママ）蠟羊駝鉄銅礬石山塩石灰硝石烟草葡萄酒山油石鹼其他織工ノ類諸国ニ下ラズ 略史。新疆北亜墨利加ノ北西部諸地ハ亜細亜属国ヨリ広大ニシテ、サガリヤ諸州ニ御座候処、高山大沢皆太古ノ雪消尽不仕、其間夷落《イラク》《エビスドモノコヤ》有之、獣皮交易ノ商府ヲ立、追々相開ケ候得共、魯西亜属領中第一ノ寒国ノ由ニ御坐候。右之通大国ニ付、人種モ又一ナラス。即魯西亜コサック、ポール、ラップ、ヒン、レット、エスト、キ

ユール人等、其稟賦習俗モ一ナラズト雖、欧邏巴ノ中ハ其粗樸野鄙ノ風相変シ、人品修整シテ学術日々ニ進ム地学示蒙略史。魯西亜人ハ形大、体強勇ニシテ、能其君ニ忠アリ。摂生簡易ヲ意トシ、蔓菁(ママ)黎豆菜葱乾魚ヲ常食トス。旅行ニハ蒸《パ》餅《ン》ヲ切テ再炙シ、提携ニ便ニシ、コレヲ口ニ含ミ水ヲ飲ム。或ハ麦粉草根ヲ数日ノ糧トス。風俗酒ヲ好ミ、懶惰ナリシヲ、ペートル立テ後、一国コレヲ禁シ、祭日ノ外七曜日、酔飽セシムルコトナシ。是ヨリ学芸勉励ノ風盛ニ行ワレ、終ニ欧邏巴諸国ニ恥サルニ及ブカラメロス。按スルニ、北地剛毅ノ風ヲ以テ、学芸盛リニ相成、其実ハ西夷中ノ正大ナルモノ、ヨシ。其為ス所頗仁義ニ似テ、絶タル国ヲ継キ、廃スル国ヲ興シ、払郎察大乱ノ後、諸国其蔭ヲ蒙ラサルモノ少ク、コレヨリ欧邏巴中ニ尊信セラル、ヨシ。用兵ハ必勝ヲ見ザレハ動カズ、取レハ必奪ハレ不申、近頃英吉利モ其風ヲ学ヒ候旨〔ニューマンノ説〕。

宗門ゲリッシャ宗略史、僧官パトリアルクヲ以テ之ヲ主宰ス。然レトモ、他ノ教派モ国ニ許シ置シム地学示蒙。キリーキセンケリッシヤ、キリーキセン同シ。按スルニ、厄勒西亜国ハ古昔邪宗盛ナリシ地ニシテ、其時ノ一派ヲ国名ヲ以称、即カトレイキヲ邏瑪宗ト申如ニ御坐候。ナラザレハ、帝位ヲ践ヿアタハズ。皇后若シ他邦ヨリ来レハ、此教門ニ転入スブーランツソン。

治国ノ道ハヲンペパアーリングモナルギー即ペパルーデモナルカールノ事ニテ御座候。ト申、独立大君ノ国ニテ、英吉利亜ト相違致候事ハ、唐土之通、一人ニテ、万機ヲ総攬仕、国政ハ宰相ト内閣ミニステルト会議シ、教主モ又相与リ、共ニ君徳ヲ輔翼ス。大臣ノ政庁ヲセナアト申、教主政庁ヲセイノヲトト申候。其帝位ハ血統ニ伝フ。男ナケレハ女ニ禅ル。君幼ナレハ、其母政ヲ摂ス。十六歳ニ及バ、其位ニ即ク。官職ハ文武両官ノ政府合テ十四府ニ分チ、冢宰《タイロウ》・枢密《グンシノヤク》・大司馬《タイショウグン》・司狩田猟ノ上官・廷尉《マチブキウ》・礼部《レイシキノヤク》等、凡三千八百六十官ニ分ツ。大制度ハ先王ノ遺法ニシテ、世々取捨シテ精確ニ至リ、万年亨通ノ法八政トナス。一ハアレキサンテルノ制、一ハカタリナノ女制、一ハアレキサンデル　ネウスケイノ制、一ハアンナノ制、一ハゲヲルゲ及ウラヂミルノ制、一ハヤアンノ僧綱、一ハ応時ノ制、皆帝ノ尊奉スル所ニシテ、各州ノ牧《カミ》ハ大制ハ遵行スレトモ、風土時宜ニヨリ区々ナレトモ、能其大法ニタガフヿナシ。又高貴セイノヲデト云フモノアリ。是ハ積徳高僧ヨリ撰擢シテ、帝及惣教主ノ戒師トナリ、又讖悔ヲ司ル。此国スベテ政事寛大ニシテ、民能其所ニ安スル事ヲ得ル。已ニ蘇亦斉亜《スウーエシヤ》ヲ征略シテ、其一大部ヲ服属セシニ、士民ノ法ハ旧制ニ従ヒ、又勝国《テキノクニ》ノ官許ヲ敢テ改ルヿナシト云。国賦金百五十六(マ マ)百万両、国債千百万ルーベルス貨名未考、銀鈔ノ名歟。ニ及。右国債ヲ清ウセント欲シ、近来アルモチサチーカス倹約ノ法ヲ立ツ此債ハ国内及外領ヨリ取ル所ノ用金ニシテ、割済返金ヲ云トソ未考不申。国軍ハ六十万人、親衛ノ騎士十二万人、諸国ノ兵此数ノ外也。海軍リニイ大船ノ名六十艘、フレガッテン早船ノ名十八艘、コッテルス戦艦六艘、ブリカンチイネン艣十二丁ヨリ十六丁立迄ノ船七艘、小船五十四艘、載炮小舟按スルニ、四五百目位ノ筒ヲ打小舟アリソレヲ云カ。二十一艘、右諸軍船ヘ備フル所ノ大礟四千三百四十八坐、兵士三万二千人ブーラン、ツソン、千八百四年文化元年以前ハ五十一治ヲ建ツ。其三十八ハ欧邏巴ニアリ。其余十三ハ亜細亜ニアリ。千八百四年已後欧邏巴ノ内二治ヲ増シ、四十治トナス。然ルニ、今時ハ欧邏巴ニアルモノ五十治、亜細亜アルモノ三治トス。今欧邏巴東界ヲ改正シ、亜細亜ニ属スル十治ヲ取テ、欧邏巴ノ中ニ加フ。右五十治ノ外ニ三治アリ。皆各一国ヲ為トイヘトモ、魯西亜ノ命ヲ承サルモノナシ史略。按スルニ、此志ニ治所ト有之ハ、皆王或ハ下王又ハ上官ノモノ統轄仕候所ヲ申ニテ、代官目代等ニテ治ル所ヲ申ニハ無之。亜細亜属領ハ皇国ニ隣候国ニ付、荒々可申上候。亜細亜三治ト申ハ、一ハトボルスク、下王総督仕候。副治二所、一ハトムルスク、一ハイルコーツカ〔輿地志エニセイスキヲ一治ニセシガ、今ハ外ヘ移シタルト見ヘタリ。〕右ノ外ニ、コレイワント云モノ略史ニ見ユ、未考不申候。都府九所、部落三部、一ハトボルスク、幼学院・義学院数所アリ。又皮革ノ商場アリ。二ハベレソウ、三ハトムスク、四ハイーニシカ、五ハイルコーツカ、幼学院、又航海術ノ学校及書庫アリ。六ハキヤクタ、一都城ナリ。七ハネルシキングス、軍学校、金銀坑アリ。八ハヲレンスク、九ハカムシヤツカ、即カムシカットカノ半島ニアリ。又キリギセン、又名ハキリキセコサツケンノ諸地モ魯西亜ニ属ス。分テ三部トス。大ホルデ、聚落アリ。中ホルデ、小ホルデトス。然レトモ大ホルデハ全ク服従不仕候。

都府六十都府六十ハ府名ノ相分リ候分、此外未考不申候。、ペートルスヒュルグ、帝ノ都城ナリ。宮室極テ巨大壮麗、柱梁ハマルメル石ヲ用ヒ、宮中ノシキ板ラーメン未考戸牖ハ黄銅、甍ハ銅、棟宇ハ鉄ヲ用ユ。イサーカケルクト申大寺アリ。国中第一トス。国学十二所略史、口数五十万洋史。旧都モスコー、杜爾格国大都ニ継グノ名都トセシガ、千八百十二年文化九年九月十四日払郎察ノ大乱ノ時、焼失ス。其火二十ヶ日延焼シテ、五百ヶ所烏有ニ属ス。其翌年石家九百九十三、木屋千百八十七ヲ建ツ。此都ノ潤サ方積一億零六百十二万零八百歩一歩此方ノ一丈余、略志。。

一、魯西亜ハ陸軍ニ長シ、地続キノ国ヲ併呑仕、其上極寒不利ノ土地ヲ占メ、守リヲ固メ、南方ヲ図ント仕候様ニ被察候。即、波羅尼亜国ヲ抜キ、杜爾格国ト争ヒ候ハ、或ハ其証ニモ可有之歟。不利ノ地ヲ占メ、仁義ラシキ事ヲ称シ候ハ、守ヲ固ク仕候ニテ、即、払郎察ホナパルテニ勝利ヲ致シ、乱後取鎮メ仕候等、其証ニモ可有之歟ニ奉存候。

一、英吉利亜ハ海軍ニ長シ、隔遠ノ地ヲ併呑仕、暖帯利地ヲ拓キ、海門要路航海便利ノ島々ニ拠リ、諸国ニ先立、地ヲ占メ、名ヲ命シ、他国併呑ノ邪魔ヲ仕候等、大望有之様ニ被察候。即、北亜墨利加、新和蘭陀ヲ拓キ、地中海々門ノキブラルタル、并ニ喜望峰ダーブレ港ニ拠リ、シントヘレナ島、亜鳥斯答刺利《アウスタラリー》、亜細亜諸島ヲ取リ、或ハ千七百六十五年以来、払郎察国ト亜墨利加ノ地ヲ争ヒ、近頃ブラバンドト申国ニ払郎察ト力ヲ併セ、尻持ヲ仕、和蘭陀ニ背カセ候等、其証ニモ可有之歟ト奉存候。

備考

一、右は、『自書外国事情書』を底本とし、ほかに、『加筆外国事情書』を参照した。

一、句読点を加え、原本記載のルビの大部分を省略したことを除けば、できるだけ原形をその儘伝えることにつとめた。したがって、明瞭な誤字でもあえて改めなかったところもある。

二　鳥居耀蔵の告発状

鳥居耀蔵が渡辺崋山・高野長英らを告発した上申書は、蛮社の獄の真相を理解する上で、きわめて貴重な史料である。それにもかかわらず、かつて井野辺茂雄博士が、論稿「蛮社の獄」の中で、『武江雑纂』(内藤耻叟編)所収の写しによって、その要点を紹介されたのを除けば(1)、右の告発状はこれまで利用ないし検討されることがなかった。のみならず、通説では、『蛮社遭厄小記』の記述に従って、これを花井虎一の密告に基づいて、鳥居が作成したものであると理解し、その内容を同書が伝える花井の密告の大要から推測するにとどまっている。しかも、これを井野辺博士が挙げた告発状の要点と比較すると、両者の間にすくなからぬ相違が認められるのである。筆者はかねてこの点に疑問をいだいていたのであるが、井野辺博士の利用された『武江雑纂』の所在が不明なため、これを確めることができず、今日にいたった。

もっともその間、畏友高橋磌一氏が、鳥居の輩下小笠原貢蔵が鳥居の密命により、崋山らの身辺を探索した際の手控え、および松林伯円の『高野長英』の中から、鳥居の告発状の一部と推定される崋山・長英に関する部分を発見して、紹介された結果(2)、これらによって、鳥居の告発状が花井虎一の密訴に拠った、とする『遭厄小記』の記述が誤りで、実は小笠原の復命書に基づいて作成されたものであること、したがってまた、『遭厄小記』の伝える花井の密訴の大要なるものが、信ずるに足るものではないことが、ほぼ推定されるにいたった。しかしながら、このことを確認するためには、当然ながら鳥居の告発状そのものと小笠原の手控えとを比較検討することが必要である。それだけに、鳥居の告発状の発見がいっそう期待されたのであった。

しかるにこの度、筆者はたまたま内閣文庫所蔵の『小笠原諸島紀事』(坂田諸遠稿)の中に、鳥居の告発状が引用されているのを知り、これによって上記の推定を裏付けることができた。なお井野辺博士によれば、鳥居の告発状は前後二回にわたって上申されたというが、同書所収のものは、第一回の告発状である。つぎにこれを紹介する(3)。

常州鹿島郡
坪内久四郎知行所
鳥栖村

無量寿寺
父　順宜（マヽ）
忰　順道

此順宜（マヽ）儀無人島ニ異国人常々船繋仕罷在候儀承及ひ、兼々右島へ渡り、異国人と応接致し、彼国之事情を探り度との存込深く、去年中江戸表へ出府、同好之者ともニ目論見致し、猶又去冬より忰順道を西本願寺用向ニ事寄せ出府為致、本石町三丁目寺社奉行公事宿山口屋彦兵衛類焼跡土蔵ニ借住罷在、同意之者を集め、相談整次第渡海之心組ニ而、鉄砲火薬之用意も心懸居候由、順道儀右島之絵図を穿鑿致候ニ付、彦兵衛より御納戸口番花井虎一方へ引付貰、同人所持之図を借用致度段頼み入、渡海之目論見相咄し、同船を勧め候由、水戸殿領分中名前不知同意之者御坐候趣、僧之身分なから羽織着、長剣を帯し往来致候由。

本石町三丁目
住居類焼ニ付当時
新材木町住居
寺社奉行公事宿
山口屋彦兵衛

此者宇田川榕庵方へ常々立入、謂れなく蘭学を信し候より無人島へ渡海、異国人へ応接致し度心組生し、去年中印籠蒔絵師山崎金三郎同道ニ而、花井虎一方へ右島絵図持参罷越、頻リニ渡海之心底御座候折柄、順宜同道目論見承り、元より同意ニ付、同船渡海可致相談相整、所持之鉄砲を持参致候心組之由。

元御徒相勤候

青木伴（ママ）蔵事
福原内匠家来ニ而
隠居
斎藤次郎兵衛

此者年来無人島へ渡海致度心懸罷在候処、順宜順道之心底承り弥決心致し、当節句後早々江戸出立、鳥栖村へ罷越、順宜と申合、粮米其外用意相整候は、順道方より案内次第順道同意之者同道、帰村之上、当月下旬来月上旬迄ニは出帆致候心組之由。

水戸殿領分
水戸中浜住居郷士
大内五右衛門

此者は無量寿寺同意ニ而、八百石積五百石積所持之船へ武器粮米等入れ、渡海可致用意罷在候由。

深川下佐賀町
印籠蒔絵師
山崎金三郎

此者蘭学を好ミ、順宜并山口屋彦兵衛致懇意、倶ニ渡島可致心組之由。

御使番
松平伊勢守

此者近年蘭学を好ミ、渡辺登高野長英を信用致し、外国之事情を探索仕度存候より、家来坪井久兵衛を花井虎一斎藤次郎兵衛山口屋彦兵衛等へ（マヽ）無人島へ渡海之儀を勧候よし、右之者此節無人島へ渡海之目論見ニ加リ候由。

三宅土佐守家来

渡　辺　登

此者儀文武心懸宜、書画も相応ニ出来、平常麁服を着、長剣を帯し、専家政を取扱ひ、応対温順にして、一度逢候もの親ミ深く相成候様之人物ニ而、兼て蘭学を好ミ、近年土佐守へも蘭学を勧め、好事之徒を集め、蘭書を講し、蘭学を以世ニ知られ候幡崎鼎高野長英へ深く交り、蘭科之医師を始其徒を集め、蛮国之事情を穿鑿致し、当今之御政事を批判、剰蛮国船交易之儀ニ付而は、浦賀洋中ニ而諸国之廻船邪魔致候へは、一時江戸困窮ニ相成、自から交易之道も開ケ可申抔、其外不容易事を常々雑談同様ニ申候様子、心底何共難心得よし、且奥州金華山之洋中之離島ニは異国人船繋罷在、其辺浜辺之漁夫ニ金壱分遣候へは、自在ニ通路出来候旨、同好之者へ相咄し候由。

一、無人島ニは異国人船繋候哉ニ承知仕候ニ付、兼々渡海応接致し度心底之処、去年中御代官羽倉外記伊豆七島巡見之節、無人島へも渡海致度段相願候ニ付、同船可致心組ニ而、主人土佐守へ願立候儀御座候由。

一、来子年羽倉外記手附手代無人島へ渡海為仕候心組有之候由、其節は同船致し漂流ニ托し、呂宋・サントーイツ・アメリカ国辺へ罷越候心組ニ而、此節順宜初渡海之連中ニは加り不申候由。

一、去戌年参向之カヒタンニーマン江戸滞府中、天文方之者応接之節、岡部内膳正手医師小関三英と申者、対話致し候始末承り、鸚鵡舌小記と申書を作り、阿蘭陀人当今之御政事を批判致候を書載候ものゝ由。

一、魯西亜イキリス之船印旗印之類、蔵板ニ致し所持罷在候由。

一、当二月下旬頃より夢物語と申書物之儀ニ付、世上種々取沙汰有之候ニ付、総而蛮国之事情口外等不仕、何れより尋候共程能申断候様同好之者申合、病気ニ托し外出も不致、気欝之体ニ罷在候由。

遠山半左衛門組
御徒
本岐栄作養父
隠居　本岐道平

此者一体蘭学を好ミ、種々之細工物を工夫致し、近来専ドンドルと唱候小筒を製作致候、去年三月中御代官羽倉外記伊豆七島巡見之節、用人致し罷越候ものにて、猶又来子年外記手附手代七島より無人島へ可差遣目論見ニ付、其節は案内ニ罷越候旨申繕、同志之もの申合、漂流ニ事寄セ呂宋・サントーイツ・アメリカ国辺迄漂着可致心組之由。

麹町隼町
町医
高野長英

此もの仙台出生ニ而、幼年より蘭学を致し、医術も相応ニ出来、三宅土佐守より扶持貰居、去年中何れより取出候哉、アールド。レイキスキユンデ。ウヲールテン。フツクと申蘭書を得て、蛮国之地理政事人情を和解し、日本と蛮国との政事人情之善悪を評し、夢物語と号し世上ニ流布致し、夫より種々風説起り候由。

水戸殿家来
幡崎鼎

此者長崎ニ年久敷罷在、高崎《(ママ)》作左衛門一件之節本多佐渡守之密事等相勤候儀有之、蘭学ニ秀て其後水戸殿へ被召

抱、名も高く相成候処、去年中不埒之筋有之、土方仙之助方へ御預相成候由。

御使番
松平伊勢守
御代官
羽倉外記
江川太郎左衛門
御小姓組
秋田淡路守組
下曾根金三郎
伊賀者
内田弥太郎
増上寺代官
奥村喜三郎

此者共幡崎鼎を尊信し、銘々宅へ招き、或は鼎宅へ罷越、蘭書之講義を聞候処、鼎御預相成候ニ付、当時は渡辺登高野長英ニ随身致し、専ら蛮国之事情を探索尊信致し候人々之由。

右は柳田勝太郎組御小人御納戸口番花井虎一と申者、年来蘭学心懸罷在、其筋之者熟懇仕候処、無人島渡海之儀も内実は名目ニ而、異国へ漂流仕度心組ニも相聞、其外平日難心得咄多く、不容易事ニ心附、申立候段、奇特ニ

奉存候。一体虎一儀は幼年ニ而父を失ひ、母壱人之手に育、孝道之聞へ御坐候もの故、全く貞実之至情より過慮
仕候事ニも可有之哉、つまる所好事之もの共偏ニ蛮国之事情を穿鑿仕度存込候より之儀ニ而、敢而邪心御坐候儀
とは不奉存候へ共、虎一申立候儘、認取此段奉申上候、以上。

五月　　　　鳥居耀蔵

以上が鳥居の第一回の告発状の全文である。なお第二回の告発状は、井野辺博士によれば、崋山が大塩平八郎と通信した形跡のあること、および普請役大塚政右衛門の兄大塚庵に不審の点があることの二カ条からなっていたというから、これは初回の告発状を補足したもの、と解してよいであろう。

右の告発状がいかにして作成されたか、またこれと小笠原貢蔵の探索復命書との関係、あるいは花井虎一の密告という事実の有無等については、ここで当然考証すべきであるが、さきに蛮社の獄の真相を考察した際、論述したところと重複するので、これを参照していただきたい。なお『小笠原諸島紀事』には、鳥居の告発状が閣老水野忠邦に上申されたと記されているが、小笠原の手控えによれば、鳥居が閣老水野の密命と称して、小笠原および大橋元六に崋山らの身辺の探索を命じたことが見えており、かつまた水野の自筆覚書に鳥居の告発状の要点が書き取られているという事実[4]から、この記述は信ずるに足るものと思う。

ところで、『小笠原諸島紀事』には、鳥居の告発状のほかに、これに接した閣老水野が、別に腹心の部下に命じて、告発状に名を挙げられた崋山以下の人々の再調査をなさしめたもの、と推定される探索復命書が収められている。つぎに紹介するのがそれである。

坪内久四郎知行所
常州鹿島郡鳥栖村

無量寺
順宜(ママ)
同人忰　順道

右順宜(ママ)順道父子共蘭学ニ志深く、年来蛮国之絵図事情等致珍重候由、然ル処異国船之儀は海上自在ニ乗廻シ、伊豆七島之内八丈島より凡百里余先ニ小笠原嶋、又は無人島共唱候離島有之、常々異国船(本ノママ)懸等致し候事之由、一体右嶋へ先年漂流之者有之、上陸後船破候ニ付便を失ひ、同所ニ凡七ヶ年程も越年罷在候処、其後何国より歟漂流船吹寄候故、右船ニ乗リ漸帰国致し候者も有之候之由、其砌右之者共最初は鳥を取、夫食ニ致し候へ共、追々死失之者多く、僅七人程相残候処、海岸へ籾俵吹寄候を見受、夫を取上植付候処、可也ニ実法候間食量ニ致し、露命を繋候抔と申浮説之申伝も有之、随分相応之土地柄之趣ニ粗風評相聞候ニ付、旁前書之無人島へ順宜順道渡海致し度存念有之哉之処、本石町三丁目公事宿山口屋彦兵衛儀町人ニ不似合之性実ニ而、兼々同好之深川下佐賀町蒔絵職山崎屋金三郎倶(ママ)ニ異国を羨ミ罷在、無人島へ渡海之存念深く有之候処、順道彦兵衛方へ止宿之折柄、同気同求之場合より諸事及内話候へば、順道儀今度御朱印之儀ニ付行違有之、本寺より故障之儀出来急速帰国難相成之由、尤順宜儀在所ニ罷在、水戸殿領内名前不知ものと申合、無人島へ為渡海出帆可致含ニ而、漂流ニ紛れ外々えも罷越可申哉之風聞相聞、以前御徒方相勤、其後福原内匠家来ニ相成、当時猶又隠居罷在候斎藤次郎兵衛、御納戸口番花井虎一儀も右等ニ同意致候哉ニ密々相聞申候。

一、山口屋彦兵衛儀は年来蘭学をも心懸、蛮国之地図等専致珍重、平生武器類相嗜候趣ニ有之、元より心底は宜敷者之由。

一、山崎金三郎儀は身元も薄く、不頼之剛気邪欲之性質ニ而、是又蘭学執心致し、彦兵衛とハ格別睦敷交を結候哉

ニ相聞、一体前書両人共伊能勘解由弟子筋之者之由。

一、斎藤次郎兵衛儀は以前御徒方相勤候節、嶋々渡海之内願致し、右等に付借財相嵩無拠株式相譲り、其後所々徘徊致し、当時本所林町五丁目辺ニ罷在候由。

一、花井虎一儀ハ才力も有之、好事之者故蘭学ニも志、前文之者共と交候へ共、順宜ニは面会致候儀無之哉ニ相聞、一体虎一儀松平三河守手医師ニ而、日本橋辺ニ罷在候宇多川榕庵と申者方へ懇意ニ立入、同人儀別而蘭学を好ミ、彦兵衛金三郎抔と出合、追々懇意を結ひ、一件ニ付携候哉ニ候へ共、渡海之儀は虎一同様変心之趣ニ相聞申候。勿論蘭学と申候は総名之儀ニ而、測量医術又は細工物等、都て阿蘭陀文字解候者共を蘭学者と唱候事之由。

一、三宅土佐守家老渡辺登儀は秀才ニ而、当時之風儀俗事ニ広く渉り、人望を得申人物ニ而、一応用立候者ニ有之、衆人之取用ひも宜敷、華山と号、画を能く致し、常々書画を翫ひ、学術にも達し候へ共、蘭学は不得手之由。

一、麹町隼町々医高野長英儀は至而蘭学に勝れ、蛮国之絵図等種々説を申慢し居、既ニ夢物語と申表題之著述もの登俱に相撰、流布為致候処、当時は後悔致し罷在候哉ニも相聞候へ共、元来自己之才力ニ驕慢之余り、無人島へ渡海之念慮も発し候哉ニ相聞候。

一、遠山半左衛門組御徒本岐栄作養父隠居本岐道平儀蘭学相好ミ、先年豆州嶋々廻嶋致し候儀も有之、先頃羽倉外記廻嶋之節も家来分ニ相成附添罷越、其砌漂流之名目ニ而蛮国へ可罷越抔と外記を勧候儀も有之哉ニ候へ共、同人不承知抔と申浮説も相聞申候。

一、明屋敷番伊賀者内田弥太郎儀は算術ニ達候者故、御代官江川太郎左衛門先頃之御用ニ付測量之相談相手ニ致候由、且増上寺代官奥村喜三郎儀是又測量功者故、既ニ先達而太郎左衛門海岸為見分罷越候節、雇手代ニ致し召連候処、故障之儀出来途中より差戻候由。

一、御代官羽倉外記江川太郎左衛門儀は蘭学ニ志有之候へ共、差当り蛮国ニ通し、前書之始末柄は無之哉ニ相聞申候。

一、御使番松平伊勢守御小姓組秋田淡路守組下曾根金三郎儀は何れも好事之性質ニは候へ共、聊取留候儀差当相聞不申候。且又水戸殿領分那珂湊ニ住居罷在候郷士大内五右衛門儀渡海船用意之儀、風聞而已ニ而遠路隔候儀ニ付、突留候儀は取調兼候へ共、水戸殿ニ而蛮国押と号、江戸表ニ於て唐船之形ニならひ雛形出来、当春御国元へ相廻り大船を被打立、追々出来可仕哉之風説は及承申候。

一、当時御預ニ相成候元水戸殿家来幡崎鼎儀、元来長崎出生通辞之子ニ而、不正之筋有之、彼地出奔致し江戸表へ罷出候処、蘭学ニ長し候故を以て、水戸殿御信用有之被召抱、三四年以前米買入之申立ニ而上京仕、水戸殿より役所附用人河瀬七郎右衛門同腹ニ相成、夫より長崎表へ同伴いたし、実ハ不正之品ニ而も買入可申心組之処、於彼地被召捕、吟味之上御預相成候へ共、内実信用仕候向も有之趣風説仕候。

右之趣、風聞密々承申候、依之申上候。

五月

さて、井野辺博士は前記の論稿の中で、右の探索書をもって、鳥居耀蔵の告発状の一部と解して、これを引用しており、また『小笠原諸島紀事』の解説には、これをもって、幕府の隠密吏が、花井虎一の密告、したがって鳥居の告発状とは別に、たまたま順宣らの無人島渡航計画を探知し、閣老水野に報告した文書であるごとくに記されている。しかるに、筆者がこれらと異なり、上述のごとく解するのは、つぎのような理由による。

もともと鳥居の告発状は、かれが閣老水野の密命と偽って、輩下の小笠原貢蔵および大橋元六に崋山らの身辺を探索させ、その報告書に基づいて作成されたものであり、これと小笠原の復命書の草稿と推定されるかれの手控えとを比較すると、鳥居が崋山およびその同志と無人島渡航計画者一味とを、故意に罪におとしいれようとしていることが、容易に指摘されるのである。しかも、鳥居がその告発状の中で、これを花井虎一の密告によるものと記しているのは、鳥居がみずからの隠謀を隠蔽せんがための偽装にほかならなかった[5]。したがって、前記の探索書が、井野辺博士のいわれるごとくであれば、告発された人々に対し、悪意に満ちた記述があって然るべきである。しかるに、多少の例外があるにしても、右の叙述は、告発状のそれと比較すると、はるかに客観的である。のみならず、鳥居が告発状を作成するにあたり、小笠原の復命書の内容をことさら歪曲ないし誇張した箇所が、右の探索書では否定ないし修正されている。たとえば、小笠原の手控えには、崋山・長英らと懇意な幕臣として、川路聖謨・羽倉用九・江川英竜・松平伊勢守・内田弥太郎および奥村喜三郎の名が挙げられているが、しかし、かれらについては、たんに「長英井三宅土佐守家来にて渡辺登と懇意いたし候由」と記述されているにすぎない。しかるに、鳥居の告発状には、川路を除いて、あらたに下曾根金三郎をこれに加え、かれらについて、

　当時は渡辺登高野長英ニ随身致し、専ら蛮国之事情を探索尊信致し候人々之由。

と、外国事情を探索したのみならず、尊信しているという噂を書き加えている。ところが、前記の探索書では、羽倉および江川について、蘭学を学んだ事実を認めながら、「差当り蛮国ニ通し、前書之始末柄は無之哉ニ相聞申候」として、外国を尊信しているという噂を否定し、また松平・下曾根についても、同様に、「何れも好事之性質ニは候へ共、聊取留候儀差当相聞不申候」と、この噂を否定している。なお内田・奥村の両者については、江川の江戸湾備場巡見の際に、かれらが随行した事実を伝えるのみで、罪状の有無には触れていない。さらに鳥居が告発状の中で、もっとも多くの罪状を挙げた崋山については、探索書の中に、

　一、三宅土佐守家老渡辺登儀は秀才ニ而、当時之風儀俗事ニ広く渉り、人望を得申人物ニ而、一応用立候者ニ有

之、衆人之取用ひも宜敷、華山（ママ）と号、画を能く致し、常々書画を翫ひ、学術にも達し候へ共、蘭学は不得手之由。

とあり、その嫌疑を否定しないまでも、むしろ好意的と解される叙述がなされている。これらの点からみて、わたくしは井野辺博士のごとく、この探索書をもって鳥居の告発状の一部と解することには、賛成できない。

つぎに『小笠原諸島紀事』の解説のごとく、これをもって、鳥居の告発状とは無関係に、幕府の隠密吏が上申した探索書とみなすことは、つぎの点からみて、明らかに誤りである。まずこれには、鳥居の告発状に挙げられた人々が、ほぼその順序に従って挙げられ、その経歴および行状が記されている。のみならず、前掲のごとく、羽倉・江川について、「差当り蛮国ニ通し、前書之始末柄は無之哉ニ相聞申候」とあり、あるいはまた松平・下曾根について、「何れも好事之性質ニは候へ共、聊取留候儀差当相聞不申候」とあり、これらはすべて、この探索書が、鳥居の告発状の上申を前提とし、これに基づいて行われた再調査の報告であることを示している。しかも、その中には、鳥居が故意に捏造したと想像される箇所が否定されている以上、これが鳥居を通じてなされた再調査の記録とは考えられない。すなわち、鳥居の告発状に接した水野は、この中に、かれの信任の厚い羽倉・江川らの幕臣の名が挙げられていたため、とくに再調査の必要を認め、かれが直属の隠密吏に命じて、探索・報告させたものがこの文書であった、と推定される。しかも、その結果、羽倉・江川ら幕臣の嫌疑が晴れたため、無人島渡航計画者一味とともに、崋山・長英らが逮捕されたにもかかわらず、かれらは逮捕を免れえたのであった。(6)

（1） 井野辺茂雄『幕末史の研究』、所収。
（2） 高橋磌一「小笠原貢蔵の手控」、蘭学資料研究会研究報告、五十三。
（3） 内閣文庫所蔵、『小笠原諸島紀事』、第五巻。（なお外務省旧蔵本に拠り、農商務省旧蔵本その他を参照した。）

（4）　徳富蘇峰『近世日本国民史』、天保改革篇、所収、水野忠邦自筆覚（写真版）。
（5）　本篇、第二章、第五節、参照。なお本節では繁を避けるために、鳥居の告発状と小笠原の手控えとを、いちいち対照することを避けたが、本篇の第一章、第二節、および第二章、第五節に後者の主要部分を引用したから、これと鳥居の告発状を比較して戴きたいと思う。
（6）　なお井野辺前掲書によれば、奥村喜三郎のみは寺社奉行の取調べを受けたが、嫌疑が晴れて釈放されたという。

■岩波オンデマンドブックス■

洋学史研究序説——洋学と封建権力

1964年5月28日　第1刷発行
2000年4月24日　第5刷発行
2014年9月10日　オンデマンド版発行

著　者　佐藤《さとう》昌介《しょうすけ》

発行者　岡本　厚

発行所　株式会社　岩波書店
〒101-8002 東京都千代田区一ツ橋2-5-5
電話案内 03-5210-4000
http://www.iwanami.co.jp/

印刷/製本・法令印刷

ISBN 978-4-00-730134-6　　Printed in Japan

索　　引

あ 行

さ 行

た 行

な 行

は 行

ま 行

や 行

わ 行